本研究得到国家社科基金西部项目"类型学视域下的汉日语致使结构对比研究"（18XYY032）的资助。

U0603232

类型学视域下的汉日语致使结构对比研究

李静波 著

上海教育出版社
SHANGHAI EDUCATIONAL PUBLISHING HOUSE

目　　录

第一章　绪　　论

1.1　研究意义和研究目标

致使结构在语言学领域具有重要地位。这不仅表现在一种语言内部,在跨语言研究中同样意义非凡,因为它涉及语言描写中语义、句法和形态各个层面的交互作用(Comrie 1989:165)。正因为如此,致使结构一直是国内外语言学界的研究热点。各语言学流派,包括传统语法、结构主义语言学、生成语言学以及认知语言学、语言类型学等都对其抱有浓厚的研究兴趣。Shibatani(2002:1)指出,在过去的三四十年,有关致使的语法现象(the grammar of causation)受到了极大的关注,任何一部完整的描写语法都不能缺少对致使结构的描述,因为每种语言都有表达致使概念(the notion of causation)的手段,可以说致使是人类概念化中基本的认知范畴,是研究语言共性和差异的最理想的领域。近二十年来,语言学界对致使结构的研究依然保持着很高的热度,更多语言里的致使表达手段被学者们描写出来,相关的理论探讨也日益增多。

致使结构的研究文献可能是当代语言学研究中最丰富的(Kemmer & Verhagen 1994),语言类型学在这方面也作出了较大的贡献。类型学家通过跨语言的调查和深入分析提出了一些很有价值的理论及蕴含共性,如致使结构的形式——功能对应律、被使者编码方式的蕴含共性、致使结构中存在的语义参项等。这些研究揭示了人类语言中的一些普遍规律,使我们对致使结构有了更深入的理解和认识。不过,正如许余龙(2010)指出的那样,语言类型学的目标和任务决定了其研究重点不在于对个别语言的深入分析,而是通过对几十种乃至上百种语言的分析归纳来概括语言的共性和类型差异。这种语言共性大多是倾向性的,需要通过对个别语言的深入研究和详细的对比研究进行检验。

　　类型学对致使结构的研究大多集中在形态较为丰富的语言上,其中日语是十分重要的一种语言材料。类型学家对日语的研究主要关注由词缀「す」以及「させる」构成的致使结构。其实日语中的致使结构不止这两种形式,许多日本学者认为「てもらう」也是一种致使表达形式,比如 Iwasaki(2013)明确将「てもらう」看作一种迂回型致使结构(periphrastic causative)①。另外,类型学对日语被使者标志的研究也不全面。类型学通常只关注格助词「に」和「を」,实际上格助词「から」也可以标记被使者。所以,总体上类型学对日语致使结构的研究是比较粗略的。尽管国外类型学界对日语致使结构研究得并不深入,但作为一种语言材料,日语还是受到了广泛的关注。与日语不同,汉语中的致使结构很少成为类型学家的研究对象。*Causatives and Causation：A Universal-Typological Perspective*(Song Jae Jung, 1996)是一部专门研究致使结构的类型学专著,一共考察了四百多种语言,却很少涉及汉语。Dixon、Comrie、Shibatani 等类型学者的研究也不太关注汉语中的致使结构。所以就汉语和日语两种语言来说,类型学对它们的致使结构的研究要么没有,要么过于粗略。

　　相比国外类型学界,汉语学界和日语学界分别对汉语和日语的致使结构做了较为全面深入的研究。不过,这些研究偏重单一语言,不太关注语言共性,研究结论大多不具有普适性。对比研究方面,国内外也有不少成果,但通常都是以英语为比较对象,关于汉日语致使结构对比研究的文章则不多见。而且由于缺乏类型学视角,没有将两种语言置于人类语言中进行观察,所以未能发现二者之间真正的共性和个性,对表面差异的背后原因也缺乏进一步的解释,

----

　　① 迂回型致使结构是致使结构的一种。关于致使结构的类型,会在后面章节具体介绍。

理论贡献较小。汉语和日语是两种完全不同的语言,如果类型学得出的共性在两种语言中能够证实或者证伪,那么在一定程度上就会促进类型学理论的完善和发展。另外,如果在这两种完全不同的语言中能够发现一些(蕴含)共性,那么它们很可能就是人类语言的普遍共性。

汉日语致使结构的对比研究不仅有理论上的价值,也有一定的现实意义。对于我国的日语学习者来说,致使结构既是重点也是难点。日语致使结构语义丰富,经常令学习者困惑不已(庵功雄等2001:126;冯宝珠1999)。张麟声(2001:181)就指出,由于受汉语的迁移影响,国内日语学习者普遍存在致使句使用过剩的现象,经常将汉语致使句误译为日语致使句,比如"不让他来,但他还是来了"这句话使用了"让"致使句,但是相应的日语表达却不能使用典型的「Vさせる」致使结构,只能用非常边缘的、分析型的句式,即「来ないように言ったのに、やはり来たんだ」。那么汉日语致使结构各自所能表达的情况以及使用范围究竟有多少差异? 二者之间的差异又受到什么因素的制约? 这些问题都还缺乏深入的探讨。另外,日语致使结构的习得困难不仅仅是因为其本身用法的多样,还牵涉到中日思维方面的差异,而这方面的研究也较为薄弱。吕叔湘、王力等先生都指出,外语教学中非常有效的一个方法是汉外对比教学。作为一项对比研究,本研究的结论及思路都可应用到外语教学中去。所以虽然本书的最终目的并非为教学服务,但是通过对汉日语致使结构的深入对比研究,也能够为教学提供帮助。

语言类型学的主要目标可以概括为三个追求:(1)语言共性,(2)类型差异,(3)功能解释。"语言共性"是共性研究,"类型差异"是个性研究,共性和个性互为参照,相辅相成。所以(1)和(2)也可以合二为一,即"共性和类型探索"。功能解释也就是从功能角度对共性和类型做出解释。本研究是语言类型学视野下的研究,研究目标与类型学有一致的地方,就是探索致使结构背后所隐藏的语言共性和类型。这个总的目标由一些次级目标构成,如:人类语言中致

使标志主要源自哪些词,语义上具有什么样的共性;致使句中主要
论元在语序上有什么规律;被使者标志在语义地图中的分布,等等。
我们希望在这些方面提出以往研究尚未发现(或虽有涉及但有待补
充完善)的共性。本研究亦是对比研究,因此汉日语对比基本贯穿
全书。与以往研究不同的是,本书的汉日语对比是以类型学理论为
基础的,所以始终努力将汉语和日语置于人类语言变异范围这一大
背景下,通过两种语言的对比来证实(或证伪)类型学提出的致使结
构相关的普遍规律,发现汉语和日语一些真正的共性和个性,而不
是提出那些"日语有汉语无、汉语有日语无"等表面的差异。对共性
做出合理的解释是类型学的另一个主要目标,这同样适用于本研
究。我们希望能够从功能上对发现的共性以及汉日语在致使结构
方面表现出的各种差异做出合理的解释。

1.2　研究思路和研究方法

　　国内不少学者都主张语言研究应该有类型学视野,如沈家煊
(2009)说:我们不仅要摆脱印欧语的眼光,还要有更高的境界,那就
是语言类型学;不一定要每个人都做语言类型学研究,但做语言研
究应该了解语言类型学。类型学的研究使我们认识到人类语言的
复杂性和多样性,同时也让我们了解到人类语言中存在着许多共
性。①这些共性是对比研究的一个源泉,因为语言类型学的研究成果
给我们提供了一套可供对比研究的语言学问题和一个扎实的研究
基础和基本分析框架;语言类型学对语言类型差异的解释还可以为
我们解释两种语言之间的差异提供方法和方向上的启示(许余龙

---

　　① 国内一些研究由于缺乏类型学视野,把很多语言普遍存在的现象误认为是汉语
的独特表现,但是却把汉语真正的独特现象忽略掉了。比如,很多人都认为"把"字句是汉
语独有的现象,但实际上一些与汉语毫无亲缘关系的语言,却有着与"把"字句在功能上具
有平行性的形式。如特威语(Twi)的 de、加语中的 kε 等,它们在词源上及功能上与"把"
字句中的"把"都有非常类似的表现(参看 Heine & Kuteva 2002; Lord 1993)。

2010)。本项研究既有对比研究也有类型学研究。对比研究方面，思路与许余龙(2010)的主张一致，选取类型学在致使结构方面的相关问题作为研究对象，通过汉日对比研究来验证类型学提出的共性，并详细分析汉日语两种语言在某些主题上的共性与个性特点。类型学研究方面，我们以汉日语及英语为起点，通过对比找到两种语言的共同点，然后再进行跨语言的验证，寻找人类语言的普遍共性。总结起来，本研究的思路可以概括为"以类型学理论为基础进行汉日语对比研究，用汉日语对比研究探索和验证语言共性"。

本研究使用的方法多样。类型学研究的一大特点是跨语言：从跨语言的角度观察研究人类语言，再通过跨语言比较寻求或验证语言共性。跨语言比较运用的方法主要是归纳法，这也是本项研究在类型学探索中使用的方法。本研究主要是定性分析，但也有采用定量分析的方法，如对日语被使者标志的调查就利用语料库进行了定量分析。由于语言的共时变异也是语言历时变化的反映，所以在解释语言共时差异时也会加入历时因素。

1.3 研 究 综 述

致使范畴是人类语言普遍存在的一个基本语义范畴，任何一种语言都有相应的表达手段。正因为如此，不少学者对本族语中的致使结构都非常关注，很早就开始了相关研究。就汉语和日语来说，在致使结构研究方面都有悠久的历史。汉语方面，国内第一部文法著作《马氏文通》就曾对致使结构有过简略的描述；日语方面，日本学者本居春庭在『詞の通路』(1828)中已经探讨了日语中的自动和使动现象，并区分了两类不及物动词，分别称为「自ずから然る(to happen spontaneously)」、「自ら然る(to do so volitionally)」。Shibatani 和 Pardeshi(2002)对此给予了很高的评价，认为这一分类与Perlmutter 于 1976 年提出的非宾格动词、非作格动词的区分相一致，时间上却早了许多。另外，根据早津惠美子(2007)的研究，山田孝雄(1908)就将日语致使句分为「干与作用」和「指令作用」,前者用于施事让受事做某事,受事在其影响下做出某一结果;后者用于施事打算实现某一结果,于是让受事按照施事本人的意愿去做某事。这一分类在当代致使结构研究中依然具有重要的意义。

　　时至今日,汉日语关于致使结构的研究成果可谓汗牛充栋,数不胜数。由于许多研究在相关章节中有具体介绍,再加上研究旨趣的差异,此处着重评述汉日致使结构研究中具有代表性的、重要的研究文献以及汉日语对比研究的成果,对其他一些相关文献仅作概要介绍。

1.3.1　汉语致使结构研究回顾

1.3.1.1　传统研究①

　　吕叔湘(1942/2014:126)首次提出了"致使句"这一概念,并专门研究了古文和白话文中致使句的形式、句法和语义特点。他指出,致使句在文言文中是"使"和"令",而在白话中是"叫(教)"等字。王力(1943/2014:86)提出了使成式(causative form),并指出使成式V1V2中V1是中心,表示原因;V2是末品,表示结果。王力所说的使成式,其实属于动结式。20世纪90年代国内提出了三个平面语法理论②,很多学者在该理论的指导下探求致使结构语法、语义与语用之间的互动关系。随着人们对致使结构关注度的提高,国内不少学者开始对现代汉语中的致使结构展开较为全面、系统、深入的研究。这些研究逐步构建起了汉语致使结构系统的概貌,并描写了各种致使结构的句法、语义和语用特征。其中具有代表性的文献有《论致使结构》(范晓 2000)、《现代汉语致使句研究》(宛新政 2005)、《论现代汉语的致使结构》(陈昌来 2001)、《致使结构的语义角色》

---

　　①　这里所说的传统研究主要指在结构主义语言学理论下对致使结构进行语言描写的各种研究。这类研究偏重描写,一般不重解释。

　　②　三个平面理论是中国学者提出的语言学理论,研究思路与功能主义语言学较为接近,在国内语言学界影响较为深远。三个平面指的是语法形式、语法意义和语用意义,其中语法形式对应于两个意义,即语法意义和语用意义。

(金奉民 2011)、《现代汉语致使态研究》(张豫峰 2014)等。①

范晓的《论致使结构》(2000)是系统研究汉语致使结构的开山之作。该文首先将致使结构定义为"作为语法结构的致使结构反映了一种客观事实——某实体发生某种情状不是自发的,而是受某种致使主体的作用而引发的",并根据此语义特征界定了汉语中致使结构的范围。之后,简要分析了现代汉语中的"使"字句、"V使"句、使动句、"把"字句、使令句、"V得"句、使成句等7种致使句的语义特征和句法表现。范晓的文章的主要贡献是确定了现代汉语中致使结构的基本框架,为现代汉语致使结构的系统研究打下了坚实的基础。宛新政的《现代汉语致使句研究》(2005)是在范晓文章的理论框架下的细化研究,也是至今为止在汉语致使结构研究方面最为全面系统的一部专著。宛新政把汉语致使结构分为"使"字句、致使性"把"字句、使成句、"V得"致使句、使动句等,采用定性和定量相结合的分析方法,从句法、语义、语用三个平面进行了系统细致的描写,并且比较了各种结构之间的异同。这一成果具有很高的参考价值。

陈昌来(2001)主要讨论了各种致使句的语义结构,总结了致使句的语义结构要素,并将其与一般主动结构进行比较,从而显现了致使结构的特殊性。金奉民(2011)分析了使动句和"使"字句的语义角色。他指出,使动句中的使事②可以为系事、感事及施事,"使"字句中的被使者则非常多样,包括施事、感事、系事、受事、致事、起事等。

张豫峰(2014)探讨了因果意义、致使意义及致使态这三者之间的关联,然后将汉语中的致使态从形式上分为有标记的致使态句("使"字句、"把"字句、"得"字句)、无标记的致使态句(使成句、使动句)和特殊的致使态句("化"尾动词和动宾离合词),分章节逐一描

---

① 　这些研究中也有采用当代语言学理论的,而不仅仅是三个平面理论。

② 　《致使结构的语义角色》中称为被使者(causee)。

写,最后还对比了现代汉语致使态句与英语致使态句的相关句式。张豫峰对致使结构的研究是一种新的尝试,有些观点较为新颖,比如她认为"现代汉语的致使结构可分为主动态、被动态和致使态"(张豫峰 2014:56)。

1.3.1.2 基于语言类型学理论的研究

进入 21 世纪后,借鉴西方语言学理论对现代汉语致使结构的研究越来越多,其中类型学理论指导下的研究也不断涌现出来,相关研究的学者主要有郭锐、叶向阳(2001),郭锐(2009)[①],黄锦章(2004),牛顺心(2014),朱琳(2011),张恒(2011),黄成龙(2014),宋文辉(2018)等。

郭锐(2009)通过跨语言的研究从形式上将人类语言中的致使结构分成三大类,即使动型、结果型和混用型,每一类型下面又有多个小类[②]。他认为这些类型构成了人类语言中致使结构的类型图谱,并在此基础上测定了现代汉语中各种致使结构的综合度(synthetical degree),进而分析了"把"字句所表达的各种致使意义。

黄锦章(2004)参考类型学家 Comrie 和 Shibatani 等人的研究成果,着重探讨汉语中致使连续统和形式紧密度的问题。其创新之处在于:1)从类型学的角度较为全面地总结了汉语中的致使结构;2)将"形式"和"能产性"共同作为测定指标,测定了汉语中各种致使结构的综合度(即紧密度)。黄锦章进一步指出,致使结构中形式和语义的对应还存在很多的问题,已有的理论在汉语中都有一定的局限性。

牛顺心(2014)参照语言类型学在致使结构上的分类模式,将汉语致使结构按照句法形式分为六类,即使令式、致动式、隔开式、形

---

① 郭锐(2009)与郭锐、叶向阳(2001)的主要观点基本一致。

② 使动型有 5 个小类,分别是:使令式、虚义致使动词式、邻接致使动词式、形态型、同形型;结果型有 5 类,分别是:间隔结果型、隔宾结果式、黏合结果式、隐性结果式、结果隐含式;混用型有 4 种,分别是:使令式+语义致使动词、黏合结果式+附加形态型、隔宾结果式+虚义致使动词式、黏合结果式+致使动词式。

态式、使动式和复合式,考察了每种形式的句法语义特点,并观察了类型学上总结出的 9 个语义参项①在汉语致使结构中的表现。另外,还考察了汉藏语(藏缅语族、壮侗语族、苗瑶语族)中的致使结构,并进行了跨语言的比较。

朱琳(2011)利用构式理论、认知理论、类型学理论等多种理论来研究汉语致使结构。其中在类型学研究模块主要借鉴了 Shibatani 和 Pardeshi(2002)的理论框架,认为汉语的致使动词基本符合该理论的假设,并试图从历时、共时两个角度确定汉语中致使动词在语义地图上的分布。

张恒(2011)指出,国内语言学界对致使结构的研究虽然取得了一些成就,但是缺少理论贡献,在理论建设方面落后于西方。在致使范畴形式和语义的对应律方面,西方学者提出了不同的假设,如 Comrie 的"类型—功能对应律"、Shibatani 和 Pardeshi 的"能产性—功能对应律"等,但是张恒认为西方学者提出的理论假设大多基于形态丰富的语言,在汉语中并不完全适用。张恒通过对汉语的考察,提出了新的形式—功能对应律。但这条规律是否具有普适性,似乎还可商榷,至少在日语中表现得并不那么有效。

黄成龙(2014)全面概述了类型学在致使结构方面的主要研究内容,包括:致使结构的形式类型、致使结构的形态句法标记、致使结构的语义机制、致使标记的来源、致使与被动、受益等的关系。宋文辉(2018)对致使结构研究的类型学重要文献做了详细的梳理,对类型学研究的基本内容进行了提炼和整理,并在这些基础上对汉语致使结构进行了简要的分析。可以说,黄成龙(2014)和宋文辉(2018)基本完整呈现了类型学在致使结构方面的研究内容和取得的成果。

---

① 主要的语义参项有三类,第一类与致使者相关,分别是致使者的直接性、意图性、自然性和参与性;第二类与被使者相关,分别是被使者自控力、意愿性和影响度;第三类与基础动词相关,分别是状态动词/行为动词和及物性。参看 Dixon(2000、2012)。

1.3.1.3　其他理论指导下的研究

除了借鉴类型学理论,国内很多研究是在认知语言学理论指导下进行的。如程琪龙(2001)探讨了致使概念语义结构的认知原理;熊学亮、梁晓波(2003)在原型理论的基础上,探讨了致使结构的原型特征;周红(2005)依据范畴理论和致使的意象图式确定汉语中的致使结构,并对各种结构作了较为细致的描写和解释。郭姝慧(2004)在参照类型学的同时,借助认知语法和构式语法等观点,重点考察了结果谓词句、"使"字句、"得"字致使句以及倒置致使句的句法语义表现,并且分析了一些句式间的转换条件,如"把"字句和"使"字句等。

生成语法对致使结构也有较多的探讨,具有代表性的主要有沈阳等(2001),何元建、王玲玲(2002),何元建(2004)以及熊仲儒(2004)等。沈阳等(2001)和何元建、王玲玲(2002)主要运用轻动词理论来探讨致使句的生成机制,并进行了统一的解释。熊仲儒(2004)则在最简方案框架下探讨了"把"字句、"得"字句、动结式、重动句、双宾句的句法语义接口问题。何元建(2004)将生成语法和类型学相结合,在调查了十五种语言的基础上指出,致使义可以通过变格手段来调控,而且致使句的各种句式可以通过"致使"和"实施行为或过程"的搭配来实现。

语言是不断变化、发展的,现代汉语致使结构的形成也经历了漫长的历时演变和分化过程,所以学者们对致使结构的历时研究也颇为重视,成果也较为丰富,如太田辰夫(1987)、石毓智(2001)、蒋绍愚(2002)、张丽丽(2006)、徐丹(2014)等。历时方面的研究主要集中在致使动词的语法化机制、动补结构出现的条件和动因等方面。太田辰夫(1987)指出,致使动词"叫、让"分别是由呼喊义动词和劝诱、谦让义动词发展而来。蒋绍愚(2002)指出,"给"字句表被动是由致使句发展而来。张丽丽(2006)研究了使役动词从表使役到致使再到被动的演变机制、使役动词的多重虚化过程,认为汉语从致使到被动经历了以下连续演变过程:致使＞允让＞非自愿允让＞被动。徐丹(2014)指出,汉语典型的致使标志"使"作为初始动词有具体实在意义,但到中古汉语时则只有抽象的致使义,而在现代汉语中基本只用于书面语。汉语表致使的"叫、让"比"使"出现得更晚,最终发展出致使义。

1.3.2 日语致使结构研究回顾

从历史发展来看,日语致使结构的研究也是一个不断深入、不断前进的过程。相应地,日语学界所界定的致使结构的范围也有逐渐扩大的趋势,现在的一些学者开始将「ように」「てもらう」等形式都纳入到了致使结构的范畴。但一直以来,学界主要是围绕着「Vさせる」结构展开研究的,此处我们简要介绍「させる」致使结构的研究成果。

1.3.2.1 传统研究

日本语言学界的传统研究主要倾向于对语言的描写,精细化程度很高。由于「させる」语义较为丰富,所以传统研究首先关注的就是对其进行分类,以明确具有不同句法特征的致使句可以用来表达什么样的语义。这方面的相关研究非常多,如青木伶子(1977)、佐藤里美(1986、1990)、益岡隆志(1992)、村木新次郎(1991)、庵功雄等(2001)、森田良行(2002)、高桥太郎(2003)、日本语记述文法研究会(2009)、早津惠美子(1992、2004、2007)等等。这些研究在研究目的以及研究方法、视角上都不完全相同。有的学者从形式(句法表现)出发进行分类,也有学者从语义出发进行分类,但根本目的都是为了寻求形式和语义的对应关系。在分类结果上,有些学者的分类较为概括,有些学者较为精细。

森田良行(2002)首先从形式出发,根据结果动词的类型将致使句划分为5大类15小类,观察它们的成立条件。然后又将致使句的意义划分出10类:因果关系、结果、责任或功绩、诱发、搁置、放任、允让、指令、致使、及物性等,观察各种形式与语义的匹配关系。

以语义为切入点的主要有两类,一类是按照致使者(causer)和被使者(causee)的意愿关系进行分类;另一类则按照结果动作实现的来源进行分类。青木伶子(1977)从致使主体(致使者)的意愿和动作主体(被使者)意愿关系出发,将致使分为"强制、许可帮助、放任"三类。强制致使表示致使者的意愿与被使者意愿相反,且前者的意志远远高于后者;许可帮助表示致使者的意愿与被使者的意愿相一致;放任则表示致使者没有积极的意愿,不干涉被使者的意愿。比如:

(1) 遊びたがる子供を風呂に入らせる。　　　(强制致使)

(2) 途中の駅で降りさせる。　　　　　　　　(强制致使)

(3) 早く帰らせてやる。　　　　　　　　　　(许可帮助)

(4) 今度から子供にも使わせてやる。　　　　(许可帮助)

(5) 勝手にしゃべらせる。　　　　　　　　　(放任致使)

(6) 子供をガンで死なせた親の会。　　　　　(放任致使)

　　　　　　　　　　　　　　　　　(青木伶子 1977)

村木新次郎(1991)继承了这一思想,也是根据致使句中两个参与者的意志性将致使意义分为 3 类,只不过使用的术语有所不同,即"强制致使、许容放任、自然结果"。村木新次郎又从句法上进行了分类,认为「Vさせる」在形式上有两种类型,即转换关系和派生关系。

(7) 多額のローンが山田を悩ませている。　　(转换关系)

(8) 山田が多額のローンに悩んでいる。

(9) 母親が息子に本を読ませた。　　　　　　(派生关系)

(10) 息子が本を読んだ。

　　　　　　　　　　　　　　　(村木新次郎 1991:19)

转换关系实际上就是格的变换,(7)和(8)中论元数量没有变化,只是(7)的主格在(8)中以与格的形式存在,而(7)中的宾格在(8)中则是主格。与此相对,(9)和(10)的不同在于(9)中的主格名词句在(10)中并不存在。转换致使句是有标志的、特殊的句子,在日语中是不自然的表达形式。

早津惠美子(2004)认为"Xが Yに/を(Zを)V-(s)aseru/-sasu"

是日语最基本的致使表达,其核心意义为:致使者(X)对被使者(Y)发出要求,促使被使者实施某种意志性动作,如例(11)(12)。当X的要求强度大时,就表示命令义,要求强度小时则表示依赖、劝诱。早津惠美子(2004)把表达典型致使的条件概括为3项内容:a. X有促使Y行动的意图,为实现该意图,对Y有作用性;b. Y在X的作用下发出行动;c. Y是人。最基础的致使表达具有这3项特征,边缘的致使通常只具有部分特征。边缘的致使包括:1)表示容许、许可,如例(13);2)表示因果关系,如例(14);3)表示致使者对被使者的直接操作,如例(15);4)表示及物性,如例(16)。

(11) 彼は下婢に言いつけて、階下から残った洋酒を運ばせた。

(12) では早速 TBS に連絡して、局の人をそちらに行かせるよ。

(13) 子供が留学したいというので2年間だけという約束でアメリカに行かせた。

(14) 花子は小さいときには病弱で両親を心配させたものだ。

(15) 母親は子供に靴下をはかせ、抱き上げて椅子に座らせた。

(16) 料理をする時間がなく買っておいた牛肉を腐らせてしまった。

(早津惠美子 2004)

佐藤里美(1986)关注结果动作实现的来源,其分类结果可归纳为图1-1。在图1-1中a类主要表示指令、强制、非强制、非本意强制,b类主要表允让、许可、放任(有意放任、无意放任)。佐藤里美(1990)对因果致使句又做了详细的考察,认为因果致使句中的致使者(X)和被使者(Y)主要具有以下句法语义特征(が前名词为X,を前名词为Y):

現象　が　　現象・モノ　を

現象　が　　作用の及ぶ場所　を

出来事　が　組織・団体　を
事柄　が　事柄　を
属性・要素・側面　が　全体　を
意味づけ

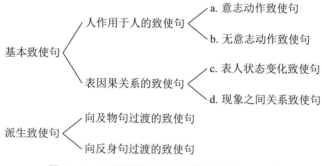

图 1-1　日语致使句的分类（佐藤里美 1986）

　　傅冰（2009）从语义、句法和语用三个角度对日语致使结构进行了系统全面且又精细的描写。傅冰首先将「させる」分为基本致使句和派生致使句，然后对这两个大类做了极为细致的分类，具体如下：

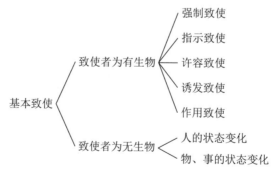

图 1-2　日语致使句的基本用法（傅冰 2009:40）①

---

① 原文为日语,由笔者翻译。

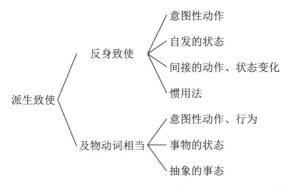

图 1 - 3　日语致使句的派生用法(傅冰 2009:61 - 63)①

在该体系下,傅冰(2009)统计了各种意义的致使句在实际语言中的使用比例,并构建了「させる」的语义连续统:从强制致使到物、事的状态变化,致使性逐渐减弱。傅冰(2009)还分析了「V させる」中 V 的语义特点、致使者和被使者的性质等,详细归纳了各种致使句中动词具有的特征。也就是说,不同的致使意义对动词有相应的选择性,需要满足一定的条件。不同意义的致使句对致使者和被使者的关系也有一定的要求,比如强制致使就要求致使者和被使者都是有生物,一般具有上下级、家庭成员等关系。

总体上,传统研究十分注重分类,但不同学者之间差别也较大。还有一个明显的特点是以往学者多注重于描写,但对描写结果未做出进一步的解释,理论探讨较少。另外,由于是个体语言研究,所以这些分类其实都是日语「させる」的意义或用法。如果要进行对比研究,这些分类并不能直接应用,因为有些用法其实跟致使范畴并无太大的关系,比如「させる」的派生用法已经远离了"致使"。

以往研究还探讨了其他相关的致使表达形式(包括及物动词、「ようにいう」、「てもらう」)在句法语义及语用上的差别;「を」致使

---

①　原文为日语,由笔者翻译。

句和「に」致使句的句法语义差别等。这些内容也是当代语言学研究的重点,我们在下一节进行概述。

1.3.2.2　当代语言学理论指导下的研究

当代语言学理论进行的研究在研究旨趣、研究方法上与传统研究有一定的差别。

Kuroda(1965)以生成语言学理论为指导,首先将致使句分为「を」致使句和「に」致使句。他指出在「自动词＋させる」致使句中,「を」致使句表示无视动作主体(即被使者)的主体性、意愿性,「に」致使句则表示尊重动作主体和意愿性。柴谷方良(1978)在此基础上做了进一步的探讨。柴谷方良(1978:310)认为日语的致使句与大多数语言的致使句一样,都是表示两种相反的致使状况,即诱发致使(誘発致使)和许容致使(許容致使)。诱发致使是指:如果没有致使者的诱发,某事件就不会实现;正因为有致使者的诱发才有了该事件的实现。许容致使是指:某事件就要发生,许容者能够阻止该事件发生,但是许容者的阻止受到控制,结果导致该事件发生。同时,柴谷方良在诱发致使下面和许容致使下面又区分了「を」致使句和「に」致使句。与 Kuroda 的观点一致,他认为诱发致使句中被使者用格助词「を」时,表示无视被使者的意志、意愿;使用格助词「に」时则表示尊重受事者的意志、意愿。积极主动的许可句中较为自然的说法是用格助词「に」,而消极被动的许可句中是格助词「を」。Shibatani(1982)通过多种语言的比较,证明该结论具有跨语言的共性。傅冰(2009:18)对松下大三郎(1977)、井上和子(1976)、森田良行(1990)等的观点进行了整理①,并在前人基础上,调查了能够标记被使者的语言形式,包括:「を」「に」「から」「へ」「ですら」等。而且对「を」「に」都可用、只可用「を」、只可用「に」这 3 种情况进行

---

①　根据傅冰(2009:18)所做的总结,井上说基本与 Kuroda 等观点一致;松下认为「を」致使句表示句子重点在人,「に」致使句表示句子重点在事件上;森田说认为「を」致使句中句子主语为他动主体或作用主体,而「に」致使句中句子主语为使役主体。

了详细的考察。傅冰(2009)还通过致使者的意志、被使者的意志、及物性、表达焦点、结果事件的性质等参项分析了「を」致使句和「に」致使句的语义差异。此外,早津惠美子(1999)全面梳理了被使者标志方面的文献。

寺村秀夫(1982)在总结了前人成果的基础上,全面探讨日语语态问题。他指出,致使态能否成立有语义限制和词汇限制两个条件。语义方面的限制是:表示状态类的动词无法构成致使态;词汇方面他按照三上章(1953)的观点把日语动词分为「能动词」和「所动词」①,并指出「所动词」不能充当致使句中的基本动词。寺村秀夫还从功能的角度来说明致使句的本质。他以"舞台表演"做比喻,舞台上的事件一般用主动句表示,即「Xガ(Yを/に)スル」。如果舞台之外的人(W)与"舞台事件"发生关系并作为主角(即句子的主语)登场,那么 W 就与舞台事件产生了间接作用。如果 W 对该事件不负有责任就用间接被动句,反之则用致使句,比如:

　　舞台事件:子供が饅頭を食べる

　　(间接)被动句:私は子供に饅頭を食べられる。

　　　　致使句:私は子供に饅頭を食べさせる。

池上嘉彦(1981)也从功能的角度阐述致使句。该书是日英对比研究的一部经典著作,虽然其理论依据是场所理论,但颇具有类型学视野。在对日英各种语言现象的细致分析之后,池上嘉彦指出日语是「ナル言語」、英语是「スル言語」。这一观点在日语学界影响很大,之后的许多研究都将其作为理论起点之一,从更细微之处进行验证、解释、应用或延伸,如影山太郎(1996)、木村英树(2012)等。池上嘉彦(1981)对日语中的致使句也做了较为深入的研究,他将致使句的句法表示为:W　CAUSE[S]　W→S　W 积极促使事件 S 的发生。W 对 S 的作用力存在着强弱之别,日语用三种形式区分,

---

① 三上章(1953)认为,所动词是指不能使用任何一种被动态的动词,如「ある」「いる」等;能动词是指能够使用被动态的动词。

由强到弱分别为「を」致使句、「に」致使句、「てもらう」致使句,并指出"致使"和"被动"其实是表里关系,当 W 作用于 S 就形成了"致使",S 作用于 W 就形成了"被动"。这一思想与青木伶子(1977)较为相似,不同之处是青木伶子(1977)未讨论被动态,而池上嘉彦则将各种语态统一了起来。

早津惠美子(2004)、傅冰(2009)也都讨论了与「Vさせる」句一样具有致使功能的其他句式,包括「てもらう」「ようにいう」和一些具有致使意义的及动物词。傅冰(2009)指出,这几个句式中致使者对被使者作用力的强弱表现为连续统,由强到弱依次为及物动词、「させる」「てもらう」「ようにいう」;还分析了意图性、强制性、事件结果的实现性等各种参数在不同句式中的表现。

1.3.3　汉日语致使结构对比研究回顾

国内外关于汉日语致使结构对比研究的成果并不多,专著类(含博士论文)只有杨凯荣的《日本語と中国語の使役表現に関する対照研究》(1989)、冯宝珠的《日中両語における使役表現の対照研究》(1999)、吴世平的《使役表現の中日対照研究》(2003)和汉娜的《汉日语致使范畴对比研究》(2019)。前三部均以日文书写,在国内语言学界影响较为有限。汉娜的《汉日语致使范畴对比研究》(2019)是汉日语致使结构对比研究方面最新的博士论文,较前三部著作而言理论性有所加强。除此之外还有一些研究散见于期刊及硕士论文中。从研究的内容上看,大体可分为两类,一类是汉日语致使表现形式系统性的对比研究,另一类是两种语言中典型致使结构的对比研究,下面分别述之。

1.3.3.1　汉日语致使结构的系统对比研究

杨凯荣(1989)依据 X 作用于 Y 并导致 Y 出现某种动作、作用、状态变化这一事件语义确定汉日致使范畴的表达形式。他认为日语中除了「させる」这一典型的致使结构,部分及物动词、「てもらう」、「ようにいう」等形式都能够表达致使义,所以都可看作致使表现(即致使结构),如:

(17) 太郎は次郎を<u>殺した</u>。/太郎杀死了次郎。

(18) 彼に行くように<u>言った</u>。/让他去。

(19) 私は太郎に手紙を書い<u>てもらった</u>。/我让(请)太郎写了
　　　一封信。

关于汉语中的致使表现形式,杨凯荣认为包括及物动词、"叫、
让"、"使"和"致使兼语句"。从汉日对译的角度来看,日语的「て
らう、ようにいう」与"叫、让、请"等致使动词对应程度很高,但是具
体情况又有所不同。比如汉语中的"我让他去"翻译成日语时理论
上可以使用「させる」「てもらう」「ようにいう」中任意一项,但是由
于受到各种语义要素的制约,在实际翻译中又有着严格限制。杨凯
荣(1989)较为系统地考察了以上四大类日语致使结构与四大类汉
语致使结构的共同点和不同点以及日语和汉语中诱发致使和许可
致使在表现形式上的异同。最后通过汉日、日汉互译,分别考察了
汉语致使动词的语义、形式差异和日语致使结构「てもらう、ように
いう」的语义、形式差异。杨凯荣的研究结论主要为:汉日语中的各
种致使结构在表示"X 作用于 Y, Y 接受该作用力从而发出动作、作
用、状态变化"这一点上是相通且都构成一个连续体的。日语的连
续体是:及物动词——させる句—てもらう句,而汉语的连续体是:
及物句——"叫、让"致使句。从左到右 X 的作用力减弱,Y 的主体
性增强,但是汉日语言的切分方式却有差异(详见杨凯荣 1989:
202);与动词的融合度方面,「させる」比"叫、让"要高,「Vさせる」接
近于及物动词;「させる」属于语法形式,而汉语中的"叫、让"还残留
着很多的词汇性质。因此,「させる」在与动词的结合上有较多的限
制条件,而汉语的"叫、让"则较为自由;日语「させる」要求致使结果
实现,而汉语"叫、让"没有。其他还包括两种语言中用词汇表达致
使形语义的对比,如汉语中的动补结构与日语的词汇形式,汉语中
的兼语句(除"叫、让"致使句)等,范围很广。

杨凯荣的『日本語と中国語の使役表現に関する対照研究』
(1989)是汉日语致使结构对比研究的代表性著作,但是由于时代的

局限性,多停留在两种语言的表层对比。正如作者所言,在许多方面只是指出了汉日两种语言的差异,尚需进一步的探讨。另外,有些结论还值得商榷。比如杨凯荣指出日语致使结构「させる」具有已然性的特点,而汉语"叫、让"致使结构却无此限制。杨凯荣认为这是结构上的差异所导致的,即日语致使动词和结果动词结合紧密,而汉语中二者是分离的。就汉日两种语言来看这一结论并无不妥,但如果考虑一下其他语言的情况就会发现该说法并不具有普适性。比如,英语中的 make 致使句与汉语"叫、让"致使句在结构上非常类似,都是 NP1(致使者)＋V1(致使动词)＋NP2(被使者)＋V2(结果动词),但 make 构成的致使句只要致使事件(致使行为)实现,致使结果就必须实现,比如:

(20) *John made Mary come, but Mary didn't come.

英语和汉语一样,致使动词和结果动词之间都插入了被使者,但英语 make 致使句却具有已然性。而且根据 Song(1996)的研究,在有的语言中即便是词缀型的致使结构,致使结果也未必就是已然的。所以致使结构的句法结构并非决定已然性的唯一要素,在这方面还需要进一步的探讨。杨凯荣对致使结构的限定范围较大、涉及面广,所以对致使的语义分类也很粗略,比如他把间接致使只分为"诱发"和"许可"两类。实际上根据类型学研究,致使意义还可以而且也应该做出更精细的分类。在细化的框架下对核心致使结构进行对比研究能够进一步揭示两种语言在致使结构上的细微差异。

杨凯荣(1989)对汉语中的动补结构①论述较少,冯宝珠(1999)针对这一部分展开了具体研究,是对杨凯荣研究的一个补充。她共收集了 10 部汉日、日汉对译小说,以日语的「させる」和汉语的动补结构为中心,从句式和语义两方面对「させる」和动补结构做了较为全面的对比,主要考察日语中的「させる」在汉语中如何表达(翻译),汉语中的致使句式在日语中如何表达。根据冯宝珠的研究,日语

---

① 冯宝珠(1999)提及的动补结构是广义的,包括动结式以及"V 得"结构等。

「させる」致使结构翻译为汉语时,使用最多的句式是兼语句,约占全部译文的 49％;其次是动补结构和"把"字句,均约占 22％;最后是其他句式,约占 7％。从汉语翻译到日语,使用最多的句式是「させる」,约占 64％;其次是不及物句,约占 15％;再次是及物句,约占 13％;最后是被动句和其他一些形式,各占 4％。从日语的「させる」和汉语的动补结构对比中发现两种语言中致使者的意志性存在着强弱之别,这一点与杨凯荣的研究结果是一致的。另外,冯宝珠对日语中"反身致使句"(再帰致使文)的研究着力较多,这是以往研究中较少涉及的。冯宝珠(1999)还讨论了日汉语言中致使表现在句法制约上的一些差异,指出日语的致使结构存在视点上的限制,不过没有做更深入的探讨。

吴世平(2003)从语态的角度来考察汉日语中的致使结构,其研究方法与冯宝珠(1999)大致相同,都是从汉日对译的角度展开研究的。他观察了日语「せる、させる、す、さす」[①]和汉语"使、叫、让"的对译情况,详细描写了日语致使结构如何翻译为汉语以及汉语致使结构如何翻译为日语。吴世平发现日语中的「させる」有些时候被译者处理为被动态,他认为,"中日两种语言致使态之所以有很大差异,主要是两种语言的不同特点和构造造成的"。吴世平还通过视点、汉日思维来阐释这种差异。

汉娜的《汉日语致使范畴对比研究》(2019)是汉日语致使结构对比研究方面的最新成果。该研究利用语言类型学的研究成果对比分析了汉日语致使结构的类型,利用认知语言学理论对两种语言中部分致使结构的句法及语义差异进行了解释,这使得其在理论上有了一定的提升。不过,该研究虽涉及类型学,但偏重借用——借用类型学已有的成果来观察汉日语致使结构。而且,整体上对类型学借用的成果也不多,也没有对致使结构进行类型学探索。另外,个别地方对类型学成果的理解与借鉴也有待商榷,比如作者将「てもらう」归为形态型

---

① 「せる、させる、す、さす」可统一为「させる、す」。

致使结构就明显不妥。按照 Comrie(1976、1989)的标准,「てもらう」属于迂回型致使结构。

1.3.3.2　汉日语典型致使结构的对比研究

除了系统的对比之外,还有一些对比研究集中于两种语言中较为典型的致使结构。这类研究主要是一些期刊论文、硕士论文或者专著中的某一章节。

奥津敬一郎、徐昌华(1982)以"请"和「てもらう」为中心,对比二者的差异。他们首次将「てもらう」看作一种致使表现形式,将其称为谦让型致使表达,然后从形式和语义两方面展开对比。奥津敬一郎等指出"请"和「てもらう」具有同样的结构,都有内嵌小句。语义上"请"有两个,一个表目的,一个表结果,比如:

(21) 我请了他弹钢琴。/私は彼にピアノを弾くように頼んだ。

(22) 我请他弹了钢琴。/私は彼に頼んでピアノを弾いてもらった。

(奥津敬一郎、徐昌华 1982)

(21)是要求句,(22)是同时含有致使义和要求义的要求致使句。奥津等认为「てもらう」不具有要求义,只表示"获得有利行为"(利益の行為の取得),但是大多数时候可以从语境中推导出"要求义",此时就表示谦让型致使。由于「てもらう」与"请"都能表示谦让型致使义,所以二者有较高的对应度,但不同之处在于前者对主语有人称限制。他们还指出,当「てもらう」不表示致使只表示"利益取得"时,汉语中似乎没有相对应的形式。

中岛悦子的《日中对照研究——ボォイス》(2007)是关于汉日语态(voice)对比的专著,致使只是其中的一章,内容不多。中岛悦子以「ように、させる、てもらう」和"使、叫、让"等为对比对象,根据汉日对译小说,统计了双方的对应情况。根据最终的统计结果,她指出在句法上,汉日致使句都含有一个嵌入句,但是日语「させる、てもらう」句要求主句和嵌入句要同时成立,日语的「ように」和汉语的"让"没有这种限制。除此之外,她还提出汉日致使句对被使者的人称制约方面存在着较大差异。汉语中的"叫、让"等没有人称限制,而日语的「させる、てもらう」有人称限制,但是对背后的原因没有论述。

1.3.4　以往研究的成就与局限

通过对汉语致使结构研究、日语致使结构研究和汉日语致使结构对比研究等相关文献的回顾,可以看到无论是汉语方面还是日语方面学界都已取得了不俗的成就。尤其在语言描写上,宛新政(2005)和傅冰(2009)均从语法、语义、语用 3 个角度分别对汉语致使结构和日语致使结构系统都进行了全面、系统、精细的描写。可以说,汉语学界和日语学界在以下方面都有相当的建树:

1) 大致确定了各自语言中致使结构的范围及类型;

2) 对各自语言中的致使结构进行了非常细致的语义分类;

3) 对各自语言中的致使结构进行了精细的描写,且都采用了定性与定量相结合的方法;

4) 对各自语言中致使结构系统内的句式进行了对比分析,基本明确了不同致使结构在句法、语义及语用上的区别与联系;

5) 都从认知、功能角度对致使结构进行了一定的解释。

此外,汉语学界在致使动词的历时研究方面成果显著,"让""使"等致使动词的来源基本已达成共识;除去认知语言学、生成语法等主流理论,类型学在汉语致使结构研究中应用也很广泛,出现了一些类型学关照下的汉语致使结构研究和致使结构的类型学研究等成果。日语方面,不少学者用连续统的观点很好地将各种致使结构统一了起来;对被使者标志「を」「に」等有广泛的探讨。汉日语对比方面,以往研究基本上对两种语言中的致使结构进行了较为全面的对比,也指出了汉日语具体的致使结构在句法、语义及语用上存在的差异,如"让"和「させる」、"请"和「てもらう」等等。汉娜(2019)还运用认知语言学、语言类型学等作为对比及解释的理论,提高了研究的理论水平。

不过,总体上汉日语致使结构的对比研究数量不多,而且这些成果也还存在一定的不足。第一,理论性偏弱。杨凯荣(1989)、冯宝珠(1999)和吴世平(2003)等的研究距今都比较久远,当时学界的理论也较为有限,他们基本上都偏重语言描写,缺乏理论关照和理论探讨。第二,缺乏解释。以往研究发现了汉日语的一些个性和共性,但并没有进行充分的解释。汉娜(2019)虽借鉴认知语言学相关理论做了一些解释工作,但还不够,对很多现象并未解释,如汉日语致使结构的类型差异、致使标志的差异等。类似的问题同样存在于传统的汉语和日语致使结构研究中。第三,偏重探讨汉语和日语致使结构的差异,对共性探讨不足。其实当代语言学,尤其是语言类型学、形式语言学都非常重视对共性的追求,对比语言学在找"异"的同时也应该找"同",并对异同做出合理解释。第四,以往研究大多缺乏类型学视野,没有将汉日语致使结构置于人类语言变异的大范围中进行考察,所得出的个性或共性需要更多语言的验证。

1.3.5　本课题的研究空间及各章安排

通过对以往文献的梳理可以看出,不管是汉语还是日语,在语言描写方面已经非常充分;对比方面,以往研究对汉日语各致使结构都进行了句法语义上的详细比较,发现了两种语言的一些个性表现。但也很明显,由于时代的缘故,以往的汉日语致使结构对比研究并不太关注类型学研究的内容。所以,从类型学角度来看,致使结构的汉日语对比及汉日个体语言研究方面都还有较大的研究空间。

类型学在致使结构研究方面有较为独特的关注点,已有的主要研究成果可概括为以下几项内容:

(1)人类语言中致使结构形式类型和语义类型的调查归纳以及形式与意义的对应规律;

(2)致使结构中语义参项的调查与归纳;

(3)被使者编码手段的调查及背后隐藏的共性;

(4)人类语言致使标志来源的调查和归纳;

(5)致使交替现象的跨语言考察。

　　此外,我们认为致使句的语序也应该纳入研究的范围。这些内容在以往的对比研究中较少涉及,或虽有涉及但与类型学缺乏互动,我们将在各章展开具体研究。

　　本研究共十一章,具体内容如下:

　　第一章至第三章是本研究的铺垫与准备。第一章为绪论,主要是研究目的、研究意义、研究思路和方法的阐述及文献梳理。第二章和第三章是理论介绍,主要是对基本概念的厘清、界定以及对类型学研究的一些核心理论的介绍,如 causative、致使、致使结构、致使动词、直接致使、间接致使等。我们参照中外学者的看法,明确了这些概念的内涵和外延。

　　第四章至第十章是本研究的核心内容。第四章主要从类型学的角度考察汉日语致使结构的外延及形式类型,并分析两种语言在类型分布上产生差异的原因。第五章研究致使结构中被使者的编码策略。首先归纳被使者的编码情况(包括被使者缺失),分析被使者标志对致使语义的调控功能及被使者编码的一些共性,然后探索日语被使者的编码机制,并对汉日语的被使者标志进行对比研究。第六章探讨致使句的语序问题。讨论两个问题,一个是致使句中论元角色的语序,另一个是动词与致使标志及其他附属成分的语序。第七章是对致使标志来源的探索。首先对致使标志的来源进行了全面的概括和分类,然后在此基础上对汉日语主要致使标志的来源进行对比研究。第八章是对致使标志和被使者标志的语义地图研究。包括两部分,第一部分通过跨语言的研究构建了致使标志的语义地图,并分析了汉日语致使标志的语义分布;第二部分是在前人基础上构建了一个语义节点非常丰富的概念空间,然后详细分析了日语中被使者标志在概念空间中的分布。第九章在致使的语义系统这一框架中,参照类型学上的语义参项,对汉日语的致使表达形式展开细致的对比研究,并根据语言学相关理论对汉日语的共性和差异进行了解释。第十章是对致使交替现象的跨语言考察。考察了 WATP 语言样本中的 31 个词对,对 Haspelmath(1993)提出的起动与使动的交替规律进行了修正和补充,并分析了汉日语起动和使动交替的类型学特征。

第十一章是对整个研究的总结。

1.4　语料来源和标注说明

本研究中使用的例句主要有三个来源:1)参考文献中的例句,2)语料库中的样例,3)部分内省的例句。内省的例句包括汉语、日语及英语的简单句子,数量很少。此外,少部分日文例句来自以下语法教材:

皮细庚,1987/2009 年,《新编日语语法教程》,上海:上海外语教育出版社。

刘振泉,2003/2011 年,《日语语法新编》,北京:北京大学出版社。

グループ・ジャマシイ(编著),徐一平等(译),2002 年,《日本语句型辞典》,北京:外语教学与研究出版社。

来自参考文献中的例句大多保持文献中的原样,部分例句做了以下技术处理:英文文献中用罗马字母书写的汉语例句改写为汉字书写,比如:

(1) māma　　jiào　　háizi　　kàn　　shū.
　　mother　make　child　read　book
　　'Mother made the child read a book.'

(Shibatani & Pardeshi 2002:102)

直接改写为"妈妈叫孩子看书",并且不进行标注。日文例句用罗马字母书写的改写为用日文符号(包括假名和汉字)书写,比如:

(2) Hahaoya-ga　kodomo-ni　hon-o　yoma-se-te-i-ru.
　　mother-NOM　child-DAT　book-ACC　read-CAUS-CONJ-BE-PRES
　　'Mother is making the child read a book.'

(Shibatani & Pardeshi 2002:102)

直接改写为「母親が子供に本を読ませている」,并且不进行标注。

　　汉语、日语、英语之外的语言均按照原文引用。对那些年代较为久远,例句的标注与现有通则不一致、不规范的例句,我们参照莱比锡标注方法进行了修改。此外,为保持一致性,文献中的朝鲜语和韩国语例句统称为朝鲜语。除少量的内省例句,其他例句均注明了出处。

　　本研究所使用的语料库主要有:

　　(1)北京大学 CCL 语料库(http://ccl.pku.edu.cn:8080/ccl_corpus/);

　　(2)国家语委现代汉语平衡语料库(http://corpus.zhonghua-yuwen.org/index.aspx);

　　(3)日本国立国语研究所現代日本語書き言葉均衡コーパス(BCCWJ)中纳言(https://chunagon.ninjal.ac.jp/);

　　(4)北京日本学研究中心"中日对译语料库"(2003 版)。

　　以下作品和相应的译作源自"中日对译语料库":

　　中文:《插队的故事》《丹凤眼》《关于女人》《红高粱》《活动变人形》《金光大道》《轮椅上的梦》《棋王》《人啊,人》《钟鼓楼》

　　日文:『あした来る人』『こころ』『ノルウェイの森』『ひとりっこの上手な育て方』『痴人の愛』『黒い雨』『金閣寺』『青春の蹉跌』『五体不満足』『斜陽』『心の危機管理術』

　　其他作品源自"中纳言"。

　　源自"中日对译语料库""中纳言"的例句均标注了作者和作品名,若例句有译文,则在后面标注译者和译著名。由作者翻译的日文例句,统一标注为"笔者译"。

第二章　与本研究相关的基础概念

2.1　引　　言

语言学的同一个术语,不同的理论流派对其进行的解释以及使用、概念内涵可能大不相同(金立鑫 2007:145)。相反,一些看似不同的术语可能指的又是同一现象。本研究会涉及致使、致使结构、致使标志、致使句等术语。我们在整理以往文献时发现,学界在这些术语的理解上还不够统一,有的研究者对这些术语的使用也较为随意,不够严谨。然而,这些概念又是致使研究中最基本的内容,是语言研究必须使用的工具,所以本章我们将对相关术语及类型学的一些基础概念进行梳理和界定,对以往学界中的一些认识提出自己的看法。

2.2　causative

causative 是西方语言学中一个非常重要的概念,在国内有多个中文术语与之相对应。这些术语大致可分为两类:一类是"致使""使役""使成"等;另一类是"致使结构""使役式"等。前一类我们暂且统称为"致使"①,后一类统称为"致使结构"。其实,致使和致使结构所指并不相同。范晓(2000)指出,"致使"是致使主体对致使客体

---

① 刘海波(2017)指出,"致使"比其他术语更合适,原因有三个:(1)其他术语有一定的局限性。如"使役"一般是指 V1 为使役动词的兼语句,使成一般是指述补结构。(2)"致使"这一术语更能凸显"动作—结果"中的语义要素"结果"。(3)采用"致使"这个名称,凸显了"结果"这个语义要素,更能显示其作为因果关系下位概念的特点。

的作用或影响,而"致使结构"是一种特定的语法结构。根据范晓的定义,"致使"这一术语是语义方面的,而"致使结构"则是形式方面的。因此,将 causative 同时对应于"致使"和"致使结构"就会产生一个问题:指称形式的术语和指称意义的术语糅合在一起,纠缠不清。众所周知,语言是形式和意义的统一体,语言范畴包括语义范畴和句法范畴,但是在进行具体研究时,我们还是应该有所区分。正如邵敬敏、赵春利(2006)指出的那样,"语言研究既可以着重于形式范畴,也可以着重于语义范畴,但是作为研究对象,语法意义和语法形式应该而且必须分开来研究"。由于要分开研究,就不应该用同一个术语来既指称形式又指称意义。我们发现,国内学者在谈论"致使"的时候,有的将其对译为 causation,而有的则将其对译为 causative,甚至同一个学者在同一篇文章中,也会将两者混用。宛新政的《现代汉语致使句研究》(2005),对应的英文标题是 *A Study of Causatives in Chinese*,但他在文中又说,"从上个世纪 60 年代始,国外语言学界对'致使'(causative)开始相当重视"(宛新政 2005:28);张恒(2011)说:"'致使'(causative)一直是语言学界共同关注的问题",但又说,"Lakoff 的贡献在于从认知的角度提出了原型致使(prototypical causation)的特征"。这里仅举两例,实际上很多文献中都存在这种不一致的现象,我们将其图示如下:

图 2 - 1　英汉术语的不对称

　　可以看出,将英语术语翻译成汉语,再将汉语回归到英语,causative 在"输入—输出"之后"增价"了。这就令人不得不问,causative 究竟是什么? "致使"究竟该与哪个英文术语相对应? 这看似无关紧要,但其实是一个根本性的问题,因为它牵涉到我们如何准确理解、应用西方语言学理论以及以往的研究成果。为了弄清楚该术语的真正含义,我们先看一下西方语言学界对 causative 的定义。

causative 在西方语言学界有着比较明确的定义,较为一致的看法就是指那些表示致使情形(causative situation)的一些特定的语言形式①。Comrie(1985)指出,causative 是基础动词(basic verb)的派生结构(derived construction),派生动词所形成的句子含有一个不同于基础动词的主语,而且该主语会导致基础动词句所描述的情形的发生。Kulikov(2001)更为明确具体,在他的定义中 causative 是指那些表示致使情形的动词或动词结构,其意义为 cause to v、make v,比如:

(1) John opened the door.

(2) Peter made John come.

(3) Ali　hasan-ι　　　öl-dür-dü.(土耳其语)

　　　Ali　Hasan-ACC　die-CAUS-PAST.

　　　阿里杀了哈桑。

(Kulikov 2001)

(1)(2)(3)分别含有"使门开""使约翰来""使哈桑死"的意义,其中的 opened、made … come、öl-dür-dü 都是 causative。②

Crystal(1997)指出,causative 一词兼有名词和形容词两个词性,其中名词 causative 是一个语法描写术语,其意义是表示句子交

---

　　① 　causative 还可以做形容词,直译过来就是"致使的"。causative 做定语的时候,自然可以翻译为"致使",如 causative construction(致使结构)、causative verb(致使动词)等。但这里的"致使"是做限定词的,与名词 causative 并不相同。

　　② 　Kulikov 并未严格区分 causative verb 和 causative 这两个概念,似乎认为二者是等同的。与 Kulikov 不同,大多数语言学家还是将 causative verb 看作一个独立的概念,许多时候 causative verb 是 causative 中的一个构件,如例(2)中 make 是一个 causative verb,而 make … come 则看成是 causative construction。关于 causative verb 的具体情况我们在致使动词一节再做讨论。

替形式之间的因果关系,比如:

(4) John killed Mary.

(5) Mary died.

例(4)和(5)存在着因果关系,逻辑上如果(4)为真,则(5)必为真。由此可以推断 kill 是一个 causative。

尽管三位学者对 causative 的描述有一些差异,但是基本上都认为作为名词的 causative 主要指语言形式或语言结构。这个形式或结构可以是一个动词,也可以是一个动词性的结构。这是西方语言学界较为一致的看法①。也许是为了语言的简洁性,国外学者常用 causative 来指代 causative construction 或者 causative form。由于英语语言的特点,这种处理方式也是可行的。尽管如此,大多数学者还是使用全称 causative construction 而不是 causative。

通过对西方学界中 causative 术语内涵的分析,我们可以明确 causative 主要是指语言形式。沈家煊(2000)将 causative 译为"使役式"是很准确的,因为"式"表明了它是语言形式,与 causative 的内涵完全一致。causative 在国内文献中有"致使结构""使役结构""使成式"等说法,虽然选择的术语有所不同,但都指"语言形式"。从这一点来看,这些术语都是可以接受的。当然,科学术语通常有精确性和排他性的要求,最好能够统一起来,本研究将 causative 对译为"致使结构"。

在明确了 causative 的内涵之后,再看一下对应于该形式的语义概念在英文中的术语。"致使结构"所表达的意义在西方文献中通常用 causation 来表示。Song 的 *Causatives and Causation* (1996)是关于致使结构研究的重要著作之一。Song(2008:275)还使用了 causative type 和 causation type 来区分致使范畴中的形式范畴和语义范畴,这两个术语译成汉语可表示为"致使结构类型"和

---

①　Saksena(1983)认为 causative 这一术语在以往文献中既指单动词(single-word)致使结构,又指含有一个嵌入句的结构,用得过于宽泛。

"致使类型"。

可见,西方语言学中,causative 和 causation 有明确的分工,前者指称形式,后者指称意义,二者不可互相替代。Shibatani & Pardeshi(2002：109)在引用类型学大家 Comrie 著作 *Language Universals and Linguistic Typology*(1981)中的一段话时就对其做出了如下订正：

Many languages have a formal distinction correlating with this distinction between **direct and indirect causatives**[read 'causation']. Moreover, the kind of formal distinction found across languages is identical：the continuum from analytic via morphological to lexical causative correlates with the continuum from less direct to more **direct causation.**

在这段话中,Comire 既使用了 direct causatives 又使用了 direct causation。Shibatani & Pardeshi(2002)在引用时特意将文中的 causatives 标注为 causation(括号内容为 Shibatani & Pardeshi 所添加)。他们没有说明修正的理由,但是根据他们对 causative 和 causation 的定义,可以认为"直接"和"间接"是致使语义范畴的两种类型,适合修饰指称语义概念的 causation,而不应用来修饰指称结构的 causative。也就是说,致使这一语义概念的下位概念有"直接/间接"之分,所以可以说 direct/indirect causation,但是将致使的表达形式说成"直接/间接致使结构"显然是不够妥当的。在国内学界我们还没有见到"直接致使结构""间接致使结构"这样的说法。

causation 在国内语言学界的译法也不统一,大致可分为两种情况。一部分学者将其翻译为"因果关系",还有相当多的学者将其译为"致使""使役"等。Lakoff 的两本经典著作 *Metaphors*，*We Live By* 和 *Women*，*Fire and Dangerous Things* 都有专门的章节探讨 causation,中文版的译者们(包括台湾地区的学者)都将其翻译为"因果关系",但是很多学者在引用原文时又经常将其翻译为"致使"。实际上"因果关系"和"致使(关系)"并不完全相同,二者既相互关联又有所区别(范晓 2000)。接下来我们看一下什么是"致使",并对语言学上与致使范畴有所关联的其他范畴做一简要探讨。

2.3 致使的本质

很多学者认为致使范畴是语言学中极为重要的句法语义范畴或语法范畴。语法范畴包含两个方面,即语义范畴和形式范畴(胡明扬 1994;邵敬敏、赵春利 2006 等)。语义范畴和形式范畴如同一张纸的两面,二者相辅相成,不可或缺。致使范畴包含致使和致使结构,致使是致使结构的语义内容,而致使结构则是致使义的表现形式。但这样的描述并没有触及致使语义的本质,因为语法形式和语法意义的定义是一种循环定义(邵敬敏、赵春利 2006),即:语法形式所表现的语言意义是语法意义,表现语法意义的语言形式是语法形式。所以要理解致使的本质,就不能局限于语言本身,而应该从更本原的角度来寻找答案。在这方面,认知语言学做了许多有益的探索,下面我们尝试从认知的角度对二者进行一些探讨。

认知语言学虽然是语言学的一个分支,却颇有一些哲学意味。认知语言学家讨论的也是语言学内容,但他们强调身体的体验性,对"致使"研究的出发点则是现实中的因果关系。也许正因为如此,Lakoff 等学者著作中的 causation 通常都被国内学者翻译为"因果关系"。认知语言学认为人类通过认知行为在头脑中形成的范畴是认知范畴,认知范畴投射到语言中,获得语言的意义和形式,以语言的意义为分类依据,语言的形式为类别成员,将语言的意义和语言的形式结合起来并固定下来,最终形成语言范畴(李炯英 2012:45)。认知范畴和语言范畴可以分别看作是范畴化的心理——生理基础和范畴化的语言表达(周红 2005:12)。所以,"致使"这一概念是语言学上的,致使关系是现实中部分因果关系在语言上的投射(周红 2005;张恒 2011)。

现实中的因果关系很复杂,它包含着一因一果、一因多果、一果

多因、同因异果、同果异因等等(张豫峰 2014:50),其中最为典型的
当属一因一果这种情况。认知语言学就是从典型的因果关系入手
展开讨论的。Lakoff & Johnnson(1980:70)指出,因果关系是人类
的基础概念(basic human concept),它的形成源于人们对客观世界
的认知。根据皮亚杰的研究,婴儿形成因果关系这一概念是从他们
能够直接操纵周围物体而感知到的,如扯掉毯子、扔掉瓶子、丢掉玩
具,这些都是因果关系的原型。Lakoff 等进一步指出,因果关系是
人类的一个基础概念,但并不是"原子"(primitive)。原子单位是在
理论中不能再分解为更小单位的那一部分,而因果关系是可以进一
步分解的。因果关系是一个经验完形,由下面一系列特征构成
(Lakoff 1987:54 - 55):

　　① 存在一个发出某行为的施事;

　　② 存在一个受事,该受事经历变化进入新状态;

　　③ 特征 1 和特征 2 构成一个简单事件,它们在时空上相重叠,
施事接触受事;

　　④ 施事的行为(行为或意愿)先于受事状态的改变;

　　⑤ 施事是能量源,受事是能量目标,能量从施事向受事传递;

　　⑥ 有一个单一明确的施事和一个单一明确的受事;

　　⑦ 施事是人;

　　⑧ 施事依靠意志行动;施事能够控制行动;施事对自身的行为、
变化负主要责任;

　　⑨ 施事使用自己手、身体或其他工具;

　　⑩ 施事注视着受事,受事的变化是可感知的且被施事所感知。

　　上述特征构成了典型的因果关系,或者说是因果关系的原型。
认知语言学认为一个范畴并不是靠真值条件确定的,范畴内的成员
地位并不完全是平等的,有典型和非典型之分。隶属于同一范畴内
的各个成员,它们之间只有家族相似性,没有绝对的、共有的特征。
在因果关系成员中,以上的特征选项具备得越多就越典型,越少则
越不典型。部分因果关系投射到语言上,逐渐形成固定的语言结

构,而这种固定的语言结构就是致使结构。越典型的致使结构也就具有越多的因果关系中的特征项。

从前人的研究可以看出,认知语言学认为最为典型的因果关系是一种操作,人们通过对物体的直接操作形成因果关系这一概念,然后再用较为固定的语言形式将其表达出来,形成语言学上的致使范畴。而"张三让李四去"这类表示非直接操作的"因果关系"是源于概念的扩张,它依靠的是人们的隐喻和类推能力(analogies)。Lyons(1977:484 - 485)指出,使用语言影响他人的行动,即通过言语行为控制他人的行为和直接操作在语言习得上是一样的,都是最为基本的(转引自中右实 1998:133)。

致使范畴是现实中的因果关系在语言中的投射,但是因果关系投射到语言中并非仅形成致使范畴,还包括因果范畴、目的范畴(可能还有其他更多的范畴)等。吕叔湘在《中国文法要略》(1942/2014:562)中指出,"目的的概念和因果的概念有着密切的关系,二者是相通的:来自外界者为原因,存于胸中者为目的"。语言学中因果范畴与致使范畴在语义上也存在着交叉,关于这方面学界已经有了很多的讨论,如郭锐、叶向阳(2001),郭姝慧(2004),周红(2005),宛新政(2005),金海月(2007),陈秀娟(2010),张恒(2011),张豫峰(2014)等等。这些学者基本达成了以下三点共识:

其一,因果主要是哲学中的概念;而致使是语言学中的概念。在语言学研究中要对二者进行必要的区分。

其二,致使和因果既相互联系又有所区别,语言学上的致使关系是客观世界的部分因果关系在语言中的投射。

其三,语言学上的因果关系主要是一种事理性的推理,而致使关系则突出强调致使力。

语言学中因果范畴、致使范畴、目的范畴,这三个范畴中典型的成员在语言形式的选择上有明显的区别,比如:

(6)因为出不起房租,只好另租了房子。(原因)

(7)为了省几个房钱,只好另租了房子。(目的)

(8) 出不起房租<u>使他</u>不得不另租了房子。(致使)

但是有时候原因和致使所表达的基本意义是相同的,如(6)和(8)都描述了一个因果关系:交不起房租(因),另租房子(果)。原因和目的的划分多依赖于人的识解,在语言形式上,有些语言也是用同一个形式,比如日语:

(9) 株価が急落した<u>ために</u>、市場が混乱している。(原因)/由于股票价格暴跌,市场发生混乱。

(10) 家を買う<u>ために</u>朝から晩まで働く。(目的)/为了买房子从早到晚地工作。

徐一平等(2002:270 - 271)

上述例句中都用了「ために」,但是(9)表示原因,(10)则表示目的。此外,英语中的 for 和日语中的格助词「に」也是既可以引介原因又可以引介目的,所以这三个范畴之间并不总是界限清晰的。

结合认知语言学和以上学者的观点,我们认为语言学中的致使范畴、目的范畴和因果范畴都是现实中因果关系在语言中的投射,都含有一定的因果关系,存在着一定的交叉。它们之间的关系大致可做如下图示:

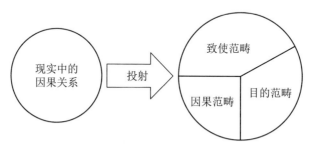

图 2 - 2　现实中的因果关系在语言中的投射

不同的语言中,致使、因果和目的这三个范畴的切分模式并不完全一致。汉语中一些用致使结构表达的句子在其他语言中就未必能够用致使结构来表达,如“战争使许多人无家可归”在日语中的表达是：

(11) 戦争で多くの人は帰る家がなくなった。

汉语用的是典型的致使句,相应的日语一般不能使用致使句来表达,而是将原因编码为旁格,用后置介词「で」来引介,将所谓的"兼语"编码为主语,整个句子用不及物句来表达。直译成汉语就是"很多人因战争失去了可回的家"。

国内很多学者强调致使是人类语言普遍具有的语义范畴,但我们也要看到,A 语言中的"致使"在 B 语言中未必就是"致使",因为 A 语言中所使用的致使句在 B 语言中并不能用致使结构来表达。汉语中认为的"致使"在其他语言中可能只能理解为"因果";相反,我们所认为的一些"因果"在其他语言中也可能被看作是"致使"。中右实(1998)指出,致使结构所能表示的致使意义是以典型的因果关系为核心向外扩张的,语言之间存在着差异。人类语言中的"致使"究竟涵盖了多大范围,或者说现实中因果关系究竟有多少投射为人类语言中的致使关系,恐怕现在还无法下结论。不同语言有重合的部分,也有完全不同的部分。也许只有人们把所有语言的致使结构调查清楚,才能够明确这一底图。

2.4　致　使　结　构

在讨论致使结构之前首先要区分一下"致使结构"和"致使句"。范晓(2000)指出,致使结构是致使关系反映到语法里的一种特定结构,致使句则是由致使结构构成的句子。致使结构可以是一个动词或动词性短语(黄锦章 2004),而致使句则是一个完整的句子。以「太郎は次郎を行かせた」为例,「行かせる」是一个致使结构,整个句子是一个致使句。可以说"致使结构"只是一个句子中的谓语部分,它可以是单动词,也可以是一个双动词,如英语中的 make … V、汉语中的"让……V"等。汉语中的"使"字句、兼语句等术语虽然使用了"句",其实指的是传统上所说的小句,也是一种结构,而非完整的句子。按照构式语法的观点,它们就是一些非常典型的构式。所以致使句必然含有一个致使结构,但是含有致使结构的句子未必就一定是致使句。像"张三被李四打死了",我们认为这是一个被动句,但是该句子含有致使结构"打死"。

从字面来看,致使结构就是表示致使关系或者部分因果关系的一些特定的语言结构。王力(1943/2014:86)将使成式(causative form)概念做如下定义:"凡叙述词和它的末品词补语成为因果关系者,叫作使成式。"黄锦章(2004)认为致使结构是指单句内部可以用来陈述一个内含因果关系的致使情景的结构体。但是这样的说法总是较为粗略,我们还需要对致使结构有更深刻的认识。

在单一语言内人们通常以形式标准来确定致使结构,比如日语学界不少学者就认为应该把「させる」看作日语致使结构的唯一特征:有「させる」形式的是致使结构,否则就一定不是。从跨语言的角度来看,不同语言表达致使概念的手段可能大相径庭,任何基于形式的定义几乎都不具有普适性。不过,要给致使结构下一个明晰准确的定义也并非易事,类型学上通常用致使情形(causative situation)来定义致使结构。Shibatani(1976a)对致使情景的限定较为严格,认为语言学中的致使结构表达的致使情景必须同时满足下面两个条件:

1)说话者认为致使事件先于被使事件出现。

2)说话者认为被使事件的出现完全依赖于致使事件的出现。这种依赖性允许说话者做出反事实的推理:在其他条件不变的情况下,如果致使事件在某个时间没有发生,那么被使事件就不会在某个时间发生。

依据这一定义,Shibatani 认为英语中 I made/had/got John go 和 John melt the ice 是致使句,并用结果取消句来进行测试。

(12) *I made/had John go, but he actually didn't go.

(13) *John melted the ice, but nothing happened to it.

相反,下面的例句就不是致使句。

(14) I know John has come.

(15) I told John to go.

(16) John kicked the ice.

在(14)中,"我知道"和"约翰来"这两个事件的顺序未遵守时间先后关系原则,后一事件先于前一事件发生。而在(15)(16)中实际的结果可能都未实现,前一事件的发生不一定会引起后一事件的发生,比如:

(17) I told John to go, but he actually didn't go.

(18) John kicked the ice, but nothing happened to it.

在(17)中,"我"通过言语行为让约翰去,但事实上约翰并没去。(18)中约翰虽然踢了冰,但冰没有发生任何的变化。不过很多学者(池上嘉彦 1981;影山太郎 1996 等)都指出在日语中一些词汇型致使结构并不蕴含结果的实现,如"燃やしたけど、燃えなかった"(烧了但是没烧着)。汉语中这种情况更为常见,如"杀了但没杀死",而且学界公认的"叫、让"致使结构都不蕴含致使结果的实现,如"我让你交作业,你怎么没交?"另外 Song(1996)、郑圣汝(2006)也指出,朝鲜语中的致使结构也可以对被使事件进行否定。大量的语言事实显示,结果蕴含并不是致使结构的必要条件。在很多语言中结果事件的已然和未然都是通过一定的技术手段来标记的(牛顺心 2014:47)。影山太郎(1996:197)准确地指出致使结构之所以未必蕴含结果实现是因为现实世界中存在着引发(cause)和控制(control)两种类型,当表示控制致使时,结果就未必会实现。

Comrie(1989)也用致使情景来描述致使结构,但他说的致使情景比 Shibatani 的定义更为宽泛,属于广义的。Comrie 认为一个复杂情景包括成因和结果两个微观情景部分,如"汽车晚点导致我开会迟到"。在这个致使情景中有两个微观情景,即:(1)汽车晚点和(2)我开会迟到。前者是成因,后者是结果。语言是人类描述客观世界以及心理世界的一种重要工具,人们可以通过语言将致使情形表达出来,但是语言的表现形式非常多样,比如"汽车晚点导致我开会迟到"这一致使情景可以是下面表现形式中的任何一种。

(19) The bus's failure to come caused me to be late for the meeting.

(20) The bus didn't come, so I was late for the meeting.

(21) I was late for the meeting because the bus didn't come.

(Comrie 1989：165)

　　这些句子表示的是同一致使情景,"汽车晚点"是原因,"上班迟到"是结果。熊学亮、梁晓波(2003)对英语中致使情形的表现形式做了较为全面的总结,认为副词(如 John fatally wounded Mary 中的 fatally)、介词(如 He sneezed the napkin off the table 中的 off)、因果附接语(如 I was late for the meeting because the bus didn't come 中的 because)、动词(如 John made Mary come)以及其他形式都能够或多或少地表达致使概念。按照这样的理解,汉日语中都有大量的句式来表达致使情景,比如:

(22) 运动会因下雨推迟。

(23) 由于对方门将的失误,中国队赢了。

(24) 他骂了女儿,女儿哭了。

　　上述例句中各自的成因分别是"下雨""门将的失误""他骂了女儿",结果分别是"运动会推迟""中国队赢了""女儿哭了"。

　　日语中能够用来表现致使情景的语言形式也非常丰富,佐藤里美(1990)举出了以下形式:

(a) 格名词:「で」格名词、「に」格名词、「から」格名词;

(b) 表原因的一些复合形式:ために、せいで、によって、ゆえに;

(c) 表因果的一些接续词:するので、するから;

(d) 一些句末表现形式:からだ、のだ、ためだ等。

　　不过,以上这些句子或形式只是表达了一定的因果关系,很难说是致使句或致使结构。由于对致使情景的定义太过宽泛,Comrie(1989:166)提出了一些限制条件,他说:语言学上并非所有表达使成情景的语言形式都是致使结构,语言学研究关注的只是表现致使情景的一部分语言形式。具体来讲,就是那些有特定语法形式表达致使情景的、致使概念包含在谓语里的语言结构。试比较下面两句:

(25) 全村人都死于这次地震。

(26) 这次地震使全村人都死了。

在(25)中,有一个结果动词"死",但没有表示成因的动词,而在(26)中既有表成因的动词"使",也有表结果的"死",所以前者只能归入简单因果句,而后者则是较为典型的致使句。

Comrie 的说法与 Shibatani 大体是上一致的,Song(2008:258)也做出了类似的表述,他认为致使结构有 3 个特点:1)致使者的动作是致使谓词表达的,被使者的动作是通过结果谓词表达的;2)致使谓词是高度抽象的,换句话说,致使动词都是纯粹表示一个原因,而没有更多的特定词汇意义[①];3)致使者 NP 和谓词置于前景,而被使者 NP 和结果动词置于背景,即致使者 NP 是致使结构的主语,致使动词 cause 是整个句子的核心动词。

近年来,国内外很多学者从认知的角度研究致使,认为致使结构其实表达的是一个力动态模式,是力的传递。周红(2005:56)指出致使力是致使情景中我们所感受到的力,是致使的语义核心。尽管关于致使力我们无法操作,主要靠"感受",但由于在学界已达成共识,我们也认同这一观点。Shibatani 说 know 构成的句子不是致使句,在我们看来不是因为致使结果未实现,而是由于 know 在语义上并不要求后接的 NP 做出什么行为,也即不传递致使力。在 I know she has come 中"我(I)"就不要求"她(she)"做出任何行为。这样一来,就不存在致使力的传递效应,也就难以将这类句子看作致使句了。

---

①　关于致使动词是不具有任何实际意义的动词(或词缀等其他成分)这一点,学界意见还不一致。

综合以上讨论,我们可以得到以下认识:

一是,致使结构必须表达两个事件,即致使事件(causing event)和被使事件(caused event)。致使事件由一个独立的或者隐含的(零形式)致使动词来表达,而被使事件则由结果动词(或称为基础动词)来表达,两个事件融合在一个小句中。

二是,致使结构含四个核心要素:1)致使者:引发或控制结果事件的事物;2)被使者:结果事件的主体;3)致使行为:由致使动词来表达;4)结果行为或状态:由结果动词(或基础动词)来表达。

三是,致使者处于主语位置。

四是,结果是否实现并不是致使结构的必有特征。

五是,致使结构表现致使力的传递。

汉语致使句"这次地震使全村人都死了"含有以上所有特征。1)含有两个事件:致使事件——(发生)这次地震,被使事件——全村人死了。2)含有四个要素:致使者是"这次地震",被使者是"全村人",致使动词是"使",结果动词(或基础动词)是"死"。3)致使者"这次地震"在句中位于主语位置。4)结果实现。5)在主观感受上有力量传递。

2.5　致　使　动　词

致使结构的一个核心要素是致使动词,但是汉语学界和日语学界对致使动词的理解有较大的差异,而且语言类型学界所界定的致使动词也存在语义逻辑上的不一致,所以我们有必要对致使动词进行更为细致的观察并做出界定。

郭姝慧(2004)指出汉语中的致使动词有两类:一类是动词本身带有致使义,而且致使事件的谓词形式与被使事件的谓词形式语音相同,两者合二为一;另一类是本身含有致使意义且仅代表致使事件的谓词形式,如"叫、让"等。前一类词也就是已经记录在词库之中的那些具有使动用法的动词(包括形容词),如"丰富人民生活"中的"丰富","解散队伍"中的"解散"。对于后一类,牛顺心(2014:2)将这些专门表示致使义的成分称为致使标记,并指出致使标记可以是一个词缀,也可以是一个独立的助词,如果致使标记能独立成词,也称为致使(动)词。可见,汉语界所说的致使动词其实包含了在语义构成上完全不同的两类动词。第一类的"丰富"等动词不仅含有成因还有结果,而第二类动词仅有成因而不含结果。请看下例:

(27) 他们解散了队伍　　　　队伍散了

(28) 老师让学生写字　　　　学生写字

显然,"解散"其实已经包含了一个结果义动词,即"散",而"让"并不包含结果义,其结果是"学生写字"。所以与"解散"具有平行关系的是"让……V",而非"让"。

日语学界中的致使动词也有两种类型。一类是词汇形式的动词,如「殺す」「飛ばす」「建てる」等。与汉语中的使动动词一样,这类致使动词已经固化为词,存在于人们的词库中。另一类指的是基础动词派生出的动词,即「動詞＋させる」(高桥太郎 2005:77;森田良行 2002:199;日本语记述文法研究会 2009 等),比如:

行く(基础动词)＋　させる(成因成分)——行かせる(致使动词)

読む(基础动词)＋　させる(成因成分)——読ませる(致使动词)

日语中无论是词汇形式的致使动词还是派生形式的致使动词,在语义上都包含了成因和结果两个事件。如「殺す」「飛ばす」可译为"杀死""放飞";「行かせる」「読ませる」可译为"让……去""让……读",所以将它们统一称作致使动词是有道理的。从对应的角度来看,"叫、让"和「させる」是一致的,它们都缺乏具体的意义,更多的是表示致使关系。这就使得汉语中称作致使动词的"叫、让"其实与日语中所说的「使役動詞」(致使动词)完全不对等。

类型学上学者们对致使动词也有两种看法。Kulikov(2001)认为致使动词是致使行为和致使结果共同构成的形式,所以本质上致使动词就是一个致使结构,如:

(29) John killed Mary.

(30) Can you enlarge this photograph for me?

(31) John made Mary come.

(29)中的致使动词是 kill,(30)中的致使动词是一个派生词 en-large,而(31)中是 make ... come 共同构成的一个结构。在 kill 中成因成分和结果成分高度融合,尽管在形式上已经无法切分,但能分析出 cause 和 die 两个语义要素。enlarge 在形式上可分析为 en-和 large 两个成分,前者为成因成分,后者为结果成分。make ... come 中成因成分是 make,结果成分是 come,所以这里的致使动词可看作一个双动词结构,由 make 和 come 共同构成。从一致性原则来看,Kulikov 的做法是合理的。因为既然学界都认为 kill、enlarge 是致使动词,那么很明显致使动词应该包含表成因的形式和结果动词。但是致使动词还有另外一种理解,即把 kill、enlarge 这类词看作致使动词,同时也把 make ... come 中的 make 看作致使动词。其原因是 make 具有高度的独立性,能够独立成词。

从以上分析可以看出,汉语学界以及类型学上所说的致使动词其实不是一个同质的类,一类是指仅表达致使义的动词,如"让、叫",而另一类是指含有致使义的动词,如 kill 等。相比较而言,日语中的致使动词在语义构成要素上则是统一的。

对比研究需要术语有同样的内涵,我们把汉语"叫、让"和英语 make、have 都称作致使动词。根据一致性原则,把日语的「させる」等也称作致使动词,而像「殺す」这类具有独立意义的动词直接称为(词汇型)致使结构。另外要说明的是这里的"致使动词"不仅仅包括虚化的动词,也可以是词缀,甚至是零形式。如果表示致使事件(成因事件)的成分高度虚化,如英语 enlarge 中的 en-, actualize 中的-ize 等也会用致使标志来代替致使动词。

2.6　施格和通格

人类语言大致可分为主宾格语言和施通格语言。将两种语言进行对比时,我们首先要清楚它们是否属于同类语言。施通格语言是 20 世纪初国外学者调查发现的,国内学界了解施通格语言相对较晚。主宾格语言和施通格语言在句法语义上有极大的不同,如果进行对比的两种语言分属于不同的类型,那么其结论的准确性与可信度就会大打折扣。由于"施格""通格"在类型学之外普及度并不高,下面对这些术语进行简要的介绍。

　　施格是汉语学界对 ergative 一词的翻译,在日语中译为"能格"。ergative 这一术语最早出现在德国语言学家 Dirr Adolf(1867—1930)在 1912 年描写 Rutul 语的一篇文章中。不过,直到 Dirr(1928)之后,该术语才受到语言学家广泛关注(山口巖 1995:51)。吕叔湘较早将该术语引入国内,并将其译为"作格"。金立鑫、王红卫(2013)指出,从语义上说 ergative 就是表动作者,最能反映 ergative 本质的名称是"施格"。日语将 ergative 翻译为"能格",也隐含有"能动"的意义。日语主动句被称为"能动文",这也从侧面证明"施格"比"作格"更能反映 ergative 的本义。通格对应的英文是absolutive,日语将其翻译为"绝对格"。"通格"这一术语含有"通用"义,日语的"绝对格"显然是英语术语的直译,相比之下,"通格"一词更能体现出 absolutive 的本义。

　　施格(ergative)和通格(absolutive)属于传统语法中的词形格,二者与主格和宾格相对立。类型学根据格的配置把人类语言划分为主宾格语言和施通格语言,其测试手段是:将不及物动词的唯一论元记作 S,及物动词的两个论元分别记作 A 和 P,A 表示施事,P表示受事。从格标志的异同来看,逻辑上 S、A、P 共有五种组配方式:1)S=A≠P、2)S=P≠A、3)S=A=P、4)S≠A=P、5)S≠A≠P,见图 2-3。

　　S=A 表示 S 和 A 使用相同的格标志,即 S 和 A 做同等看待;相反,S≠A 表示 S 和 A 使用不同的格标志,即 S 和 A 不做同等看待。

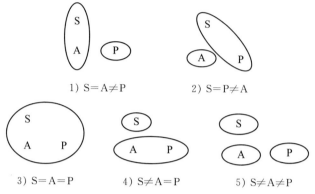

1) S=A≠P　　　2) S=P≠A

3) S=A=P　　4) S≠A=P　　5) S≠A≠P

图 2 - 3　人类语言 S、A、P 的组配方式

第 3）、4）、5）的情况在人类语言中较为罕见,因为这些这样的配置在功能上都存在不合理的地方。第 3 种配置中 S、A、P 相同,格标志起不到区别语法关系的功能;第 4 种配置中 S 与 A、P 相区别,A 与 P 又使用共同的标志,由于 A 和 P 在同一句中,这就导致格标志无法起到区分施事和受事的作用;第 5 种的 S、A、P 各取不同的格标志,虽然格标志的区别作用得到了最大限度的体现,但由于 S 和 A、P 在不同的句式中,只需要将 S 与 A、或者 S 与 P 相区分就能够满足格标志的区分功能,三者使用各不相同的格标志违反了语言的经济性原则。

人类语言采用最多的是第 1 种格配置情况,这类语言称为主宾格语言。如日语中的格配置情况如下:

(32) a. 太郎が走る。

b. 太郎がご飯を食べる。

日语中 S 和 A 共用一个格标志が,而 P 用另一个标志を,这里的が格是主格,を格是宾格。与日语等主宾格语言不同,Warrgamay 语采用施通格配置(柴谷方良 1986),如:

(33) ŋulmburu　　gaga-ma.

　　woman.ABS　go-FUT

'The woman will go.'/那女人要走。
(34) Maal -du　　ŋulmburu　　ŋunda-lma.
　　　man-ERG　　woman.ABS　see-FUT
'The man will see the woman.'/那男人会看到那女人。

（柴谷方良 1986）

在 Warrgamay 语 的 例 子 中，不 及 物 句（33）的 S 是 ŋulmburu
（woman），及 物 句（34）的 A 是 maal-du（man），P 是 ŋulmburu
（woman）。S 和 P 采用的名词形式完全一样，都是零形式 Φ，而 A 使
用 另 外 的 标 志-du。这 里 的 maal-du（man）是 施 格，ŋulmburu
（woman）是通格。

　　主宾格配置和施通格配置从功能上来讲都是合理的。格标志
的数量上，三个名词只使用两个标志，这是经济原则的表现，同时由
于 S 和 A、P 在不同的句式中，只需要将 S 与 A 或者 S 与 P 相区分
就能够满足格标志的区分功能。所以这两种配置既体现了格标志
的区分功能，又体现了语言的经济原则。

　　主宾格和施通格配置实际代表了人类观察事件的两个角度。
主宾格配置关注的是"在 X 的作用下 Y 产生某种变化或发出某种行
动"，不及物句是及物句的子事件；施通格配置关注的是"事物的变
化或行动"，及物句是不及物句的衍生。也就是说，主宾格配置是及
物句和及物句的删除（删除施事），而施通格是不及物句和不及物句
的扩张（增加施事）。池上嘉彦（1981）将前者称为 DO 语言，将后者
称为 BECOME 语言，二者的生成机制可图示如下：

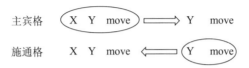

图 2-4　主宾格和施通格的生成机制

上图中用 move 来代替事物的变化或行动，X、Y 都表示实体，

及物句表示 X 促使 Y move。主宾格配置中关注的是 DO,在 X Y
move 中,Y 是变化的主体,X 是 DO 的主体;而在 Y move 中,Y 是
行动的主体,所以,X 和后一个 Y 用同样的标志。施通格配置关注
的是 BECOME,不管在及物句还是不及物句中,Y 都用相同的标
志,X 是在 Y move 的基础上增加了一个施动者,用另外一个标志。

除了主格、宾格、施格、通格,词形格还包括与格、属格、工具格
等各种格。在形态发达的语言中这些格都有特定的标志,比如土耳
其语中主格用零形式,宾格标志用-ι,属格标志用-ιn,与格用-a,方位
格用-da,离格用-dan(Comrie 1989:44)。与格一般表示间接宾语关
系,语义上与格是感受者(experiencer)或收受者(recipient)的典型
表示形式。其他的属格、方位格、离格、工具格等统称为旁格,是表
示旁接宾语的形式。

2.7　本　章　小　结

致使、致使结构、致使动词等是致使结构研究的基本概念(工
具),然而国内学者对它们的理解不尽相同。针对该问题,我们查阅
了类型学界的许多权威文献,并根据学界的主流认识,明确了 causa-
tive、致使、致使结构、致使动词的内涵和外延,初步探讨了致使和因
果的关系。另外,由于本研究是跨语言的,对人类语言的两种类型
进行了简要的介绍。本章主要内容如下:

1) 对语言学中 causative、causation 等概念的内涵界定及相应
汉语术语的确定。根据西方学界的共识,causative 这一术语是对一
些特定的语言结构或语言形式的指称。相应地,翻译为汉语也应该
使用指称形式的术语,如致使结构。致使结构(causative)所表达的
意义可称为致使或致使意义,对应的术语是 causation。用相互关联
而又不同的两个术语来分别指称形式和意义,逻辑清晰,避免了二
者的混淆,有利于研究的进行。在确定了 causative 之后,我们从认
知语言学的角度对致使的本质做了进一步的探讨。研究指出,致使

是现实中的因果关系在人类语言中的部分投射,所以本质上致使还是一种因果关系。但是哪些因果关系是致使则因语言而有所不同。因为致使概念源于典型的因果关系的扩张,而扩张程度在个体语言之间存在差异。

2) 对致使结构及致使动词的界定。综合类型学和认知语言学的观点,本研究对致使结构持以下看法:①致使结构表达致使事件和被使事件两个事件;②致使结构包含四个核心要素,即致使者、被使者、致使行为和结果行为;③致使者处于主语位置;④结果是否实现不是致使结构的必有特征;⑤致使结构表现致使力的传递。致使动词是致使结构的核心要素,以往研究中的致使动词存在着语义逻辑上的不一致。本书重新定义了致使动词,即致使结构中用来表示致使事件的那些语言成分。

3) 对"施格""通格"及"主格""宾格""与格"等的介绍。

这些都为后期的深入研究奠定了基础。

第三章　致使结构的类型与语义参项

3.1　引　　言

致使结构有形式和语义两个维度的分类。关于这两个角度的分类,学界已经进行了较多的探讨。从现有研究来看,无论是形式类型还是语义类型,不同学者都会有不同的分类。形式类型方面,导致差异主要有两个原因,一是学界对致使结构的界定不一致;二是分类的标准不同。语义类型方面的研究相对较为薄弱,对类型的划分不够细致,而且缺乏体系性。由于以往研究存在这些不足,对致使结构进行较为全面、细致的分类就显得很有必要,也很有意义。人类语言中存在很多的语义参项,比如与生命度相关的有生与无生、自主与非自主等等,这些在致使结构中都有相应的表现,而且不同类型的语言在调控手段上也有所不同。本章主要介绍相关研究成果,并对以往的研究进行一些补充。

3.2　致使结构的范围

Shibatani(1976a:1)指出,给致使结构下一个准确的定义不是一件容易的事情。就现有研究来看,似乎还没有哪个定义可以放之四海而皆准。这也导致不同学者在认定致使结构的时候存在较大的偏差,对致使结构的理解有广义和狭义之分,而且狭义和广义之间也很难划出一条清晰的界线(Dixon 2000:33;Dixon 2012:242)。因此,在给致使结构分类之前,我们首先了解一下类型学中致使结构的范围。

类型学内部虽然对致使结构的外延认定有一些出入,但总体上其范围要大于传统上界定的致使结构。传统上语言学界认为 kill、open 这类动词是及物动词,但并不属于致使结构。形式学派将 kill 分解为[X cause Y to die],这样一来,这类能够表示致使情景的及物动词也被纳入到致使结构的范围中。类型学也认为 kill 这类词是致使结构,但是类型学主要关注的是那些通过形态变化构成的致使结构以及一些通过句法手段表示致使关系的结构,具体来讲就是像日语中的「Vさせる」结构以及英语中的 make V 结构。从句子的复杂性来看,致使句多为单句。多数类型学者认为致使结构通常只存在于单句中,而不涉及比单句更大的单位——复句,即便该复句中前后两句也含有因果关系。也有个别学者认为有些复句属于致使结构,如 Song(1996)把字面意义是 I speak and child eats 的一些句子也划入了致使结构,并将其称为"并列型"(AND)。所以,广义的致使结构包括 open、kill 等词汇型致使结构、具有能产性的致使结构、句法型(即分析型)致使结构以及双小句、并列句等各种形式。狭义的致使结构主要指形态型致使结构和句法型致使结构,也包括一些表示致使义的词汇。类型学上更多的是一种狭义的致使观,主要关注那些使用形态或句法手段构成的致使结构。本研究同样持此观点。

3.3　致使结构的形式类型

3.3.1　致使结构的主要类型

人类语言表达致使情景的形式丰富多样,致使结构的构成方式也不尽相同。类型学家根据形式特征,对这些多样化的致使结构进行了归类。这方面代表性的人物有 Comrie、Shibatani、Song、Dixon 等。但是不同学者有不同的分类标准,其结果自然也有差异。在致使结构的类型划分上,类型学界主要存在三种概括性的分类方法,分别是:(1)词汇型、形态型和分析型(或迂回型、句法型);(2)词汇型、能产型;(3)融合型、目的型和并列型。

　　Comrie(1989)将人类语言中的致使结构分为词汇型(lexical causative)、形态型(morphological causative)和迂回型(periphrastic causative)。迂回型致使结构也被称为分析型(analytic causative)或句法型(syntactic causative)致使结构①。词汇型致使结构是指用词汇表达致使意义,致使事件和结果事件融合在谓语动词之中,结果表达形式和宏观使成表达形式之间的关系毫无规律性,不具有任何能产性。如:在语义上 kill 可分析为 cause somebody to die,但是在形态上 kill 与 die 没有关联性。这种现象也被称为异干交替。形态型致使结构是指致使事件和结果事件融合在谓语当中,这似乎与词汇型有相似之处。不过,形态型与词汇型有明显的差异,形态型中的致使动词(或致使成分)大多是一个助动词、词缀等语言形式;而在词汇型致使结构中,致使成分大多是零形式。同时,形态型致使结构中的致使成分有一定的能产性,很多动词都能够与这些致使成分结合。形态丰富的语言大多有形态型致使结构,如日语、土耳其语、朝鲜语等。分析型致使结构指的是致使事件和被使事件各有一个独立的词汇形式,即致使成分和基础动词用两个独立的动词表示,比如:I made Mary drive the car 中 make 表示致使事件,drive 是被使事件中的动词。而且 make 具有很高的独立性,在句中可以单独充当句法成分。

　　国内学者彭利贞(1997)对致使结构也做过类似的分析。彭利贞将致使语义的语形表现划为三个不同层次,分别是:语法结构层次、形变层次和零形式层次。处于语法结构层次的可符号化为:S cause O VP (S 是主语,O 是 cause 的宾语,VP 表示这个宾语后的补足语),这大体上与分析型致使结构相当。处于形变层次的可符号化为:NP1　V^{sm} NP2(V^{sm} 表示一个不含有致使义的动词通过加上标记具有致使义),这基本与形态型相当。而零形式指的就是典型的词汇型致使结构。可以看出彭利贞(1997)对人类致使结构的

――――――――――

　　①　后文我们多用分析型致使结构这一称法。不过为尊重原作者的表述,在引用作者的话时也会使用迂回型等表达。

分类与 Comrie 的结果较为相似,不同之处在于 Comrie 认为三种致使形式构成了一个连续统,而彭利贞认为它们处于不同的平面。其实词法和语法是一个难以完全割裂的连续现象,许多词法本身也是语法规则的表现。

Song(1996)通过对 408 种语言的考察,按照句式将致使结构分为融合型(COMPACT)、并列型(AND)和目的型(PURPOSE),并将它们进行了如下的形式化表达:

融合型:S1(…[Vcause]⊕[Veffect]…)S1

并列型:S1(S2(…[Vcause]…)S2+AND+S2(…[Veffect]…)S2)S1

目的型:S1(S2(…[Veffect]…)S2+PURP+[Vcause]…)S1 或者

S1(S2(…[Vcause]…)S2+PURP+[Veffect]…)S1

在上面形式化的表达中,Vcause 相当于致使成分,Veffect 相当于结果动词。S1 表示一个主句,S2 表示嵌入句。在融合型结构中致使标志和结果动词融合度较高,致使标志可以是词缀或零形式等,所以融合型致使结构包括了传统上的词汇型和形态型。并列型致使结构包含两个小句,它们用 AND 类连词连接起来,比如 Vata 语:

(1) ǹ　　　gbā　　　le　　　yŌ-Ō　　　lī

I　　speak　CONJ　child-DEF　eat

'I made the child eat.'

(Song 1996:36)

与并列型不同,目的型致使句中有一个嵌入句,另外还有一个表目的的标志。该标志可能是格标志,也可能是附加在动词上的一些成分,如时、体标志等,如 Djaru 语:

(2) guju-ŋgu　　mawun　　gingi-wara　　man-i

meat-ERG　　man　　satiated-PURP　cause-PST

'The meat made him satiated.'

(Song 1996:52)

在例(2)中,结果动词是 gingi(满意),致使标志是 man,而 wara 用来表示目的。

　　上面的形式化表达仅适用于那些非常典型的致使结构。由于目的型、并列型和融合型每一类型中都有许多非典型的致使结构,所以一些具体的致使结构难以归类。Song 认为典型的融合型致使结构中 Vcause 和 Veffect 之间不能插入任何成分,同时又承认一些非典型的致使结构在二者之间允许插入一些成分。由于 Song (1996)的体系不是按照逻辑关系进行的分类,这导致其分类结果也较为模糊。Moore & Polinsky(1998)就认为 Song 的分类标准不够明确,Song 本人对一些致使结构的认定也不一致,比如下面的 Banbungo 语:

(3) ví　　　　　yàa　yísə̀　　(lāa)　　ŋwə̀ gə̄　ntó'
　　 they-IMPERF PAST make-PERF （that）　he　go-PERF palace
　　 'They made him go to the palace.'

(Moore & Polinsky 1998)

Song(1996)将该句归为并列类。但是,既然可选项(lāa)被标注为标句词(complementizer) that,那就意味着第二小句是一个嵌入句而非并列句,所以应该看作目的型而不是并列类。

　　Shibatani 的分类方法与以上学者都不相同。在 Shibatani (1973、1976a、1976b)、Shibatani 和 Pardeshi(2002)中致使结构都是二分法,即词汇型致使结构(lexical causatives)和能产型致使结构(productive causatives)。Shibatani 和 Comrie 的体系中都有词汇型,但是他们对词汇型的界定并不一致。在 Shibatani 看来,词汇型指的是那些能产性很低,人们在习得的时候必须通过逐个记忆才能够掌握的具有致使意义的动词。比如日语中的「建てる」(tateru),虽然-e 也可看作一个致使词缀,但是由于能产性太低,人们无法通过生成的办法掌握该动词,所以这类词都属于词汇型。Comrie 所说的典型的词汇型则是致使形式和相应的非致使形式要么缺乏形态上的关联,要么是完全同形的那些动词,如英语中的 open、kill 等。

Shibatani 将这类词称作纯粹词汇型致使结构(pure lexical causa-tives)。Shibatani 以能产度为标准的分类方法对形态发达的语言比较有效,但是对于像汉语这种缺乏形态变化的语言适用性则比较差。

以上学者对致使结构的形式类型划分都是为了构建自己的理论体系或者修正原有的理论体系,所以分类结果并不相同。不过,他们都认为致使结构是一个连续统,无论是分成词汇型、形态型和分析型,还是分成词汇型和能产型,抑或是 Song 的目的型、并列型和融合型,不同类型之间很难划出一条清晰的界线。

3.3.2　致使结构的具体类型

无论是三分法还是二分法,都是一种粗线条式的分类,具有高度的概括性。概括能够使人们找到语言中的共性,但是要厘清语言事实则必须细化,这是寻找共性的一个必要步骤。世界语言中致使结构的形式非常多样,所以在具体的研究中有必要对这种概括式的分类作进一步的细化。

Comrie 的词汇型致使结构还可以分为两种类型,一种是能够进行致使交替的动词,也即施格动词(ergative verb)或易变动词(labile verb),比如:

(4) John opened the door.

(5) The door opened.

施格动词兼有及物和不及物两种用法,它在人类语言中普遍存在。当施格动词作及物动词时,这类词含有 CAUSE 语义谓词,是一种词汇型致使结构。

像 kill 这类及物动词,它们只有及物用法,不能进行致使交替,比如:

(6) John killed Mary.

(7) *Mary killed.

但 kill 也含有 CAUSE 这一语义谓词,在语义学上可以分解为 [cause to die],这种情况通常称作异干交替。

关于形态型致使结构,Dixon(2012)对此有全面的总结①。他将其分为九种,分别是内部变化、辅音重叠、元音加长、声调变化、重叠、加前缀、加后缀、加前后缀、加中缀等。

1) 内部变化(internal change),如:立陶宛语
tikti(适应)——taiktyi(使适应)

2) 辅音重叠(consonant repetition),如:海湾阿拉伯语
χarab(变质)——χarrab(使变质)

3) 原音加长(vowel lengthening),如:吉什米尔语
mar(死)——ma:r(杀死)

4) 声调变化(tone change),如:拉祜语
nɔ̂(醒)——nɔ̄(叫醒)

5) 重叠(reduplication),如:爪哇语
bengok(叫喊)——be-bengok(使叫喊)

6) 前缀(prefix),如:阿姆哈拉语
gəbba(进入)——a-gəbba(插入)

7) 后缀(suffix),如:Crow 语
χachɨi(移动)——χachɨi-a(使移动)

8) 前缀＋后缀(circumfix),如:格鲁吉亚语
čam(吃)——a-čam-ev-(喂、使吃)

9) 中缀(infix),如:Rabha 语
buebae(迷路)——bue-da-bae(使迷路)

以上九种技术手段中,前五种属于屈折形式,后四种属于词缀形式。

分析型致使结构是一个大类,最典型的是像英语中 make 构成的致使结构。但是人类语言中有很多致使结构并不总是这么规整,如汉语中的"打死""推翻"类动结式就与典型的分析型有较大的差异。有鉴于此,Dixon(2000、2012)从分析型致使结构中分离出了一种复合谓语型致使结构。复合谓语型致使结构中谓语动词是两个

---

① Dixon(2000)列举了 8 种手段,Dixon(2012)在此基础上增加了中缀。

(或多个)动词构成的复合谓语,具有单一谓语的全部特征,它们用一个单独的时体态(TAM)标志、共享一个主语等。根据 Dixon 的观点,复合谓语型致使结构属于连动(serial verb)结构,但在具体的句法表现上又有所不同,具体分为三类。

第一类是句子有致使意义,但没有致使动词,如帕马语(Paamese):

(8) kaiko　　ko-muasi-nau　　　nau-vaa　　　　netano
　　　2SG　　　2SG-REAL.hit-1SG　　1SG-REAL.go　　down
　　　'You hit me down(lit. you hit-I fall)'

(Aikhenvald 2000:159)

由于句子中没有致使动词,Dixon 认为虽然这些句子确实表现了因果关系,但不应该放入致使结构中讨论。这一观点显然有些狭隘,汉语中的动结式虽然没有真正的致使动词,但是学界普遍认为它是一种典型的致使结构。

第二类是致使动词和结果动词有共同的词缀,如塔里阿那语(Tariana):

(9) nu-inipe-nuku　　　　kwaka-mhade nu-a　　　nu-hɲa
　　　1SG-children-TOP.NON.A/S how-FUT　　1SG-make 1SG-eat
　　　'How will I get my children to eat(if I can't hunt anything)?'

(Aikhenvald 2000:160)

在例(9)中,动词 hɲa(吃)和致使动词 a 有相同的前缀①。

第三类与典型的分析型致使结构较为类似,但是致使动词和结果动词结合得非常紧密,中间不允许插入受事论元,如法语中的 faire 致使结构。

(10) j'ai fait courir Paul./我已经使保罗奔跑。

(Comrie 1989:169)

在(10)中,fait(faire)语法化程度较高,与结果动词 courir 结合得

---

① 这里把 nu 看作前缀,虽然该形式被标注为第一人称单数形式 1SG。

非常紧密,不允许插入名词短语(Shibatani & Pardeshi 2002)。而在典型的分析型致使结构中,致使动词和结果动词之间通常有一个受事短语,如英语的 John made Mary come 中 make 和 come 是分离的。Shibatani 和 Pardeshi 认为法语的这种情形是致使动词进一步虚化的结果。随着致使动词的不断语法化,致使动词和结果动词会进一步靠拢。语法化程度越高,就会结合得越紧密,最终致使动词可能会成为结果动词上的词缀或附着形式,甚至嵌入结果动词的内部。Comrie(1989:169)认为这种致使结构在形式连续统上处于形态型和分析型之间。

　　将复合谓语型致使结构从分析型中剥离之后,分析型致使结构内部就有了较高的一致性。分析型致使结构包含两个小句,通常情况下致使动词在主句,而结果动词在补足语小句(complement clause)或其他类型的从属小句(other kind of subordinate clause)中。①

　　除了以上四类致使结构,Reid(2000)发现澳大利亚的一种语言中,谓语动词的形式是一个动词带上一个助动词。动词和助动词都有及物和不及物之分,通常情况下不及物动词与不及物助动词共现,表示一个简单的动作,如:

　　(11) Ye-nim-purity

　　　　 3SG-go-slip

　　　　 'He slipped.'

(Reid 2000:343)

谓语动词 purity(slip)和助动词 nim(go)都是不及物性的。当不及物动词带上一个及物性助动词时,整个句子就有了致使意义,比如:

　　(12) ngu-di-nyi-purity-pe

　　　　 1SG-move-2SGO-slip-FUT.

---

　　① 从对"被使者"的功能进行标记的情况来看,人类语言又有三种形式,一种是将"被使者"在主句中进行标记,一种是在从句中进行标记,还有一种是在主句和从句中都进行标志。英语中的致使动词在主句,结果动词在补语句中,如 John made Mary come,其中结果动词 come 在补足语中。

'I will make you slip.'

(Reid 2000:344)

Dixon 将这种构成机制称为助动词替换(exchanging auxiliaries)。这一机制多存在于在澳大利亚的一些语言中,并不太常见,后文不再涉及。

以上是国外语言类型学界所发现的构成致使结构的各种技术手段,可总结如下:①

L1:易变动词;L2:异干互补;

M1:内部变化;M2:辅音重叠;M3:元音加长;M4:声调变化;

M5:词汇重叠;M6:添加前缀;M7:添加后缀;M8:添加前后缀;

M9:添加中缀;

CP1:词缀共现;CP2:动词相连;

P型:分析型

这些是人们至今为止所发现的全部技术手段,人类语言中的实际情况也许会更为复杂。另外,将 Comrie、Song、Shibatani、Dixon 对致使结构的分类进行比对之后,他们在致使结构的范围和类型认定上的差异大致可表示如下:

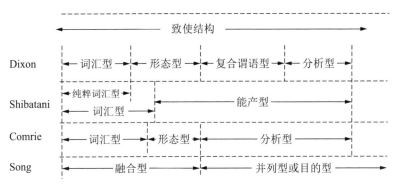

图 3-1　致使结构的范围和类型

① L 代表词汇型;M 代表形态型;CP 代表复杂谓语型;P 代表迂回型,也即分析型。

3.4　致使结构的语义类型

3.4.1　致使的主要语义类型

致使结构表达致使情形,但致使情形是一个非常概略的说法,还可以作下位划分。类型学界首先从事件的类型将致使情形分成两类,一类是直接的控制或操作,另一类则是间接的。比如单事件(one-event)——双事件(two-event)、接触(contact)——非接触(non-contact)、操作(manipulative)——指示(directive)等(Pardeshi 2000:88)。尽管使用的术语不一样,但本质上差别不大。Shibatani(1973、1976a)将致使(causation)分为指示型致使(directive)和操作型致使(manipulative)。指示型致使是指致使者对被使者发出指令,被使者在该指令下完成某一行为,操作型致使是致使者对被使者的直接操作。Comrie(1989)、Dixon(2000、2012)等学者使用直接致使(direct causation)和间接致使(indirect causation)。这对术语使用得最为广泛,也是致使意义最基本、最重要的分类。尽管学界都在使用"直接致使"和"间接致使",但是之前人们并没有给它们做出过严谨的定义。Shibatani 和 Pardeshi(2002)弃用了原来使用的操作致使和指示致使这一对术语,也采用直接致使和间接致使,并用下面图示的方式明确了这一对概念。

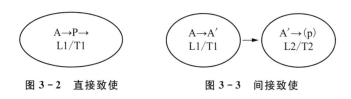

图 3 - 2　直接致使　　　　　图 3 - 3　间接致使

上图中,A 表示施事,P 表示受事,箭头表示事件的分割点,L 表示空间,T 表示时间。直接致使只有一个施事和一个受事,二者处于同一时空之中。间接致使中致使者是施事 A,而被使者 A′同时也是结果谓语的施事。由于在间接致使中有两个施事,这两个施事存在着"接受指令——发出行动/变化"的一个过程,所以它们一般在时空上会形成一定的间隔。也就是说典型的直接致使是指人们将致使行为和结果概念化为同一个时空发生的事件,或者是在同一空间但时间上又难以分割;如 John killed Mary 中"约翰对玛丽实施动作"的行为事件和"玛丽死"这一结果事件是在同一时空中发生的。而 John caused Mary to die 则可能是 John 在某个时间、某个地点发出了一个行为,而 Mary 在另一个时间、另一个地点死亡。比如,某个人不小心把高楼阳台上的花盆碰落,花瓶砸到楼下的行人而致其死亡,这个时候就不能用 kill,而只能用 cause to die 这一致使结构。

　　Shibatani 和 Pardeshi(2002)认为直接致使和间接致使是一个连续统,二者之间还有协同致使(sociative causation)。协同致使是指致使事件和结果事件在同一时间、不同空间或者同一空间、不同时间实现的。具体又可分为共同行动(joint-action)、协助(assistive)和监督(supervison)三种,前两种致使接近于直接致使,都隐含着致使者对致使事件有具体的行为;监督致使则更接近于间接致使,致使者和被使者没有直接的接触。汉语中的"给"致使结构,如"妈妈给孩子穿衣服"大致表示"共同行动——协助致使"。"叫"致使结构,如"妈妈叫女儿写作业"可表示"监督致使"和"间接致使"。在直接致使和间接致使之间划分出协同致使是一个很大的进步,但是这种分类主要基于致使事件和被使事件的时空性质,不关注具体的致使情形,如致使者是强制被使者发生变化、发出行动还是通过指示使其变化或行动,抑或只是一种诱发等。这些不同的致使情形在一些语言中都有不同的表现手段,所以我们还可以做出更细微的分类。Kulikov(2001)列举了"许可"(permissive)、"帮助"(assistive)、"宣言"(declarative)等几种致使类型,不过并没有构建致使语义的体系。

　　关于致使结构的语义类型,除了类型学的一些分类,不管是汉语学界还是日语学界都有较为细致的分类。汉语方面,朱德熙(1982:179)把"让"分为使令、听任、允让、被动四个意义;吕叔湘(1999:461)指出"让"有致使、允让、听任等意义。江蓝生(2000:

221)把致使分为使令、致使、允让和任凭等意义。日语方面,有大量的学者对「させる」进行了各种分类,如森田良行(2002)、村木新次郎(1991)、佐藤里美(1986、1990)、傅冰(2009)等。关于这方面的成果,研究综述中有详细的介绍,不再赘述。其实,日语界的一些分类已经非常细致,但问题在于,这些研究主要是对「させる」的语义分类。从类型学来看,一个致使动词一般只具有部分的致使语义;另一方面,由于语义扩张,致使动词还会有致使以外的功能。就「させる」而言,该形式虽然意义多样,但明显不具有致使中的"请求"意义;有些意义或功能已经超出了致使范畴,比如傅冰(2009)中的「させる」的派生用法就与"致使"意义相距甚远。汉语也同样如此,比如"让",一方面不具有直接致使的用法,另一方面"让"的被动用法又属于"被动"范畴,超出了致使意义的范围。所以,仅仅根据单一的致使标志,甚至是单一语言中的一些致使标志对致使进行的语义分类,都存在类型不全或功能扩大的可能。

　　语言是由形式(form)和语义(meaning)两个方面构成的,只考虑意义的分析方法是没有意义的,最好能找到句法乃至形态上的根据。要找到形态上的依据,一个可行的办法是进行跨语言的考察。比如,汉日语中"请求"都缺乏专门的形态成分,那么将"请求"列入致使的语义类型可能就存在一些争议。逻辑上讲,要求和请求的区别仅仅是致使者和被使者的地位关系不同而已,既然有"要求"这一类型,也应该有"请求"这一类型。跨语言考察显示,Shipibo-Konibo语中的致使后缀-ma、安多藏语中的致使动词keu jeug不仅表示要求,也可以表示请求。有了这种形式上的证据,我们就可以较为确信地将"请求"列入致使的一个类型。

　　寺村秀夫(1992/1995:199)指出,要使不同语言之间的比较更有意义,必须设定一个具有普适性的对比框架,并在此基础上研究不同语言之间的表面上的差异。而这个共有的基础是抽象的语义。就本研究而言,致使的语义类型是第九章汉日语致使结构对比的框架。由于以往关于致使的类型划分并不能完全满足本研究的需要,所以我们将在类型学研究的基础上,结合其他语言的形态特征,对致使进行一个较为系统的、具有普适性的分类,为后文的汉日语致使结构对比研究奠定基础。①

3.4.2　本研究建立的致使语义系统

按照类型学的研究,致使首先应该分为直接致使和间接致使。典型的直接致使是致使者和被使者之间有物理性的接触,致使者对被使者有直接的操作,如日语中的「殺す」「止める」等动词就表达这样的概念。典型的间接致使一般不会直接操纵被使者,如"让他去"就是通过口头指令或者手势使被使者发出行动。直接致使和间接致使在表现形式上有所不同,日语中「殺す」表示直接杀死,而「死なせる」表示间接使某人死亡;类似的还有英语中的 kill 和 cause to die 等。所以我们首先将致使分为直接致使和间接致使,图示如下:

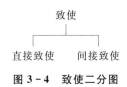

图 3 - 4　致使二分图

直接致使和间接致使是一个连续统,对于直接致使,我们不再细化;而对间接致使还要做出更多的分类。我们知道致使者可以是人,也可以是事(包括物、事件或状态),不同的致使者会产生两种不同的致使类型。人是具有意图性的生物,只有人才能够有意图地让某人行动或者发生变化;而物、事件都不具有意图性,所以物、事件只能是事件的促发者,而无法成为控制者。语言学上的"控制"不完全等同于现实中的控制,致使者即便是人,也可能没有控制性。

---

① 我们的分类是在前人的基础上构建的,所以分类结果与以往研究有一致的地方。但分类的过程不同,我们是从类型学角度展开的。

根据控制这一参数,影山太郎(1996)把间接致使分成两类:当事件充当致使者时表示的是因果类(cause)致使;有意图的人充当致使者时是控制类(control)致使。英语中的 have 致使句[①]就只能表示控制致使,而不能表示因果致使,比如:

(13) Barbara had George go shopping./芭芭拉叫乔治去买东西。

(14) Brian had Mila write the French exam./布里昂叫米拉做法语考题。

(15) *Ralph had Sheila fall down./拉夫叫谢拉晕倒。

(16) *The strong winds had the books fall./强风叫书落下。

(影山太郎 1996:31 - 32)

"因果致使"在日语界已是一个公认的致使类型,我们参照日语学界中的做法,将主语不具有控制性的致使称作"因果致使",将具有控制性的这一类称作"控制致使"。二者之间最大的区别是"控制致使"中致使者对被使事件的发生有控制力,而"因果致使"中致使者无法控制被使事件的发生。现在我们也将间接致使分出了两类,图示如下:

图 3 - 5   间接致使二分图

控制致使主要表示某人 A 作用于某人 B,然后 B 做出某事,这又可以分为两类:指示型和允让型。指示致使与允让致使的不同在于,前者是致使者积极主动地要求被使者实施结果事件,而后者致使者并非主动要求被使者实施结果事件。Kulikov(2001)指出,允让

---

① 影山太郎称为"依赖使役文"(依賴使役文)。

致使可以理解为致使者没有使结果事件不发生。允许某人做某事实际就是"没有让某人不做某事",所以 let V 可以解释为 non-causing somebody not to bring about V。池上嘉彦(1981:189)与 Kulikov 看法非常相似,他将允许型致使表示为:W　LET　[S]＝W　NOT　CAUSE　[NOT　S](W 表示某人,S 表示"事件")。Comrie(1989:171)将允许致使(permission)列为单独的一类,并指出纯粹使成和允许使成之间的联系在于致使者对结果是否能实现都有某种控制,前者的致使者具有导致结果实现的能力,而后者则有阻止结果实现的能力。在英语中纯粹致使和允许致使通过不同的动词来实现,比如:

(17) I made the doctor come.(纯粹致使)

(18) I let the doctor come.(允许致使)

(17)是我控制了"医生"并使其进来,而(18)是我允许"医生"进来。

Shibatani(1976b:254)又对允许致使做了更细致的分析,他认为允许致使可分为以下 4 种情况:

a. 致使者克制或忽略了阻止行为,从而导致被使事件实现;

b. 致使者积极给出许可让被使者做某事;

c. 致使者试图阻止但却未能阻止被使事件发生;

d. 致使者知道自己的阻止不会成功,所以放弃干涉被使事件。

其中 a 类和 b 类是最为常见的两种类型,而 c 类和 d 类较为少见。另外这 4 类中 a、c、d 类有一个共同点,即致使者的"阻止"行为未实现从而导致被使事件实现,也就是说致使者未阻止或未能阻止事件的发生,这一类可称为放任致使;而 b 类则是致使者积极给予许可才使得被使事件实现,称为许可致使。从许可致使到放任致使,致使者对被使者的控制力递减,形成一个连续统。所以,许可致使和放任致使很多时候是难以截然分开的,大多数语言都用同一个形式来表示许可和放任这两种情况,如英语中的 let、汉语中的"让"就兼有许可和放任意义。但在墨西哥印第安部族的塔拉斯堪语

(Tarascan)中,许可致使和放任致使分别用 jwinaani 和 jurajkuni 这两个不同的致使动词来表示(Maldonado & Nava L 2002),比如:

(19) Adrianu　　jwinaa-s-0-ti　　　　ime-eri　kats'ïkwa-ni
　　　Adrianu　　allow-PERF-PRES-IND.3　this-GEN　hat-OB
　　　Eratzini-ni　hupi-ka-ni
　　　Eratzin-OB　take-MDL-INF
　　　'Adrian allowed Eraztin to take his hat.'/Adrian 允许
　　　Eraztin 拿他的帽子。

(20) Maria juraj-
　　　ku-s-0-ti　　　wájpa-ni　para　nira-ni　kw'inchikwa-rhu

　　　Maria let-CAUS-
　　　PERF-PRES-IND.3　kin-OB　　para　go-INF　party-LOC

　　　'Maria let her daughter go to the party.'/Maria 放任她
　　　女儿去晚会。

(Maldonado & Nava L 2002:187)

　　Maldonado & Nava L(2002)指出(19)表示的是许可,而(20)表示
Maria 对她女儿去晚会不做任何的干涉,是一种放任(abandon)行为。
　　至此,我们对控制型致使做出如下划分:

图 3 - 6　控制型致使分类图

　　指示致使还可以做出进一步的划分。从社会关系地位来说,指
示又可分为两类,一类是上级对下级(高地位对低地位)或平级之间
的指示,而另一类则是下级对上级(低地位对高地位)的指示。我们

将前一类致使称作要求类致使,后一种称作请求类致使。这两种情况在很多语言中都会使用不同的语言形式来表示,如汉语在前一种用"让"致使结构,而后一种则通常用"请"致使结构;日语中「させる」一般也不用于下级对上级的情况。与汉日语不同,有的语言对这种上下关系并不区分,比如藏语安多方言(Amdo)中致使词缀 keu jeug 既可以用于上级对下级,也可以用于下级对上级(扎西才让2008),这里的下级对上级的指示其实就是一种请求。在要求致使中,根据指令的强度又可以分为强制型和非强制型,区分二者的关键参数是被使者的意愿性。致使者让被使者做某事时,被使者有两种可能的反应:(a)不愿意做;(b)愿意做。如果不愿意做而又做了,说明致使者是强制被使者执行;愿意做并且做,说明致使者不是强制被使者执行。

Shibatani(1982)指出,包括日语在内,很多语言如朝鲜语、匈牙利语、盖丘亚语在强制致使和非强制致使方面都有非常明显的形态区别。

(21) 朝鲜语

    a. Nae-ka　ai-lɨl　　　ka-ke　　　haetta

       I-NOM　child-ACC　go-COMP　caused

       'I made the child go.'/我迫使那孩子去。(强制)

    b. Nae-ka　ai-eke　　ka-ke　　　haetta

       I-NOM　child-DAT　go-COMP　caused

       'I got the child go.'/我让那孩子去。(非强制)

(22) 盖丘亚语

    a. Maria　Juan-ta　takiy-ta　　yača-či-n

       Maria　Juan-ACC　song-ACC　learn-CAUS-3PS

       'Maria made Juan learn a song.'/Maria 迫使 Juan 学歌。(强制)

    b. Maria　Juan-man takiy-ta　　yača-či-n

       Maria　Juan-DAT　song-ACC　learn-CAUS-3PS

'Maria had Juan learn a song.'/Maria 让 Juan 学歌。
（非强制）

（Shibatani 1982）

在朝鲜语和盖丘亚语中,强制致使的被使者都使用宾格标志,而非强制则使用与格标志。另外,据 Kulikov(2001)介绍,因纽特语(旧称爱斯基摩语)中强制性命令某人做某事用致使后缀-hjqur(a),而非强制性要求某人做某事则用-hjka-或者 sihjka 致使后缀。

根据以上语言事实和分析,我们把指示类致使分为 2 个层次 3 个类别,图示如下:

图 3 - 7　指示致使分类图

至此,我们将整个致使的语义系统构建如下:

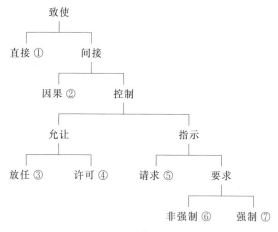

图 3 - 8　致使语义系统

以上对致使语义系统的划分依然是一个较为粗疏的分类,研究者还可以根据研究需要做进一步的划分。与以往的分类不同,本书的分类有类型学证据,且系统内部具有一致性,不同类型的致使表现出的主要差异可归纳为表 3 - 1。

表 3 - 1　各类致使的参项差异

	因果关系	直接操作	间接控制	积极控制	上对下	强制性
直接	＋	＋				
因果	＋	－	－			
允让	＋	－	＋	－		
强制要求	＋	－	＋	＋	＋	＋
非强制要求	＋	－	＋	＋	＋	－
请求	＋	－	＋	＋	－	－

3.5　致使结构中的语义参项

关于致使结构中的语义参项,以往学者有过许多研究,如 Shibatani(1976a)的指示(directive)和操作(manipulative);Comrie(1989)的纯粹致使(true causation)和许可(permission)、直接致使和间接致使、被使者的自控度等 3 个参项。不过这些学者大多只关注某一项或几项参项,并不全面。Dixon(2000、2012)对以往研究中所涉及的语义参项进行了比较全面的总结,最终将其归为三大类共九个参项。第一类与致使者相关,分别是致使者的直接性(directness)、意图性(intention)、自然性(naturalness)和参与度(involvement);第二类与被使者相关,分别是被使者的自控力(control)、意愿性(willing)和影响度(affected);第三类与基础动词相关,分别是状态动词/行为动词和及物性。

致使者的直接性是指致使者直接还是间接导致结果事件的发生,前文已有详细介绍,不再赘述。

意图性是指致使者是有意地、有目的地还是无意地、偶然地实现了结果事件。有的语言使用不同的致使结构来区分意图性,比如泰语中有意图就用 tham 致使动词,无意图则用 hây 致使动词(Vichit-Vadakan 1976:461)。卡姆语中如果致使者是有意图的,就用前缀 p 表示;如果是无意图的,则在动词前加入一个小品词(particle)tòk(Dixon 2000:70),比如:

(23) 卡姆语(Kammu)

    a. kàə   p-hàan   tràak

       3SG＋M   CAUS1-die   buffalo

      'He slaughtered the buffalo.'

    b. kàə   tòk   hàan   mùuc.

       3SG＋M   CAUS2   die   ant

      'He happened to kill an ant.'

(Dixon 2000:70)

自然性是指结果事件的实现是否需要致使者提供额外的动力。有的情形中致使者只是结果事件的一个触发者,而有的情形中致使者必须付出相当的努力。俄语中用形态型致使结构表示前一种情形,用分析型致使结构表示后一种情形。塔里阿那语(Tariana)中使用致使动词-ni 表示结果事件是致使者通过一定的努力来实现的,而一些形态型致使结构则表示事件是自然发生的(Dixon 2000:71)。英语中词汇型致使句和 make 致使句也能体现出这种差别,比如:

(24) a. He walked the dog in the park.

    b. He made the dog walk in the park.

(Dixon 2000:72)

(24a)可以说"狗"有意愿在公园溜达,而(24b)则是"狗"不愿在公园溜达。

与致使者相关的最后一个语义参项是参与度。因为被使者是结果事件的施事,所以通常都会完全参与结果事件。但是对于致使者而言,他可能会参与,也可能不参与。秘鲁境内的一种语言(Nomatsiguenga 语)使用不同的词缀区分这两种情况,如果致使者没有参与结果事件就用致使前缀 ogi-,有参与就使用后缀-hai(Dixon 2000:72),比如:

(25) Nomatsiguenga

    a. y-<u>ogi</u>-monti-ë-ri　　　　　　　　　　i-tomi

       3SG+M-CAUS1-cross.river-NON.FUT-3SG+M　　3SG+M-son

       'He made his son cross the river.'(he told him to)

    b. y-monti-a-<u>hag</u>-ë-ri　　　　　　　　　i-tomi

       3SG+M-cross.river-EPENTHETIC-

       CAUS2-NON.FUT -3SG+M　　　　　　　　3SG+M-son

       'He made his son cross the river.'(he helped him across)

                          (Dixon 2000:73)

与被使者相关的三个语义参项分别是:自控力、意愿性和影响度。自控力是指在致使者的影响下被使者是否具有控制事件发生的能力。这一参项在日语、朝鲜语、匈牙利语等许多语言中都有明显的形态区别;在克里克语(Creek)中则是通过不同的致使动词来调控(Martin 2000:397),如:

(26) 克里克语

    a. honánwa-t　istocí-n　　hómpeyc-ís

       male-NOM　baby-BOLQ　eat:DIRECT.CAUS:LGR-IDNIC

       'The man is feeding the baby.'

    b. honánwa-t　istocí-n　　hómp-ipeyc-ís

       male-NOM　baby-BOLQ　eat-make:LGR-INDIC

       'The man is making the baby eat.'

                        (Martin 2000:397)

(26a)中的致使动词是 yc,(26b)的致使动词是 ipeyc。前者描述的场景是"喂",后者描述的则是"命令或要求吃"。前者被使者没有自控力,后者有较高的自控力。

意愿性是指被使者是否有意愿完成结果事件。被使者完成一

个事件可能是出于本人的意愿,也可能是被逼迫的,玻利维亚—盖丘亚语通过使用不同的被使者标志来区分这两种情况,比如:

(27) 盖丘亚语(Quechua)

  a. Maria Juan-ta   takiy-ta yača-či-n

    Maria Juan-ACC song-ACC learn-CAUS-3PS

    'Maria made Juan learn a song.'/Maria 迫使 Juan 学
歌。(强制)

  b. Maria Juan-man takiy-ta yača-či-n

    Maria Juan-DAT   song-ACC learn-CAUS-3PS

    Maria had Juan learn a song./Maria 让 Juan 学歌。(非
强制)

(Shibatani 1982)

  例(27a)中,被使者标志是宾格标志 ta,表示被使者是被逼唱歌;例(27b)中,被使者标志是与格标志 man,表示被使者自愿唱歌。

  影响度这一参项用于区分被使者受动作行为的影响程度差异,即被使者是部分受影响还是完全受影响,比如塔里阿那语(Tariana)有两个不同的致使后缀-i 和-ta,-i 表示被使者只受到部分影响,-i 和-ta 连用时则表示被使者受到完全影响(Aikhenvald 2000),比如:

(28) 塔里阿那语(Tariana)

  a. na-ɾuku-i-pidana   naha itʃida-pe-ne

    3PL-fall-CAUS-REM.PAST.INFR they turtle-PL-INS

    They made(some woodchips) fall down with the help
of turtles.

  b. phia nuha panisi-nuku   pi-ɲa-bala

    you I house-TOP.NOM.A/S 2SG-hit-EVERYWHERE

    pi-ɾuku-i-ta-ka

    2SG-go.down-CAUS1-CAUS2-DECL

    You destroyed my house completely.

(Aikhenvald 2000:158)

与动词有关的两个参项分别是状态动词/行为动词和及物性。动词有不同的分类标准,状态和行为的划分主要是基于语义的,而及物和不及物的划分则是基于句法的。通常情况下状态动词都是不及物动词,所以从不同角度划出的动词又可能是同一个词,如英语中的 die,既是状态动词,又是不及物动词。这两个参项的设立都是为了调查既定语言中某一致使结构的适用范围。从语义上来看,有的致使结构中的基础动词只允许是状态动词,比如马来语(Malay)中的致使后缀-kan 只用于状态动词,类似的还有阿姆哈拉语(Amharic)中的致使前缀 a-(Dixon 2000:63)。从句法上来看,致使结构中基础动词的适用范围在不同语言中也有很大的差异。有的语言的致使结构中的基础动词可以是所有动词,而有的语言只能是不及物动词,还有的语言则只能是及物动词。

事实上,Dixon 提出的九个语义参项都是暂时性的,可能还有其他参项尚未发现。他所列举的参项也不是完全独立的,有些参项相互之间存在着一定的关联。首先,状态动词通常都是不及物动词;直接性、自控力、意愿性等经常纠缠在一起,间接致使意味着被使者有自控力,有自控力也就意味着有意愿性。直接致使意味着被使者没有自控力,同时意愿性这个参项也不存在了。自然性大多属于直接致使和因果致使的情况。另外,被使者完全受影响还是部分受影响的区别似乎只在塔里阿那语中有所体现。

考虑到汉日两种语言的实际情况,我们在具体的对比中将会对以上九个语义参项进行适当取舍。另外,为了使对比更加细微,我们也将增加一些参项,如致使者和被使者的生命度、致使者和被使者的社会地位关系等,这些将在具体对比中详细论述。

3.6 本章小结

本章对致使结构进行了形式和语义两个维度的分类,并介绍了致使结构中的语义参项。形式方面,对类型学界主要的一些分类进行了较为全面的梳理,对不同学者对致使结构的认定及分类进行了对比分析,并在此基础上确定了致使结构的形式类型。语义方面,在前人的基础上,对致使的语义进行了多层次、更细微的类型划分,最终构建了致使的语义系统。致使结构的形式类型、语义分类及语义参项的介绍整理,为后文进一步的研究奠定了理论基础。

第四章 汉日语致使结构的范围、 类型及共性和个性

4.1 引　　言

第三章从类型学的角度界定了人类语言中致使结构的内涵及类型。本章将在第三章的基础上界定汉日语的致使结构,勾勒出两种语言中致使结构的整体面貌,对比分析汉日语致使结构在人类语言中的类型分布,并对它们分布上的差异进行解释。

其实,无论是汉语学界还是日语学界,前人的许多研究都对各自语言中的致使结构有所界定,只是由于研究的出发点及侧重点不同的缘故,各学者所确定的致使结构在数量及类型上并不完全相同。我们将根据我们的研究目的,按照类型学标准重新界定两种语言中的致使结构。界定致使结构最理想的做法是参照类型学上致使结构的定义,对汉语、日语做穷尽性的考察。但这似乎并不太切合实际,也无绝对的必要。前人在这方面已经做了很多的工作,尽管他们的界定结果未必完全符合事实,如有的学者界定的范围过大,有的学者忽略了一些致使结构;另外,还有一些致使结构在学界有较大的争议,但是这已经为我们的工作奠定了很好的基础。如果能够对以往学者所涉及的致使结构进行合取操作,然后再做合理筛选,我们就能够基本认识到汉日语中致使结构的全貌了。基于此,我们对致使结构的界定方法是:综合以往主要研究成果中涉及的致使结构,根据我们在前面章节中对致使结构的理解,对它们进行甄别、取舍;最后确定汉日语中的致使结构,展示汉日语致使结构的基本面貌。

4.2　汉语中的致使结构

4.2.1　传统上界定的致使结构及存在的问题

现代汉语的致使结构到底有哪些,有哪些类型,这个问题在当前学界还是众说纷纭,莫衷一是。总的来看,学界所界定的致使结构有逐渐扩大的趋势,从零散的考察开始转向系统的研究。早期的研究通常只考察个别的致使结构或致使句,如"使成式""使动式",或者"使、叫、让"等构成的致使结构,不太关注致使结构的系统性。进入 21 世纪后,一些学者开始对汉语中的致使结构进行全面的考察,试图构建汉语致使结构系统,如范晓(2000)、周红(2005)、黄锦章(2004)、宛新政(2005)、郭锐(2009)、张豫峰(2014)、牛顺心(2014)等。学者们对致使句或致使结构的界定大多是从语义入手的,但是使用的标准不一样。周红是根据认知语言学的意象图式等原理来界定汉语中的致使句的,范晓、宛新政等则是根据他们对致使概念的定义来界定致使句。郭锐、黄锦章、牛顺心等依照的是类型学的标准。由于不同的标准、不同的理论基础,不同学者得出的结论自然也会不同。

国内学者在致使结构研究方面通常都继承了传统上的术语,如"使成式""使动式""使令式",这些是非常具有汉语特色的术语,下面我们先对这些句式进行简单的说明。

根据范晓(2000),使动句①是 A+C+B 式构成的致使句,句法形式是 N1+V+N2。这在类型学上其实就是词汇型致使结构,比如:

(1) 泪水模糊了他的眼睛。

(2) 这个措施方便了群众。

(3) 这件事恶化了两国的关系。

(范晓 2000)

---

①　使动句指的是部分动词、形容词或名词带上宾语,以动宾形式表示致使意义的句子。A 指致使者,B 指被使者,C 指结果。

　　使令句即一般语法书上所说的兼语句,是 A＋V＋B＋C 式构成的致使句,句法形式是 N1＋V1＋N2＋V2。这一类实际上相当于分析型致使结构,比如:

　　(4) 他派张三去出差。

　　(5) 张三劝李四投降。

　　(6) 母亲派遣亲信的老妈子去。

　　(7) 我们选举他当代表。

(范晓 2000)

　　使成句是 A＋V＋B＋C 式构成的致使句,在学界也被广泛称作"动结式""复合动词"等,其句法形式为:N1＋V1V2＋N2,比如:

　　(8) 武松打死了老虎。

　　(9) 她跌伤了脚。

　　(10) 他们喂肥了羊群。

　　(11) 李辉推醒了爸爸。

(范晓 2000)

　　使用"使成""使令""使动"这些术语,似乎要体现各种致使句的语义特点,但是范晓(2000)又使用了纯粹表示形式的术语,如"使"字句、"V 使"句、"V 得"句、"把"字句等,这就把形式类别与语义类别混在了一起。这一现象在汉语学界的致使研究中较为普遍,我们将从类型学的角度重新进行分类。

　　传统的分类主要是基于汉语自身的句式特点,但是缺乏普适性。按照类型学的观点,使动句中的"模糊"和"恶化"属于两种不同的类型,前者是易变动词类,属于词汇型致使结构;而"恶化"则是由一个形容词加上一个词缀"化"构成的[1],属于形态型致使结构。兼语句也是汉语学界自创的术语,内部很不统一。而且很多兼语句也不表示致使。宛新政(2005:147)曾将兼语句做出如下划分:

---

　　① 绝大多数学者都认为"-化"是一个词缀。

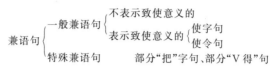

图 4 - 1　兼语句的分类

很明显,这一体系中表示致使意义的仅仅是兼语句中的一部分,还有很多句子并不表示致使意义,比如范晓(2000)使用的例句"我们选举他当代表"就难以看作致使句。

4.2.2　类型学视角下汉语中的致使结构类型

随着语言类型学在国内的兴起,国内不少学者开始借鉴类型学研究成果重新审视汉语中的致使结构及其类型,如黄锦章(2004),郭姝慧(2004),郭锐、叶向阳(2001),郭锐(2009),张恒(2011)等。我们不打算逐一介绍这些学者的界定标准以及操作过程和最终界定的范围,因为大多数都是以前人的研究为底图,增加或减少了个别致使结构,最终也只是对前人所界定的致使结构进行了一些补充或修订。前人研究中黄锦章(2004)对汉语致使结构的整理和归纳较为全面系统,我们将在该研究的基础上做进一步的探讨。

4.2.2.1　词汇型致使结构

黄锦章(2004)参照 Comrie 的三分法将汉语中的致使结构分为词汇型、形态型和分析型三大类。词汇型致使结构主要包括达成动词、致动词和 VR 复合词(固化的动结式)。所谓达成动词是指"烧、杀、擦"之类的及物动词。汉语中的这类达成动词能否看作致使结构我们持怀疑态度。英语中的 kill、日语中的「殺す」都是既表示动作也表示状态的,包含了"活动＋状态"两个语义成分,而汉语中的"杀"只表示活动,要表示出状态需要添加状态动词"死"。也就是说,英语中的 kill 和日语中的「殺す」相当于汉语中的"杀死"。所以汉语中的"杀"这类"达成动词"我们认为不是致使结构。致动词是指一些临时具有及物用法的动词,如"跑(马)、斗(蟋蟀)"等。这些词通常都是不及物动词,只是在部分结构中才有及物用法,用法有很大的局限性。比如可以说"跑马",但不能说"跑骡子";可以说"斗蟋蟀",但不能说"斗马",这种致动词用法在现代汉语中似乎已经习语化。VR复合词是一种固化的了动结式,如"改良""提高"等。这类词典型的句法特征是可以进行致使交替的,如"改良土壤""土壤改良了"。当作及物动词使用的时候,具有致使意义,如"改良土壤"可理解为"使土壤改良了"。

　　范晓(2000)指出,这种致使结构来源于"使成"句(即动结式),但可以看作"使动"句,即词汇型致使结构。黄锦章(2004)也指出,如果动结式的两个动词之间不能插入"得/不",那么就意味着该动结式已经完成了词汇化。很明显这类词中间是不能插入这些形式的。我们把这类动结式看作词汇型致使结构,属于易变动词类。黄锦章似乎没有提及汉语中另外一类词汇型致使结构,即现代汉语中较为常见的兼有及物和不及物用法的动词,即"开、沉、关"等。这类词与"改良、提高"等具有类似的特征,能够进行致使交替,如"门开了""开了门",当作及物动词时具有致使义,"开了门"可理解为"使门开了"。这类动词也经常被称为施格动词(ergative verb)①,我们按照类型学上的说法将其称为易变动词。

4.2.2.2　形态型致使结构

　　黄锦章指出,古汉语中存在着形态型致使结构,非致使动词通过声调变化得以致使化,如"劳之来之"中"来"读去声,就表示"使之来"。这一看法也是学界公认的。牛顺心(2014)、张恒(2011)都指出现代汉语中使用声调变化构成致使结构的情况虽然很罕见,但还有个别残留,形容词"空"读去声(kòng)时就是一种致使结构,如:

　　(12) a. 房间空(kōng)了。

　　　　　b. 空(kòng)一间房子。

除了"空"之外,还有"饮牛"(让牛喝水)中"饮",也可以看作这一

---

　　① ergative verb 通常被称为作格动词,金立鑫、王红卫(2014)指出 ergative verb 准确译法应该是施格动词。

类型。

除了声调变化这一技术手段,范晓(2000),张豫峰、宋桔(2007),曾立英(2009),张豫峰(2014)等都认为词缀"化"能够构成致使结构,如:

(13) 学校绿化了校园。

(14) 这件事恶化了两国的关系。

不过,并非所有的"化"都可以构成致使结构,如:

(15) a. 这个词已经语法化了。

　　　 b. *语法化这个词。

"语法化"虽然有"化"后缀,但不是致使结构,这说明词缀"化"在汉语中构成致使结构时还有很大的限制性。

另外中岛悦子(2007)、牛顺心(2014)、刘小川(2015)等都提到,汉语中有一类特殊的动结式,即"弄""搞"等语义已经虚化的动词构成的致使结构。它们与形态型致使结构非常接近,如"弄坏、弄丢、弄小、弄大"等。"弄"虽然还不是典型的致使前缀,但由于"弄"类动词的语义已经有所虚化,可以较为宽泛地将其归为边缘的形态型致使结构。

综上,形态型致使结构在现代汉语中有以下三种:

(1)声调变化型致使结构;(2)"X化"结构;(3)"弄(搞)V"结构。

4.2.2.3　分析型致使结构

黄锦章(2004)提及的分析型致使结构是一个非常庞杂的大类,主要包括尚未词汇化的动结式、部分"得"字致使结构和兼语类致使结构三大部分。尚未词汇化的动结式如"砸烂、踢翻"等。这类致使结构都表达了两个事件,如"张三砸碎了杯子"是"张三砸""杯子碎";"张三踢翻了椅子"是"张三踢""椅子翻",致使事件(砸、踢)和被使事件(碎、翻)融合在一个句子中。学界认为这类动结式是典型的致使结构。

"得"字结构大体有两种情形,一种可描写为:N1 V 得 N2 VP,如"她骂得女儿直哭";另一种可描写为:N1 V 得 VP,如"她气得直哭"。两者的区别在于第一类比第二类多了一个"价"。关于"V 得"
结构学者们还有较大的争论,有人认为所有的"V 得"句都是致使句
(周红 2005 等),但大部分学者认为只有第一种是致使句,如范晓
(2000)、宛新政(2005)、刘小川(2015)等。但不管如何,大家都认可
第一类"V 得"句是致使结构或致使句。

黄锦章(2004)将兼语类致使结构分为纯粹兼语式、操控型兼语
式和指示型兼语式。纯粹兼语式中第一个动词类似于轻动词,没有
实际意义,只表示"致使关系",如"他让/使我很伤心""老师让我去
学校"等。除了"使""让"两个典型的致使动词,现代汉语还有"叫"
"令"以及"给"等致使动词。

操控型兼语式表示致使者必须通过某种具体的行为促使被使
者产生某种行动或发生变化。这类词有实际的语义内容,数量有
限,主要有陪伴类动词"送""带""押解"以及驱动动词"赶""推"等。
指示型兼语式主要通过语言行为使被使者发出某种行动,能进入该
结构的动词主要是"命令""劝"等。

黄锦章(2004)提及的操控型和指示型兼语句我们不打算纳入致
使结构(狭义)的范围,主要是因为"送、带、押解、命令、劝"这类词没有
任何语法化的迹象。这类词在日语中都有相应的实义动词,将两种语
言中的实义动词进行对比也不是本书的主要目的。不过我们认为这
类兼语式可以表达特定的致使情景,可看作广义上的致使结构。

4.2.2.4　动结式在类型学中的归类

"动结式"(verb-resultative construction)在汉语中有多个名称,
如"述结式""致使复合词"(causative compound)、"结果复合词"(re-
sultative compound)、"结果复合词"(resultative V-V compound,
resultative verb compound, complete verb compound)等等。动结
式有狭义和广义之分。广义的动结式中,两个动词不一定是动作和
结果的关系,凡是黏合式的述语都可以看作动结式,既包括"打死、
推倒"这类述语动词的宾语和补语动词的主语同指的现象,如
(16)(17);也包括"看累、吃饱"这类述语动词的宾语和补语动词的

主语不同指的情况,如(18)(19)。狭义的动结式只指前一种情况。
本书采用的是狭义的动结式观。

(16) a. 武松打死了老虎。　　　　b. 武松打老虎,老虎死了。

　　 c. *武松打老虎,武松死了。

(17) a. 张三推倒了李四。　　　　b. 张三推李四,李四倒了。

　　 c. *张三推李四,张三倒了。

(18) a. 我看累了。　　　　　　　b. *我看书,书累了。

　　 c. 我看书,我累了。

(19) a. 我吃饱了。　　　　　　　b. *我吃饭,饭饱了。

　　 c. 我吃饭,我饱了。

黄锦章(2004)将动结式分为三类,一类是已经固化为词的动词,如
"改良、革新"等动词;一类是中间可以插入"不"或者"得"类的动结式,如
"踢坏、推倒";还有一类是可以扩展的复合动词(广义的动结式)。

(20) 革新　　*革得新　　*格不新　　*革得太新

(21) 改良　　*改得良　　*改不良　　*改得太良

(22) 踢坏　　　　　　　　踢不坏　　*踢得太坏

(23) 撞死　　　　　　　　撞不死　　*撞得太死

(24) 吃饱　　　　　　　　吃不饱　　　吃得太饱

(25) 走累　　　　　　　　走不累　　　走得太累

对于动结式(尚未词汇化)究竟该归入哪一类致使结构,学界分
歧很大,各学者在判定的时候主观性也比较强。黄锦章将动结式看
作一种迂回型致使结构,而金海月(2007)将动结式(动补结构)看作
是一种词汇型致使结构。郭姝慧(2004)认为动结式是一个动词加
一个紧密结合的结果补语,介于词汇性致使式和分析型致使式之
间。这种观点也较为模糊。在 Comrie 的体系中处于词汇型和分析
型之间的是形态型致使结构,动结式明显不属于形态型。正如施春
宏(2008:3)指出的那样,动结式不属于形态型,也不同于 I caused
John to go 这样的由两个独立的谓词分开表述的分析型,更不同于
John killed a horse 这样的单个谓词构成的词汇型。所以尽管在意

义上汉语的动补结构与形态标记和助动词表示的致使结构具有相似的功能,但是它们属于不同的结构类型(石毓智 2010:78)。牛顺心(2014)将汉语中的致使结构分成两大类——分析型和综合型,其中综合型包括词汇型和形态型,她认为动结式(复合式)属于综合型致使结构。看来牛顺心认为动结式大体上属于形态型。张恒(2011:76)将动结式单独列为一类,认为动结式大体相当于复杂谓语致使结构。刘小川(2015)认为汉语中的动结式是偏离分析型最少的形态型致使结构。

各学者对动结式属于哪种致使结构看法不同,其中一个主要原因在于每个人所界定的动结式范围不一样,有的学者所说的动结式主要是狭义的动结式,如牛顺心(2014);而有的学者则采用较为广义的定义,如施春宏(2008)。即便都是狭义动结式,范围也不太一样,比如张恒(2011)所说的动结式就比牛顺心(2014)的范围要大。

在本研究中,我们采用的是狭义的动结式观,只指那些内含因果关系的、A 作用于 B 并导致 B 变化的一类动结式,如"打死、砍倒",不包括"写累、看完"等动词。动结式中那些已经凝固成词的,我们将其归为词汇型致使结构,如"提高、改善"等。这也是施春宏(2008),黄锦章(2004),郭锐、叶向阳(2001)等学者认可或采用的办法。由于这类词大多都有致使交替,所以我们归入词汇型致使结构中的易变动词类。比如:

(26) a. 改善了生活品质　　　b. 生活品质改善了

(27) a. 提高了生活质量　　　b. 生活质量提高了

当动结式还未固化为词时,我们将其归入复合动词谓语型致使结构,这与张恒(2011)的处理办法是一致的。

4.2.3　汉语致使结构的类型分布

通过对以往研究中致使句、致使结构的回顾和分析,我们认为汉语中的致使结构有以下几类:

1) 词汇型致使结构

a. 易变动词类致使结型,如:张三端正了学习态度。张三开了门。

2）形态型致使结构

　　a. "V 化"致使结构,如:美化了校园。

　　b. 屈折型致使结构,如:空了一间房。

　　c. "弄 V"致使结构,如:弄倒了瓶子。

3）复杂谓语型致使结构,即动结式

　　a. 动结式,如:敲碎了玻璃。

4）分析型致使结构

　　a. "使/叫/让/令……V"结构,如:张三让/叫/使/令李四很生气。张三不给李四看。

　　b. 部分"V1 得……V2"结构,如:张三打得李四直哭。

这些致使结构在前人的研究中都有涉及,不同之处只是涉及种类多少的问题,具体如下:

表 4 - 1　汉语中的各种致使结构

学者＼类型	易变动词	V化	弄V	声调变化	动结式	使—V	让—V	叫—V	令—V	给—V	V得—
范晓(2000)	+	+	−	−	+	+	+	+	+	−	+
郭锐、叶向阳(2001)	+	+	+	−	+	+	+	+	+	−	+
黄锦章(2004)	+	−	+	+	+	+	+	+	+	−	+
郭姝慧(2004)	+	+	−	+	+	+	+	+	+	−	+
周红(2004)	+	+	+	−	+	+	+	+	+	−	+
宛新政(2005)	+	+	+	−	+	+	+	+	+	−	+
张恒(2011)	+	+	+	+	+	+	+	+	+	−	+
牛顺心(2014)	+	+	+	+	+	+	+	+	+	+	+
张豫峰(2014)										+	+
刘小川(2015)	−	−	+	−	+	+	+	+	+	−	+

4.3　日语中的致使结构

4.3.1　以往研究中的致使结构

日语中哪些表现形式是致使结构？这在不同学者之间，尤其是不同学派的学者之间的差异也很大。传统上日语中的致使结构指的是由词缀「させる」及「す」构成的句子。《日本语学大辞典》(2018:454)指出，致使(结构)指的是文法上表示让某人发出某个动作的一种语言现象，表示致使的助动词在文言文中是「す、さす、しむ」，口语中是「せる、させる、しめる」。根据杨凯荣(1989:6)，「しむ」在奈良时代之前使用得较为广泛，平安时代虽然也有使用，但已逐渐衰退。院政时代、室町时代「しむ」基本只出现在书面语中，至江户时代已不再使用。现代日语中「しめる」已经很少出现，对致使结构的研究也主要集中在「Vさせる」结构和具有致使用法、以「す」结尾的一些动词上。前者构成的致使结构被称作句法型致使动词(統語的使役動詞)，后者构成的致使结构被称作词汇型致使动词(語彙的使役動詞)。较之于致使动词「す」，「させる」的能产性极高，且意义多样，用法复杂，一直是致使研究的核心对象。可以说，「Vさせる」是日语中最典型的致使结构。

至 20 世纪 60 年代后期，形式学派将 kill 等及物动词分析为CAUSE TO BECOME NOT ALIVE，一部分及物动词被纳入致使结构范畴。日语方面，以久野暲、柴谷方良、影山太郎等为代表的一批日本学者将日语中含有 CAUSE 义的及物动词也看作一种致使结构。

(28) 太郎が木を倒す。/太郎弄倒了树。

(29) 太郎が家を建てる。/太郎盖了房子。

(30) 運転手がタクシーを止めた。/司机停下了出租车。

「倒す、建てる、止める」这类词已经被收入到了词典中，但是按照形式语言学派中谓语分解的方法，它们都可以分析出 CAUSE 意义，表达一个达成事件(accomplishment)，所以都是一种致使结构。

影山太郎(1996:195)指出日语中的不及物动词致使化为及物动词时,至少有两类致使化词缀:-as-/-os-与-e-。-as-/-os-是致使后缀「す」的两个次类,而-e-是另一种致使化词缀。

表 4 - 2　日语-as-/-os-/-e-致使词缀

非致使结构	致使结构
鳴る(naru)	鳴らす(nar-**as**-u)
飛ぶ(tobu)	飛ばす(tob-**as**-u)
乾く(kawaku)	乾かす(kawak-**as**-u)
起こる(okoru)	起こす(ok-**os**-u)
進む(susumu)	進める(susum-**e**-ru)
並ぶ(narabu)	並べる(narab-**e**-ru)

还有一些学者将传统上划入授受范畴的「てもらう」句也纳入到致使结构之中。奥津敬一郎、徐昌华(1982)指出,「てもらう」与汉语中的"请、叫、让"等致使结构有很高的对应性,如:

(31) 要请你出面做经理的。/君には支配人になってもらわなければならない。

(32) 好好让二姐给你洗手。/いい子になってちい姉ちゃんにお手を洗ってもらうんですよ。

(33) 让大家研究。/みんなに研究してもらった。

(34) 我叫你高兴高兴。/お前に喜んでもらうんだ。

仁田义雄(1995)认为「てもらう」具有"某人使某人做某事"的意义,表示主语对对象的一种依赖、请求,与「させる」致使结构具有相似的语义特征,比如:

(35) 女房に原稿を清書してもらっている。

(36) 女房に原稿を清書させている。

这两句基本意义是一样的,都是"让妻子誊写手稿"。不同之处在于前者是一种礼貌、委婉的表达方式,而后者具有命令、指示的意义。所以奥津等将前者称为谦让型致使结构(謙讓使役文),将后者称为

尊大型致使结构(尊大使役文)。仁田义雄(1995)从形态上将日语中的致使结构分为三类:

　　a. 单纯及物动词构成的致使结构

　　b.「動詞＋させる」构成的致使结构

　　c.「動詞＋てもらう」构成的致使结构

　　他认为「させる」是一个词缀(接辞)①,而「てもらう」中的「もらう」是一个助动词(補助動詞),词缀和助动词在句子中的独立性方面具有较大的差别。他将「動詞＋させる」称为指令型致使结构(指令的な使役),将「動詞＋てもらう」称为依赖型致使结构(依頼的な使役)。他虽然没有参照类型学理论,但分类的结果大体上与Comrie中的三分法(词汇型、形态型、迂回型)相一致。将「てもらう」看作致使结构的还有杨凯荣(1989)、益冈隆志(2001)、Pardeshi(2000)、Iwasaki(2013)等。Pardeshi(2000)和 Iwasaki(2013)从类型学的角度出发,指出日语中有词汇型、形态型和迂回型三种致使结构,并明确提出「てもらう」是日语中的迂回型致使结构。

　　杨凯荣(1989)从汉日对照的角度出发,将日语中的「ようにいう」也看作一种致使结构。汉语中的"叫、让"致使句翻译成日语至少有「させる」和「ようにいう」两种表现形式,如:

　　(37) 我让他去了。

　　　　a. 私は彼を/に行かせた。

　　　　b. 私は彼に行くようにいった。

　　「ようにいう」和「させる」虽然都可以与汉语的"让"字致使句对应,但是二者在致使结果的实现上却完全不同,「させる」要求致

---

　　① 关于「させる」的形态类型,日本传统语言研究都把「させる」看作助动词,而借鉴西方理论语言学的学者大多将其看作词缀。柴谷方良在讨论「させる」的时候,用日语撰写的文章都将其称作「助动词」,而用英语撰写的文章则一律用 suffix(后缀),而不用 auxilary(助动词)。

使结果要实现,而「ようにいう」不要求结果实现。

　　日语中还有一些动词,它们在形式上完全相同,而且兼有及物和不及物两种用法,如:開く、生じる、終わる、増やす、はねる等。

扉が開く	(不及物)	扉を開く	(及物)
問題が生じる	(不及物)	問題を生じる	(及物)
授業が終わる	(不及物)	授業を終わる	(及物)
速度が増やす	(不及物)	速度を増やす	(及物)
泥がはねる	(不及物)	泥をはねる	(及物)

　　至此,我们对学者们以往研究所涉及的各种日语致使结构进行了全面的整理,以往文献中提到的致使结构主要有:

　　① 由易变动词构成的致使结构,如「終わる」;

　　② 异干互补型致使结构,如「殺す」;

　　③ 由及物性词缀-e-构成的致使结构,如「建てる」;

　　④ 由-as-、-os-构成的致使结构,如「飛ばす」「倒す」;

　　⑤ 由「させる」构成的致使结构,如「食べさせる」;

　　⑥ 由「Vてもらう」构成的致使结构,如「友達に本を買ってもらった。」;

　　⑦ 由「Vようにいう」构成的致使结构,如「返すようにいった。」

4.3.2　日语致使结构的类型分布

　　从致使结构的定义可知以上 7 种结构并非都是典型的致使结构。根据典型范畴理论,范畴内的成员有核心和边缘之分。在上述7 种类型中,学界都认可②③④⑤类是典型的致使结构,但是对于①类的关注较少,对于⑥⑦还未达成一致。关于⑦一般认为其多表示目的小句,属于目的范畴。我们在第二章指出,目的、因果、致使这三个范畴有时候是很难截然分开的,所以用目的小句来表示致使也是可能的。从句法上来看,「ようにいう」结构是「ように」和「いう」构成的临时组配,能够表达致使意义的一般要求其排列要符合「N1 V1 ようにN2 V2」形式。从语义上来看,「ように」在日语中用法极为多样,有"结果、目的、祈愿"等几十种用法(前田直子 2006)。

「ように」后面除了「いう」,还可以后接「する、注意する、命令する」
等类似的发话类动词,比如:

(38) 早く帰るように注意した。

(前田直子 2006:111)

「いう」也没有语法化,基本上属于动词范畴,比如:

(39) 先生は学生たちが遅刻しないように、何度も「集合時間
は9時だよ」と大声で言った。

(前田直子 2006:111)

这里的「ように」和「いう」之间还插入了修饰语「大声で」、话语内容
「集合時間は9時だよ」,「いう」是典型的言说动词。

所以,尽管从翻译的角度来看"叫、让"致使结构与「Vように
いう」结构有较高的对应性,但是「Vようにいう」不是一个较为固
化的结构。Song(1996)提出一个假设,认为人类最初是通过并列
句或目的句来表示因果关系的。如果该假设正确的话,那么
「N1 V1 ようにN2 V2」是一种表示因果关系的原始手段。由于日
语中典型致使结构有较多的局限性,如致使结果有已然性的要求
等,所以用日语表达汉语中的一些致使结构的意义时就只能借助
于这种非典型的致使表现形式。总之,我们认为,「ようにいう」主
要表达目的义,表达致使是非常边缘的功能,所以我们不将其视为
致使结构。

按照 Dixon(2000)的分类标准,第①②类属于词汇型致使结构;
③④⑤类属于形态型致使结构。对于第⑥类,Pardeshi(2000)和
Iwasaki(2013)都认为「Vてもらう」属于迂回型致使结构,但是他们
并没有阐明这样处理的理由。典型的迂回型致使结构中两个动词
通常不会紧密地连接在一起,如英语中的 make ... come 之间有一个
被使者。然而「Vてもらう」是一个紧密的结构,两个动词之间不允
许插入名词性成分。在 Comrie 的体系中只有词汇型、形态型和迂
回型三种类型,而「Vてもらう」明显不属于前两类,也许正是由于这
一原因上述两位学者将其划入分析型。迂回型致使结构是一个较

为庞杂的类,内部也不一致。Dixon(2000)从其中又分离出了复杂谓语型致使结构,并把以往看作迂回型致使结构的一些类型归入该类,如法语中 fair V 致使结构。fair V 致使结构与「Vてもらう」致使结构有一定的相似性,它们都不允许在两个动词之间插入名词性成分。日语中的「V1 て V2」结构是一种副动词性复杂谓语(converbal complex predicate),其中的 V1 是副动词(converb,日文译作「副動詞」),「て」是副动词的标志。比如:「太郎が花子に本を買ってやった。」中「買ってやった」与「買ってもらう」结构完全相同,按照传统语法其形式可表示为「動詞連用形＋て＋授受動詞」。所以「買ってもらう」也是一种副动词性复杂谓语,「Vてもらう」致使结构属于复杂谓语型致使结构。

综上所述,我们认为日语中的致使结构及类型主要有:

1)词汇型致使结构

a. 易变动词类,如:授業を終わる。(结束授课。)

b. 异干互补型,如:太郎は次郎を殺した。(太郎杀死了次郎。)

2)形态型致使结构

-as、-os、-e-、-sase 词缀,如:「沸かす、倒す、建てる、行かせる」。

3)复杂谓语型致使结构

「Vてもらう」结构,如:警察に道を教えてもらう。

4.4　汉日语致使结构类型的共性与差异

4.4.1　汉日语致使结构的类型共性

我们根据 Dixon(2000、2012)描述了人类语言中致使结构的类型和已发现的技术手段,在此基础上界定了汉日语中的各种致使结构,并进行了相应的归类。汉日语致使结构在人类致使结构图谱中的分布如表 4-3 所示:

从上表可以看出,汉日语致使结构的类型在人类语言中并不特殊,两种语言都只使用了人类语言中的部分手段。对比两种语言,

表 4-3 汉语和日语中致使结构的形式类型对比

			汉语实例		日语实例
词汇型	易变动词	+	开、丰富	+	終わる
	异干互补	−	−	+	殺す
形态型	内部变化	−	−	−	−
	辅音重叠	−	−	−	−
	元音加长	−	−	−	−
	声调变化	+	空、饮	−	−
	词汇重叠	−	−	−	−
	添加前缀	+	(弄 X)弄坏、弄小	−	−
	添加后缀	+	(X 化)美化	+	(-e-)立てる (-as-)乾かす (-os-)倒す (-sase-)食べさせる
	添加前后缀	−	−	−	−
	添加中缀	−	−	−	−
复杂谓语	词缀共现	−	−	−	−
	动词相连	+	(V1V2)推翻	+	(Vてもらう) 作ってもらう
分析型		+	(叫/让/使/令⋯⋯V) 张三叫/让/使/令 李四很生气。 (给⋯⋯V) 给她休息几天。 (V 1 得⋯⋯V 2) 张三打得李四直哭。	−	

汉语和日语在致使结构的分布上存在着下面的共性:1)汉语和日语中的致使结构都不止一种,二者都有词汇型致使结构、形态型致使结构和复杂谓语型致使结构;2)在形态型致使结构中,汉语和日语都使用后缀。

4.4.2 汉日语致使结构的差异与动因

作为两种不同的语言,汉日语的致使结构在具有共性的同时又存在着较多的差异,下面我们将对比汉日语致使结构总体上的差异并探讨背后的原因。

4.4.2.1　汉语致使结构的多样 VS 日语致使结构的少样

汉语中致使结构的类型更多样一些,比日语多了声调变化和分析型这两种。汉语致使结构类型的丰富与汉语从上古到现在不断的演变有密切的关系。根据历时语言学的研究,从上古到现代,汉语发生了很大的改变。这些改变有些是语言接触导致的,有些是语言自身的变化。

声调变化这种形态手段是古代汉语常用的手段,在现代汉语中已经很少见了,以往研究中提到这种现象的也仅限于"空"等极个别的动词。关于汉语中的复杂谓语,即动结式,石毓智(2003:225)指出动补结构(广义动结式)大约是在 12 世纪产生的,促使其产生的动因包括语音、句法、语义和使用频率等。历史上的一些技术手段有的被保留并不断发展,而有的则会逐步走向消亡。动补结构是前一种情况的代表,用声调变化来表示致使情形则是后一种情况的代表。

与汉语相比,日语从上古到现在都没有发生太大变化。金田一春彦指出日语自成体系,是没有与之同族的孤立语言①。现代日语的语法、发音的基础还大致保留着古日语的原样。在语言接触方面,日语与其他国家的语言交流很少,没有受到其他国家语言的决定性的影响,尤其是语序和语法方面的根本特性丝毫未受影响。受到影响最大的只是接受了许多词汇,而发音和语法上受到的影响微乎其微(金田一春彦 1985:39)。这是日语致使结构较少的一个主要原因。

4.4.2.2　汉语易变动词多 VS 日语易变动词少

易变动词最典型的特征是能够进行致使交替(causative alter-

---

①　孤立语言和孤立语不同,孤立语言一般是指与任何其他的语言不存在亲属关系的自然语言,即该语言语系不明、没有同族语;而孤立语是指缺乏形态变化的语言,如汉语、越南语等。

nation)，也就是致使概念和非致使概念能够用完全同形的词来表示。汉语中的易变动词在形式上可以分为两类，一类是单音节词，如"开、关"等；另一类是双音节词，如"提高、丰富"等。单音节词少，双音节词多。曾立英(2009:145)曾统计了现代汉语中的 1223 个动词，发现具有这种致使义的动词有 160 个①。我们发现，这 160 个词中单音节词只有 5 个，分别是"开、关、化、变、灭"，其他都是双音节词。学界普遍(如太田辰夫 1987；徐丹 2014 等)认为古代汉语大多是单音节词表示及物和不及物两用。随着时代的发展，许多两用动词渐渐发展为只有不及物用法，为了弥补失去的及物用法的功能，渐渐发展出动结式。动结式发展到一定程度会有较高的融合度，从而转化为易变动词。范晓(2000)指出，有一些使成式复合动词，当人们已不注意或分不清其内部的使成关系，而在语感上觉得 V1V2 两语素已完全凝固成浑然一体的时候，就可以把这类复合词看作使动词，即易变动词。"扩大、改正"等动词都是从复合动词，即由动补结构发展而来的。

　　日语中的易变动词比汉语要少得多，其中一个主要原因在于日语没有与汉语功能类似的动结式。日语虽然也有 VV 复合词，如「打ち倒す、書き終える」等，但是这类复合词与汉语的构词模式不同，并不像汉语动结式那样具有致使交替模式，如：

　　相手を打ち倒す——*相手が打ち倒す

　　手紙を受け取る——?手紙が受け取る

　　日语中完全同形且兼有及物和不及物用法的动词数量很少。根据望月圭子(2000:185)的统计，这种形态完全相同的动词日语中只有 13 个，它们分别是：

　　開く、閉じる、増す、張る、巻く、結ぶ、触れる、付く、はだける、催す、伴う、運ぶ、はねる。

　　这种完全同形的词在语义上比其他词缀型致使动词会受到更严格的限制。它的及物用法必须是表示非宾格性的事件,而且及物句中的主语必须是该非宾格事态发生的背景。

　　作为一种形态丰富的语言,日语有多个词缀来表示致使概念。其中-e-、-as-、-os-等构成的词汇性致使结构(广义上的词汇型致使结构①)在日语中数量很多。根据一些学者的统计,日语中"及物—不及物"动词对多达 400 多对。日语词缀发达,这是黏着语的类型特征,而汉语的动结式,似乎也是孤立语的一个特征。与汉语同属孤立语的泰语也有较多的动结式,也可表示致使概念。越南语、苗语是较为典型的孤立语,它们都有动结式这种表达形式,即一个动作动词和一个结果动词构成一个组合,如越南语:giét(杀)+chét(死)→giét chét(杀死)、cát(切)+dút(断)→cát dút(切断)(Nguyen Thi 2014);苗语:xaws(修)+tau(好)→xaws tau(修好)(Jarkey 2010)。泰语也是孤立语,使用的是一种前动结式②,即连动式,如"玛尼杀死了玛娜"可翻译为:maanii(玛尼)　khâa(杀)　maaná?(玛娜)　taay(死);"风吹倒了房子"可翻译为:lom(风)　phát(吹)bâan(房子)　phaŋ(倒)(高桥清子 2010)。

　　4.4.2.3　分析型致使结构 VS 形态型致使结构

　　就汉语和日语两种语言来看,汉语多使用分析型而日语多使用词缀型,这是两种语言的特点。从类型学来看,汉语是较为典型的孤立语(isolating languages),日语是典型的黏着语(agglutinative languages)。孤立语在编码能产型致使结构时大多使用致使动词(分析型致使结构),如英语的 cause、make;而黏着语大多使用词缀

---

　　①　Dixon(2000)的词汇型致使结构是狭义的,专指致使与非致使没有任何形态变化。Shibatani 指的词汇型是广义的,是那些能产性很低,必须通过记忆才能掌握的动词。

　　②　汉语中的动结式源于连动式的紧缩(石毓智 2001;梅广 2015)。根据现有的研究来看,动结式是连动结构的进一步演变,而且这一演变规律很可能是人类语言的一个共性表现。

构成致使结构(Shibatani 1976a:4, Whaley 2009:192)。也就是说不同类型的语言有不同的编码策略,而同一类型的语言有相似的编码策略。

　　石毓智(2006:321)指出,一种语言的基本语序决定着其语法标记系统的整体面貌。SVO 型语言往往没有丰富的形态标记系统,主要依靠分析式手段来表示各种语法范畴。就致使范畴而言,SVO 型语言自然以分析型手段为主,SOV 型语言就倾向于使用形态型手段。日语是非常典型的 SOV 型语言,也正是由于这种语序类型,使得日语需要丰富的形态系统来表示各种语言范畴。具体到致使范畴,除去「終わる」等个别动词,致使结构中的后缀形式相当丰富,有-e-、-as、-os、-sase 等四个词缀。日语中这种词缀的发达和日语的语序是密切相关的。Givon(1971)将致使后缀、致使前缀与语序的关联机制做如下图示:

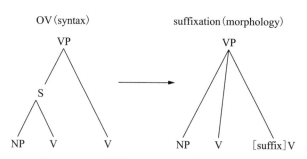

图 4 - 2　OV 语言动词演变为致使后缀的机制

　　Givon 认为致使词缀的一个主要来源是处于更高位置的动词 V。在图 4 - 2 中 VP 直接管辖的 V 比 S 管辖的 V 处于更高的位置,这个动词经语法化演变为致使后缀。图 4 - 3 的演变机制与此类似,不同之处在于语序上会发生变化,原来 S 所管辖的 NP V 在语序上变为 V NP 语序。根据该理论假设,OV 语序的语言普遍多使用致使后缀,而 VO 语序的语言多使用致使前缀,日语的情况与此完全

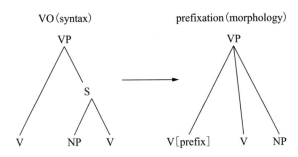

图 4 - 3　VO 语言动词演变为致使前缀的机制

相吻合。关于汉语的语序,学界大多认为汉语属于 VO 型语言①。按照 Givon 的理论,汉语有可能出现致使前缀,语义虚化的"弄"类动词构成的致使结构证明了该理论的预测力。"弄 V"中的"弄"已经接近于词缀(刘小川 2015;牛顺心 2014;中岛悦子 2007 等),在功能上与日语的-as-、-os-基本相当,具有将不及物动词及物化的作用,比如:

乾く	乾かす	干	弄干
腐る	腐らす	馊	弄馊
肥える	肥やす	肥	弄肥

　　不过,虽然"弄"的语义已经虚化,但是还不能说"弄"已经完全成为致使词缀。从动词到词缀需要经历一个漫长的语法化过程。Shibatani&Pardeshi(2002)指出,不同语言中的致使动词语法化程度不同,有的已是一个缺乏实际意义的词缀,而有的还是一个尚未完全丧失自身语义的助动词(auxiliary verb)。致使动词只有在语法化程度相当高的时候,才会与结果动词紧密结合,有可能语法化为一个词缀。像日语的「させる」最初可能也是一个动词,表示"做",

---

　　① 金立鑫、于秀金(2012)根据类型学上语序参数测定出汉语是 VO、OV 混合型语言,弱倾向于 VO 语序。其实类型学上的关于语序的参数在权重上并不是等同的,如果加入权重比,这种倾向性也许更强。更有力的证据是汉语 VO 句和 OV 句在数量上存在着极大的差异。

但在现代日语中已经成为一个词缀。法语中的 fair V 致使结构虽然已经结合得非常紧密,但 fair 也还没有成为前缀。是否能够出现致使前缀牵涉到许多因素,如使用频率、韵律、语义等。新的语法特征总是出现在频率最高的词上(石毓智 2010:185),而"弄"在现代汉语中是一个较为粗俗的词,使用频率不太高,它能否成为致使前缀还很难预测。

比较特殊的是汉语有致使后缀"化"。汉语中的部分名词、形容词可以通过添加词缀"化"构成致使结构,如"恶化""简化"等。"化"致使词缀的出现与 Givon 的理论假设相违背,因为汉语的基本语序是 VO 语序,应该优先出现致使前缀而非后缀,所以这一现象的出现有其他的动因,也就是吕叔湘、朱德熙、王力等学者提出的翻译的影响。王力(1943/2013:306)指出"化"是新兴的动词词尾,大致相当于英语中的-ize,主要附在名词后,使名词转化为动词,有少数可以用在形容词后,而且最早将"化"与英语-ize 对译的是日本人,之后再传至中国。英语中-ize 是一个能产度极高的后缀,具有致使化的功能。王麦苳、崔德民(1995)指出英语中的-ize、-ism、ist 词缀是三个一体的紧密结合的词素,是由希腊语后缀-istes 衍生而来。在中古英语期间(1400—1600 年)进入英语词汇,而后随着语言的发展和历史的变迁而演变为现在的形式。古英语是较为典型的 SOV 语言,使用后缀与它的语序是相和谐的。除了-ize,英语还用-en 后缀使一些形容词或名词变成致使义动词:red-redden, dark-darken, broad-broaden, strength-strengthen 等。日语是典型的 OV 语言,日本人在翻译过程中将-ize 处理为后缀"化",这与日语的 OV 语序是和谐的。但是它与 VO 语序是不和谐的。金立鑫、于秀金(2012)认为汉语是 OV、VO 混合语序,也许这为"化"在汉语中的高能产性提供了条件。不过,作为致使词缀"化"又受到了较多的限制,在汉语中,很多"X 化"都不是致使结构。不少学者(如张云秋 2002;曾立英 2009)都曾考察过"X 化"结构,综合各家所提供的"X

化"语料,在共计50多个形式中①,只有10个左右可以看作是致使结构,主要是"美化、丑化、简化、强化、深化、绿化、恶化"等少数动词。②

4.5　本　章　小　结

本章主要内容有三部分。1)首先整理了以往学者所认定的汉日语的致使结构。然后根据致使结构的定义对这些致使结构进行甄别,并最终确定了汉日语中致使结构的概貌。2)根据类型学上的分类标准,从形式上对汉日语致使结构进行分类。3)比较了汉日语致使结构类型的差异和共性,并对汉日语致使结构的差异动因进行了分析。主要发现有:汉语致使结构类型丰富,而日语致使结构类型则相对较少(具体见表4-3)。汉语致使结构的丰富与汉语受语言接触、历时变化等因素影响较大有关。相对于汉语,日语整个语音、语法体系从古日语至今都比较稳固。汉语多使用分析型,而日语多使用形态型,这既是两种语言的不同之处,又是人类语言的类型共性。就是说,形态型致使结构是黏着语、SOV语的共性,而分析型是孤立语、SVO语的共性。

---

① 主要有:美化、丑化、简化、深化、毒化、绿化、激化、驯化、优化、净化、恶化、僵化、老化、异化、同化、淡化、软化、复杂化、简单化、抽象化、合理化、明朗化、尖锐化、退化、扩大化、公开化、西化、欧化、物化、奴化、氧化、物化、风化、年轻化、一般化、贫困化、女性化、男性化、自动化、国际化、现代化、科学化、专业化、标准化、规范化、形象化、理想化、革命化、民主化、机械化、戏剧化、公式化、民族化、大众化、多样化、中国化、舞台化、概念化、整体化、名词化、层次化、白热化、工业化、全球化、知识化、水利化、语法化、类型化、主体化、电气化、资本主义化。

② 各家看法不太一致。范晓(2000)认为"恶化"是使动词,而张云秋、曾立英等认为"恶化"不能接宾语。

第五章　致使结构中被使者的编码策略

5.1　引　　言

被使者(causee)是致使结构中一个重要的语义角色,它既是施事发出动作的接受者,也是结果动作的发出者,起着承上启下的作用。比如"他让医生来"(He made the doctor come.),"医生"是被使者,是主语"他"发出的指令的接受者,同时也是动作"来"的施事。被使者在汉语和英语中没有明显的标志,如"医生"在上句中用的就是光杆形式。尽管如此,我们还是可以明确英语中 make 后的槽位要求是宾格,因为如果把"医生"替换为"她",那么英语就必须使用宾格形式 her。相比较英语中被使者被编码为宾格这一单一形式,日语的被使者既可以是宾格也可以是与格,甚至还可能是旁格。跨语言的调查显示,致使结构中被使者的编码形式非常多样。多数情况下,被使者并没有专属的标志,通常借用各种题元角色的格标志,如主格标志、宾格标志、与格标志等。本章首先归纳被使者的编码情况(包括被使者缺失),分析被使者标志对致使语义的调控功能及被使者编码的一些共性,然后探索日语被使者的编码机制,并对汉日语的被使者标志进行对比。

5.2　被使者标志的多样性

5.2.1　被使者用主格标志

被使者使用主格标志的情况较为少见,朝鲜语是其中的一个例证。例(1)中,主格 emeni(母亲)的标志是-ka,被使者 ai(孩子)也同样用-ka 来标记。

（1）朝鲜语

Emeni-ka　　ai-ka　　　chaek-ul　ilk-key　　　hay-etta

mother-NOM　child-NOM　book-ACC　read-CMPLZR　do-PAST.IND

'Mother made the child read the book.'/母亲让孩子读那

本书。

(Shibatani & Pardeshi 2002:103)

朝鲜语是典型的主宾格语言,主宾格语言中主格在语义上也就是施事。在施通格语言中,语义上的施事是施格。有的施通格语言中被使者会被标记为施格,如:

（2）楚玛语（Trumai）

Alaweru-k　　Hai-ts　　axos　　　disi　　　ka

Alaweru-ERG　1SG-ERG　child-ABS　beat　　caus

'Alaweru made me beat the child.'/Alaweru 让我打那个

孩子。

(Dixon 2012:257)

例(2)中致使者 Alaweru 和被使者 Hai(我)分别用-k 和-ts 标记,其中-ts 用于标记第一人称,-k 标记其他名词,二者都是施格标志。如果将 Hai 替换为非第一人称名词,那么被使者也将使用标志-k。

5.2.2　被使者用宾格标志

与被使者编码为主格相比,人类语言将被使者编码为宾格的现象更为常见。英语虽然没有宾格标志,但一些人称代词还有格变现象,比如第一人称单数的主格为 I,宾格为 me。在 I made him come 中,很明显致使者是主格 I,被使者是宾格 him。当然,英语并没有使用格标志,但土耳其语、匈牙利语中被使者都有一个明显的宾格标志,比如:

（3）土耳其语

Ali　　　hasan-ι　　　öl-dür-dü

Ali　　　Hasan-ACC　die-CAUS-PST

'Ali killed Hasan.'/Ali 杀了 Hasan。

(Comrie 1989:176)

(4) 匈牙利语

köhögtettem　　　a　　　gyerek-et

1SG-CP-cough　　　the　　boy-ACC

'I made the boy cough.'/我使那个孩子咳嗽。

(Song 2008:285)

例(3)中被使者 Hasan 用宾格标志-ɩ 来标记,例(4)中被使者 boy(男孩)用宾格标志-et 来标记。

5.2.3　被使者用与格标志

日语经常用格标志「に」来标记被使者,如「先生は学生<u>に</u>行かせる」(老师让学生去)「先生は学生<u>に</u>本を読ませる」(老师让学生读书)。土耳其语中的被使者也会使用与格标志,比如:

(5) 土耳其语

dişçi　　mekub-u　　müdür-e　　　imzala-t-tɩ.

dentist　letter-ACC　director-DAT　sign-CAUS-PST

'The dentist got the director to sign the letter.'/牙医使局长在信上签字。

(Comrie 1989:176)

除了土耳其语,很多语言中的被使者都可以用与格标志进行标记,如萨努玛语(Sanumka)、阿帕来语(Apalai)、瓦亚娜语(Wayana)等(Dixon 2012:262)。

5.2.4　被使者用旁格标志

旁格是一个概括性的术语,在类型学上主要指主格、宾格和与格之外的各种格,也就是工具格、向格等非核心论元。根据 Kemmer & Verhagen(1994),在荷兰语、匈牙利语、德语、印地语(Hindi)、坎纳达语(Kannada)、盖丘亚语(Quechua)等语言中被使者会用工具格标志,比如:

（6）印地语

Mai-nee	raam-see	masaalaa	cakh-vaa-ii
I-AGT	Ram-INST	spice	taste-CAUS-PST

'I had Ram taste the seasoning.'/我让 Ram 尝调味品。

（Kemmer & Verhagen 1994）

例（6）中被使者 Ram 用工具格标志-see 来标记。

被使者编码为旁格时最常见的是使用工具格,此外还有其他一些格标志。Comrie(2000)指出,契兹语（Tsez）中被使者会使用属格标志-qo,比如:

（7）契兹语

aħ-ā	čanaqˤan-qo	zey	ek'-er-si
shepherd-ERG	hunter-POSS	bear.ABS	hit-CAUS-PST.WIT

'The shepherd made the hunter hit the bear.'/牧羊人让猎人打熊。

（Comrie 2000:368）

除工具格、属格外,被使者还可能使用其他的格标志。Dixon(2012:263)指出,Daghestanian 的语言会使用处所格(locative),而西格陵兰因纽特语会使用向格(allative)标志等,但这些现象情况较为罕见。

5.2.5　被使者用特殊标志

有的语言中核心论元没有格标志,如汉语中的主格和宾格的标志都是零形式,主格和宾格的确认主要依靠语序。尼维克语(Nivkh)中主格、宾格、与格、工具格都没有格标志,但是对于被使者,却会使用一个特殊的标记-ax(Dixon 2012:256),如例(8)所示:

（8）尼维克语

ətək	ōla-ax	lep	pʰnanak	xim-gu-dʲ
father	child-CAUSEE	bread	his.older.sister	give-CAUS-FINITE

'The father made/let the child give the bread to his older sister.'/父亲让小孩把面包给姐姐。

（Dixon 2012:256）

例(8)中,被使者 ōla(小孩)用-ax 来标记。与其他语言的被使者标志不同,尼维克语这个-ax 的功能比较特殊且单一,是被使者的专用标志。

5.3　格标志的语义调节功能

格标志的基本功能是表明名词与核心动词之间的语法关系。在致使结构中,被使者标志还具有调节语义的功能。Dixon(2000、2012)为致使结构设定了一些语义参项,如直接致使/间接致使、自控度等等,其中一些语义能够通过使用不同的被使者标志得以实现。

5.3.1　直接致使和间接致使

直接致使和间接致使是致使语义中最基础的一对概念,也为绝大多数的研究者所接受。直接致使和间接致使是一个连续统,二者的区别是一个连续统上的程度差异。典型的直接致使和间接致使在语义上有很明显的不同。比如,英语中的 kill 和 cause to die,前者表示直接杀死,是典型的直接致使;后者表示通过间接的方式导致死亡,是典型的间接致使。英语中直接致使和间接致使的差异通过动词进行调节,而在有些语言中可以通过被使者的不同标志进行调节,比如:

(9) 坎纳达语(Kannadaa)

  a. Avanu   nanage   bisketannu   tinnisidanu

     HE.NOM   I-DAT   biscuit   eat.CAUS

     'He fed me a biscuit.'/他喂我饼干。

  b. Avanu   Nanage   bisketannu   tinnisidanu

     HE.NOM   I-INST   biscuit   eat.CAUS

     'He got me to eat the biscuit.'/他让我吃饼干。

(Cole 1983:120)

例(9a)用的是与格标志,表示的是"喂饼干",是一种直接操作;而

(9b)用的是工具格标志,表示的是通过间接的语言行为使"我吃饼干"。

　　另外,Dixon(2012:256)指出,泰卢固语(Telugu)中由不及物动词构成的致使句中,被使者既可以编码为宾格,也可以用-ceeta编码为工具格。如果是宾格,表示直接致使;而如果是工具格,则表示间接致使。

5.3.2　被使者的生命度

　　英语可以通过不同的致使动词对被使者生命度进行调节,比如have致使结构中的被使者只能是人,而make则既可以是人也可以是人类之外的生物。英语中have和make对生命度的调节可称为词汇手段。除了词汇方式,被使者的不同编码也能体现出被使者的生命度差异,如尼维克语中的被使者标志-ax只能用于被使者是人或动物的情况(Dixon 2012:256),如果被使者为非人名词,则该名词没有标志,即零形式。

　　(10) 尼维克语

　　　　ətək　ōla-ax　　　lep　　　pʰnanak　　　　xim-gu-dˈ
　　　　father child-CAUSEE bread　his.older.sister give-CAUS-FINITE
　　　　'The father made/let the child give the bread to his older
　　　　sister.'/父亲让小孩把面包给姐姐。

　　　　　　　　　　　　　　　　　　　　　　　　　(Dixon 2012:256)

　　泰卢固语有多个被使者标志,分别是宾格标志-nu、与格标志-ku、离格标志-nuci及工具格标志-ceeta。在双及物致使句中,如果被使者是一般的人,那么被使者使用工具格标志;如果是幼儿、动物,就只能使用宾格标志-nu(儿玉望2002)。

5.3.3　被使者的自控度/受影响度

　　被使者的自控度(control)和受影响度(affectedness)是相互关联、此消彼长的两个参项。自控度高则受影响度低,自控度低则受影响度高。有的语言可以通过选择不同的格标志对被使者的自控度和受影响度进行调节。Saksena(1980)指出,印地语的与格和宾格共用一个标志-koo,工具格标志是-see,这两个标志都可以标记被使

者,但对被使者的自控度/受影响度有明显的区别,比如:

(11) 印地语

    a. Mai-nee　　　Raam-koo　　　kitaab　　　Parh-vaa-ii

      I-AGT　　　　Ram-DAT/ACC　book　　　Read-IC-PAST

      'I had Ram read the book.'/我让 Ram 读书。

    b. Mai-nee　　　Raam-see　　　kitaab　　　Parh-vaa-ii

      I-AGT　　　　Ram-INST　　　book　　　Read-IC-PAST

      'I had Ram read the book.'/我让 Ram 读书。

(Saksena 1980)

尽管(11a)和(11b)两个例句的英文翻译相同,但实际上它们意义还是有明显的差异的。Saksena(1980)指出,当被使者使用-koo 标志时,其意义是要求被使者来做某件事(即"读书");而当被使者用工具格标志-see 时,其意义是这本书通过某个人来读,被使者在这里更像一个工具。人类语言的表达形式中,工具几乎都不受施事所发出的行为的影响,比如"用锤子砸核桃",受影响的是"核桃",而"锤子"本身并不受影响。Kemmer & Verhagen(1994)认为,例(11b)更合适的英语翻译是"I had the book read by Ram."。也就是说,在印地语中,如果被使者使用工具格标志-see,说明被使者没有受到影响;而如果使用宾格标志-koo,则被使者受到较大的影响,被使者的受影响度通过格标志的交替进行调节。与印地语有类似现象的还有匈牙利语等其他语言,比如:

(12) 匈牙利语

    a. köhögtettem　　　a　　　gyerek-kel.

      1SG-CP-cough　　　the　　boy-INST

      'I had the boy cough.'/我让孩子咳嗽。

    b. köhögtettem　　　A　　　gyerek-et.

      1SG-CP-cough　　　the　　boy-ACC

      'I made the boy cough.'/我迫使孩子咳嗽。

(Song 2008:285)

在(12a)中被使者"孩子"后接的是工具格标志-kel,(12b)中是宾格标志-et。Comrie(1989:174)指出,匈牙利语中被使者为工具格时,被使者保留较高的自控度,适用于孩子在我的要求下咳嗽;若被使者为宾格,则被使者保留的自控度较低,适用于"我在孩子背上拍了一掌而使他咳嗽"的情景。

5.3.4　其他语义调节功能

以上是被使者标志常见的语义调节功能。除此之外,朝鲜语的致使结构中不同的被使者标志还有一种较为罕见的功能。Dixon(2012:280)指出,朝鲜语的不及物致使句中,被使者使用与格标志表示致使者(causer)只是做出一定程度的行为,如果用宾格标志则表示致使者充分地做某个行为。Dixon举了一个简单的例子来说明被使者为宾格和与格的语义差异:

母亲(主格标志)—孩子(宾格标志)—吃(致使标志)

母亲(主格标志)—孩子(与格标志)—吃(致使标志)

前者表示"母亲喂养孩子一辈子",后者表示"母亲喂养一次孩子"。这种差异和参与度具有间接的联系,也就是宾格意味着"充分地做某事",与格意味着"仅做到某种程度为止"(参见刘小川2015)。

5.4　被使者的缺省

根据 Langacker(1991)的弹子球模型,致使结构中的被使者是致使力传递的一个关键节点:致使者(causer)作用于被使者(causee),被使者再发出相关的行为或动作,被使者对致使力起着承上启下的作用。也就是说,被使者既是成因事件中的受事,又是结果事件中的施事。致使结构包括四个语义要素,即致使者、被使者、致使动词和被使动词。致使者通常处于主语位置,在话题性凸显的语言中可能会被省略。与此相对,被使者作为致使结构的核心成分,在语言表达上通常不能省略,比如:

（13）a. 他让我赶快去学校。b. ？他让[　]赶快去学校。

与例（13a）相比，例（13b）没有出现被使者"我"，前者是合格的句子，而后者的合格度较低。汉语这一语言事实也说明被使者一般要出现在句中。另一方面，在某些情况下被使者又可以缺省，比如：

（14）看门的不让[　]进。

例（14）中尽管被使者槽位处于空缺状态，但句子完全合格。其实，被使者缺省的现象也存在于其他一些语言中，比如下面的巴斯克语、Nomatsiguenga 语：

（15）巴斯克语

Herri	hottetan	soldad-utzara	bi	Urtez	joanera-zten	da
Country that.in	military.service.to	two	year.INSTR	go.CAUS	AUX.3A

'In that country, they make (one) go to the military service for two years.'/在那个国家，他们让（人们）服两年的兵役。

（Hualde & De Urbina 2003:604）

（16）Nomatsiguenga 语

i-pa-agant-ë-ri　　　　　　　　　kireki
3.M.ERG-give-CAUS.IND-REAL-3.M.ABS　　money

'He had (someone) give the money to him.'/他要求（某人）把钱给那个人。

（Haspelmath & Müller-Bardey 2004）

例（15）（16）中都没有出现被使者①，但句子都是合格的。应该说人类语言中被使者的显现是默认状态，是无标记现象；被使者的

---

① 英文译文将缺失的被使者补充为 one 或 someone，这是为了保证英语译文的语法正确，在原来的语言中被使者并不存在。

缺省是特殊的有标记现象。刘丹青(2017:445)指出,"对致使结构的调查要注意被使者是否能够省略"。不过,当前学界对被使者缺省这一现象关注不多,只对个别语言中的被使者缺省现象做过零星介绍。因此,下面我们将对被使者缺省现象进行归纳总结。

5.4.1　被使者缺省的类型

根据我们的调查,表面相同的被使者缺省现象其实背后有不同的类型,概括起来主要有以下三种:1)强制缺省;2)同指导致的缺省;3)行为主体与行为的惯常性关系导致的缺省,下面我们逐一进行分析。

5.4.1.1　强制缺省

有的语言中个别特定的致使结构在语言表层不允许出现被使者。根据Dixon(2012),米什米语(Mishmi)有两个致使后缀,分别是-bo和-syig。致使后缀-bo只允许句中出现被使者,不能出现致使者;相反,致使后缀-syig只允许出现致使者,不能出现被使者,如:

(17) 米什米语

    a. há　　　　tapé　　　thá-de-bo

      1SG:NOM　　rice　　　eat-TENSE-CAUS

      'I was made to eat rice.'/我被逼吃米饭。

    b. há　　　　tapé　　　thá-syig-a

      1SG:NOM　　rice　　　eat-TENSE-CAUS

      'I made someone eat rice.'/我让某人吃米饭。

(Dixon 2012:255)

例(17a)的译文是英语被动句,实际上该句的字面意义是"某人使我吃米饭",其中的há(我)是被使者;例(17b)中há(我)则是致使者,被使者不能出现。

鄂温克语(Evenki)有丰富的致使后缀,如-v/-p/-mu/-gi/-ki/-i/-an等,其中-vkan/-pkan/-mukan是双及物动词致使后缀。双及物动词致使化时,原则上被使者都要省略(Nedjalkov 1997:233),比如:

(18) 鄂温克语

    a. Nungan　　min-du　　oron-mo　　bu:-re-n

        he　　　　I-DAT　　reindeer-ACC　give-NFUT-3SG

    'He gave me a/the reindeer.' / 他给我一只驯鹿。

    b. Nungan　(beje-ve)　min-du oron-mo　bu:-vken-e-n

        he　　　(man-ACC)　I-DAT　reindeer-ACC　give-CAUS-NFUT-3SG

    'He made the man gave me a/the reindeer.' / 他让那人给我一只驯鹿。

                          (Nedjalkov 1997:233)

例(18a)是双及物句,(18b)是相应的致使句。Nedjalkov(1997:233)指出,(18b)括号中的名词 beje① (man),不能出现在句中。

与此类似,黑亚克语(Hiaki)也有两个致使后缀,分别是-tua 和-tevo,前者表示直接致使,后者表示间接致使。-tua 致使结构中被使者编码为宾格(-ta 为宾格标志),不能缺省;但在-tevo 致使结构中被使者不能出现(Harley 2017:10)。例(19a)是-tua 致使结构,b 是-tevo致使结构,前者句中有被使者 Maria,后者只有受影响者"玻璃",但没有出现直接打破玻璃的人。

(19) 黑亚克语

    a. Juan　　Maria-ta　　vaso-ta　　ham-ta-tua-k.

        Juan　　Maria-ACC　glass-ACC　break-TR-CAUS.DIR-PRF

    'Juan made Maria break the glass.' / Juan 使 Maria 打碎了玻璃。

    b. Juan　　vaso-ta　　ham-ta-tevo-k

        Juan　　glass-ACC　break-TR-CAUS.IND-PRF

    'Juan had the glass broken/had someone break the

---

① "那个人",即被使者。

glass.'/Juan 使某人打碎了玻璃。

（Harley 2017:10）

有些语言在一个小句中不允许出现两个与格,但是被使者又通常编码为与格,这种情况下被使者也会被省略,比如:

(20) Hixkaryan 语

Kuraha	yɨnpoye	waraka	rowya
bow	3sgA:CAUS:give:3gO	Waraka	1sg:DAT

a. 'Waraka made me give a bow to someone.'

b. 'Waraka made someone give a bow to me.'/a. Waraka 让我给(某人)鞠躬。b. Waraka 让某人给我鞠躬。

（Dixon 2012:264）

Hixkaryana 语禁止小句中有两个与格,例(20)中的 rowya (我)是与格形式。当"我"被理解为接受者的时候,被使者就处于缺省状态(Dixon 2012:264)。

米什米语中的 syig-致使前缀、鄂温克语中的-vken 致使后缀、黑亚克语中的-tevo 致使后缀以及 Hixkaryana 语,它们都要求被使者缺省。这属于强制缺省。

5.4.1.2　同指关系导致的缺省

阿伊努语致使化后,非致使句的主格编码为宾格,原来的宾语还是宾格。这样一来,致使句会出现两个宾格。当通过上文能够明确被使者的具体所指时,被使者会被省略（Bugaeva 2015）,如例(21)。

(21) 阿伊努语

a. poro	sike-he	kar	wa,	setur-u	kotuk-ka
be.big	luggage-POSS	make	and	back-POSS	stick-CAUS

'The old man from the neighborhood packed his luggage and put it on his back.'/邻家老人卷起行李,放到背上。(字面意思:使行李到背上)

b. pacti　　a＝ko-numke　　wa　　otcike　　a＝us-i

　　bowl　　IND.A＝for.　　　and　　tray　　IND.A＝attach.
　　　　　　APPL-choose　　　　　　　　　　　to-CAUS

'I have chosen for him a big bowl and put(it) on the tray.'/我给他选了一个碗,放进托盘。(字面意思:我使碗接触托盘)

(Bugaeva 2015)

例(21a)的致使后缀是-ka, kotuk-ka 的字面意思是"使到背上";(21b)的致使后缀为-i, us-i 的字面意思是"使接触"。例(21)是并列句,由并列连词 wa(and)连接,后句为致使句。Bugaeva (2015)指出,在(21a)中,由于前句出现了名词"行李",后句的被使者"行李"便不再出现。同样的,(21b)中前句出现了名词"碗",后句的被使者"碗"也不再出现。

致使演变为被动是人类语言普遍存在的规律(Haspelmath 1990)。从致使到被动存在一个中间过程,即反身致使。反身致使中致使者与受影响者同指时被使者会缺省,如:

(22) 卡尔米克语(Kalmyk)

　　aavə　　　　bij-än　　　　Sibir-tə　　orša-lʁə-v

　　grandfather　self-P.REFL　Siberia-DAT　BURY-CAUS-PAST

'Grandfather was buried in Siberia.'〔Literally:'Grandfather made(others) bury himself in Siberia'〕/爷爷被埋葬在西伯利亚。(字面意思:爷爷让人把自己在西伯利亚埋掉。)

(Say 2013)

例(22)的字面意义是"爷爷让别人埋了自己",但被使者"别人"没有出现。类似的情况也存在于荷兰语中,Loewenthal(2003)指出,当致使者和受影响者同指时,许可致使中的被使者容易缺省。

5.4.1.3　行为主体与行为的惯常性联系导致的省略

某些事件通常与某些特定的人有较强的关联,比如"看病"是医生的职业行为,"盖房"是工匠的职业行为,"杀敌"是士兵的职业行为。这些行为、动作、活动的惯常主体在词库理论学中被称作行为角色,"看病""盖房""杀敌"的行为角色分别是"医生""工匠""士兵"。由于动词与行为角色的紧密关联性,在有些语言中,如果结果动词的行为角色是被使者,那么被使者有可能缺省。Loewenthal (2003)指出,荷兰语中当结果行为是被使者的工作、职业时,被使者就经常会被省略。此时被使者不是被强制地、违背自身意愿地去完成结果事件,比如:

(23) a. De huiseigenaar[causer] laat zijin huis[affectee] overs-childeren.

The home-owner lets his house repaint.

'The home-owner has his house repainted.'/房主(请人)重新刷了房子。

b. Hij [causer] laat een omheining [afectee] om zijn tuin bouwen

He lets a fence around his garden build.

'He has a fence built around his garden.'/他(请人)在他的花园周围建了围墙。

(Loewenthal 2003)

上面两个例句都含有致使者和受影响者(afectee),没有被使者。由于刷漆、修建围墙这些行为通常是油漆工、建筑工的职业,这些句子中缺省的被使者是相关的工人。日语也有与荷兰语类似的情况,比如:

(24) アレクサンドロス大王は、征服した東方世界に自分の名をとどめた都市を幾つも建設させた。(王鹏 2013)

例(24)中的核心名词是:アレクサンドロス大王(致使者)、都市(动词"建设"的宾语)。「させ」是致使标记,被使者没有出现。该句的核心意义是"亚历山大让(人)建了好多都城"。城市的具体建造者是工匠,工匠与建造联系紧密。日语中只有这种惯常性关系非

常紧密的情况,被使者才可能出现缺省。再如:

(25) a. 洋之介は四畳半の部屋を大工に造らせた。

　　　b. 洋之介は四畳半の部屋を隣人に頼んで造らせた。

(王鹏 2013)

王鹏(2013)指出,(25a)中的"大工"较(25b)中的"隣人"更容易缺省。因为在人的大脑知识库中,"木工"(大工)与"建房"(部屋を造る)具有一般默认的紧密关系,而"邻居"与"建房"并没有相关性。也就是说,"盖房"的行为角色是"木工",但不是"邻居"。"盖房"这一信息很容易激活"木工",却不易激活"邻居"。所以,"木工"比"邻居"更容易根据表达的需要而被缺省。

5.4.2　被使者缺省造成的后果

通常情况下被使者缺省会导致信息的不完整,信息不完整会造成语义模糊或歧义。这又可以分为以下三种情况:1)无法知道被使者是谁;2)不能区分被使者与受影响者/接受者;3)容易理解为被动。

被使者缺失最容易产生的后果是听话者无法确定被使者,比如:

(26) Songhai 语

Ali	nga-ndi	tasu	di
Ali	eat-CAUS	rice	the

'Ali got someone eat the rice.'/阿里使某人吃那米饭。

(Comrie 1989:175)

(27) 朝鲜语

John-i	Mary-ekey	os-ul	ip-hi-key	ha-ess-ta
John-NOM	Mary-ACC	cloth-ACC	wear-CAUS-CAUS	do-PAST-DC

'John made Mary have (someone) get dressed.'/约翰让玛丽让(某人)穿好衣服。

(Gessner 2001)

由于被使者在句中没有被表现出来,例(26)中无法知道阿里究竟让谁吃米饭,(27)中无法知道玛丽叫谁穿衣服。

被使者缺省可理解为动词在具体的语言表达中缺少了一个论元,而论元缺失往往会造成歧义。经典的"鸡不吃了"歧义句本质上也是由此原因导致的。动词"吃"要求两个论元,而句中仅有一个,这时名词"鸡"就既可能是主语(充当施事),也可能是宾语(充当受事)。日语中「鶏は食べない」的语义与汉语一样,也是两种理解。在及物致使结构中一般有致使者、被使者和受影响者(双及物动词还有一个接受者成分),当被使者缺失时,如果受影响者也有实施某种行为的能力,那么受影响者很可能被理解为被使者。刘丹青(2017:445)指出法语中 j'ai fait manger less cochons 这个句子会造成两种理解:1)我使猪吃了(东西),2)我使(某人)吃了猪,前一种理解就是将受影响者视作被使者。

被使者缺失也会导致接受者和被使者相混淆,比如:

(28) Songhai 语

Garba　　neere-ndi　　bari　　di　　musa　　se
Garba　　sell-CAUS　　horse　　the　　Musa　　IO
a. 'Garba had Musa sell the horse.' b. 'Garba had the horse sold to Musa.'
/a. Garba 让 Musa 卖那匹马。b. Garba 让(某人)把那匹马卖给 Musa。

(Song 2008:270)

(29) 瓜拉尼语(Guarani)

Che-jaryi　　o-me'e-uka　　Ché-ve　　ij-ao-kue.
1IN-grandma　　3AC-give-CAUS　　1IN-DAT　　3IN-clothes-PAST
a. 'My grandma had someone give me her clothes.'
b. 'My grandma made me give her clothes.' /a. 奶奶让人把她的衣服给我。b. 奶奶让我把衣服给她。

(Velázquez-Castillo 2002:525)

例(28)有两种理解,分别是:(i)Garba 让 Musa 卖马;(ii)Garba 让人把马卖给 Musa。在(i)中 Musa 被理解为被使者,接受者缺失,在(ii)中 Musa 被理解为接受者,被使者缺失。与此类似,例(29)可以理解为:(i)奶奶让某人给我她的衣服;(ii)奶奶让我把衣服给她。在(i)中被使者缺失,(ii)中"我"被理解为被使者。例(30)Amharic 语也有两种理解。

(30) Amharic 语

　　ləmma　　　aster--ɨn　　　as-kʼorrətʼ-at

　　L.　　　　A.-ACC　　　CAUS-cut＋PERF＋3M-3FO

　　a. 'Lemma made Aster cut.' b. 'Lemma made someone cut Aster.'

　　/a. Lemma 让 Aster 砍(某人)。b. Lemma 让人砍 Aster。

(Amberber 2000:320)

其中 Aster 既可能是被使者,也可能是受影响者。前者表示"Lemma 让 Aster 切割(人或物)",后者表示"Lemma 让某人砍 Aster"。

从致使到被动是人类语言较为普遍的一个发展路径,在此过程中有一种中间状态,即反身致使,如"张三让李四打自己","自己"指的是"张三",致使者和受事同指①。被动句的特征是将施事去焦点化(Shibatani 1985),去焦点化之后施事在句法上被降级,在句中可以不出现,比如"张三被打了"。反身致使句中被使者缺省会导致原来的致使者可能被理解为受事,与被动句在句法操作和结构上具有平行性。这样一来,反身致使就很容易被理解为被动,比如:

(31) 卡尔米克语(Kalmyk)

　　aavə　　　　　bij-än　　　　　Sibir-tə　　　　orša-lʁə-v

　　grandfather　　self-P.REFL　　Siberia-DAT　　BURY-CAUS-PAST

　　'Grandfather was buried in Siberia.' [Literally: 'Grandfather made(others) bury himself in Siberia']/爷爷被埋

---

① "自己"也可以指称"李四",此时是被使者和受事同指。

葬在西伯利亚。(字面意思:爷爷让人把自己在西伯利亚埋掉。)

(Say 2013)

例(31)的意义是"爷爷让(人)埋了自己","爷爷"既可以理解为致使者,也可以理解为受事。由于被使者"人"并没有出现,所以该句很容易被理解成被动,即"爷爷被埋掉了"。瓜拉尼语(Guaraní)中也有类似的现象,比如:

(32) 瓜拉尼语

Upei	ré-ju	nde	re-je-hayhu-ka	ché-ve	Ha
then	2AC-come	you	2AC-REF-love-CAUS2	1IN-DAT	and

nda-i-katu-vé-i	a-ma'e hese
NEG-1IN-be＝possible-more-NEG	1AC-look at＝him

'Then you came and caused me to love you and I couldn't look at him anymore.'/你来了,使我爱上你,而且我不能再看他了。

(Velazquez-Castillo 2002:524)

在例(32)中致使句是"你使我爱上了你"。当被使者"我"(ché-ve)省略时,很容易被理解为被动(Velazquez-Castillo 2002),即"你被我爱上了"。

5.5　被使者的编码共性

被使者编码的多样性不仅体现在跨语言的比较上,而且即便在单一语言内部也有这样的表现。朝鲜语中,被使者可以使用主格标志、宾格标志、与格标志(郑圣汝 2006:109);土耳其语则是宾格、与格、工具格等。语言类型学一个重要的研究目标就是从复杂的语言现象中找出隐藏在背后的规律,被使者的编码虽然复杂,但也有一些倾向性的规律。Comrie(1976)通过跨语言的调查,提出了被使者

的格等级序列(case hierarchy,简称 CH),即:

　　主语＞直接宾语＞间接宾语＞旁格宾语

　　在上述等级中,左边的位置最高,右边最低。这一格等级可以解读为:如果主语位置被占据,被使者(causee)就去占据直接宾语的位置;如果主语和直接宾语位置都已经被占据,被使者就会去占据间接宾语的位置;如果主语、直接宾语、间接宾语都被占据,被使者就只能去占据旁格位置。最能体现该等级性的语言是土耳其语,比如:

土耳其语

(33) a. Hasan　　　öl-dü

　　　　Hasan　　　die-PST

　　　　'Hasan died.'/哈桑死了。

　　b. Ali　　　hasan-ı　　　öl-dür-dü

　　　　Ali　　　Hasan-DO　　die-CAUS-PST

　　　　'Ali killed Hasan.'/阿里杀死了哈桑。

(34) a. müdür　　　mektub-u　　　imzala-dı.

　　　　director　　letter-DO　　　sign-PST

　　　　'The director signed the letter.'/局长在信上签名。

　　b. dişçi　　　mektub-u　　　müdür-e　　　imzala-t-tı.

　　　　dentist　　letter-DO　　director-IO　　sign-CAUS-PST

　　　　'The dentist made the director sign the letter.'/牙医让局长在信上签名。

(35) a. müdür　　Hasan-a　　　mektub-u　　　göster-di.

　　　　director　Hasan-IO　　letter-DO　　　show-PST

　　　　'The director showed the letter to Hasan.'/局长给哈桑看信。

　　b. dişçi　　Hasan-a　　mek-tub-u　　müdür　　tara-fından　　göster-t-ti.

　　　　dentist　Hasan-IO　letter-DO　　director　by　　show-CAUS-PST

'The dentist made the director show the letter to Hasan.'/牙医让局长给哈桑看信。

(Comrie 1989:175 – 176)

　　土耳其语是 OV 语言,形态非常发达。在上述例子中,例 a 都是非致使句,而例 b 都是相应的致使句。例(33)中基础动词为不及物动词,例(34)中为及物动词,而例(35)中是双及物动词。例(33b)中被使者"哈桑"(Hasan)使用宾格标志,充当直接宾语;例(34b)中由于宾语位置已经被"信"所占据,所以被使者"局长"(director)使用与格标志,充当间接宾语;例(35b)中由于直接宾语、间接宾语的位置已经分别被"哈桑"和"信"占据,所以被使者"局长"只能通过后置介词 tarafɪndan(by)来引介,在句中充当旁语。

　　该等级在施通格语言中也得到了验证,比如:

　　(36) 巴斯克语(Basque)

　　　　a. Hark　　Patxeko　　　sar　　erazi　　du.
　　　　　 3SG.ERG　Pacheko.ABS　enter　make　　AUX
　　　　　'He/She has made Pacheco enter.'/他(她)让 Pacheco 进入。

　　　　b. Haiek　　Letona-ri　liburu-a　galdu　erazi　zioten
　　　　　 they-ERG　Letona-DAT　book-ABS　lose　make　AUX
　　　　　'They made Letona lose the book.'/他们使 Letona 丢了书。

(Kemmer & Verhagen 1994)

　　例(36a)是一个不及物致使句,例(36b)是及物致使句。(36a)中被使者 Patxeko 是通格(标志是零形式),通格大体上可看作直接宾语;而在及物型致使句(36b)中被使者使用与格标志,与格表示间接宾语。

　　Song(2008:265)指出,土耳其语中有些句子动词的论元只有主语和间接宾语,没有直接宾语。而在相应的致使句中,被使者将编

码为直接宾语,填补原来空缺的位置。这一现象是格等级理论更有力的证据,示例如下:

(37) 土耳其语

    a. çocuk   okul-a   başla-dı.

       child   school-IO   start-PST

       'The child started the school.'/孩子上学。

    b. dişçi   çocuǧ-u   okul-a   başla-t-tı.

       dentist child-DO   school-IO   start-CAUS-PST.

       'The dentist made the child start the school.'/牙医让孩子上学。

(Song 2008:265)

在(37a)中,动词只有一个主语和间接宾语,缺少直接宾语。而在相应的致使句(37b)中,被使者作为直接宾语出现在句中。

Comrie 的格等级序列是纯粹的句法等级,没有考虑语义要素。这一等级序列提出之后,也遭到了一些学者(Song 1996、2008;Kemmer & Verhagen 1994;Dixon 2000;Kulikov 2001 等)的质疑,认为很多语言中被使者的编码并不符合这一等级序列,如下面的芬兰语例子:

(38) 芬兰语

    minä   rakennutin   talo-n   muurarei-lla

    I   build-CAUS   house-DO   bricklayers-INST

    'I make the bricklayers build the house.'/我让匠人盖房子。

(Song 2008:266)

例(38)中主语和直接宾语已经被占据,间接宾语的位置处于"空缺"状态。按照格等级理论,被使者应当填充间接宾语的槽位,但事实上被使者"匠人"(bricklayer)用的是工具格,也即旁格宾语。更大的问题在于,很多语言的致使句存在双直接宾语的现象,即在致使句中已经有直接宾语的情况下被使者仍然编码为直接宾语。

这说明对被使者的编码并不完全符合 CH 理论的预测,需要我们重新审视这一理论。

事实上,Comrie 也认为被使者的格等级只是一个倾向共性而非绝对共性,他提出这一共性的初衷在于以往学者过于注重语义,然而有些语言被使者的编码无法通过语义得到合理的解释,比如土耳其语中语义因素似乎完全与被使者的表达形式无关(Comrie 1989:212)。所以,Comrie 认为要想发现影响被使者相关的全部因素,就必须把形式和语义两种观察结合起来。

根据以往学者提供的语言材料来看,将被使者编码为主格的语言较为罕见,所以我们暂不考虑这种情况,那么就可以将该等级序列简化为:

直接宾语>间接宾语>旁格宾语

对于该等级序列我们的解读是:被使者将优先编码为直接宾语,在其他因素干扰下无法编码为直接宾语时就退而求其次,编码为间接宾语;如果在其他因素干扰下无法编码为间接宾语,那么就只能编码为旁格。从跨语言的角度来看,大多数语言都优先将被使者编码为宾格。Dixon(2012:259)指出,有大量的语言都会把非致使句中的施事在致使句中编码为直接宾语,同时保留非致使句中的直接宾语。即便是我们熟悉的英语中的 make、have 致使结构被使者都是宾格,如 John made/have her come 中的 her 也是典型的宾格。汉语中,传统语法上所说的兼语其实都是直接宾语;生成语言学派也大多认为兼语实际上是宾语。更有证明力的是,有些语言,如卡尔米克语(Kalmyk)中不及物致使句的被使者只能充当直接宾语。而且,即便致使句中有直接宾语,被使者依然可以占据直接宾语的位置(Say 2013)。这样一来,我们会发现其实双宾格并不构成 CH 序列的反例。在等级序列上,被使者总是尽量向左靠近。即便致使句中已经有了直接宾语,被使者也有可能被编码为直接宾语。真正违反等级序列的是那些宾格空缺,或者宾格、与格都空缺,被使者却没有被编码为宾格的情况。日语中也有宾格空缺、违反 CH 理论的现象,形成这一后果必然有相应的动因,下面我们观察日语中被使者的编码策略并尝试对其做出一些解释,同时对汉语被使者的编码手段进行初步探讨,并从类型学角度对汉日语的被使者标志展开对比。

5.6　从类型学看汉日语被使者标志的特点

5.6.1　被使者的基本编码情况

传统上动词被分为不及物动词和及物动词,及物动词又可以分为单及物动词和双及物动词①。不及物动词只有一个核心论元,单及物动词有两个核心论元,而双及物动词有三个论元,如:

(39) 太郎が行く。/太郎去。

(40) 太郎が本を読む。/太郎读书。

(41) 太郎が次郎に英語を教える。/太郎教次郎英语。

(39)中不及物动词「行く」的唯一论元是「太郎」;(40)中及物动词「読む」的两个论元分别是「太郎」「本」;(41)中双及物动词「教える」的三个论元分别是「太郎」「英語」「次郎」。这些例句都是非致使句,它们可以通过动词的致使化成为致使句。致使化之后论元将增加一个,比如:

(42) 太郎が次郎を行かせる。/太郎让次郎去。

(43) 太郎が次郎に本を読ませる。/太郎让次郎读书。

(44) 太郎が花子に次郎に英語を教えさせる。/太郎让花子教次郎英语。

增加的这个论元就是被使者。从以上的例句可以看出,增加的论元使用了不同的格标志,分别是宾格标志「を」、与格标志「に」、与格标志「に」。这只是一个简单的介绍,下面我们按照不及物动词、

---

①　在非宾格假设中不及物动词又被分为非宾格动词和非作格动词。由于此处只考虑论元的数量,所以不再做进一步的区分。

及物动词、双及物动词依次观察日语中被使者的编码模式。

在讨论之前我们先定义一下术语。

不及物致使句：不及物动词致使化后构成的致使句，如例(42)；

及物致使句：及物动词致使化后构成的句子，如例(43)；

双及物致使句：双及物动词致使化后构成的句子，如例(44)；

基础动词(结果动词)：与致使句相对应的非致使句中的谓语动词。

先看不及物致使句。在不及物致使句中如果动词是自主性动词，如「行く」「走る」「立つ」等，被使者既可以使用宾格标志「を」，也可以使用与格标志「に」，例如：

(45) a. 太郎が次郎を行かせる。/太郎让次郎去。

　　　b. 太郎が次郎に行かせる。/太郎让次郎去。

(46) a. 太郎が次郎を走らせる。/太郎让次郎跑。

　　　b. 太郎が次郎に走らせる。/太郎让次郎跑。

如果动词是非自主动词，尤其是表示感情类的动词，如「楽しむ」「驚く」「降る」等，则只能使用宾格标志「を」，而不能使用「に」，比如：

(47) a. 音楽は人を楽しませる。/音乐使人愉悦。

　　　b. ＊音楽は人に楽しませる。

(48) 子供が彼を驚かせた。/孩子使他惊讶。

　　　b. ＊子供が彼に驚かせた。

(49) a. 雨を降らせる。/使(天空)降雨。

　　　b. ＊雨に降らせる。

及物致使句中无论何种类型的动词，被使者只能使用「に」，而不能使用「を」。该规律是强制的，没有例外，比如：

(50) a. 田中さんは息子に本を読ませた。/田中让孩子读书。

　　　b. ＊田中さんは息子を本を読ませた。

(51) a. 田中さんは息子に英語を勉強させている。/田中让孩子学英语。

　　b.＊田中さんは息子を英語を勉強させている。

　　在双及物致使句中,被使者不允许使用宾格标志「を」,绝大多数都使用与格标志「に」,比如:

(52) a. 師匠が弟子に子供たちに将棋を教えさせる。/老师让弟子教孩子下象棋。

　　b.＊師匠が弟子を子供たちに将棋を教えさせる。

(53) a. 私は弟にその荷物を弟の友人に預けさせた。/我让弟弟把行李寄存到他朋友那里了。

　　b.＊私は弟をその荷物を弟の友人に預けさせた。

(寺村秀夫 1982:294,笔者译)

　　早津惠美子(1999、2004)指出,如果基础动词是双及物动词,表示「ダレがダレにナニをあげる/話す/伝える」(某人给某人东西/某人给某人说什么/某人给某人传达什么)时,致使句中的被使者还可以用旁格标志「から」,比如:

(54) 会社から賠償金を支払わせる。/让公司支付赔偿金。

(55) 弟からいたずらを白状させる。/让弟弟交待(所做的)恶作剧。

(早津惠美子 1999,笔者译)

(56) 担当者から事情を説明させる。/让责任人说明情况。

(早津惠美子 2004,笔者译)

　　现在我们对致使句中致使者的编码情况作如下简要总结:

表 5-1　日语被使者的格标志

	宾格标志を	与格标志に	旁格标志から
不及物致使句	＋	＋	－
及物致使句	－	＋	－
双及物致使句	－	＋	＋

5.6.2　双宾格致使句蕴含双宾格句

　　表 5-1 中,日语及物致使句的被使者只能使用与格标志

「に」,不能使用宾格标志「を」。可是在其他语言中,及物致使句中被使者也可以被编码为宾格,那么日语为什么会这样呢?很多日本学者(如柴谷方良等)认为日语存在双を格限制(double-o constraint),即不允许一个小句中同时出现两个直接宾语标志「を」,比如:

(57) a. 太郎が次郎に絵をあげた。/太郎给了次郎一幅画。

　　　b. *太郎が次郎を絵をあげた。

在上例中,"次郎"和"画"都是宾语,但只有直接宾语"画"可以使用宾格标志。日语中简单句不允许使用双宾格标志,致使句中也不允许使用双宾格标志。这很容易使我们联想到,致使句中不允许双宾格的现象可能与小句的双宾格限制有直接的关联。跨语言的研究表明,日语中的双直接宾格限制是部分语言具有的特征。如果以双直接宾格限制为参数,那么人类语言就可以分为两类:一类有双直接宾格限制,而另一类则是无直接双宾格限制。就是说有些语言允许一个小句中有两个宾格标志,比如跟日语在地域上非常接近的朝鲜语即是如此。

(58) 朝鲜语

　　a. Nae　ka　　ai　　lil　　yənnə　lil　　kalichi-əss-ta
　　　　我　　主格　孩子　宾格　英语　　宾格　教-过去-陈述
　　　　我教孩子英语。

　　b. Nae　ka　　ai　　lil　　　chaek　lil　　cu-əss-ta
　　　　我　　主格　孩子　宾格　书　　　宾格　给-过去-陈述
　　　　我给孩子书。

(柴谷方良 1978:366)

在例(58a)和例(58b)中,"孩子"和"英语"使用了同样的宾格标志 lil。朝鲜语也允许在致使句中使用两个宾格标志,比如:

(59) 朝鲜语

ku salam-i	apeci-lul	acsssi-lul	caki (-uy)	pang-eyse	ttayli-key	hay-ess-ta.
the man-NOM	father-ACC	uncle-ACC	self	room-LOC	hit-PURP	do-PST-DEC

'This man made the father hit the uncle in his room.'/那人让父亲在他房间里打叔叔。

(Kozinsky & Polinsky 1993:197)

可以看到,"父亲"和"叔叔"用的是同一个宾格标志 lul。盖丘亚语的及物致使句也可以使用同一宾格标志,比如:

(60) 盖丘亚语

Nuqa	Fan-ta	rumi-ta	apa-či-ni.
I	Juan-ACC	rock-ACC	carry-CAUS-1SG

'I made Juan carry the rock.'/我让 Juan 搬石头。

(Wali 1981)

在该例中,被使者(Fan)和真正的宾语"石头"(rumi)使用了同样的宾格标志-ta。类似的还有鄂温克语(Ewenki),比如:

(61) 鄂温克语

ynīn-in	xuty-wī	awun-mī	baka-pkān-yn
mother-his	son-DO	cap-DO	find-CS

'The mother made her son find his cap.'/母亲让儿子找他的帽子。

(Song 2008:266)

由此看来,日语中的"双宾格限制"是一部分语言的特征。朝鲜语中单一小句允许出现双宾格,致使句中也存在一个位置被双重占据的现象,二者之间似乎存在一定的关联。事实上,Comrie(1989:178)已经指出:致使结构中允许两个宾格的语言都是那些允许小句(clause)中有双宾格的语言。这一论断可以总结为一条蕴含共性:

如果一种语言的致使句允许有两个直接宾语,那么该语言允许小句有两个直接宾语。

该蕴含共性还可以简化为：

双宾格致使句　蕴含　双宾格句

日语中致使句不允许出现两个直接宾语，其原因在于日语在小句中一个动词不允许有两个直接宾语。相反那些小句中有双宾格的语言，在致使句中也允许双宾格出现。

5.6.3　对日语被使者编码策略的调查和解释

日语学界对被使者的格标志的争论集中在不及物致使句中的「を」和「に」两个格助词上。Kuroda(1965)、Shibatani(1973)、柴谷方良(1978)等指出，在不及物致使句中被使者为「を」格时表示致使者无视被使者的意愿性，具有强制意义；使用「に」格时致使者尊重被使者的意愿性，被使者有自控力。比如：

(62) a. 奴隷監督は鞭を使って奴隷達を働かせた。

　　 b. *? 奴隷監督は鞭を使って奴隷達に働かせた。

(63) a. よし、と言って、子供に行かせた。

　　 b. ? よし、と言って、子供を行かせた。

(柴谷方良 1978:312 - 314)

例(62)表达的是奴隶的监管者(致使者)强迫奴隶们(被使者)干活，这里被使者只能用「を」格，用「に」格则不合法。例(63)是积极同意孩子们去，所以被使者用「に」格，用「を」格则不自然。这一观点得到了许多学者的认同，如池上嘉彦(1981)、庵功雄(2001)、庵功雄等(2001)、高桥太郎(2005)等。寺村秀夫(1982)则认为「を」格被使者和「に」格被使者的语义区分虽然大体上是正确的，但也只是一种倾向而已；而早津惠美子(1999、2004)对这种语义差异表示怀疑，并且在句子的合法性判断上也与柴谷方良等学者不一致。日本国立国语研究所(1964)曾做过小规模的调查，其中不及物致使句中被使者为「を」格的有 111 例，被使者为「に」格的仅有 4 例。早津惠美子(1999)对致使句中的被使者标志做了大规模的调查，共使用了 5000 多个致使句。调查结果显示，在不及物句中，使用「に」格的只有 42 例,其余的都是「を」格,可见二者在数量上差异较大。为了进一步验证不及物致使句中「を」格和「に」格的数量差异,我们通过大型语料库"中纳言"进行了一些调查。"中纳言"中的致使句超过 50 万条,做穷尽性调查是不现实的。所以我们选取了 9 个不及物动词:「行く」「歩く」「働く」「帰る」「寝る」「座る」「遊ぶ」「泳ぐ」「渡る」,并观察由它们构成的不及物致使句中的被使者采用什么样的标志。由于上下文的影响,在具体的语句中"被使者"经常被省略,所以在所调查的例句中只有部分例句含有被使者,我们对这部分句子进行了统计,具体如下:

表 5 - 2　日语不及物致使句中被使者的标志

	总例句	有效例句	を	に	を格所占比例
行かせる	632	176	157	19	0.89
歩かせる	136	34	31	3	0.91
働かせる	494	390	388	2	0.99
帰らせる	100	21	20	1	0.95
寝させる	36	5	4	1	0.80
座らせる	270	112	108	4	0.96
遊ばせる	313	89	80	9	0.90
泳がせる	129	28	28	0	1.00
渡らせる	40	13	4	9	0.31
合　　计	2150	868	820	48	0.94

　　这一结果基本与早津惠美子的调查是一致的,不及物致使句中被使者为宾格(「を」格)占绝对优势。这也符合 Comire 的 CH 理论,即被使者尽量编码为宾格。但「渡る」是例外,「に」格致使句在数量上比「を」格多,比如下面例句:

被使者＝に格

(64) おそらく将軍どのに黄河を渡らせぬであろう……(渡辺精一译《新訳三国志》)

(65) すみやかに船を用意し、われわれに河を渡らせよ……
（同上）

被使者＝を格

(66) しかしプッツィは考えた末、息子をドイツからアメリカ
に渡らせ、自分も国外にいるほうが安全。（大城光子、粟
野真紀子译《ミットフォード家の娘たち》）

「渡る」在日语学界大多看作是不及物动词，但是「渡る」是可以
与「を格」共现的，如「橋を渡る」。在(64)和(65)中，宾格标记已经
被占据，而日语又有双宾格限制，所以只能退而求其次，使用与格标
志「に」。与(64)(65)不同，(66)中并没有宾格，所以被使者直接被
编码为宾格「を」格。「渡る」致使句使用与格标志与其词汇的性质
有关(有「を格」形式)，但是像「行く」这类动词并没有宾语，偶尔也
会将被使者编码为与格，对此也要做出解释。

虽然有学者对「を格」表示强制致使持怀疑态度，但大家都认为将
不及物致使句中的被使者编码为与格确实表示非强制致使，比如：

(67) a. 私は嫌がる息子をプールで泳がせた。
? b. 私は嫌がる息子にプールで泳がせた。

(68) a.（泳ぎたいというので）私は息子にプールで泳がせた。
? b.（泳ぎたいというので）私は息子をプールで泳が
せた。

（庵功雄 2001:109）

例(67)中「嫌がる」表明孩子不愿意游泳，所以「泳がせる」就是强制
的，此时用被使者不能编码为「に」格，比较自然的是用「を」格。相
反，当孩子想要游泳(泳ぎたいというので)的时候就必须编码为
「に」，而不能用「を」。这说明格助词「に」确实是表非强制。也就是
说，像「行く」这类不及物致使句中，被使者编码为「に」格是语义因
素的影响。当明确表明被使者具有较大的自主性时，就使用「に」
格。可见，日语不及物致使句中被使者优先选择宾格，当要强调被
使者的自主性时选择「に」。

在及物致使句中被使者只有唯一标志「に」，而不能用「を」。柴谷方良(1978)指出在底层结构上被使者的标志实际上是「を」，由于日语中的双宾格限制，不允许在一个小句中同时出现两个宾格，所以在语言表层表现为「に」。

在双及物致使句中，被使者大多编码为与格，即「に」格。根据CH原理，双及物句中的被使者应优先编码为「を」格。但是与及物致使句类似，由于日语双宾格限制，只能退而求其次，编码为「に」格。事实上也确实如此，绝大多数双及物致使句中被使者都编码为与格。那么为什么又允许编码为旁格「から」呢？我们再看一下被使者标志为「から」的情况：

(69) 事務当局から詳細を御説明させたいと思います。(《国会会議録》)

(70) 会社から賠償金を支払わせる。(早津恵美子 1999)

(71) 弟からいたずらを白状させる。(同上)

(72) 担当者から事情を説明させます。(早津恵美子 2004)

这些句子其实都是不完整的句子，一些语义角色被省略了，它们可以补充如下：

(69)′ (ダレが)事務当局から(ダレに)詳細を御説明させたいと思います。

(70)′ (ダレが)会社から(ダレに)賠償金を支払わせる。

(71)′ (ダレが)弟から(ダレに)いたずらを白状させる。

(72)′ (ダレが)担当者から(ダレに)事情を説明させます。

可以看出，上面四个句子都省略了致使者和接受者。致使者在句中做主语，省略主语是日语常规的操作，但是被使者的省略会导致一些后果，也就是我们前面指出的：1)无法知道被使者是谁；2)不能区分被使者与受影响者/接受者；3)容易理解为被动。日语的情况属于第二种。

在(69)′—(72)′中，接受者的标志都是「に」，而被使者的标志都是「から」。实际上，这里的「から」都可以替换为「に」，而且句子语

义并没有太大的变化。问题在于,被使者和接受者都用「に」格来表示,由于形式完全相同,格标志就丧失了区分语法关系的功能。在完整句中,还可以通过语序来明确语法关系,但是在省略句中,如果使用「に」格,那么就无法确认其在语义上究竟是被使者还是接受者,使得句子产生两种理解:

(69)" <u>事務当局に</u>詳細を御説明させたいと思います。
/a. 让当局向某人做详细说明。b. 让某人向当局做详细说明。

(70)" <u>会社に</u>賠償金を支払わせる。
/a. 让某人向公司支付赔偿金。b. 让公司向某人支付赔偿金。

(71)" <u>弟に</u>いたずらを白状させる。
/a. 让某人向弟弟承认恶作剧。b. 让弟弟向某人承认恶作剧。

(72)" <u>担当者に</u>事情を説明させる。
/a. 让某人向当事者说明情况。b. 让当事者向某人说明情况。

所以,当双及物使役句中只有一个「に」格时,听话者就无法判定其是接受者还是被使者,此时需要使用「から」格来消除这种歧义。

至此,我们将日语致使句中被使者的编码机制总结如下:

在图5-1中,CH原则是基础,在不及物致使句中被使者优先编码为宾格「ヲ格」。如果凸显被使者具有较大的自控性,则将被使者编码为与格「二格」。在及物句中,CH原则受到双宾格限制的影响无法将被使者编码为宾格,只能退而求其次,选择与格;而在双及物致使句中,CH原则同样受双宾格限制,被使者编码为与格「二格」,但在特殊情况下,为了消除歧义,有时也会编码为旁格「カラ格」。

5.6.4 汉语中的被使者标志

上一节讨论了日语致使句中被使者的编码机制,本节讨论汉语中的情况。汉语学界一般不使用"被使者标志"(causee marker),但

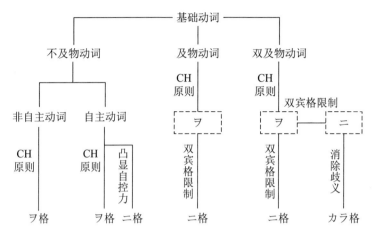

图 5 - 1　日语致使句中被使者的编码机制

经常使用"致使标志"(causative marker),而且都认为汉语有致使标志。宛新政(2005:66)指出汉语中有两个致使标志,一个是介词"把",一个是介词"使";徐丹(2014:134)也认为"使"是汉语中的致使标志。从两个术语对应的英文可以看出,致使标志和被使者标志是不同的概念。致使标志是致使结构中的表成因的动词性成分(包括动词、助动词或词缀等),主要是表达致使者的动作、行为(尽管该动作行为是不明确的)。像日语中的「させる」、英语中的 make 等可看作是致使标志。被使者标志是指专门用来标记被使者的介词或者词缀等语言形式,不表示致使者的动作、行为。现在的问题是,汉语有没有被使者标志? 如果有,哪些是被使者标志? 这虽是两个问题,但可以放在一起讨论。我们认为"把"是汉语致使句中的被使者标志,而且是唯一的被使者标志。

关于"把"字句至今已有非常丰富的研究成果,各学者都试图寻找出"把"字句的语法意义。从目前的研究现状来看学界还有较大的分歧,一部分学者认为"把"字句表示"处置",一部分学者认为"把"字句表示"致使",还有学者认为只有部分"把"字句表示"致使"。沈家煊(2002)从主观性的角度出发,认为"把"字句的语法意义是表示"主观处置"。总的来看,学者们对"把"字句的语法意义尚存许多争议,"学界还未能给'把'字句结构一个合理的说法,主流观点依旧是用其标志性成分来命名"(金立鑫、王红卫 2014)。其实,"把"是一个功能词,用它来指称所有句子并抽象出其意义是比较困难的。语言形式大部分是多义的,如日语中的「られる」就能表示"被动、能动、尊敬、自发"四个语义范畴,很难用一个更抽象的、更高层次的语法意义来概括它们。鉴于"把"字句的复杂性和对比研究的目的,我们采取一种审慎的态度,仅讨论一些典型的"把"字句。

崔希亮(1995)曾将"把"字句从句法结构上分为三类:

1) A 把 B-VR(如:我把杯子打碎了)

2) A 把 B-DV〔动词重叠形式,如:你把桌子擦(一)擦〕

A 把 B-V("一"+动词,如:把头一扭)

3) A 把 B-V-NM(动词+数量,如:把他打了一顿)

张伯江(2000)对"把"字句做了更细致的分类和统计,发现"把"字句中谓语为动趋式的所占比重最大(约 50%),其次是谓语为动结式的"把"字句(约 18%)。由于动趋式的"把"字句在日语中并不使用致使结构,如:

(73) 把妻子送到医院。/妻を病院に送る。

(74) 请把这本书放到桌子上。/その本を机の上に置いてください。

所以我们所讨论的"把"字句仅限于带有动结式的"把"字句,并认为这是一种内嵌了致使结构的句式。

学者们大多讨论"把"字句的整体句式意义,其实如何看待"把"也是非常重要的问题。因为"句式意义固然不同于句式各个结构成分的语法意义总和,但是句式意义是由各个结构成分统一表达出来的"(张豫峰 2014:96)。关于"把"字句中的"把",人们争论颇多。首先是词性上就有介词和动词之争,不过当前学界普遍认为"把"是介词,缺乏实际意义,语法功能是引介名词成分。《现代汉语八百词》

(1999:54)说"把"是介词,这无疑是正确的,但是又说"把"用来表示"处置、致使"等多种含义。这就将"把"、"把"字句、"致使结构"混淆了起来,这样笼统的说法是值得商榷的。

蒋绍愚(1997、1999)认为致使是动结式的性质,不是"把"字句的功能。他说:"表致使的功能不是由于'把'字产生的,而是由于句中的动结式而产生的。这一点很容易证明,将这一类把字句转化为动宾句,'把'字消失了,但表致使的意义还是存在的。"蒋绍愚的分析是非常合理的,结论也很有说服力,我们接受这一观点。但还有一个问题:既然"动结式"表示了致使,那么"把"在致使句中又该如何看待?

郭锐(2003:160)将"把"字句抽象为"NP1＋把＋NP2＋VP",认为所有的"把"字句都是用来表示致使情景的,并且指出:V1 表致使事件,V2 表被使事件,NP2 是被使事件的主体,NP1 是 V1 的施事……NP1 是产生作用力的事物,是致使情景的激发者,即致使者(causer),NP2 则是只是情景中承受作用力方面产生变化的事物,即被使者(causee)。

郭锐已经指出表示致使事件的动词不是"把",在动结式中是VR 中的 V,如"推倒"中的"推",那么"把"自然就不是致使标志。同时,他将"把"后宾语看作"被使者",那么就可以将"把"理解为被使者标志。明确将"把"看作被使者标志的是木村英树(2012:235)。从汉日对应的角度来看,致使句中的"把"与日语的被使者标志「を」具有很高的对应度。如:

(75) 我把杯子打碎了。/私はコップを壊した。

(76) 我把敌人打倒了。/私は敵を倒した。

(77) 我把门打开了。/私はドアを開けた。

除了被使者和被使者标志在语序上相反,以上例句在结构上具有平行性。

(78) 私が　　コップ　を　　　　　壊し　　　　　た。
　　　致使者　被使者　被使者标志　致使结构(动词)　过去

(79) 我　　　把　　　　　　杯子　　　打碎　　　　　　　了。
　　　致使者　被使者标志　被使者　致使结构(动词)　过去

例(78)中致使者"私"(我)的标志是「が」,被使者"杯子"(コッ
プ)的标志是「を」,具体的致使结构是「壊す」。「壊す」是词汇型致
使结构,其意义大体上与汉语的"打碎"相当。所以,"把"不是构成
致使结构的必有要素,不表示被使者的行为,只是用来标记被使者。

"把"是被使者标志,那么"叫、让、使"是不是被使者标志?木村
英树(2012)认为这些词是被使者标志,他的理由主要是"叫、让"已
经丧失了动词的实义性,只是用来引介被使者的功能词。我们认为
这一看法是不准确的,"叫、让、使"是致使动词,它与结果动词共同
构成一个致使结构,这一点与被使者标志"把"不同。

(80) 张三　　　把　　　　　　杯子　　　　打碎了。
　　　致使者　被使者标志　被使者　　致使结构(致使
　　　　　　　　　　　　　　　　　　动词+结果动词)

(81) 张三　　　让　　　　李四　　　看书。
　　　致使者　致使动词　被使者　结果动词

在"把"字句中,动结式是一个致使结构,表示致使义时不需要
"把"的参与,"把"不是致使结构的构成元素。但在(81)中致使结构
是"让……V","让"是致使结构的一个构成元素,在"让……V"结构
中,没有被使者标志。与英语 make 致使句对比也能显示出这一
特点:

(82) John　　　made　　　Mary　　　come.
　　　致使者　致使动词　被使者　结果动词

make 语法化程度较高,但是似乎没有人将 make 分析为被使者
标志。因为 come 只是一个结果动词,只有与 make 组合,即 make...
come 结构才能构成致使结构。所以在该致使句中,被使者 Mary 没
有显性标志,或者说是零形式标志。"叫"与"让"有较为类似的表
现,同理,也不是被使者标志。

那么"使"是否是被使者标志?我们认为"使"也只是构成致使

结构的一个构件,不是被使者标志。比如:

(83) 这		使	他	很开心。
致使者(＝原因)		致使动词	被使者	结果动词
(84) This		made	him	happy.
致使者(＝原因)		致使动词	被使者	结果动词
(85) それは		彼	を	楽しま-せる。
致使者(＝原因)		被使者	被使者标志	结果动词＋致使动词

　　致使结构必须含有致使动词和结果动词,日语中的「楽しませる」符合这一规定,但汉语的"开心"和英语的 happy 只是一个结果动词,不是致使结构。充当致使动词的分别是"使"和 make。

　　宛新政(2005:66)将"把"看作致使标志,张豫峰(2014:98)将"把"看作致使词,这在术语上较为含糊,而且将"把"与"使""让"做同等看待是不合适的。邢志群(2003)从语法化的角度,将"把"看作介词,而将"使、叫、让"等看作使动词,这就说明"使、叫、让"是致使动词,而"把"不是。根据我们的分析,汉语中的"把"是被使者标志,而且汉语中只有这一个被使者标志。"叫、让、使"等是致使动词而不是被使者标志。

5.7　汉日语被使者编码的类型学特征

　　5.2、5.3 两节分别介绍了人类语言被使者标志的类型、被使者标志对语义的调节功能,本节将在这些内容的基础上,从类型学角度讨论汉日语中被使者标志的类型与功能。

5.7.1　汉日语被使者标志的类型

　　日语中标记被使者的有「を」「に」「から」三个格助词,分别为宾格标志、与格标志和旁格标志。从 5.2 节总结的人类语言对被使者进行标记的情况来看,这三种标志都经常用来标记被使者,日语的表现与人类语言的普遍共性相符合。不过,旁格标志方面日语还是表现出了一定的特殊性。Dixon(2012:263)总结了被使者使用旁格标志的情况,主要有:工具格(instrumental)、处所格(locative)、向格(allative)、近处格(adessive)、属格(possessive)等格标志①。日语中除了近处格,工具格、处所格、向格、属格等都有相应的标志,分别是「で」「に」「へ」「の」,但是它们都没有标记被使者的功能②。尤其是,旁格标志中工具格标志标记被使者是类型学中提及最多的,但这种情况在日语中并不存在。日语里标记被使者所使用的旁格标志不是常见的工具格标志,而是格助词「から」。「から」的基本意义是"从……",大致相当于英语的 from,不妨将其称之为"来源"标志③。根据我们掌握的资料,用"来源"标记被使者这种现象在以往的研究似乎未曾提及。日语「から」格的使用,增加了类型学中被使者标志的类型和成员。

　　相对于日语较为丰富的被使者标志,汉语中只有一个标志"把",而且该标志与被使者的关系并非强制共现。除了"把"字句,在其他致使结构中,被使者都没有标志(或者说是零形式),比如:

　　(86) 武松把老虎打死了。

　　(87) 武松打死了老虎。

　　(88) 老师让学生写作业。

　　(89) 这件事使她很难过。

　　(90) 妈妈说得女儿很伤心。

---

　　①　根据(Crystal 2008),这些格都属于名词短语的一种屈折形态,由于汉语、日语、英语等并没有相应的形态变化,一般将相关的介词视为这些格的标志。处所格指表处所的名词短语,日语中大致是表场所的「に」格名词;向格表达"向"或"朝"某个方向运动的意思,日语中大致是「へ」格名词;近处格表达"在"或"附近义"的屈折形态,日语中缺少专门的标志。

　　②　标记被使者的「に」是与格标志,不是专门的场所标志。

　　③　根据(Crystal 2008),「から」格大致属于夺格(ablative)的一种。夺格的次类很多,与其他的格也有交叉,所以这里直接表示为"来源"。

以上例句中,除了(86),所有的被使者都没有标志。汉语中被使者的编码情况与5.2.5节中所介绍的尼维克语有一些相似性。尼维克语缺少格标志,主格、宾格、与格等都是零形式,却有一个专门的被使者标志-ax。同样,汉语中的主宾格都没有标志,但有一个被使者标志"把"。不过-ax和"把"还是有一些不同,前者只能用来标记人或动物,后者则可以标记包括人及动物的所有被使者,范围上比-ax要广得多。

就汉日两种语言来看,日语丰富的格标志为被使者标志的多样化提供了基础;而汉语自身格标志较少,这就使得汉语不容易将格标志作为标记被使者的主要策略。

5.7.2　汉日语被使者的编码机制

从编码机制来看,汉语和日语其实都遵循CH(格等级)原则,都是优先将被使者编码为宾格。如图5-1所示,日语的被使者初始阶段都尽量编码为宾格,只是在其他条件的限制或影响下,才使用了与格标志或旁格标志。日语被使者的编码受到多个因素的影响,包括句法(双宾格限制、动词词类)、语义(被使者自控力的大小)和语用(避免歧义)。具体请参看图5-1。

相对于日语较为复杂的编码机制,汉语方面则较为简单。汉语在被使者编码方面大致分为两类,一种是"把"字致使句,另一种是其他致使句。"把"字句中被使者由"把"来标记;其他致使句中的被使者没有标志,依靠语序来确定被使者。[①]

(86)—(90)的句子可抽象为以下句式:

a. N1	把	N2	VR	
b. N1	VR	N2		
c. N1	让	N2	V	
d. N1	使	N2	V	
e. N1	V1	得	N2	V2

---

① 关于致使句的语序,我们在第六章将展开详细的论述。

　　a 中的介词"把"标记被使者;b 是典型的动结式,VR 之后的名词槽位即为被使者;c 和 d 是"让"字句和"使"字句,致使动词后的名词槽位为被使者;e 中"得"后的名词槽位为被使者。汉语的这些句式每个成分的位置都是固定的,即便是有显性标志的"把"字句,被使者的位置依然不能改变。

　　总之,日语中被使者编码主要依靠显性的格标志,而汉语中则依靠稳固的语序。

5.7.3　汉日语被使者标志的语义调节功能

　　我们在 5.6 节归纳了日语被使者标志「を」「に」「から」所具有的语义调节功能:不及物致使句中「を」表示被使者缺乏自控度;「に」表示被使者具有较高的自控度;格标志「から」则能够消除语句歧义。汉语只有一个被使者标志"把",似乎没有交替,但我们可以将动结式和"把"字句看作一种交替①。动结式中是被使者标志是零形式,"把"字句中则是"把"。

5.7.3.1　"把"字句不表示间接致使

　　有些学者(郭姝慧 2004;李炯英 2012;牛顺心 2014 等)认为致使义"把"字句表达的是间接致使,而动结式表达的是直接致使。换句话说,他们认为"把"具有将直接致使调整为间接致使的功能。我们不同意这样的看法。

　　李炯英(2012:69)说:"我砸碎了杯子"表示直接致使,是指通过"使劲砸"这样一种行为,亲手打碎了杯子;而"我把杯子打碎了"则有可能是我不小心碰到了放着杯子的桌子,使得桌子倾斜,杯子滑落到地面而碎了,所以表示间接致使。该解释存在两个问题:(1)没有注意"砸碎"和"打碎"的语义差异;(2)忽略了直接致使和间接致使的根本区别。先看第一点。"砸"是一个具体的动作,而"打"是对一些动作的概括性说法。也就是说,"打"是一个语义虚化、动作不

――――――――――――

　　①　严格来讲,"把"字句与动结式相比,不仅多了被使者标志,语序也有变化。

具体的动词①。如果认为"把"字句是间接致使,根据对立对原则,需要证明"我把杯子砸碎了"是间接致使,而不是"我把杯子打碎了"是间接致使。再看第二点。根据 Shibatani & Pardeshi(2002),典型的直接致使是原因事件和结果事件在时空上处于同一时间(或原因事件结束马上就出现结果事件)、同一地点;而典型的间接致使原因事件和结果事件在不同时间、不同地点发生。"我砸"是使因事件,"杯子碎"是结果事件,"砸碎"所描述的两个事件处于同一空间,时间顺序上也是紧密相连的。由于致使义是"砸碎"表现出的,所以"我砸碎了杯子"和"我把杯子砸碎了"都是表示直接致使。同理,"打碎"也是直接致使,因为"打"和"碎"几乎是在同一时空发生的,只不过相比"砸","打"的语义不够具体而已。所以,"我打碎了杯子"和"我把杯子打碎了"都表示直接致使。

黄锦章(2004)认为"把孩子惯坏了"中的"惯"是"听任、放纵"意思,属于间接致使中的"许可"范畴;"把他说服了"中的"说"表示"规劝",所以这些"把"字句都属于间接致使。其实,"惯"可看作一个过程动词,"坏"在这一过程中产生,所以"惯"和"坏"在时间上和空间上都是连续的,难以截然分开。"说服"也是如此,不可能是"说"了之后,在另一个时间才"服"了。当然"说服"基本上已经是一个词汇了,这也说明词汇型致使结构通常表示直接致使。

"把"字句的日语翻译也显示"把"字句表达的不是间接致使,而是直接致使。《中日对译语料库》中"把……打/砸碎"一共有 4 个中文样例②:

(91) 父亲未及思想,又一阵狂风般的子弹,把他们头上的无数棵高粱,打断了,打碎了。/父がそれに気づく間もなく、また嵐のような弾丸うちがかれらの頭上で無数の高粱

---

① 这与我们将"弄 V"结构看作非常边缘的形态型是一致的,但并不能说这种致使结构就表示间接致使。

② 这 4 个句子均源自中文小说,日文翻译为汉语的句子不包括在内。

をへし折り、うち砕いた。(莫言著 《红高粱》/井口晃译
『赤い高粱』)

(92) 子弹打在一棵高粱颈上,高粱落地。在高粱穗子落地的缓
慢行程中,又一颗子弹把它打碎。/弾は高粱の茎に当た
り、高粱の穂が落ちた。ゆっくりと落ちていく高粱の穂
を、もう一発の弾が撃ち砕いた。(同上)

(93) 儿子走那天,不知怎么一慌神,把那个锯过三回的破茶壶
让她给打碎了。/その次男が去る日、彼女はなぜかオロ
オロしてしまい、そのせいか、三回も割れ目をつぎあわ
せている土瓶をこなごなに割ってしまった。(浩然著
《金光大道》/神崎勇夫译 『輝ける道』)

(94) 用腻了这只茶杯,我可以干脆把它砸碎了事。/このお茶
碗に飽きてしまったら、こわすこともできるわ。(刘心
武著 《钟鼓楼》/苏琦译 『鐘鼓楼』)

例(91)—(93)的"把"字句是"把……打碎",其中例(91)—
(92)对应的日语是「……を打ち砕く」,(93)是「……をこなごなに
割る」;(94)是"把……砸碎",对应的日语是「……を壊す」。「打ち
砕く」是复合动词,「打ち」是动词「砕く」的一种方式;「こなごなに
割って」中动词是「割る」,「こなごなに」是连用修饰,表示一种状态。
很明显,这些"把"字句所对应的日语都是直接用日语动词(词汇型
致使结构)来表达的。另一方面,动结式同样也用日语动词来对译,
比如:

(95) 庄稼人,那些推倒了三座大山、砸碎了身上枷锁的庄稼人,
举起手里的劳动工具,欢呼着,歌唱着,冲出这古老的村
庄,在那金光灿灿的大道上,前进啦!/百姓たち——のし
かかる帝国主義、封建主義、官僚資本主義の三つの大き
な山をくつがえし、自分たちを縛ってきた鎖をうち砕い
た百姓たちが、いま、握った農具を振りあげ、歓呼し、歌
いながら、古めかしい集落を出て、燦々と輝く大道を進

んで行く！（浩然著　《金光大道》/神崎勇夫译　『輝ける
道』）

(96) 无人观看时,爷爷枪枪打碎鱼的头。/人が見ていないと、
魚の頭を<u>撃ち砕いた</u>。（莫言著　《红高粱》/井口晃译
『赤い高粱』）

　　例(95)中的"砸碎"对应于「打ち砕く」,例(96)中的"打碎"对应
于「撃ち砕く」,这与"把……打碎/砸碎"的日译是一致的。可见,以
上的"把"字句和动结式日译时的策略基本是相同的,都用「打ち砕
く」等动词来表达。这说明"把"字句和动结式表达的是同样的致使
类型。根据 Comrie(1976)及 Shibatani & Pardeshi(2002)等提出的
形式—功能对应律,词汇型对应的是直接致使。虽然原文和译文表
述的角度可能会有所不同,但描述的是同一个事件。日语译文表达
的是直接致使,我们也可以推断相应的汉语"把……打/砸碎"其实
也是直接致使。也就是说汉语的"把"不具有调节直接致使和间接
致使的功能。

5.7.3.2　"把"的语义调节功能

　　"把"字句和动结式可以表达同样的命题意义,"我砸碎了杯子"和
"我把杯子砸碎了"的基本意义都是"我砸杯子,杯子碎了"。那么"把"
在其中起到了什么作用呢？我们认为,"把"的功能是显示致使者对被
使者的控制或掌控。这一观点很早就有学者提出,如王红旗(2003)指
出"把"字句表达控制性致使,也就是前人所说的处置。席留生
(2013)也认为"把"字句含有"说话人认为 A 掌控了 B"的意义。这种
掌控义是由介词"把"表达出来的。从词源来看,"把"的本意是"握、
持",表示将物体控制在手中。王红旗(2003)指出,"握、持"是词汇义,
而"控制"则是"把"的抽象义。随着语法化的进展,词汇意义会逐渐漂
白,但抽象的意义在语法化的过程中会保留下来而成为语法意义。正
是这样的一个机制,"把"在现代汉语中表现为"控制"义。

　　致使结构的意义可抽象为:A 作用于 B 并导致 B 发生变化。"A
作用于 B"是一个概括的表述,如果再进一步观察的话,A 和 B 之间

还有一个"控制"与"被控制"的关系。比如,"武松打虎"这一事件可以做出更多的切分,比如,武松骑到老虎身上,控制住老虎的同时,不断地用拳头打老虎的头,最终将老虎打死。当然,对这样的场景,语言表述时未必要将"控制"表现在致使结构中,有的语言可能也没有将"控制"编入简单句的手段①。但是,就现代汉语来讲,如果说话者要认定 A 对 B 有控制,那么就用"把"字句来表达,如果说话者不认为有这种关系(或者 A 对 B 本身就不可能有控制),那么就很可能用动结式。

学界普遍认为一些"把"字句有追究责任的意思,如:

(97) 他们竟然把犯人跑了。

张伯江(2009:103)指出这种"追究责任"的意义不是动词带来的,而是"把"字句这一构式带来的。"追究责任"确实不是动词导致的,但未必要将其归结为构式义。构式由构件构成,如果构式义可以落实到构件上,那么意义与形式就有了相互依托,而构式义的来源却不太容易说清。就"追究责任"而言,用"把"的控制义也可以解释。在例(97)中,由于"把"字的存在,说话人认为"他们"和"犯人"之间有控制关系。然而,在"他们"控制下的"犯人"居然跑了,那么"他们"自然应该被"追究责任"。

5.7.3.3　汉日语被使者标志的差异

如前所述,日语有多个被使者标志,其中「を」「に」主要用于调节间接致使中被使者的自控力,「から」用于消除歧义;汉语中的被使者标志"把"不具有将直接致使调整为间接致使的功能,而是凸显说话者认为被使者处于致使者的"控制/掌控"之下。汉日语的被使者标志在功能上并不相同。但是,致使性"把"字句中的"把"基本可翻译为日语的「を」,这是因为"N1　把　N2　VR(动结式)"中的被使者 N2 通常可还原为 VR 的宾语,也就是学界的"提宾说",而「を」

---

①　动结式(如"砸碎")和"把"字句(如"把……砸碎")翻译成日语时都是用「～をV」。V 是相当于"弄碎"义的一些动词。

又是日语的宾语标志。

另外,"把"的"控制/掌控"功能和「から」的消除歧义的功能在以往的类型学研究中都较少提及,是否具有特殊性还需要用更多的语言进行调查验证。

5.8　本章小结

本章对致使结构中被使者(causee)的句法语义特征进行了较为全面的归纳和分析。首先,我们归纳了被使者标志的主要类型,即主格标志、宾格标志、与格标志、旁格标志和特殊标志。一方面,被使者标志对致使结构的语义有一定的调节功能,主要包括对直接致使和间接致使的调节,对被使者生命度、自控度或受影响度及其他个别细微语义的调节;另一方面,被使者在致使句中也会出现缺省的情况,主要有三种类型,即强制缺省、同指所导致的缺省、行为主体和事件的规约性关联所导致的缺省。被使者缺省多会造成语义不完整,产生语义模糊或歧义。

尽管被使者标志非常多样化,类型学家通过跨语言的考察,发现其背后依然具有一定的倾向性规律,也就是 Comrie(1976)提出的格等级序列。为了验证该规律在日语中的普适性,我们首先对日语的被使者标志的情况进行了深入分析,总结了日语被使者的编码机制。总体来看,Comrie(1976)的格等级序列在日语中基本适用。但日语除了句法,语义和语用也会影响被使者对格标志的选择。汉语方面"把"字句中的"把"是现代汉语被使者标志。最后我们从类型学角度分析了汉日语被使者编码策略和汉日语致使标志的语义调节功能。日语的被使者标志具有调整"受影响度""消除歧义"的功能,汉语"把"的主要功能不是调整致使的直接/间接,而是凸显致使者对被使者的控制或掌控。

第六章　致使结构中的语序

6.1　引　言

语序是类型学研究最为成熟的领域,相关成果颇丰。早期的语序研究主要探讨 S、O、V 的组合以及句子中相关语义成分的语序,关注的对象集中在非致使句。其实,动词致使化之后会增加一个论元,即被使者,这样一来,致使句比原本的非致使句在语序上就更为复杂一些,所以将被使者的位置纳入考察的范围无疑是语序研究的有益补充。除了论元位置,(核心)动词与时、体、语态等附属成分的位置关系也是语序研究的一项内容。致使标志作为附属成分的一员,它在语序中的位置并没有引起学界足够的关注,缺乏跨语言的考察。本章拟就上面两个问题展开讨论,即:(1)致使句中各论元的语序,(2)致使标志在附属成分中的位置。我们将以汉日对比为起点,通过跨语言的考察,探索语序共性并对其做出合理的解释。

6.2　以往研究概述

S、V、O 共有 6 种排列组合,分别是:SOV、SVO、VSO、VOS、OVS 和 OSV,这也是人类语言的 6 种类型。这 6 种类型并不是平均分布的,根据 WALS① 的统计,在调查的 1000 多种语言中各类型的数量及占比如下:

---

① https://wals.info/feature/81A#2/17.8/152.9,2022 年 8 月检索。

表 6 - 1 人类语言的语序类型

类 型	数 量	占 比
SOV	564	47.5％
SVO	488	41.1％
VSO	95	8.0％
VOS	25	2.1％
OVS	11	0.9％
OSV	4	0.3％

以上数据显示,SOV 和 SVO 这两种语序在人类语言中最常见,合计约占 89％。再加上 VSO 语言,前三种语序在人类语言中占比达到 97％。SOV、SVO 和 VSO 有一个共同点,就是 S 领先于 O。这说明 S 领先于 O 这一语序虽非绝对共性,但有极高的倾向性。除了 S 和 O 这两个必有论元,有学者还研究了可有论元的语序。陆丙甫(1993)对句子中的时点(T)、时段(D)、处所(L)、工具(I)、方式(M)五大类状语①进行了跨语言的考察,结果发现人类语言中这些状语存在普遍共性,即:距离动词由近到远的成分依次是:方式、工具、处所、时段、时点。日语方面,野田尚史(2000)将必有论元的语序概括为:～が～に～を述语。也就是:主语(施事)—间接宾语(接受者)—直接宾语(受事)—谓语。北原保雄(1981:111)将日语的谓语成分与格成分对应起来,它们之间的对应关系如图 6 - 1 所示。

北原保雄(1981:111)指出,上面所有成分都出现的句子并不存在,但这是日语句子的基本结构。从这个基本结构可以看出,日语的语序是:主格之后是被施事,被施事之后是被使者,被使者之后是施事。但是,这个语序是否是人类语言的共性? 如果是,其背后有什么样的动因? 我们将在 6.3 节探讨这一问题。

---

① 这里的状语其实也就是一些"可有论元",如时间、场所、工具等。论元一般分为"必有论元"和"可有论元","必有论元"指的是必须与动词共现的施事、受事等论元,其他的论元则为"可有论元"。

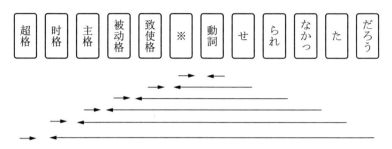

图 6 - 1　谓语与格成分之间的关系①

相较于论元角色,谓词性成分语序的相关研究更为丰富一些。Bybee(1985)对动词的价(valence)、语态(voice)、体(aspect)、时(tense)、语气(mood)、人称(person)、数(number)、性(gender)等屈折及派生形式的语序进行了考察。该文提出一个相关性假设,即:与核心动词语义相关性越高的成分距离核心动词越近;与核心动词语义相关性越低的成分距离核心动词越远;而且越靠近动词,越容易被词汇化。根据相关性理论,该文预测了各种附属成分与核心动词之间的距离,并在五十种语言中调查了体、时、语气、人称与核心动词的位置来验证预测,最终得出以下一个层级:

动词词干(verb stem)—体—时—语气—人称

Dirven & Verspoor(1998:96)将相关的附属成分扩大到包括了表达事件定位(event grounding)因素的功能词项,并用"句子洋葱层次"(sentence onion)的形式来展示相关成分与核心动词的距离。如图 6 - 2 所示,与事件(动词)距离最近的是体,然后由近及远依次是时、情态、语气。

洋葱层次与陆丙甫(1993)提出的轨层结构在思路上完全相同,只是名称有别而已。轨层结构和洋葱层次本质上反映的都是核心

---

① "超格"指副词等形式,"时格"指时间词。※表示动词固有的宾语,双及物动词包括直接宾语、间接宾语,如果是不及物动词则没有宾语。

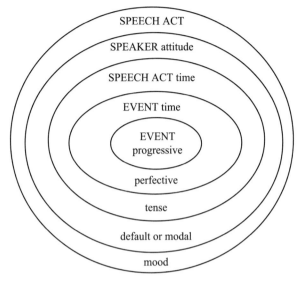

图 6 - 2　句子的洋葱层次

与附属成分的距离关系,它们的优点在于用轨层的形式将 VO 和 OV 两种语序及这种语序背后所引发的一系列镜像语序统一了起来,比以往的线性排列更直观地展示了语序的共性。

　　Dirven & Verspoor(1998)与 Bybee(1985)在核心动词与附属成分的语序方面较为一致,但前者细分了"语气"和"情态",而后者只涉及"语气"。其实"语气"和"情态"这两个概念内涵和外延都不是特别清晰,不同学者对它们的界定可能会有较大的偏差,以至于经常出现交叉甚至语气涵盖情态等现象,这里我们不做细究。根据 Bybee(1985)对其文中"语气"(mood)的界定,这里的 mood 也涵盖了情态(modality)。这样一来我们就可以得出一个二者共有的语序,即:

　　　　　　动词词干(verb stem)—体—时—情态

　　Bybee(1985)虽然调查了很多附属成分,但对致使等形式的语序仅做了预测而没有进行跨语言的验证。Jacques(2013)在嘉戎语茶堡话(Japhug Rgyalrong)中对 Bybee(1985)提出的共性进行了验证,结果显示茶堡话中附属成分的语序与 Bybee(1985)所设想的语序基本一致,即:

动词词干(verb stem)＞语态＞体＞时＞语气＞人称

可以看到,这个语序在动词词干和体之间增加了"语态",而且"语态"比"体"更靠近动词。这里的语态是广义的①,包含了致使、被动等一些次范畴。其实一个范畴的内部通常都有一些次范畴,比如情态就有认识情态、义务情态、能动情态等,它们与核心动词的距离也有远近差别。同理,语态内部成分与核心动词的距离也存在一定的语序规则,尤其是本研究所关注的致使,它究竟处于哪个轨层? 我们将在 6.4 节展开讨论。

6.3　致使句中论元角色的语序

在正式讨论之前首先界定一下术语。双及物句中论元最多,一般有 3 个。在语义角色上分别是施事(A)、接受者(R)、客体(T)/受事(P)。由于客体和受事也可以笼统地称为受事,所以下文不再对它们进行区分,统一称作受事(P)。双及物句构成致使句后会增加一个论元,也就是四个语义角色。这四个语义角色我们重新命名为:致使者(CA)、被使者(CE)、接受者(R)和受事(P),比如:

(1) 妈妈　　让　　我　　送　　妹妹　　一支钢笔

该句中"妈妈"是致使者,"我"是被使者,"妹妹"是接受者,"钢笔"是受事。

6.3.1　汉日致使句的语序

6.3.1.1　汉语的语序

先看汉语不及物致使句中的语序。在不及物致使句中论元成分的语序是 CA→CE,如:

---

① 狭义的语态仅仅指主动和被动,而广义的语态还包括反身、致使、人称等。

(2) 张三(CA)让李四(CE)去。

(3) 张三(CA)使李四(CE)很伤心。

如果将名词的位置改变,则句法关系也发生变化,如:

(4) 李四(CA)让张三(CE)去。

(5) 李四(CA)使张三(CE)很伤心。

及物致使句比不及物致使句多了一个受事(P),该受事位于 CE 之后,如:

(6) 张三(CA)让李四(CE)看书(P)。

按照顺序,进入第一个槽位的是 CA,第二个槽位的是 CE,第三个槽位的是 P。其他形式的排列方式如 CA→P→CE、P→CA→CE 在汉语中不存在。

双及物致使句比及物致使句多了一个语义角色,即接受者(R),情况会更为复杂一些。先看下面例句:

(7) a. 妈妈(CA)让我(CE)送一个书包(P)给妹妹(R)。

　　b. 妈妈(CA)让我(CE)送妹妹(R)一个书包(P)。

　　c. 妈妈(CA)让我(CE)送给妹妹(R)一个书包(P)。

在上面三个句子中,(a)的语序是 CA→CE→P→R, (b)(c)有相同的语序,即 CA→CE→R→P。陆丙甫(1993/2015:137)认为 R→P 语序是最基本的,对这二者之间的语序差异我们暂不考虑。① 那么我们就可以把汉语双及物致使句的基本语序作排列为:

CA→CE→P—R("—"表示二者位置可以互换)。

这一顺序也符合英语致使句语序,比如:

(8) I made her come.　　　　　　　CA→CE

(9) I made her kick the door.　　　　CA→CE→P

(10) I made her send John a letter.　　CA→CE→R→P

(11) I made her send the letter to John.　CA→CE→P→R

---

① 陆丙甫(1993/2015:137)经过严谨的测试指出,汉语双宾句(有直接宾语和间接宾语)的底层形式是"V　直接宾语　间接宾语",其他形式是通过表层的移动产生的。

不及物致使句、及物致使句中语义角色的语序其实是 CA→CE→P—R 语序中部分节点,如下图所示:

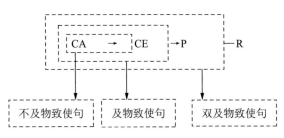

图 6 - 3　致使句中论元的语序

许多学者(Wali 1981;Shibatani 1990;Kozinsky & Polinsky 1993;Pardeshi 2000;Dixon 2000;Kulikov 2001 等)指出人类语言中还有一种较为特殊的致使句,它们可以使用多个致使动词(标志),从而构成双重或多重致使句,比如:

(12) 土耳其语[宾格语言]

direktor	ustaz-dan	alim-ge	ešik-ni	ac-tir-di-ti.
director	teacher-ABL-DAT	door-ACC	open.tr	CAUS-CAUS-PST.3SG

'The director caused the teacher to make Alim open the door.'
/局长让老师叫阿里木开门。

(13) 马拉地语[施格语言]

Mini-ne	lili-kaDUN	sushice-karwI	vinay-lA	patra
Mini-ERG	Lily-by	Sushi-at the hands of	Vinay-to	letter.N

lih-w-aw-l-e
write-CAUS-CAUS-PERF-N

'Mini caused Lili to cause Sushi to write a letter to Vinay.'
/Mini 让 Lili 叫 Sushi 给 Vinay 写信。

(Pardeshi 2000:148)

例(13)中,-w 和-aw 是两个不同的致使词缀,整句构成一个双重致使句,句中的论元由原来的 4 个增加为 5 个,分别是:Mini(人名)、Lili(人名)、Sushi(人名)、Vinay(人名)、patra(信)。汉语中用两个致使动词的情况比较少见,但英语存在这样的句子,比如:

(14) He had me make her melt the ice with a torch.

(15) They induced him to have me make her melt the ice with a torch.[1]

(Langacker 1999:37)

(16) Jane had Bill make Frank leave.

例(14)中有两个被使者,分别是"我"(me)和"她"(her),记作 CE1 和 CE2。CE1 和 CE2 的语序不能改变,互换位置之后,整句意思就变为"他让她叫我用火化冰"。例(15)(16)同理。这种句子中有多个被使者,它们按照事件的发生顺序依次排列,语序固定。

根据以上内容,我们可以把汉英致使句中语义角色的语序整理如下:

CA→CE1…CE2(…)→P—R

6.3.1.2　日语的语序

日语是格标志非常丰富的语言,主格、宾格、与格等都有相对专属的格标志。正是由于这些丰富的格标志,比起英语等印欧语言,日语的语序较为灵活,多数情况句中的各种成分位置并不固定,比如:

(17) a. 太郎が　　花子に　　本を　　　やった(こと)。
　　　 b. 太郎が　　本を　　　花子に　　やった(こと)。
　　　 c. 花子に　　太郎が　　本を　　　やった(こと)。
　　　 d. 花子に　　本を　　　太郎が　　やった(こと)。
　　　 e. 本を　　　太郎が　　花子に　　やった(こと)。

---

① 认知语言学认为劝诱类动词、命令类动词等都是致使动词,这是一种广义的看法。

f. 本を　　　花子に　　太郎が　　やった（こと）。
（久野暲 1973:21）

主语「太郎」、直接宾语「本」、间接宾语「花子」这三个成分可以构成六种排列组合,这六种组合日语都可以使用,且基本意义是一样的。尽管在使用频率上有所差异,但还是可以说明日语句子语序的灵活性。

相比非致使句,日语致使句中的语序却有一定的限制。Manning、Sag & Iida(1999)指出,当一个致使结构带有受事和方位的时候,无标志的语序情况是"方位→受事",反之则不够自然,人们通常都避免使用,比如:

(18) a. 野に花を咲かせる。/使花开在田野中。

b. ？ 花を野に咲かせる。
（Manning、Sag & Iida 1999,笔者译）

上面的例(18b)只是使用频率很低,或者不够自然,句子基本语义还没有改变,可是在双及物致使句中远非如此简单。根据日语致使句论元编码机制,新增加的论元充当致使者,原来的主语成为被使者,这时双及物致使句中就有了四个语义成分,即致使者(CA)、被使者(CE)、接受者(R)、受事(P)。日语双及物句中接受者和受事的语序可以改变,并不会改变句法关系,但是在相应的双及物致使句中,名词位置的改变将改变句子的意义,比如:

(19) a. 太郎は　　次郎に　　花を　　花子に　　あげさせた。

b. 花を　　太郎は　　次郎に 花子に　　あげさせた。

c. 次郎に　　太郎は　　花を　　花子に　　あげさせた。

d. 花子に　　太郎は　　花を　　次郎に　　あげさせた。
（Ohara 2001）

Ohara 指出上面四个句子中(a)(b)(c)三个句子的基本意义是一样的,但(d)意义改变了。以上句子翻译成汉语是:

(a、b、c)　太郎　　让　　次郎　　给花子　　（一朵）花

(d)　　　　太郎　　让　　花子　　给次郎　　（一朵）花

　　很明显,在(a)(b)(c)中「次郎」是被使者,「花子」是接受者;而在(d)中「次郎」是接受者,「花子」是被使者。类似的还有以下例句:

(20) a. 師匠が　弟子に　子供たちに　将棋を教えさせる。①
　　　　 师傅让弟子教孩子们学将棋。

　　　b. 師匠が　子供たちに　弟子に　将棋を教えさせる。
　　　　 师傅让孩子们教弟子学将棋。

(21) a. 私は　弟に　その荷物を　弟の友人　に預けさせた。
　　　　 我让弟弟把行李寄存到他朋友那里了。

　　　b. 私は　弟の友人に　その荷物を　弟に　預けさせた。
　　　　 我让弟弟的朋友把行李寄存到弟弟那里了。

(寺村秀夫 1982:294,笔者译)

　　Ohara 只举出了 4 种情况,实际上「太郎は」「次郎に」「花を」「花子に」共有 1＊2＊3＊4＝24 种排列组合。这 24 种组合虽然在实际应用中有优劣之分②,但大体上劣势的组合也能够接受。我们将"太郎让次郎给花子(一朵)花"的语义设定为Ⅰ型,"太郎让花子给次郎(一朵)花"的语义设定为Ⅱ型,这 24 种组合的语义表现为:

太郎が	次郎に	花を	花子に	あげさせる	Ⅰ
太郎が	次郎に	花子に	花を	あげさせる	Ⅰ
太郎が	花を	次郎に	花子に	あげさせる	Ⅰ
次郎に	太郎が	花を	花子に	あげさせる	Ⅰ
次郎に	太郎が	花子に	花を	あげさせる	Ⅰ
次郎に	花を	花子に	太郎が	あげさせる	Ⅰ
次郎に	花を	太郎が	花子に	あげさせる	Ⅰ
次郎に	花子に	花を	太郎が	あげさせる	Ⅰ
次郎に	花子に	太郎が	花を	あげさせる	Ⅰ
花を	太郎が	次郎に	花子に	あげさせる	Ⅰ

---

①　例(20b)和(21b)是作者根据寺村的例子修改而来,译文为作者翻译。

②　所谓优劣就是指使用频率的高低。

花を	次郎に	花子に	太郎が	あげさせる	Ⅰ
花を	次郎に	太郎が	花子に	あげさせる	Ⅰ
太郎が	花を	花子に	次郎に	あげさせる	Ⅱ
太郎が	花子に	花を	次郎に	あげさせる	Ⅱ
太郎が	花子に	次郎に	花を	あげさせる	Ⅱ
花を	太郎が	花子に	次郎に	あげさせる	Ⅱ
花を	花子に	次郎に	太郎が	あげさせる	Ⅱ
花を	花子に	太郎が	次郎に	あげさせる	Ⅱ
花子に	花を	太郎が	次郎に	あげさせる	Ⅱ
花子に	花を	次郎に	太郎が	あげさせる	Ⅱ
花子に	太郎が	花を	次郎に	あげさせる	Ⅱ
花子に	太郎が	次郎に	花を	あげさせる	Ⅱ
花子に	花を	次郎に	太郎が	あげさせる	Ⅱ
花子に	花を	太郎が	次郎に	あげさせる	Ⅱ

根据以上,我们发现如果「次郎に」领先于「花子に」,则「次郎」是被使者,「花子」是接受者;如果「花子に」领先于「次郎に」,则「花子」是被使者,「次郎」是接受者。这说明在语序上,"被使者"(CE)领先于"接受者"(R)这一点汉日语的情况完全相同。

除了双及物致使句,双致使句中语序也起着区分语法关系的作用,比如:

(22)　太郎(CA)は明子に(CE1)次郎に(CE2)その本を読まさせた。

　　　太郎让明子叫次郎读书。

(Wali 1981,笔者译)

在该句中「明子」和「次郎」分别是 CE1 和 CE2(即致使者 1 和致使者 2),「太郎」作用于「明子」,「明子」再作用于「次郎」并要求「次郎」读书。如果将「明子」和「次郎」的位置互换,如:

(23)　太郎(CA)は次郎に(CE1)明子に(CE2)その本を読まさせた。

太郎让次郎叫明子读书。

很明显,整个句子的语义就会发生变化,即「太郎」作用于「次郎」,然后「次郎」作用于「明子」。根据以上现象,我们可以认为日语致使句的基本语序与汉英语是一样的,即:

　　CA→CE1→CE2(…)→P—R

其中 CE 在底层领先于 R。由于格标志的区分功能,日语语序变得自由,但是当被使者和接受者,或者被使者1和被使者2使用了同样的格标志「に」时,格标志的区分作用也就丧失了,区分它们的语法关系就只能依靠语序了。

现在我们把日语致使句中语序的限制性归结如下:

规律(1):如果双及物致使句中被使者和接受者具有相同的格标志,那么在语言表层上必须是被使者(CE)> 接受者(R)(>表示位置在前)。

同理,我们还可以推出:

规律(2):如果被使者和受事具有同样的格标记,那么在语言表层上必须是被使者(CE) > 受事(P)(>表示位置在前)。

要补充说明的是,日语中被使者和接受者的生命度差异也会使语序变得较为灵活,比如:

(24) 彼女に植木鉢に水をやらせた。/让她往花盆浇水。
　　　(https://dictionary. goo. ne. jp/word/en/％ E3％ 81％ 9B％E3％82％8B/,笔者译)

(25) 使役の囚人に、……、桜に水をやらせ続けた。/让犯人给樱花持续浇水。
　　　(http://www. mafura-maki. jp/tanbo/sonota/nakayama/ view9.cgi?num＝12,笔者译)

在上述例句中,「植木鉢に」和「彼女に」位置互换、「使役の囚人に」和「桜に」位置互换,并不会影响句子的语法关系。因为"花盆""樱花"不具有行动力,只能是被动的接受者,与被使者不会混淆。不过这里的"花盆""樱花"更接近于场所或者地点。

6.3.2　对语序共性的验证

规律(1)(2)不仅适用于日语,在其他语言中也能得到验证,如下面的 Ute 语:

(26) Ute 语

mamá-ci	'u	ta'wá-ci	'uwáy	áapa-ci	'uwáy	maĝá-ti-pugá
woman-SUB	she	man-OBJ	him	boy-OBJ	him	feed-CAUS-REMOTE

'The woman made the man feed the boy.'/女人让男人喂孩子。

(Dixon 2012:258)

在例(26)中,ta'wá-ci(男人)和 áapa-ci(孩子)用的是同样的格标志 'uwáy。Dixon(2012:258)指出,如果 ta'wá-ci 'uwáy 和 áapa-ci 'uwáy 在语序上反转,那么整个句子意义就发生改变,即"女人让孩子喂男人"。

朝鲜语中被使者和受事可以使用同样的宾格标志 lul,比如:

(27) 朝鲜语

Ku salam-i	apeci-lul	acsssi-lul	ttayli-key	hay-ess-ta.
the man-NOM	father-ACC	uncle-ACC	hit-PURP	do-PAST-DEC

'That man made the father hit the uncle.'/那人让父亲打叔叔。

(Kozinsky & Polinsky 1993:197)

在例(27)中被使者(父亲)和受事(叔叔)使用了同样的标志。如果将"父亲"和"叔叔"的语序颠倒,那么"父亲"就成为受事,而"叔叔"成为被使者,比如:

(28) 朝鲜语

Ku salam-i	acsssi-lul	apeci-lul	ttayli-key	hay-ess-ta.

the man-	uncle-	father-	hit-	do-PAST-
NOM	ACC	ACC	PURP	DEC

'That man made the uncle hit the father.'/那人让叔叔打父亲。

(Kozinsky & Polinsky 1993：197)

　　日语、朝鲜语及上文中的其他语言致使句的表层语序虽然有所限制,却还不是很严格,因为有些成分(如"受事")位置就比较灵活。但是有很多形态丰富的语言是完全遵守底层语序的,比如语序较为自由的盖丘亚语(Quechua),致使句语序就是固定的(Wali 1981)。

　　(29) 盖丘亚语

Pitā	putram	dharmam	bodhayati.
father	son-DO	duty-DO	know-CAUS-3SG

'The father makes his son know the duty.'/父亲让儿子明白责任。

(Wali 1981)

　　与日语、朝鲜语不同的是,例(29)中的被使者与受事虽然也使用了同样的标志,但是被使者和受事在生命度上完全不同。"儿子"是"人",有最高的生命度,而"责任"属于抽象事物,在生命度等级处于很低的位置。从这一点来看,被使者角色和客体角色不会因语序的调整而改变,但事实上 Wali(1981)指出,例(29)中putram(儿子)和 dharmam(义务)的位置不能互换。此外,许多形态丰富语序自由的语言在双致使结构中两个被使者的位置都是固定的,比如:

　　(30) 印地语(Hindi)

Shilāne	Rām-ke-dwārā	Umā-se	kapde	dhulwaaye.
AGENT	CAUSEE1	CAUSEE2	clothes	wash-CAUS-CAUS-TNS

(31) 旁遮普语(Punjabi)

Shilā-ne	Rām-vallo	Umā-to	kapre	tulvaae.
AGENT	CAUSEE1	CAUSEE2	clothes	wash-CAUS-CAUS-TNS

(32) 古吉拉特语(Gujarati)

Shilā-e	Ram-pāse	Umā-dwārā	kapada	dhuwaraavyā.
AGENT	CAUSEE1	CAUSEE2	clothes	wash-CAUS-CAUS-TNS

'Shila caused Ram to cause Uma to wash the clothes.' /
Shila 让 Ram 叫 Uma 洗衣服。

(33) 克什米尔语(Kashimiri)

Shiilan	leekhinav	Raamani-zaryi	Umas-athi	chith
AGENT	write-CAUS	CAUSEE1	CAUSEE2	letter

Shiilan 让 Raamani 让 Umas 写信。

(34) 信德语(Sindhi)

Shila	Rām-dwārā	Uma-khā	xatu	likhā-rā-yo
AGENT	CAUSEE1	CAUSEE2	letter	write-CAUS-CAUS-TNS

'Shila caused Ram to cause Uma to write a letter.' /
Shila 让 Ram 叫 Uma 写信。

(Wali 1981)

此外,还有马拉地语(Marthi)、达尔格瓦语(Dargwa)等,比如:

(35) 马拉地语

Mini-ne	lili-kaDUN	sushice-karwI	vinay-lA	patra
Mini-ERG	Lily-by	Sushi-at the hands of	Vinay-to	letter.N

lih-w-aw-l-e
write-CAUS-CAUS-PERF-N.

'Mini caused Lili to cause Sushi to write a letter to Vinay.'/Mini 让 Lili 叫 Sushi 给 Vinay 写信。

(Pardeshi 2000)

以上这些例句中,被使者 1 和被使者 2 都有不同的格标志,具体如下:

表 6-2 双致使句中被使者的标志

	CE1	CE2
印地语	dwārā	se
旁遮普语	vallo	to
古吉拉特语	pāse	dwārā
克什米尔语	zaryi	athi
信德语	dwārā	khā̃
马拉地语	kaDUN	karwI

尽管如此,各成分必须按照 CA→CE1→CE2……R—P 的顺序排列。从汉语、英语、日语以及其他相应语言的表现来看,CA→CE1→CE2……R—P 这一语序是最为基础的,一旦名词进入不同槽位就会被赋予一定的语义角色,体现出句法关系。

6.3.3 对致使句语序的解释

Shibatani & Pardeshi(2002)指出,表示间接致使中的被使者既是一个受事,同时也是一个施事。致使者对被使者发出作用,而最终的行为靠被使者完成。这与 Langacker 的看法基本上是一致的。Langacker(1991:410)用意象图式来分析致使结构,认为致使句表达的是一个能量传递的过程,如图 6-4 所示。

在致使情景中,致使者作用于被使者,被使者发生变化。如果被使者有多个,那么被使者 1 再作用于被使者 2,被使者 2 作用于被使者 3,依次类推,最后作用于受事。CA→CE1→CE2……R—P 这一顺序符合能量传递模型。在这一能量传递过程中,致使者、被使者、接受者、受事按时间顺序先后出现,这也符合时间顺序原则。时

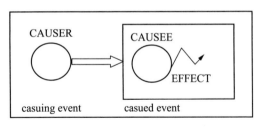

图 6 - 4　致使句的意象图式(Langacker 1991)

间顺序原则是人类语言对客观现实的模拟,是语言象似性的表现之一。该原则在大部分语言中都存在,只是不同语言所受影响大小有别。根据戴浩一的研究,汉语是严格遵守时间顺序原则的语言。① 张兴(2005)考察了时间顺序原则在日语中的情况,发现时间上存在先后关系的成分很大程度上都遵循时间顺序原则。

陆丙甫、罗彬彬(2018)提出语序是比形态更初始、更基本的语言编码形式,形态是表层现象,是语序的辅助手段。致使句的语序在一定程度上体现了这一点。我们已经看到,无论是形态丰富的语言还是缺乏形态的语言,语序自由的语言还是语序不自由的语言,在致使句中,致使者、被使者、(接受者)②、对象/客体都有固定的位置。缺乏形态标志的语言,如汉语、英语严格遵守这一语序;而形态标志非常丰富的语言,如马拉地语等,虽然每个语法成分都有不同的格标志,但是依然不违背 CA→CE1→CE2……R—P 这一基本语序。即便在语序自由的日语、朝鲜语中,致使句也基本遵守该语序。尤其当格标志的区分功能失效时,语序成为区分语义角色的唯一手段。

越来越多的研究证明语序是更基本的语法关系表达手段。日语形态很发达,有很多格标志,但是比起语序,这些标志其实都是后

---

① 后来有学者提出一些反例,但张敏(2010)指出这些所谓的反例是没有区分概念结构和概念化结构,都不是真正的反例,汉语中很难找到违反该原则的反例。

② 接受者由于受有定无定影响较大,位置较为灵活。

起的。西光义弘(1998)指出日语其实最初也没有形态标志,古典日语中很多时候并不使用「が」「を」等格助词①,即主语和宾语都是零形式标志;日本儿童在语言习得初期同样不使用这些格助词,他们对句子的理解主要依靠较为稳固的语序。而且,日语中的后置介词(へ、で、に等)也是由实词语法化而来,如助词「へ」来自表示物体的某个部分的名词「あたり」(青木伶子 1956)。② 所有这一切都说明,语序是人类语言更普遍的共性。

6.4　致使句中谓词性成分的语序

本节主要考察致使句中谓词性成分的语序。所谓谓词性成分是指与动词相关的一些语法形式,包括时(tense)、体(aspect)、语态(voice)、人称(person)、交互(reciprocal)等各种表达形式。在一些形态较为丰富的语言中这些范畴都有各自的语法形式③,如英语过去时是-ed,进行体是-ing,日语中的被动态是-rare 等等。这些形式统称为附缀。附缀是动词的附属成分,(核心)动词是附缀的宿主。附缀依附于宿主,它们位于动词之前或之后,构成一个线性排列。

6.4.1　汉日语谓词性成分的语序共性

日语谓词性成分主要是表示时、体、语态及情态(及语气)等形

---

① 张正立(1993)指出日语格助词「を」也经历了一个由实到虚的转化过程。在日本的古典作品中,「をを」通常指女子把自己同意、认可的心情传达给对方。《万叶集》中「を」作为间投助词使用,表示感叹或加强语气。由于汉文有日本式的训读,就要在宾语和动词之间放置「を」来表示动宾关系。

② 日语中后置介词的这一语法化轨迹与类型学的研究结果是一致的。后置介词有两种语法化路径,一种是"宾语＋动词→宾语＋后置词",另一种是"领属语＋名词→宾语＋后置词"。显然,日语后置介词的语法化类型属于后一种。参看刘丹青(2003:88)。

③ 有的语言中这些范畴并不都有语法形式,比如汉语中没有时态范畴,时间的表达主要依靠词汇形式。另外,时、体、情态及语态也经常纠缠在一起,也就是一个形式可能表示多个语法意义,语法意义难以与语法形式一一对应。有时候类型学上甚至不去做更细致的辨别,而是直接用 TAM 来标注时态、体态、情态(陆丙甫、罗彬彬 2018)。

式,而人称、数、性等范畴由于在日语中并不存在,所以它们不在考察范围之内。

野田尚史(2000)曾将日语中附属成分的语序归纳为:"动词(词干)—语态—体—时—语气",如:

　　見　—られ　　　—てい—　た—らしい

　　词干—语态(被动)—体　—时　—语气

这是日语中谓词性成分的基本语序,但该语序中并没有致使标志。例(36)是加入致使标志后的语序。

　　(36) 田中さんはストーカーに悩まされ続けているらしいです。

(庵功雄 2001:33)

例(36)中核心动词是「悩む」。距离「悩む」最近的是致使成分「さ」(su 的一种形式),「さ」之后是被动「れ」,被动之后是体、时等其他成分。整个句子的语序是:

　　悩ま　—さ—　　—れ—　—続け—　—てい—　—る—らしい—です

　　词干—致使(语态)—被动(语态)—继续(体)—继续(体)—时—　语气　—客气程度

这个语序涵盖了较多范畴,如语态、时、体、语气、尊敬等。很明显,从"体"到"语气",这一部分的语序与类型学的研究结果是一致的。关于"致使"及其周边成分,从例(36)可知,致使处于"动词词干"和"被动"的中间位置。

日语中 su①虽然是致使词缀,但能产性极低,含有 su 的动词有强烈的词汇化倾向,所以用 su 来证明致使标志的位置似乎不够充分。其实,日语中典型的致使标志「させる」同样也是以"词干—致使—被动"的顺序排列②,比如:

------

① 例(36)中的致使成分「さ」是 su 的变形,即"未然形"。

② 日语中以"词干—致使—被动"排序的句子被称为「使役受け身文」(致使被动句),表示主语被别人强制要求做某事。

(37) 曾根は床を背にして<u>坐ら</u>　<u>せ</u><u>られ</u>、それにむかい合って
　　梶が坐った。（井上靖　『あした来る人』）

　　　　　　　　词干—致使—被动

(38) いろんなことを<u>手伝わ</u>　<u>せ</u>　<u>られ</u>ますよ。（井上靖
　　『あした来る人』）

　　　　　　　　词干—致使—被动

(39) 私はこういう事でよく先生から<u>失望</u> <u>させ</u> <u>られ</u> た。（夏
　　目漱石　『こころ』）

　　　　　　　　词干—致使—被动

以上例子均显示致使比被动更靠近核心。那么反过来,有没有被动成分比致使成分更靠近核心的情况呢? 佐伯哲夫(1998:18)举出了几个例子,不过他承认现实中很难找到"词干—被动—致使"语序的句子。日语中的被动形式是-(ら)れ,致使标志是(さ)せ,我们以二者的组合形式「れさせ」为关键词在"中日对译语料库"中搜索,共找到 31 例,但其中的「れ」都不表被动,而是动词的一个音节,如「溢れる—溢れさせる」「忘れる—忘れさせる」「溺れる—溺れさせる」等等。

现代汉语形态不丰富,没有日语那样的附属成分来表达时体态等范畴,大多通过介词或助动词来表达各种范畴。不过,如果我们把致使、被动等范畴的表达形式扩大到助动词及一些实词的时候,日语和汉语在语序上会表现出共性,比如:

(40) a. 他喝茶。

　　b. 茶被他喝了。　　　　　　　（被动—动词）

　　c. 领导请他喝茶。　　　　　　（致使—动词）

　　d. 他被领导请喝茶。　　　　　（被动—致使—动词）

　　e. *领导请茶被他喝。　　　　　（致使—被动—动词）

(41) a. 学生交论文。

　　b. 论文被学生交了。　　　　　　（被动—动词）

　　c. 老师要求学生交论文。　　　　（致使—动词）

　　d. 学生被老师要求交论文。　（被动—致使—动词）

　　e. *老师要求论文被学生交。（致使—被动—动词）

　　上述例句的 b 是对 a 的被动化操作,c 是 a 的致使化操作,d 是 c 的被动化操作,e 是 b 的致使化操作。我们把介词"被"看作被动标志,把动词"要求"看作致使标志。(40a)和(41a)的核心动词(词组)分别是"喝(茶)"和"写(论文)"。可以看到,(40d)和(41d)中,致使动词"要求"紧靠核心动词,而被动标志"被"离核心动词较远。也就是说,上面两个例句显示汉语中"被动—致使—动词"是很自然的语序。另一方面,(40e)和(41e)中被动标志比致使标志更靠近动词,但句子不成立。这说明,汉语的语序是"被动—致使—动词"。由于汉语和日语分属于 VO 语序和 OV 语序,所以汉语和日语构成一个镜像语序。但从轨层结构或洋葱结构来看,二者是一致的。

　　Bybee(1985)曾预测人类语言中致使成分比时、体等其他成分更靠近动词,日汉语的情况与该预测完全一致。所以如果只考虑"致使""被动""体""时""情态",那么可以在 Bybee(1985)的基础上得出以下语序:动词—致使—被动—体—时—情态。"动词—被动—体—时—情态"的语序已经有了跨语言的验证,接下来我们需要用更多的语言来验证"动词—致使—被动"这一语序片段。

6.4.2　其他语言中附属成分的语序

　　最能体现谓词性成分语序的语言是多式插编语。这种语言的动词词根可以带上"时""体""语态""语气""人称""数量"等各种语法意义的语素,构成一个极为复杂的词。格陵兰语(Greenlandic)是一种多式插编语,当"致使"和"被动"共现时,其语序为"动词—致使—被动",比如:

(42) 格陵兰语

　　　an -niru- lir -sin- niqar- sinnaa-suri- nngik- kaluar-pakka
　　　big-more-begin-CAUS-PASS-POT- think-NEG- but-IND:1s＞3P
　　　'I do not think they can be made any bigger, but ...'

(Mattissen 2004)

例(42)中,从标注可以看出动词 begin 后面的两个成分依次是致使标志(CAUS)和被动标志(PASS)。

　　除多式插编语,其他语言中也存在"动词—致使—被动"的语序,如例(43)的塔拉斯坎语(Tarascan)、例(44)的黑亚克语(Hiaki)、例(45)的印地—乌尔都语(Hindi-urdu)、例(46)的本巴语(Bemba)也都是按照"动词—致使—被动"的语序排列。

(43) 塔拉斯坎语

Eratzini	xukupar-hakwa-ni	mo-rhi-ta-nha-s-0-ti	Yuyani-ni	jimpo
Eratzin	clothes -OB	change-MDL-CAUS-PASS-PERF-PRES-IND.3	Yuyani-OB	by

'Eratzin was changed of clothing by Yuyani.'

Maldonado & Nava L(2002:174)

(44) 黑亚克语

Empo	huan-ta	chochon-tua-wa-k
You	John-ACC	punch-SYN.CAUS-PASS-PERF

'You were made to punch John.'

(Harley 2017)

(45) 印地—乌尔都语

Ram-se	per	kat-vaa-yaa	ga-yaa.
Ram-INSTR	tree	cut-CAUS-PASS	go-PERF.M.SG

'The tree was cut through ram's actions.'

(Ramchand 2014:263)

(46) 本巴语

Mwape	aa-mon-eshy-wa	Mutumba	na	ine
Mwape	3SG-see-CAUS-PASS	Mutumba	by	me

'Mwape was made to see Mutumba by me.'

(Baker 1985:396)

与"核心动词—致使—被动"相对,我们并没有找到采用"核心动词—被动—致使(或致使—被动—核心动词)"语序的语言。

这样我们就可以较为确信地将主要谓词性成分的语序图示为如下轨层结构。图 6-5 中致使成分位于第一轨道,被动处于第二轨道,体处于第三轨道,时、情态分别居于第四、第五轨道。附属成分为前缀形式的,线性排列是"情态—时—体—被动—致使—动词",采用后缀形式的是"动词—致使—被动—体—时—情态"。这两种排列是同一轨层结构的镜像表现。

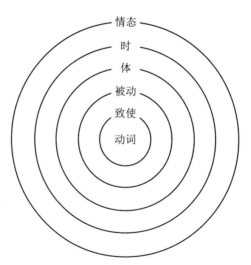

图 6-5 动词与附属成分的轨层结构

有的语言中核心动词两边都有谓词性成分,线性距离上某个成分与核心动词的位置可能会有所变化,如:

(47) Adyghe 语

sə-qə-p-f-a-r-jə-ʁe-λeʁwə-ʁ

1SG.ABS-DIR-2SG.IO-BEN-3PL.IO-OPV-3SG.A-CAUS-SEE-PST

'He showed them (lit., caused them to see) me for your

sake.'

(Korotkova & Lander 2010)

左边紧靠核心动词的是致使标志,右边紧靠核心动词的是体标志,它们与动词的线性距离似乎相同。但从轨层结构来看,可以认为"时"标志应该还处于原来的轨道,只是从上方运行到了下方,与核心动词的距离没有改变。

需要强调的是,我们并不是说致使一定是距核心动词最近的附属成分,而是说在"致使""被动""体""时""情态"这几个成分中"致使"标志最靠近核心。有的语言里某些附属成分可能比致使距离核心更近一些,比如Jacques(2013)指出嘉戎语茶堡话(Japhug Rgyalrong)中交互(RECIP)成分可以在致使标志之前,如(48a)中致使成分与动词之间还隔着一个交互标志(RECIP)和重叠标志(REDP),(48b)中致使成分与动词之间还有一个重叠标志。

(48) a. sɯ-ɣ-sɯ-sat

      CAUS-RECIP-REDP-kill

      'To cause to kill each.'

  b. a-sɯ-Nqʰɯ-Nqʰi

      RECIP-CAUS-REDP-diry

      'To cause each other to become dirty.'

(Jacques 2013)

6.4.3 "核心动词—致使—被动"语序的功能解释

我们采用(语义)距离象似性和轨层理论对核心动词与附属成分的语序进行解释。象似性是语言的一大原则,距离象似性是各种象似特征中最重要的一条。距离象似性是指句子中语言成分的线性距离对应于它们之间的概念距离。如果用轨层结构来表示的话,就是某个语言成分与核心关系越密切,它的轨道就越靠近核心。陆丙甫、陈平(2020)根据该理论解释了很多语言现象,如日语中助词连用的顺序「鞄は　紙でも　作られる」。「でも」是由格助词「で」和副助词「も」构成的结构,即"名词—格助词—副助词"。「で」表示工具,与「紙」之间是典型的语义关系;副助词「も」也被称为"添意助词",主要用来表示话题,属于语用范畴。由于「紙」和「で」在语义上关系紧密,所以在语序上二者的形式距离也更近。其实,「で」和「も」会构成一个四缺一模式,即:紙で、紙も、紙でも、*紙もで。前三种形式都成立,但「紙もで」不成立。究其原因,就是作为提示工具的「で」,它与名词的相关性超过了「も」。用轨层理论来解释,就是「紙」为核心,「で」处于轨道的内层,「も」处于轨道的外层。根据距离象似性理论,如果能够说明致使比被动在语义上和动词更密切,那么"核心动词—致使—被动"也就得到了解释。

根据 Shibatani(2006),致使和被动虽同属语态范畴,但语义上与致使对立的是非致使(noncausative),与被动对立的是主动(active)。所以,致使和被动并不完全在同一层面上,不构成对立。正如"时"和"体"尽管都与时间有关但并不对立。

Shibatani(2006)指出致使是对行为的源头(或来源)所进行的调控。一个行为的发生需要有来源(origin),我们一般称之为"施事",如"张三打人"中"张三"是"打"这一行为的源头。动词致使化之后,它的论元结构与基础动词不同,语义上原来的施事变为被使者,新的主语成为施事。试比较下面两句:

(49) a. 太郎が本を読む。/太郎读书。

　　　b. 先生は太郎に本を読ませる。/老师让太郎读书。

如图 6-6 所示,非致使句中做出「本を読む」行为的源头是施事1(太郎),而在相应的致使句中,「本を読む」这一行为虽然也是施事1 做出的,但源头却是施事2(先生)。

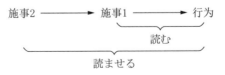

图 6-6　致使结构中的施事

施事的增加是基础动词经致使化后语义改变导致的,所以从根本上说,致使化改变了动词的语义。与致使不同,被动并不改变动词的语义,主动句和相应的被动句表达的是同一个命题,如:

(50) a. 太郎が次郎を殴った。/太郎打了次郎。

　　　 b. 次郎が太郎に殴られた。/次郎被太郎打了。

两个句子中的施事都是「太郎」,受事都是「次郎」。尽管命题相同,但被动将动词的论元结构进行了调整,原来主动句中的主语降为与格宾语。被动并不改变动词及命题的意义,只是调整了论元的等级。论元等级的调整是说话人对命题的不同角度的把握,以施事的角度看问题就用主动句,从受事的角度看问题则用被动句。所以,可以说在与动词的语义相关性方面致使明显高于被动。另外,形式语言学将达成动词分解为 X cause Y become z,其中的 cause 就是一个表致使的语义因子,这意味着达成动词内部嵌入了致使成分。Bybee(1985)指出,两个语言形式关联度越高,它们越容易词汇化(即融合为一个词)。达成动词及词汇型致使结构本就是动词,它们之所以能够含有致使因子,正因为动作与致使具有极高的语义相关性。相反,被动不是动词的语义因子,动词的被动形式也没有词汇化的现象,这也说明被动与动词的相关性不及致使。

按照形式学派的观点,句子的推导可以分为“事件”“时间、句类”“语气”三个阶段。处于第一阶段的“事件”是简单的主谓结构,表达一个命题。“致使”调整动词语义,“被动”调整动词论元等级,它们都属于命题内部操作,处于第一阶段。“体”和“时”等时间概念属于命题外部成分,处于第二阶段。语义上,“体”是事件运行的状态,如“进行”“完成”等;“时”是事件运行的背景,如“现在”“将来”等,它们都是对事件整体(动词和论元的整个组合)的描述。所以,与“体”“时”直接相关的是由动词和论元构成的“事件”,而不是动词,它们与动词的语义相关性程度不及“致使”和“被动”。

就“体”和“时”而言,“体”与动词的相关性又比“时”更高。金立鑫(1999)对此有精当的论述,本研究的解释与其大体相同。“体”所表现运动的"状态"蕴含了"运动"本身的存在,因为只有运动的存在才会有运动存在的状态,所以"体"是运动的内在特征。相对于"体","时"是一个外在的概念。虽然任何"运动"在时间轴上都有一个位置,但时间只是运动所必需的外在条件,人们在认知事件的时候并不一定会关注这个时间。跨语言的角度来看,一种语言可以没有"时"的语法范畴,但是一定有"体"的语法范畴。

如果说"时""体"还是事件的一些必要条件,那么情态则属于事件的补充成分,它主要表现说话人对事物的评价等主观态度,与事件的成立与否没有直接关系,跟动词的关联性更小。最后的人称则几乎与动词运动本身毫无关系,它所联系的仅仅是事件的主体而已(金立鑫 1999)。

综上,各种范畴与动词的语义相关程度由高到低分别是:致使＞被动＞体＞时＞情态＞人称,核心动词与这些附属成分的语序规律与语义距离相对应。

6.5　本　章　小　结

本章是对致使句语序的研究,主要内容有两部分,即致使句中各论元(参与者)的语序和核心动词与附属成分的语序。我们从汉日致使句语序的对比提出了两个共性,然后通过跨语言的考察对共性进行了验证。致使句中论元的语序为:致使者—被使者 1—被使者 2……接受者—受事。核心动词与附属成分的语序共性是一个轨层结构,可以表示为:核心动词—致使—被动—体—时—情态—人称。该共性是在前人研究的基础上进行的补充。这两个共性都符合象似性原则,前者是时间象似性,后者是语义距离象似性。当然,致使内部还有层次,不同的致使标志可以连用,其中应该也有一定的规律,比如直接致使应该比间接致使更靠近核心。这部分还可以做进一步的研究。

第七章　致使标志的来源

7.1　引　　言

致使标志属于语法形式,通常只有"引发、导致"等语法意义。从词源角度来看,致使标志都起源于实词。以往关于致使标志来源的研究多注重于个案的历时考察,这些个案就像散乱的珍珠,需要进行精细而又系统的整理。因此,我们将在前人研究的基础上,对致使标志的来源进行全面的整理归类,揭示人类语言中致使标志的一些共性,如致使标志源词的范围、源词之间的语义关联性等。本章主要内容包括三部分:(1)阐述致使标志的内涵;(2)在前人的基础上,补充、完善人类语言中致使标志的来源,并构建人类语言致使标志的底图;(3)观察汉日语致使标志源词在底图上的分布差异,并从跨语言的角度分析二者的共性和个性。

7.2　致使标志及相关研究

致使结构的语义概念可以概括为[EVENT1] CAUSE [EVENT2],词汇语义学将其表示为[x ACT (ON y) CAUSE y BE AT z]这样一个因果链,其中 cause 是一个语义因子。形式学派认为 cause 义由轻动词(light verb)表达,如果轻动词是一个自由语素,那它就是一个词;如果是一个非自由语素,它就是一个词缀或者零形式。致使结构中这种含有 cause 语义的语言形式我们将其称作致使标志。形态不丰富的语言中致使标志是一个助动词或零形式,而在形态丰富的语言里,致使标志多是一个词缀。

Comrie(1989)将致使结构分为三类,即词汇型、形态型和分析型。致使标志只存在于形态型和分析型致使结构中。词汇型致使结构本质上是一个动词,它本身没有显性的致使标志。像英语的kill,尽管从语义上可以分解为 cause to die,但是 cause 这个语义并没有一个具体的、可以分离出来的形式来实现,因此 kill 没有致使标志。关于形态型,Dixon(2012)将其细分为九个小类。若概括起来其实只有两大类,即词缀型(包括附着形式)和非词缀型。词缀型包括前缀、后缀、中缀等,非词缀型包括重叠、声调变化等等。由于本章是从词源角度来探讨致使标志的来源,所以对于形态型致使结构,我们只关注词缀这种形式。分析型致使结构是一个双小句(biclause)结构,拥有两个谓语动词,其中一个是成因动词,另一个是结果动词。分析型致使结构中致使标志是表示原因的成分(即成因动词),通常为助动词或词缀。

Song(1996)指出致使结构起源于并列句和目的句,我们将这两类句子简化为如下形式:(1)并列句:V1　AND　V2;(2)目的句:V2　PURP　V1(或 V1 PURP V2)。为简化操作,这里省略名词性成分(即施事、受事等语义格)。V1 指的是成因动词,V2 指的是结果动词,AND 指并列标志,PURP 指目的标志。从并列句或目的句演变到典型的融合型致使结构①伴随着语法化及重新分析,其中V1 最容易语法化为缺乏具体意义的致使标志。也就是说,成因动词是致使标志最重要的一个来源。此外,还有一种较为常见的语法化路径,就是不管是并列句还是目的句,V1 在演变过程中逐渐脱落,而 AND 或 PURP 演变为致使标志。也就是说,AND 和 PURP是致使标志的另一个来源。

致使标志的一个重要来源是动词。动词在任何语言中都近乎于一个开放的词类,数量庞大,但是致使标志的源动词仅限于少部分语义类型的动词。这方面已经有了一些研究,比如 Kulikov(2001)、Heine & Kuteva(2002)等。Heine & Kuteva(2002)将人

---

① 融合型致使结构(compact causative)是致使结构的一种类型,参见 Song(1996)。

类语言致使标志的来源归纳为 DO、TAKE 和 GIVE 三大类,但这个概括过于简略,也不够全面,遗漏了一些源词,如言说义动词(SAY)、获得义动词(GET)等。黄成龙(2014)对致使标志的来源做了较为全面和细致的分析,可是在源动词的分类上值得商榷,比如他将"让、使"(let,make)划为允让义动词,将 send 和 cause 划为支使义动词。为解决以往研究存在的不足,下面我们将在前人的基础上对致使标志的来源进行全面的整理,对源词的语义特征进行分析归纳,并在此基础上对比汉日语致使标志源词的不同表现。

7.3　致使标志的来源

7.3.1　源于动词的致使标志

人类语言中的致使标志大多由动词演变而来。语法化理论指出,动词向功能词的演变遵循以下语法化路径:实义动词→助动词→词缀→附着词。从左到右,语法化程度越来越高。致使标志的语法化途径也遵循这一规律。不同的致使标志语法化程度有所不同,比如法语中 forcer、laisser、faire 三个致使标志的语法化程度依次升高(Shibatani & Pardeshi 2002:106)。牛顺心(2007)分析了汉语中六个致使标志的语法化程度,指出"使、令"的语法化程度高于"让、叫",而"让、叫"的语法化程度则高于"给、要"。不同语言中的致使标志也存在语法化程度高低的情况,比如朝鲜语的 hata 语法化程度高于德语的 lassen,而德语的 lassen 高于法语的 faire(Shibatani & Pardeshi 2002:106)。

语法化过程伴随着语义漂白(bleach),语法化程度越高语义漂白程度也越高。相对来讲,助动词的语义漂白程度较低,语音上与源动词一致或差别较小,所以助动词的源词较容易确认,如英语致使助动词 make 很明显源自制作义动词 make。词缀及附着形式的溯源则相对较为困难,因为词缀是黏着语素,一般只具有语法意义,而且形式上与源词也有较大的差异。所以,很多语言中的致使词缀尚不能确定它们的源词。尽管如此，语言学家还是通过各种考证，发现了一些致使词缀的源词，下面我们对这些源词进行整理归类。

7.3.1.1　制作义动词

制作义动词是指英语 make 以及其他语言中与其意义相当的动词。众所周知，英语的 make 既是实义动词也是致使助动词，致使标志 make 源自制作义动词 make。此外，英语中的致使后缀-ify（如 pacify、horrify）也源自 make 动词。根据 Mithun(2002)，-ify 后缀借自法语的-ifer，而-ifer 可以追溯到拉丁语后缀-ficāre，词缀-ficāre 则源自动词 facĕre(make)。这个轨迹可表示如下：

拉丁语动词 facĕre(make)→拉丁语词缀-ficāre→法语词缀-ifer→英语词缀-ify

从制作义动词语法化为致使标志是人类语言较为普遍的规律。除了英语，Moreno(1993)还指出朝鲜语、泰米尔语(Tmail)、泰卢固语(Telugu)、印度尼西亚语、哈卡尔特克语(Jacaltec)、现代希腊语、泰语、伊乔语(Ijo)等语言都有制作义动词演变为致使标志的情况。下面例(1)伦杜语(Lendu)的致使标志 bu、例(2)泰米尔语的致使标志 vai、例(3)阿姆哈拉语(Amharic)的致使标志 adərrəgə，都源自与 make 相当的制作义动词。

(1) 伦杜语

mgba-i	bu	ba	mgba	nju
child-mother	makes	milk	child	suck.

'The mother suckles the baby.'

(Heine & Kuteva 2002:118)

(2) 泰米尔语

Kumaar	enn-ai	var-a	vai-tt-	aan
Kumar	1:SG-ACC	come-INF	vai-PAST-	3:M:SG

'Kumar made me come.'

Heine & Kuteva(2002:118)

(3) 阿姆哈拉语

Aster ləmma wədə bet ɨnd-i-hed adərrəgə-čč

A. L. to home COMP-IMPERF＋3M-go＋IMPERF make＋PERF-3F

'Aster made Lemma go home.'

(Amberber 2000:321)

制作义动词较容易发展为致使标志与该动词本身的语义有很大的关系。Moreno(1993)指出动词 make 之所以能够在很多毫不相干的语言中发展成为致使标志,其原因在于 make 所表示的事件与致使事件有较多的共同点。make 通常都表示一个目的性的、转化的以及诱发的过程,而致使过程所包含的语义要素则是目的性、转化性和致使力,二者较为相似①。

7.3.1.2 做义动词

"制作"和"做"这两个概念很难截然分开,有些语言"做"和"制作"两个意义会用一个词来表达,如法语中的 faire、意大利语 lassen 等。其实汉语的"做"也有类似表现,比如"做衣服"可译为 make clothes,而"做事情"则是 do something。可以看出,英语用了两个不同的动词,但汉语只使用"做"。所以,以往研究在致使标志的溯源上并不严格区分这两个概念,比如 Heine & Kuteva(2002)等都是将"制作"和"做"归为一类。不过从语义上来讲,"制作"可分解为"'做'＋产生新事物/结果","制作"其实是"做"的一个次类。有些语言中对这两个概念会有较为明确的区分,比如日语表示"做"的动词是 suru,表示"制作"的动词是 tukuru。在这样的语言中,我们能够确定有些致使标志是源自"做"动词。比如例(4)中泰语的致使标志 tham 原本就表示"做"(do)(Song 1996:86);例(5)中阿昆语(Agul)的致使标志 aq'as 其原始语义也是"做"(do)(Daniel etc 2012:60)。

---

① 并非所有语言中的 make 动词都会演变为致使标志。

（4）泰语

Săakhăa	tham	hăy	nísaa	tii	chăn
Saka	Cause	PURP	Nisa	hit	I

'Saka made Nisa hit me.'

（Song 1996：86）

（5）阿皋语

baw.a	ruš.a	jak:	ʕut'.a-s	q'.u-ne
mother-ERG	daughter-ERG	meat	eat-IPF-INF	do-PF.PFT

'The mother made her daughter eat the meat.'

（Daniel etc 2012：60）

　　相比较而言,单纯的做义动词语法化为致使标志的情形似乎不及制作义动词那么普遍。这有两个原因,一是很多语言中致使标志的源动词本身就兼有"制作"义和"做"义,这时与其说致使标志源自"做"动词,倒不如说源自"制作"动词。另外一个原因就是做义动词本身不凸显新事物的出现,也就是缺乏致使过程中的"转换"程序,这就使得做义动词不是致使标志的最佳候选。不过,尽管制作义动词更有成为致使标志的潜力,但在一些语言(如汉语、日语等)中,致使标志的来源并不是制作义动词,而是做义动词。所以,究竟选择做义动词还是制作义动词充当致使标志则因语言而异,其背后的理据尚需进一步研究。

7.3.1.3　持拿义动词

　　持拿义动词主要指表示 take、hold、grasp、seize 等意义的动词。这些动词语义比较接近,都有"掌控、把控在手中"的意义,差异之处只是在操控、把控的方式或结果方面稍有不同。有些语言会用一个词来表示这几个词中的两个或三个意义,比如古汉语中"把"可以表示 take、hold、grasp;特维语(Twi)中 de 的语义是 take、hold;纳马语(Nama)中 úú 的语义是 take、seize;巴斯克语(Basque)中 eduki 的语义是 hold、grasp;瓦他语(Waata)中 qaw 的语义是 take、sieze(Heine & Kuteva 2002：289, 291, 287, 185, 290)。将其表格

化之后,可以看到这五个动词在持拿义中的分布:

表 7 - 1　部分持拿义动词的语义分布

		take	hold	grasp	seize
汉语	把	+	+	+	
巴斯克语	eduki		+	+	
纳马语	úú	+			+
特维语	de	+	+		
瓦他语	qaw	+			+

根据表 7 - 1,我们还可以构建持拿义动词的语义地图,如图 7 - 1 所示,各持拿义动词占据了连续的语义片段。

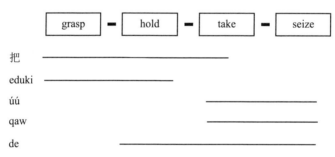

图 7 - 1　持拿义动词的语义地图

　　持拿义动词语法化为致使标志的语言也比较多,比如努培语(Nupe)的致使标志 lá(Heine & Kuteva 2002)和马拉地语(Marathi)的致使标志 ghet(Shibatani & Pardeshi 2002)都源自持拿义动词 take。

　　(6) 努培语

　　　　Yígídí　　　lá　　　　mángròrò　　　dzú
　　　　Sun　　　　take　　　mango　　　　PFV-come
　　　　'The sun reddened the mango.'

Heine & Kuteva(2002:286)

(7) 马拉地语

mi　raam-kaDun　kholi　saaph　kar-un　ghet-l-i

I　Ram-by　room.F　clean　do-CONJ　take-PERF-F

'I had the room cleaned by Ram.'

(Shibatani & Pardeshi 2002:93)

伊马斯语(Yimas)的致使标志 tar 源自持拿义动词 hold(Shibatani 2002),比如:

(8) 伊马斯语

na-　　na-　　tar-　　kwalca-t

3SG.A-　1SG.O-　CAUS-　rise-PERF

'She woke me up.'

(Shibatani 2002:14)

Evans(1985:292)指出,卡亚地尔语(Kayardild)的致使后缀 -tharrma-tha 源自表达 hold、grasp 义的动词 karrmatha,比如:

(9) 卡亚地尔语

kada	thula-tharrma-th,	buku-wuku	bana	buku-wuku	bana	buku-wuku
again	descend-CAUS-ACT	vine (NOM)	and	vine (NOM)	and	vine (NOM)
kada	thula-tharrma-th,	rar-ung-ku				
and	descend-CAUS-ACT	south-ALL-PROP				

'Again one would take them down, timothy vines and timothy vines and more timothy vines, again one would take them down, to the south.'

(Evans 1985:293)

7.3.1.4　给予义动词

给予义动词(give)语法化为致使标志的情况在人类语言中极为

常见。根据 Mastisoff（1976）、Song（1996）、Heine & Kuteva（2002）、黄成龙（2014）等，下列语言或方言中的各致使标志都源自给予义动词。

表 7-2　源自给予义动词的致使标志

语言（方言）	致使标志	语言（方言）	致使标志
泰语	hâj	马来语	bagi
越南语	cho	楠地语（Nandi）	ka
高棉语	qaoy	粤语	畀（bei）
卢奥语	miyo	吴语	拨
索马里语	-siin	客家话	分
西罗伊语	t-	拉祜语	pî
阿拉瓦语（Alawa）	muta	博若语（Boro）	hi

例（10）（11）（12）分别是泰语的致使标志 hâj、越南语的致使标志 cho 及卢奥语（Luo）的致使标志 miyo。

（10）泰语

　　mɛ̂ɛ-khrua　hâj　dèk　tàt　nýa　pen　chín　lék-lék

　　cook　　　give child cut　meat be　slice　small-small

　　'The cook had the child cut the meat into tiny piece.'

（11）越南语

　　ông　　ây　　không　　cho　　tôi　　thôi.

　　HON　　3:SG　NEG　　　give　　1:SG　resign

　　'He wouldn't let me resign.'

（12）卢奥语

　　Koth　　mo-miyo　　wa-bedo　　e　　tiend　　yath

　　rain　　3-give　　　1:pl　　　at　　foot　　Tree

　　'The rain made us stay at the foot of the tree.'

　　　　　　　　　　　　　　　　　　　（Heine & Kuteva 2002:152）

给予义动词演变为致使标志与其本身的语义有较大的关联。

在有的语言中,give 不是一个单纯词,而是动词 have 的致使化形式。比如阿伊努语中表达 give 概念的形式为 kor-e,其中 kor 为动词 have,-e 是致使后缀(Kemmer & Verhagen 1994:129);卡姆语(Kammu)的 give 是 pń-ʔàh,其中 ʔàh 是动词 have, pń-是致使前缀(Dixon 2012:261)。这说明,"给予"的意义是"使……拥有",包含"转换",即拥有者/领属者的转换,比如 I gave him a pen 中,领属者由"我"转化为了"他"。这符合 Moreno(1993)提出的致使过程必须有转换(transition)的要求。同时,给予义动词含有明显的 cause 语义而缺乏具体的动作义,这使得该类词较容易演变为致使标志。

7.3.1.5　获得义动词

获得义动词主要包括与 get、receive、obtain 等意义相当的动词。获得义动词和给予义动词都包含了物的转移。通常情况下,"X给予 Y 物体 Z"其实也就意味着"Y 从 X 得到物体 Z"。可以说,"给予"和"获得"是相辅相成的一对概念,是对一个转移事件不同角度的描述。所以,获得义动词演变为致使标志的机制与给予义动词获得致使标志是相通的。

整体来看,获得义动词演变为致使标志的情况不及给予义动词那么普遍,但也并非罕见,如英语 I can't get my computer to work中的 get 就是较为典型的致使标志。除英语外,拉脱维亚语的致使标志 piedabūt、芬兰语的致使标志 saada、瑞典语的致使标志 få 都源自获得义动词 get(Pakery 2018)。在福建北部的邵武方言中,致使标志 tie⁵³ 的原始意义也是"得到、获得"。例(13)(14)分别是拉脱维亚语和邵武方言的例子。

(13) 拉脱维亚语

citādi	es	ne-māku	viņus	piedabūt	strādāt
otherwise	1SG.NOM	NEG-be.able: PRS.1SG	3.ACC. PL.M	get:INF	work:INF

'I cannot make them work in any other way.'

(Pakerys 2018)

（14）闽北邵武方言

别	得	他/她	受	寒
mai^{213}	tie^{53}	xu^{35}	ɕiɔu^{35}	xɔŋ^{22}
DEM	CAUS	3SG	suffer	cold

'Don't let him/her catch a cold.'

（Ngai 2015:263）

7.3.1.6　派遣义动词

派遣义动词主要指表示 send、drive 等意义的一些动词。跨语言的研究显示，有些致使标志是从派遣义动词语法化而来，比如缅甸拉旺语（Rawang）的致使标志 dvzʋ́r 源自派遣义动词 send（Lapolla 2000:300）。

（15）缅甸拉旺语

à:ng-í	àng-svng	shvm	lvng	dvzʋ́r-ó-ē
3sg-agt	3sg-loc	knife	hold	caus-3＋ tr.n.past-n.past

'He is making him hold the knife.'

（Lapolla 2000:300）

Soto（2002:232）指出，科拉语（Cora）中的致使助动词 taʔáih 语法化程度较低，作为实义动词其意义为 send，例如：

（16）科拉语

María	nu	wa-taʔáih	tɨ	séih	yíči	wa-té- haʔusi-n
Mary	s1SG	CMP-send	SBR3SG	one	dress	CMP-PERF- wash-IRR

'I sent Mary to wash a dress.'

（Soto 2002:232）

英语中的 drive 也有致使用法，如 drive someone crazy/nuts/up the wall（使人疯狂）中的 drive 明显含有致使义。此外，Mehweb 语有一个致使动词 aʔas，作为实义动词时其意义为 drive（Barylnikova

2019:177),例如：

(17) Mehweb 语

Anwal-li-ni	rasul	Abaj-ze	barxle	b-urh-es	aʔ-ib
Anwar-OBL-ERG	Rasul	mother-INTER	STRIGHT	N-tell.pfv-inf	drvie.PFV-AOR

'Anwar made Rasul tell mother the truth.'

(Barylnikova 2019:177)

这里的 aʔas(drive)明显不是驾驶的意义,而是表示驱赶、驱使,与派遣义动词意义接近。

7.3.1.7　置放义动词

置放义动词主要是 put、place 等动词。永宁话的 kʰɯl3(Lidz 2010:391)和 Gbeya 语中的 é(Song 1996:54)都是较为典型的致使标志,其原始意义都是 put,比如：

(18) 永宁话

dɯ33	ɲi33	tʰɯ33-tʂu33	kʰɯl3	zɔ33-kul3.
One	day	DUR-burn	CAUS	ought

'It ought to make to burn all of the time.'

(Lidz 2010:391)

(19) Gbeya 语

é	há	wǐ-ré	tɛ́	Sɛ́
put	BEN	people	come	first

'Let people come first.'

(Song 1996:54)

Payne(2002:503)指出,阿塞宁卡语(Asheninka)的致使词缀 ow 有可能来自动词 ow(put)。Evans(1985:292)也指出,卡亚迪尔 Kayardild 语的致使后缀-maru-tha 源自 put 义动词。此外,泰米尔语的致使标志 vai 源自 place 义动词(Haspelmath & Müller-Bardey 2004:1138),比如：

（20）泰米尔语

> piLLaiyai　　　tuunka　　　　Vai-tt-een
>
> child：ACC　　　sleep：INF　　　place-PAST-1SG
>
> 'I made the child sleep.'

　　　　　　　　　　　（Haspelmath & Müller-Bardey 2004：1138）

7.3.1.8　放任义动词

　　允让动词主要有 let、leave 等动词。英语中 let 既是实义动词也是致使助动词,德语中的致使助动词 lassen 的情况与英语 let 非常相似,作为动词其意义是 let(Diedrichsen 2015：57),如例(21)。

（21）德语

wir	werden	Ihnem	die	Waren	zuko-mmen	Lassen
1PL. NOM	will. PRES.1PL	2SG (polite) DAT	DEF.PL. ACC	GOOD. PL	send. INF	let.INF

> 'We will let the goods get to you.'

　　　　　　　　　　　　　　　　　　（Diedrichsen 2015：57）

立陶宛语中的致使标志 likt 的原始意义是 leave(Pakerys 2018),如例(22)：

（22）立陶宛语

Pa-likime	jiems	džiaugtis	tuo[...]
PRF-leave： IMP.1PL	3.PL.DAT.M	be.happy： INF.RFL	DEM.INS. SG.M

> 'Let's allow them to be happy with what[...].'

　　　　　　　　　　　　　　　　　　　　（Pakerys 2018）

　　动词 leave 和 let 在语义上有一定的关联,都有放任、放置的意义。比如英语的 I will leave it to chance,其意义可理解为：<u>wait and see what happens without planning</u>(我不管了,随它去吧)。由于二者的相关性,有的语言中由一个词来表达 let 和 leave,如法语中的

laisser(Shibata & Pardeshi 2002:105)，Lingala 语中的-tíka，Albanian 语中的 lë，Swahili 语中的 wacha(Heine & Kuteva 2002:190－191)等。实际上，leave 义动词语法化为致使标志(表示许可)也是人类语言较为常见的一条语法化路径，德语的 lassen、海地克里奥尔法语的 té 及保加利亚语的 ostavix 等致使标志的原始意义都是 leave(Heine & Kuteva 2002:193)。

7.3.1.9　言说义动词

言说义动词成员较多，包括 say、tell、speak、call、order 等。这些词有一个共同的语义特征，都表示发话行为。从语义地图理论来看，有些语言可能对上述词汇构成的概念空间切分得很细，词汇较多；而有的语言则可能比较概括，只用少量的词。人类语言言说义动词演变为致使动词的情况也很常见，比如伊马斯语(Yimas)的致使前缀 tmi 源自 say 义动词(Shibatani 2002:14)；Karen 语的致使标志 kò 和 lɔ́分别源自 call 义动词和 tell 义动词(Kato 2009)。

(23) 伊马斯语

na-　　na-　　tmi-　　kwalca-t
3SG.A-　1SG.O-　CAUS-　rise-PERF
'She woke me up.'

(Shiabatani 2002:14)

(24) Karen 语

jə　[vc　kò　nón tháN]　ʔə̀
1SG　　　　wake up　　3SG
'I called him and woke him up.'

(Kato 2009)

(25) Karen 语

ʔə̀ wê　[vc　lɔ̀　châ]　jè
3SG　　　　ache　　1SG
'He spoke ill of me.'

(Kato 2009)

　　至此为止,我们将致使标志的源动词归为九类。源自这九类动词的致使标志在有些语言或方言中由于语法化程度较高,表现为词缀,有些语言或方言中语法化程度较低,表现为致使助动词,如下表所示:

表 7 - 3　致使标志的形式及其源动词

	助动词	词缀
制作义动词	英语 make	万库马拉语-munka-
做义动词	独龙语 wa^{53}	拉祜语 te
持拿义动词	特维语 de	伊马斯语 tar/ta-l
给予义动词	罗奥语 miyo	索马里语 siin
获得义动词	英语 get	汉语"得"
派送义动词	拉旺语 dvzv́r	
置放义动词	永宁话 kʰɯl3	阿西宁卡语 ow
放任义动词	立陶宛语 likt	
言说义动词	Karen 语 ko	伊马斯语 tmi-

　　上表中,派送义动词和放任义动词只有助动词而没有词缀形式。这可能有两个原因:(1)人类语言中这两类词的语法化程度较低,尚未演变为词缀;(2)语言调查还不够充分深入,尽管有词缀形式,但尚不能确定它们源自这两类动词。除此之外,所有源动词都有演变为词缀和助动词两种形态。①

　　以上动词是人类语言中致使标志来源动词的汇总,也可以说是来源动词的底图。尽管我们对每个源动词只举出了两三种语言,但实际上是依靠多种语言来确定的,反映的是人类语言中致使源动词的普遍共性。这个底图是根据现有的研究归纳出来的,随着语言调查广泛深入地进行,可能会出现其他的源动词。不过,这个底图既

---

①　黄成龙(2014)列举了很多由 send 义动词演变为致使标志的语言,但我们通过文献调查发现,其中一些无法确定源自 send 义动词,而且这些致使标志也还没有语法化为词缀。

是结果的展示,同时反过来对源动词的范围也有一定的约束力。也就是说,如果某个致使标志的源动词不属于底图的动词类型,那么就要慎重考虑,不能急于将其列为新增成员。比如,英语中 have 是一个典型的致使标志(如 I had him run),但 have 属于拥有义动词,而拥有义动词并没有在我们的底图中。如果仅仅因为英语就设立一个新的来源,那就有特设之嫌。所以,我们不妨进一步探究 have 的语义。在线英语语源词典(https://www. etymonline.com/)对 have 的解释是:

Old English *habban* "to own, possess; be subject to, experience," from Proto-Germanic *habejanan*(source also of Old Norse *hafa*, Old Saxon *hebbjan*, Old Frisian *habba*, German *haben*, Gothic *haban* "to have"), from PIE root *kap-"to grasp." Not related to Latin *habere*, despite similarity in form and sense; the Latin cognate is *capere* "seize".

可以看出,have 一词源自原始日耳曼语词根 kap,而 kap 的意义为 grasp。另外,Heine & Kuteva(2002:290)指出持拿义动词(take、sieze 等)演变为拥有动词是人类语言一个常见的语法化路径,比如特威语(Twi)的 de 就有"拿""持有""有""领属""拥有"等多种意义。从"持有"到"拥有"这一语法化现象在印欧语中更为普遍,英语的 have、德语的 haben(有)都源自原始日耳曼语的动词 hafjan(seize)。所以,不管将 have 的词源解释为 grasp 还是 seize,都表明 have 的拥有义其实源自持拿义。这样我们就可以认为,英语 have 演变为致使助动词的语义基础是持拿义而非拥有义。由于持拿义动词是致使标志源动词的一类,那么也就没有必要为致使标志的来源而设立一个拥有义动词。

7.3.2　源于联系项的致使标志

Song(1990)指出,致使词缀主要有三个来源:Vcause、PURP 和 AND。所谓 Vcasue 就是指成因事件中的动词;PURP 和 AND 分别指目的标志和并列标志,我们统称二者为联系项(relator)。

Song(1996)认为从联系项到致使标志,经历了四个阶段的语法化过程:

阶段1:用并列句或目的句来表达因果关系。在这一阶段,成因动词是必有的项目。

阶段2:随着并列或目的结构与因果意义的不断加强,成因动词可能被省略。

阶段3:成因动词不再出现在并列句或目的句中。联系项代替了成因动词的功能。

阶段4:联系项在形式上、语音上缩减为一个词缀,依附在结果动词上,成为致使词缀。

从第1阶段到第4阶段,联系项最终替代成因动词,而成为致使标志。这在逻辑上也是可能的,因为成因动词和联系项都是因果关系表达的核心要素,而且都有进一步语法化或虚化的潜能,只不过成因动词比起联系项更有演变为致使标志的优势。

Song(1996)通过跨语言的考察证明他的致使标志历时演变假设是成立的,不同语言的不同致使结构处于演变过程中的不同阶段,有的语言至今没有特定的结构来表示因果关系。比如例(26)的瓦塔语(Vata)只能通过并列句来表达因果关系,le 为并列标志,le 前小句为成因,le 后小句为结果(Song 1996:36)。

(26) 瓦塔语

ǹ	gbā	le	yŌ-Ō	li
I	speak	CONJ	child-DEF	eat

'I made the child eat.'

(Song 1996:36)

用并列句来表示因果关系其实是依靠人们的推理认知能力,并列标志只负责将两个句子并置起来,在语义上并不承载因果意义。并列标志也不是必有项,在很多语言中,用并列形式表示因果时并不出现并列标志,这也导致并列标志演变为致使标志的情况较为少见。

相对于并列标志,目的标志演变为致使标志的情况则比较普

遍。这是因为目的标志本身担负表示目的的功能,不可以省略。当
目的句频繁地用来表示致使意义的时候,目的标志有可能逐渐取代
成因动词,成为致使标志,比如:

(27) 泰语

khăw	khiăn	còtmăay	hây	khun	tòop
he	write	letter	PURP	you	answer

'He wrote a letter so that you would answer.'

(28) 泰语

saăkhăa	tham	hây	nísaa	Tii	chăn
Saka	cause	PURP	Nisa	hit	I

'Saka made Nisa hit me.'

(29) 泰语

saăkhăa	hây	dèk	wîŋ
Saka	PURP	child	run

'Saka had a child run.'

(Song 1996:86 - 87)

上面三个例句中,(27)的因果关系由目的句来实现,其中 hây
是目的标志,hây 前为结果小句,hây 后是目的小句;(28)是一个致
使句,hây 是目的标志,hây 前不是典型的小句,动词 tham 语法化为
成因动词 tham;(29)中只有目的标志 hây,hây 已替代了 Vcause 的
功能(Song 1996:86 - 87)。

Kulikov(2001)也认为,除了动词,致使标志另外一个主要来源
是表示方向、受益的词缀,比如 Lamang 语中的致使后缀 ŋgà 可能与
受益后缀 ŋgà 相关,Kxoe 语的致使后缀 kà 与表示方向的后缀 kà 相
关,这些后缀都可以归为 PURP。在艾吉奥语(Ijo)中,表示方向的
格标志-mo 也会出现在致使结构中。如下例所示,这里的-mo 也是
PURP 的一个形式。

(30) tọbọu　　wẹnị-mó

　　　child　　walk-DIR

'Walk toward the child.'/走向孩子。

(31) aràú   tọboụ   mie   búnu-mo-mi

　　 she   child   make   sleep-DIR-PST

'She made the child sleep.'/她让孩子睡觉。

(Song 1996:56)

至此为止，我们将致使标志的来源归纳如下：

表 7 - 4　致使标志的来源与形式

源　词		助动词	词　缀
动词类	做义动词	Aux1	Aff1
	制作义动词	Aux2	Aff2
	持拿义动词	Aux3	Aff3
	给予义动词	Aux4	Aff4
	获得义动词	Aux5	Aff5
	派遣义动词	Aux6	Aff6
	置放义动词	Aux7	Aff7
	放任义动词	Aux8	Aff8
	言说义动词	Aux9	Aff9
联系项	目的标志	Aux10	Aff10
	并列标志	Aux11	Aff11

注：Aux 是 auxilary(助动词)的缩写，Aff 是 affix(词缀)的缩写。

7.4　致使标志源动词的语义相关性

致使标志的九类源动词从语义上来看主要有两大类，一类与"手"有关，另一类与"口"有关。与"手"关系最为密切的是持拿义动词，这类词本身就隐含了"手"的语义内容，请看剑桥英语词典(https://dictionary.cambridge.org/)对几个持拿义动词的解释：

hold: to take and keep something in your hand or arms

grasp: to quickly take something in your hand(s) and hold

it firmly

　　seize：to take something quickly and keep or hold it

　　很明显,持拿义动词主要表示将某物控制在手中,或者用手来控制某物。其实汉语中的"拿""抓""握"也同样如此,这些词都可以构成短语"X在手中",如"拿/抓/握在手中"。

　　"做"和"制作"动词也与"手"相关。人们无论是实施"做"还是"制作"行为,大多都要通过"手"来完成,"手"可以说是默认的工具。给予义动词、获得义动词表示物体的传递,置放义动词表示物体的放置。很明显,这两种行为最初也是人们通过"手"实现的。致使标志与"手"的相关性在很多语言中都有体现。Mithun(2002)发现非洲语言中的一些致使词缀都源自与"手"相关的动词或名词①:拉科塔语(Lakhota)的致使前缀 yu-的原始意义是"用手"(by hand);肖肖尼语(Tumpisa Shoshone)的致使前缀 ma-源自名词"手"(hand),致使前缀 tsa-的初始意义是"用手抓"(with the hand by grasping);海达语(Haida)的致使前缀 tla-源自名词 stlaay(hand)。

　　与"口"关系最密切的是言说义动词。言说义动词表示发话行为,而发话行为很多都具有一定的目的性,总是要求、请求或希望听话者根据话语内容去做或实现某种行为。值得注意的是,与"口"相关的其他动词其实很多,如"撕、咬""吹、唱"等等,但由于这些词并不表示言说义,所以不具有演变为致使标志的潜力。语言事实也是如此,我们没有发现致使标志源自言说义以外的与"口"相关的动词。

　　与"手"相关的动词具有直接的控制力,与"口"相关的言说义动词则表示间接的控制,通过言语行为(如命令、指示等)试图控制/影响他人。在"手"和"口"之间还有一个中间地带,那就是派遣义动词 send。"派遣"既可能是手势,也可能是话语。但和言说义动词更接

---

　　①　致使词缀源自名词的现象比较罕见,所以我们在致使标志的来源里并没有考察名词的情况。

近一些,多少含有命令、指示的意味。与"手"相关的致使标志体现了人类"用手掌控/影响他人"的致使情形,与"口"相关的致使标志则代表了人类"用言语影响/掌控他人"的致使情形。除了"用手""用言语"这两种方式,人类还可以通过不干涉来使事件发生,表示这类语义的就是放任义动词。

　　跨语言的调查显示,致使标志的源动词是相互关联的。世界语言同词化数据库(Database of Cross-Linguistic Colexifications)对词语之间的相关性进行了广泛的调查,在此基础上能够在线生成各个动词的同词网络。图 7-2 是动词 give 的同词网络。该图中的节点代表了用英语动词所表示的各种概念(concept),两个节点用连线直接相连表示这两个概念在一些语言中使用的是同一个词。比如,图中间位置的 speak 和 say 直接相连,说明这两个概念在一些语言中并不区分,共用一个词。连线越粗表示不做区分的语言越多。speak和 say 的连线很粗,而 give 和 say 的连线很细,这是因为前者共用一个形式的有 218 种语言,后者共用一个形式的仅有 6 种语言。这张

图 7-2　give 的同词网络

图中出现了绝大多数的致使源动词,give 的右边有 do or make(制作、做)、cause to(let)、take(持拿)、put(置放)、send(派遣)、carry(持拿)、bring(持拿)、permit(允许)、allow(允许)等动词,give 的左边则有 say(言说)、speak(言说)、do(做)等动词,这些词大多直接相连(个别间接相连)。

　　源动词共有九类,其中八类出现在图 7 - 2 中,缺少了获得义动词。这是由于世界语言同词化数据库网站的在线可视化未能完全显示出 give 的整个同词网络。下面是 get 的同词网络。

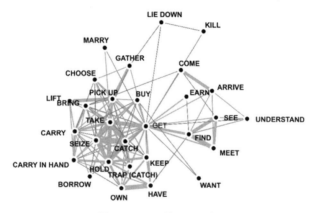

图 7 - 3　get 的同词网络

　　可以看到,get 的左边分布的有 take、carry、seize、hold、catch、keep 等持拿义动词。这些词与 give 都是直接相连的,同时又与 get 直接相连。说明 get 和 give 这两个概念也是相通的,衔接点是持拿义动词。

7.5　汉日语致使标志来源的共性与差异

7.5.1　汉日语致使标志的来源

汉语和日语中都有一定数量的致使结构,相应也存在较多的致使标志。我们想探究的是,汉日语致使标志的来源是否在我们总结的几种类型之内,两种语言在致使标志的来源上有什么样的差异。

先看日语的情况。日语的致使标志有-as-/-os-、-e-、-sase-、-morau(モラウ)等形式。其中,-as-/-os-和-e-的语法化程度最高,其次是-sase-,语法化程度最低的是-morau。语言学家经过考证,发现这些致使标志都源自动词。

Frellesvig(2010:1)把日语的历史分为四个阶段,分别是:

上古日语(Old Japanese)　　　　　公元 700 年至 800 年
中古日语(Early Middle Japanese)　公元 800 年至 1200 年
中世日语(Late Middle Japanese)　公元 1200 年至 1600 年
近世日语(Modern Japanese)　　　公元 1600 年至今

致使标志-as-/-os-出现时间最早。Frellesvig & Whiteman(2016:290)指出,早在上古日语中-as-/-os-已失去了能产性,含有-as-/-os-的及物动词已经词汇化,而且-e-取代了-as-/-os-成为及物动词词缀,也即致使词缀。词缀-sase-出现得最晚,直到中古日语,-sase-才取代了上古日语中致使词缀 sime[①],并一直使用至今(Frellesvig 2010:236)。

词源方面,由于-as-/-os-词缀的形成太过久远,学界对其缺乏足够的了解。尽管如此,Frellesvig(2008)等学者认为该词缀很可能源自动词 suru(do)。相较于-as-/-os-,关于词缀-e-的起源则有比较深入的研究,当前较为一致的看法是该词缀源自获得义动词(get)。Frellesvig & Whiteman(2016)分别从形式、功能、历时、类型等角度证明了日语词缀-e-最初是表示 get 义的动词。日语词缀-e-源自 get 义动词的观点能够解释以往难以说清的一些问题。词缀-e-具有两个完全相反的功能,它既能将不及物动词及物化,也能将及物动词不及物化,如:

---

① sime 是古代日语的致使词缀。

（a）及物动词＋-e→ 不及物动词

割る(waru)・割れる(wareru)　　　打碎/破碎

砕く(kudaku)・砕ける(kudakeru)　弄碎/破碎

折る(oru)・折れる(oreru)　　　　折断/断

切る(kiru)・切れる(kireru)　　　　切/切开

（b）不及物动词＋-e→及物动词

建つ(tatu)・建てる(tateru)　　　　盖/盖

進む(susumu)・進める(susumeru)　前进/使前进

並ぶ(narabu)・並べる(naraberu)　摆着/摆

整う(totonou)・整える(totonoeru)　整齐/弄齐

　　奥津敬一郎(1967)指出-e同时具有两种完全相反的功能是极其不自然的。如果从语义来看，这两个功能并不矛盾。不及物动词及物化实际上是在不及物动词的基础上增加了一个致使者，给事件[(y) BECOME [y BE AT-z]]增添了一个具有控制力的主语；而及物动词不及物化则是对及物动词(达成动词)中的致使者进行删除或者抑制，使得形式上没有了致使者。与这两个情况形成对应的是："获得"从语义上讲也有两类，一种是"接受者"对是否接受"获得物"有自主决定能力(控制力)，另一种是被迫接受"获得物"，缺乏控制力。现代汉语中"受"有"得到"义，"受贿"和"受灾"分别代表了自主和被动两种类型。显然，受贿者对于是否接受"贿赂"有足够的控制力，而受灾者对于是否接受"灾难"则无法控制。前者的"受"具有[＋CONTROL]的语义特征，而后者的"受"则具有[-CONTROL]的语义特征。-e动词源自获得义动词，这就使得它既能给原来的不及物动词增加一个控制者将其及物化，也能把原有的及物动词中控制者的控制力消除，使及物动词不及物化。

　　词缀-sase比-e的形成时间更晚一些。由于缺乏语言材料，学界对该词缀起源的研究还较为有限。尽管如此，但学界大多认为源自动词 suru(do)，如 Shibatani & Pardeshi(2002)等。

　　与以上三个词缀不同，-morau 的源词最为清晰。morau 有实义动词和补助动词两个用法,作为补助动词时有致使意义。实义动词的 morau 义为"领取"(receive, get),补助动词源自实义动词。

接下来看汉语中的情况。现代汉语典型的致使标志主要有"使""令""叫""让""给"等助动词[①]。"令"和"使"是汉语中最早出现的致使词,语法化程度极高。"令"原为"发号、命令",是指以言语行为使某人做事,属于言说义动词。"使"在古汉语中主要有两个意义,分别为"使用"和"派遣",致使标志的"使"源自"派遣"义(徐丹 2014:133-134)。"叫"最初的意义表达"呼喊、鸣叫",是典型的言说义动词。关于"让",牛顺心(2014:56)认为"让"的本义是"谦让、退让",致使标志"让"是从该义项发展来的,而太田辰夫(1987:224)则认为"让"源自表示"谦让""劝诱"意义的动词。"劝诱"是典型的言语行为,但是"谦让"动词并不属于致使标志源动词,那是否需要对源动词图谱进行修改? 其实从语义分析的角度来看,"谦让"义本身含有"言说义",包含了言语行为。另外汉语"让"的"言"字旁也从侧面说明"让"属于言说义动词。至于"给",其语法程度较低,初始义很容易确定,就是表示"给予"。

此外,现代汉语还有一个致使标志,即"得",如"妈妈说得姑娘流下了眼泪"。这里的"得"的本义是"得到",相当于 get,属于获得义动词。

现在我们将汉日语中致使标志的来源整理如下:

表 7-5 汉日语致使标志来源的对比

源动词类型	汉语致使标志	日语致使标志
做义动词	弄/搞	-as-/-os-, -sase-
制作义动词	—	—
持拿义动词	—	—

---

① 汉语中的"化"词缀虽然是致使标志,但该词缀源自借词,不是语言自身演变的结果,这里不做讨论。

源动词类型	汉语致使标志	日语致使标志
给予义动词	给	—
获得义动词	得	-e-, -morau-
派遣义动词	使	—
置放义动词	—	—
放任义动词	—	—
言说义动词	让、叫、令	—

从上表可以看出,汉语和日语的致使标志来源都在人类语言致使标志来源底图的范围之内,汉语占据了五项(做义动词、给予义动词、获得义动词、派遣义动词、言说义动词),日语占据了两项(做义动词、获得义动词)。汉语和日语共有的源动词是做义动词和获得义动词;都不具有的是制作义动词、持拿义动词、置放义动词、放任义动词这四类;汉语有而日语无的是给予义动词、派遣义动词。汉语和日语的源动词是包含和被包含的关系,图示如下:

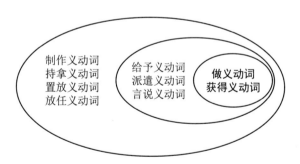

图7-4　汉日语致使标志来源的对比

这说明汉语和日语致使标志的演变符合人类语言的演变规律,同时也证明我们构建的致使标志源动词具有较高的普适性。

整体上,汉语中的致使标志以助动词居多,有"弄/搞、给、使、叫、让、令"等,日语以词缀为主,主要有-e-、-as-/-os-、-sase-等。语言类型学跨语言的调查结果显示:孤立语在编码能产型致使结构时大多使用助动词;而黏着语大多使用词缀。由于汉语是较为典型的孤立语,日语是典型的黏着语,所以汉语多用致使助动词而日语多用词缀这一事实其实是语言类型共性的具体表现。

汉语中典型的致使标志是"使""让""叫",日语最典型的致使标志是-sase-。汉语的来源分别是派遣义动词和言说义动词,日语则来源于做义动词。两种语言在核心致使标志的来源上存在较为明显的差异。

汉语和日语致使标志的源动词都有做义动词和获得义动词,这是两种语言的共同点。做义动词方面,汉语的"弄/搞"语法化程度很低,尚处于语法化斜坡中动词与助动词之间的位置,而日语的-as-/-os-、-sase是高度语法化的形式。其中-sase是典型的致使后缀,而-as-/-os-比-sase的语法化程度更高。汉语的"弄/搞"一般只能将形容词和少数动词致使化,如"弄坏/倒""搞好/错",属于动结式的一种;日语的-as-/-os-和-sase-只能将动词致使化,如 wakasu(沸かす)、taosu(倒す)、tabesaseru(食べさせる)等,不能将形容词致使化。

7.5.2　获得义致使标志在汉日语中的不同表现

汉语中获得义的致使标志是"得",日语中是-morau-和-e-。尽管三者都源自获得义动词,但它们的句法语义表现很不相同。三者中语法化程度最高的是-e-,语法化程度最低的-morau-,前者表示直接致使;后者表示间接致使。汉语"得"的语法化程度介于-e-和-morau之间,表示直接致使。

"得"和-e都表示直接致使,但二者其实完全不同。结构方面,"得"字致使结构是"成因动词＋得＋结果动词",如"妈妈说得女儿哭起来了",成因动词是"说",结果动词是"哭(起来)",致使标志是"得"。而-e则是"结果动词＋得"形式,如:tat-'rise'＋e-'get'⇒tate-'raise',其中的动词为非宾格动词 tatu(立つ)。可以看出,致使标志"得"是一个联系项,成因动词是实义动词,没有语法化。而日

语中的-e并不充当联系项,它是高度语法化的成因动词。二者结构
上的差异可归结为:

得:成因动词(实词)＋致使标志(get)＋结果动词

-e:结果动词＋致使标志(get)

语义上"得"和-e也截然不同。郭继懋、王红旗(2001)将因果关
系分为规约性和偶发性两种类型。规约性因果中的"因"和"果"是
稳定的、紧密的,如"杀"的结果是"死","睡"的结果是"着"等等;偶
发性因果中二者的关系是临时的、松散的,如"老王在公园睡了一
觉"和"老王不会说话了"这两个事件本身没有必然的联系,但在一
定的语境中也会被推理为因果关系,如老王在公园睡觉受风从而导
致无法说话。汉语中的"得"字致使结构表达的是偶发性因果关系,
上面的场景可以用"得"字句来表达,如"老王睡得不会说话了"。与
"得"字句不同,日语的-e词缀表示的是通过直接操纵使事物出现某
种状态,比如「運転手は車を止めた」(司机把车停了下来)中「止め
る(tomeru)」的语义是司机通过直接操纵使"车"停下。

另外,根据郭继懋、王红旗(2001),"得"字结构是高程度凸显结
果的一种表达方式。所谓高程度凸显结果,是指某个动词或形容词
的下位特征,如"笑"有"笑哈哈、笑眯眯"等下位特征,"漂亮"有"像
西施一样漂亮"等。"得"字结构中的结果事件通常要求有程度义,
如"母亲骂得女儿大哭起来",这里的"大哭"是"女儿"伤心的一个
"次类",凸显了"伤心"的程度。相反,-e词缀实际上已经词汇化,它
表达的是一种常规性的结果,不具有程度性。

综上所述,虽然汉语的"得"和日语的-e具有共同的源词,但是
由于二者在结构上和语义上都缺乏共性,所以基本无法形成对译,
比如:

(32) 那翻松的土地上确实长着麦苗,阵阵山风吹得它们发
抖。/その耕された土地にはたしかに麦の苗が生え、吹
きつける山の風に揺れていた。(史铁生著《插队的故
事》/山口守译『遥かなる大地』)

(33) 怀月儿爷爷啰啰嗦嗦说很多,他不识字,又结巴,说得我们
打了哈欠还不知道他要证明什么。/懐月児の祖父はあれ
これとくどくど喋ったが、彼は字が読めず、どもりなの
で、聞いていてあくびが出るし、何を言いたいのかさっ
ぱりわからない始末だ。(同上)

例(32)中“山风吹得它们发抖”日语译文意义其实是“它们(麦
苗)因山风而摇晃”。汉语中的主语“山风”在译文中由格助词「に」
来标记,而“麦苗”提升为主语。提升为主语,意味着凸显程度的增
高,也就是整句高程度地凸显了“麦苗摇晃”这一结果,与“得”字结
构的意义相同。

例(33)中“说得我们打了哈欠”的日语译文是连动句[①],即「聞く
(听)＋て＋あくびがでる(打哈欠)」。日语是 SOV 语言,尾部动词
居于凸显位置,所以,「あくびが出る」这一结果也得到了高程度的
凸显。

另外一个 get 义动词-morau 同样不能与汉语的“得”对译,其原
因也在于-morau 表示的是“接受”某个事件,不具有“高程度地凸显
结果”这一功能。

7.6　本章小结

本章是对致使标志来源的探索。从本书的研究看,致使标志的
来源仅集中于制作义动词、做义动词、持拿义动词、给予义动词、获
得义动词、派遣义动词、置放义动词、放任义动词、言说义动词等九
类动词,而其他众多类型的动词都未能演变为致使标志。其中言说
义动词、派遣义动词与“口”相关,其他动词(除放任义动词)与“手”
相关。这两大类动词的语义特征体现了人类用“口”和“手”影响或

---

① 　例(33)不能像例(32)那样用「に」进行翻译,其原因在于「に」提示原因时,前面的
名词有语义限制,不能是“人”。

掌控他人发出行为的致使情形。致使标志的九类源动词构成了致使标志的来源图谱,是致使标志的一种共性表现,同时对致使标志的探索有一定的理论指导意义。致使标志的源动词尽管语义不同,但有相通之处,是一个相互连通的概念网络。

现代汉语致使标志的来源以言说义动词为主,另有给予义动词、获得义动词和派送义动词,日语中致使标志的来源主要有做义动词和获得义动词。汉日语中虽然都有源自获得义的致使标志,但汉语的"得"充当的是联系项,而日语的致使标志则表示成因,二者功能不同。语义上,汉语的"得"字句表达的是偶发性的因果关系,通常具有程度义,而日语的-e-表达的是操纵型的直接致使,这是二者无法对译的主要原因。

第八章　致使结构的语义地图研究

8.1　引　　言

本章通过语义地图对致使结构做进一步探索。主要内容包含两大块,分别是致使标志的语义地图研究和被使者标志的语义地图研究。致使标志形式多样,包含词缀、助动词、声调变化等,本章只考虑词缀和助动词。为行文方便,我们用致使动词来统称致使词缀和致使助动词。致使动词大多是多义的。在致使结构的语义类型一节,我们将致使视为一个多层次、多类型的概念,分成直接致使、因果、放任、许可、强制、非强制、请求等七个义项,不同的致使动词所涵盖的语义范围有所不同。与致使动词类似,被使者标志也是多功能(多义)的。不管是致使动词的多义性还是被使者标志的多功能性,它们都非常适合于构建语义地图。语义地图是研究多功能语言形式的一个重要工具和理论,本章我们将在构建相关语义地图的同时,观察汉日语致使动词和被使者标志在语义地图中的分布。

8.2　以往研究概述

就我们所掌握的资料来看,利用语义地图理论研究致使结构的成果尚不多见,主要有 Shibatani & Pardeshi(2002)和朱琳(2011)。Shibatani & Pardeshi(2002)将致使从功能上划分为直接致使、共同行动、协助、监督和间接致使五个类型①,并以这五个功能作为节

---

① 在 Shibatani & Pardeshi(2002)中,共同行动、协助、监督是协同致使的三个次类。

点,构建了一个具有跨语言共性的概念空间,分别绘制了汉语的
"叫"、日语的「させる」、英语的 make、马拉地语的-aw 等不同致使
动词的语义地图。朱琳(2011:58 – 65)在 Shibatani & Pardeshi
(2002)的概念空间中绘制了古代汉语、现代汉语以及英语致使动
词的语义地图。Shibatani & Pardeshi(2002)和朱琳(2011)对致使
动词的分类依据的是时空模型的配置方式,完全是功能上的分类。
我们则希望从语义上对致使动词进行分类,体现出致使的各种类
型,比如直接致使、强制致使、许可、请求等等①。并在该分类的基
础上,构建一个概念空间,然后绘制出汉日语主要致使动词的语义
地图。②张敏(2010)也涉及致使,其构建的语义地图中与致使直接
相连的节点是"处置"和"被动",即"处置—致使③—被动"。张敏
(2010)的语义地图大致可理解为格标志的分布情况,与被使者标
志有一些间接关联,为我们构建被使者标志的概念空间奠定了一
定的基础。

8.3　语义地图理论介绍

语义地图(semantic map)也称为语义图,是一种较新的语言学
理论。历史上最早提出语义地图设想的是 Anderson(1982),此后一
些学者对语义地图做了进一步的研究和探讨,如 Bybee(1985)、
Croft(1987、2003、2008)、Haspelmath(1987、1997、2003、2004)、
Clancy(2006)、Cysouw(2007、2010)等(参见李占炳 2019:119)。
最近十余年,国内类型学研究也开始重视语义地图理论,纷纷介绍、
引进国外语义地图的最新研究,如张敏(2010),陆丙甫、屈正林

---

①　这一部分在第三章已经大致完成,本章只需要进行一些调整。
②　在朱琳(2011)中,古代汉语和现代汉语的致使动词都是"使、令、教、叫、让",英语
的致使动词为 make、have、get、let、cause。
③　张敏(2010)中用的是"使役",也即本研究的"致使"。

(2010),郭锐(2012),吴福祥(2011、2014),金立鑫、王芳(2015),李占炳(2019)等。张敏、吴福祥、郭锐等学者解释了语义地图的原理和操作程序,金立鑫、王芳(2015)从技术层面提供了构建语义地图模型的具体操作方法。

语义地图完整的说法是"语义地图连接性假说"(semantic map connectivity hypothesis),指的是一个语法形式在概念空间①(或概念网络)中理论上应该映射为一个连续的片段。概念空间是普遍的底层概念结构,比如方向、时间、场所等都属于人类普遍具有的概念,这些概念按照一定的方式连接起来,形成网络,也就是概念空间。一个特定的形式所包含的语义或功能都能够映射到这个概念空间上,形成一个连续的片段。也就是说,一个多功能的语法标志(或语言形式)必须在语义地图上占据邻接区域。因为语言学家认为,一个语法形式通常具有多个意义或者用法,如果这些意义和用法在不同语言里总是用一个形式进行表达的话,那么其间的关联就不是偶然的,而应该是系统的、普遍的。所以,语义地图模型的目的是采用几何图形来表征语法形式的多功能性,揭示人类语言中语法形式多功能模式的系统性和规律性(吴福祥 2011)。

语义地图是跨语言比较后最终研究结果的一个展示工具,但比传统研究的表述更直观、更清晰、更形象(金立鑫、王芳 2015:260)。语义地图同时也具有理论性,语义地图模型一旦形成就有很强的预测能力。这种预测能力依靠的是语义地图的连续性假说。下面我们以具体例子进行简要说明。

陆丙甫(2008)研究了汉语和日语的定语标志"的"和「の」功能上的不同,揭示了二者的根本差异,其运用的就是语义地图的思路

---

① 有的学者将"语义地图"和"概念空间"视为等同,也有学者对二者有较为明确的区分,比如郭锐(2012)指出,语义地图是特定语言中的某个语法形式在概念空间地图上的切割或分布。本书对二者不做严格区分。

和方法①。陆丙甫(2008)将定语分为 6 种,分别是:指别词、数量词、名词、动词、简单形容词、重叠形容词。这 6 种定语是语义地图的 6 个节点,不同的定语标志在节点上的分布不尽相同。汉语的"底、地、的"和日语的「の」在节点上的分布如下:

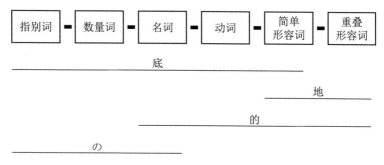

图 8 - 1　定语标志的语义地图(陆丙甫 2008)

在上图中,"的"可用于名词、动词、简单形容词、重叠形容词;"地"用于简单形容词和重叠形容词;"底"用于指别词、数量词、名词、动词和简单形容词。日语的「の」则用于指别词、数量词和名词。从图中可以直观地看出,汉语"的"和日语「の」有重合的地方(同样的功能),即都可以用于名词,但差异远远超过共性。当然如果仅仅到此为止,这一结果并不比以往研究高明太多。该研究的价值在于,它揭示了人类语言定语标志的共性,即任何一个定语标志只能占据概念空间上一个连续的片段,也就是说没有哪种语言的定语标志会出现一个不连续的片段(如只用于指示词和名词而不能用于数量词)。汉语和日语的定语标志都符合连续性假说。

_____

①　现有的语义地图模型相关的研究较多,之所以选择日语的例子,是因为:1.本研究的研究对象之一是日语;2.语义地图理论在国内日语学界还较为陌生,希望本研究能促进该理论在日语学界的普及;3.与以往研究相比,陆丙甫(2008)揭示了"的"和「の」之间的本质差异,并从功能上进行了较为充分的解释。

　　陆丙甫(2008)构建的语义地图属于对语法词(也就是功能词)的功能研究。正如郭锐(2012)所言,对语法词的功能研究是语义地图主要的应用领域,但也可以将其应用于实词语义的扩展研究,比如 Haspelmath(2003)根据德语、丹麦语、法语、西班牙语等就构建了树木类名词的语义地图。金立鑫、王芳(2015)在此基础上,加入了古汉语、满语、壮语等语言材料,最终将树木类的概念空间调整如下:

　　关于树木,不同语言对这一底图有不同的切分方式。如图8-2所示,德语的切分方式是"树""木头、柴/薪""树林、森林",也就是用 3 个不同的词;而丹麦语的切分方式则是"树、木头、柴/薪"和"树林、森林";法语的切分方式则是"树""木头、柴/薪、树林""森林"。但无论如何,不管哪种语言,每个关于树木的词在语义地图上必须占据一个连续的片段。

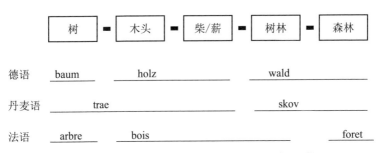

图 8-2　不同语言树木类词汇的语义地图(金立鑫、王芳 2015)

　　作为一种新兴的理论,语义地图可以应用在语义和功能两个方面,在描写结果的展示和理论预测上都有较高的价值。下面我们将从语义地图视角来分析致使结构,构建致使动词和被使者标志的概念空间,并观察汉日语致使动词及被使者标志的语义地图。

8.4　致使动词的语义地图模型

语义地图模型的基本工作是构建概念空间。概念空间实际上就是一个网络,由节点和连线构成,每个节点代表一个语义(功能或范畴),节点间的连线则表示两个语义直接相关联。构建概念空间的关键在于节点的选择和节点位置的设定,下面我们先设定致使动词的语义节点,然后再进行排序构建概念空间。

8.4.1　致使动词的语义节点

语义节点也被称为基元(primitive),本质上是一个多功能语言形式的语义分类。这种分类大多数情况下不依靠一种语言,类型学家的做法是通过跨语言的考察,尽量在形态上找到分类的依据。比如,"许可致使"和"放任致使"在很多语言中都是同一个致使动词,但是在塔拉斯堪语中则用不同的致使动词,这就是找到了类型学上的证据。

我们在第三章已经对致使的语义类型进行了类型学上的分类,具体如下:

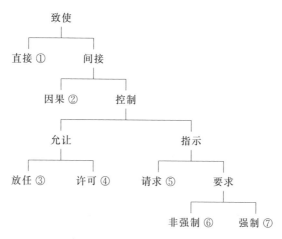

图 8 - 3　致使的语义类型

　　本节将在该分类的基础上进行适当的调整来设定语义节点。语义地图中语义节点的设定并无具体的规定,可以较为粗略也可以非常精细,主要取决于现有的对某一语言形式的描写精细程度以及研究者的研究目的。较为熟悉的语言通常描写的精细程度较高,但是有些语言的描写由于调查还不够深入,精细度不够,这时就只能采用较为粗略的节点。在本节中,我们对允让类不再细分,直接作为一个节点。同时,要求类也不再分强制和非强制,直接设为一个语义节点。另外,由于致使动词大多表示间接致使,所以不再考虑"直接致使"这一语义节点。最后,我们还要增加一个节点,就是"被动"。现有的研究已经发现很多语言中致使动词都能够表示被动概念,因此我们将被动也设为一个节点。至此为止,我们设立的节点为:因果、允让、请求、要求、被动。

8.4.2　致使动词的语义分布

　　对语义节点的排序主要是看各语言中的语言形式在该语义节点中的分布,然后依据连续性假设做出正确的排序。这就要求使用尽量多的语言,以便观察不同语言中致使动词的语义分布情况。不过受制于客观条件,很多语义地图模型也只采用了较小的语言样本。其实这样的做法并非不科学,而只能说还存在一定的局限性。科学研究允许"小本钱、大买卖"(金立鑫,私下交流),可以"透过一粒沙子看世界",利用小样本构建的语义地图同样具有一定的价值。后来的研究可以通过更广泛的调查,对原有的语义地图模型进行修改、补充、完善,这也是科学研究的范式。本研究中我们共使用了汉语方言及其他语言里的 8 个致使动词①,下面分别观察各个致使动词的语义分布情况。

8.4.2.1　绍兴柯桥话中的"拨"

　　根据盛益民(2014),绍兴柯桥话中"拨"表示允让和被动,下面

---

　　①　这里所说的致使动词包含了致使词缀。另外,所选取的致使动词只是这种方言或语言中致使动词的一个代表。

例句中的(1)(2)表示允许,(3)(4)表示被动。

【允许】

(1) 诺拨渠走进么！/你让他进来呀！

(2) 阿兴拨伽国庆节北京来搞玩两日。/阿兴让他们国庆在北京来玩几天。

【被动】

(3) 拨伽打还哉。/被人打了。

(4) 拨别人家拉骂得顿。/被人骂了顿。

(盛益民 2014)

8.4.2.2 英语中的 make

make 是英语中最为典型的致使动词,陈秀娟(2010)、李炯英(2012)等都将 make 分为 make1 和 make2,前者表示使某人做某事(带有强制性),而后者表示让某人(或物)出现某种变化。这两种情况基本上对应于要求致使和因果致使,比如:

【要求】

(5) I made John stand up.

(6) John made the doctor come.

(7) Granny was making me eat fish. I hate it.

【因果】

(8) He made her feel proud of her background.

(9) You made me feel special.

(陈秀娟 2010)

8.4.2.3 荷兰语中的 laten

根据 Levshina、Geeraerts & Speelman(2014),Levshina & Heylen(2014)的研究,荷兰语有两个主要的致使动词 doen 和 laten,doen 更接近于直接致使,而 laten 表示间接致使。在语义上 laten 既可表示要求(包括强制和非强制)也可表示允许,比如:

【要求】

(10) Hij liet iedereen zijn roman lezen.

he let everyone his novel read

'He made/had/let everyone read his novel.'/他让每个人读他的小说。

【允让】

(11) De politie liet de dader ontsnappen.

the police let the criminal escape

'The police let the criminal escape.'/警察让犯人跑了。

(Levshina, Geeraerts & Speelman 2014:209)

8.4.2.4 藏语安多方言中的 keu jeug

扎西才让(2008)通过与日语「させる」的对比,将藏语安多方言(Amdo)中致使词缀 keu jeug 的用法细分为强制、要求、放任、放置、许可、请求等。我们把"放任、放置、许可"看作"允让类","强制、要求"统一看作"要求类",这样就可以把 keu jeug 的语义分布归纳为"要求、请求、允让"三类,举例如下:

【要求】

(12) 'ge 'gan geu lho ma a reu mo' breu 'xeu zheug

老师 geu 学生 a 画(名词)画(动词)致使

老师让学生画画。(强制要求)

【允让】

(13) sheu leu lo nyeu xe weut tang no 'xeu

孩子 年 二十 变化 所以

a pa 'xeu kheu 'ge chang thong geu zheug

父亲 'xeu 他 酒 喝 致使

儿子二十岁了,所以父亲就让他喝酒了。

【请求】

(14) a yi 'xeu a lak va shak mo zeug keu zheug

祖母 'xeu 活佛 va 算命 致使

祖母请活佛算命。

(扎西才让 2008)

8.4.2.5　Shipibo-Konibo 语中的致使后缀-ma

根据 Valenzuela(2002)，-ma 是 Shipibo-Konibo 语中众多致使后缀中的一个，语义丰富，在不同的语境下可以理解为要求、允许或者请求等，比如：

(15) e-n-ra　　　jo-ma-ke

　　　1-ERG-EV　　come-CAUS-COMPL

　　　'I made/had/allowed/invited him to come.'/我让/请他来。

（Valenzuela 2002:435）

除此之外，-ma 还可以表示因果致使，比如：

(16) mi-n-ra　tita　　　　siná-ma-ke　　　koríki　　　yoi-xon

　　　2-ERG-EV mother:ABS　be(come)angry-CAUS-COMPL　money:ABS　tell-PSST

　　　'You made mother get angry, telling her about the money(e.g., you lost)'/你(告诉母亲丢了钱)使母亲很生气。

（Valenzuela 2002:437）

8.4.2.6　马赛斯语中的-me

根据 Fleck(2002)，-me 是马塞斯语中的一个致使后缀，意义很丰富，包括被动、要求、允许、因果四种意义，比如：

【被动】

(17) nisi-∅　　　　pe-me-o-mbi

　　　snake-ABS　　bite-CAUS-PAST-1ERG

　　　'I let myself be bitten by a snake.'/我被蛇咬了。

【要求】

(18) dadpen-∅　　　　tësh-shun　　　　　aton　chido-∅

　　　many-ABS　　　　pull.off-after:S/A>A　3GEN　woman-ABS

　　　sica-me-e-c　　　　　　　　　　　Matses-n

　　　strain-CAUS-NPAST-INDIC　　　　Matses-ERG

　　　'After pulling off many [peach palm fruits], Matses have

their wives strain them [to prepare a drink].'/马塞斯人拽了
很多桃棕果,然后让他们的妻子把这些果子挤成汁。

【允让】

(19) bed-Ø　　　cain-shun　　　　　bed-Ø　　　　　se-me-enda

grab-ABS　wait-after: S/A>A　grab-IMPER　pierce-CAUS-
NEG.IMPER

'Grab them! Grab them after waiting for them! don't let
them shoot you!'/抓住他们……,不要让他们射杀你。

【因果】

(20) mayan-n　　　shubu-Ø　　　se-e-c　　　　　ca-me-nuen

demon-ERG　house-ABS　hit-NPAST-INDIC　say-CAUS-
PURP: S/A>A

shubu-Ø　　　cane-e-c　　　cuesban-n

house-ABS　throw.at-N
PAST-INDIC　bat-ERG

'The bats throw fruits at the house in order to make
people think a demon is hitting the house.'/蝙蝠朝着房
子扔水果,为的是让人们以为魔鬼在敲打房子。

(Fleck 2002:376-378)

8.4.2.7　德语中的 lassen

根据 Diedrichsen(2015),德语中的致使动词 lassen 含有要求、
允让、因果三种意义,比如:

【因果】

(21) Der　　　wind　　　lässt　　　das　　　Haus　　　zittern.

DEF.M.
SG.NOM.　wind.SG　let.PRES.
3SG　DEF.N.
SG.ACC　house.SG　tremble.
INF

'The wind makes the house shake.'/大风使房子摇晃。

(22) Blauer　Lidstrich　lässt　　　Ihre　　　Augen　strahlen.

Blue.M.
SG.NOM　eyeliner　let.PRES.
3SG　2.POSS.
PL.ACC　eye.PL　sparkle.
INF

'Blue eyeliner makes your eyes sparkle.'/蓝色眼线膏使你眼睛闪亮。

【要求】

(23)

Er	lässt	die	Kinder	das
3M.SG.NOM	let.PRES.3SG	DEF.PL.ACC	child.PL	DEF.N.SG.ACC

Gedicht	lernen.
poem.SG	learn.INF

'He makes the children learn the poem'/他让孩子们学诗。

【允让】

(24)

Er	lässt	die	Kinder	die	Bonbons	essen.
3M.SG.NOM	let.PRES.3SG	DEF.PL.ACC	child.PL	DEF.PL.ACC	sweet.PL	eat.INF

'He lets the children eat the sweets.'/他让孩子们吃甜点。

(25)

Er	lässt	die	Kinder	den	Film	sehen.
3M.SG.NOM	let.PRES.3SG	DEF.PL.ACC	child.PL	DEF.SG.ACC	film.SG	watch.INF

'He lets the children watch the movie.'/他允许孩子们看电影。

(Diedrichsen 2015:85 – 90)

8.4.2.8　塔拉斯堪语中的致使后缀-ra

根据 Maldonado & Nava(2002),塔拉斯堪语(Tarascan)中的致使后缀-ra 也是一个多语义形式,包含了要求、请求,比如:

(26)

Ricardu	Fernando-ni	kawi-ra-s-0-ti.
Ricardo	Fernando-OB	drink-CAUS-PERF-PRES-IND.3

'Ricardo got Fernado drunk.'/Ricardo 让 Fernado 喝醉了。

(Maldonado & Nava 2002:168)

例(26)可以是 Ricardo 强迫、劝诱或者请求 Fernado 喝,所以在语义节点上占据要求和请求两个节点。

将上述 8 个致使动词的语义节点整理之后可以得到致使动词的语义分布表:

表 8-1　不同致使动词的语义分布

语　言	致使动词	因果	要求	请求	允让	被动
绍兴柯桥话	拨				+	+
英　语	make	+	+			
荷兰语	laten		+		+	
藏语安多方言	keu jeug		+	+	+	
Shipibo-Konibo 语	ma	+	+	+	+	
马塞斯语	-me	+	+		+	+
德　语	lassen	+	+		+	
塔拉斯堪语	ra		+	+		

8.4.3　致使动词概念空间的构建

下面我们按照金立鑫、王芳(2015)的操作程序,逐步构建致使动词的概念空间[①]。

先看重叠项。重叠项是指各个语义节点在样本语言中出现的次数。在上表中,因果、要求、请求、允让、被动出现的次数依次是:4、7、3、6、2。由于有 7 个致使动词都具有"要求"选项,重叠项最多,所以我们选择"要求"节点为起点。和"要求"共现最多的是"允让",共有 6 个致使动词,可以认为二者之间具有连续性,图示如下:

---

① 金立鑫、王芳(2015)对语义地图的构建有详细的教程。

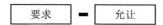

除去"要求"和"允让",重叠项最多的是"因果",有 4 个致使动词。"因果"与"要求"共现的数量为 4,"因果"与"允让"共现的数量为 3,说明"因果"与"要求"更具有连续性,所以将"因果"置于"要求"的左侧,如下图:

除去"因果、要求、允让",重叠项最多的是"请求",有 3 个致使动词。与"请求"共现最多的是"要求",数量为 3,所以"请求"可以与"要求"直接相连,图示如下:

最后一项"被动",它与"允让"重叠项最多,数量为 2。而且致使动词只要有"被动"选项,则必有"允让"选项,所以二者可以直接相连。至此,致使动词的概念空间构建如下:

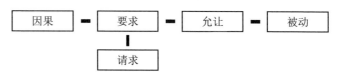

图 8 - 4　致使动词的概念空间

8.4.4　汉日语致使动词的语义地图

语义地图是人类语言共性的反映。根据语义连续性假设,致使动词的语义分布不能有间断。我们在构建概念空间时并未使用汉语和日语,所以可以用它们来验证所构建的概念空间的合理性。汉语的"让"和日语的「させる」都具有"因果、要求、允让"三种语义,而且都不具有"请求"义(详见第九章)①。但是汉语中的"让"能够表达被动意义,而且在口语中"让"的使用频率远远高于"被"等其他被动标志(石毓智 2010:93)。日语的「させる」一般不被看作被动标志,但一些学者认为「させる」句子能够表达被动意义,比如:

(27) a. 母は娘に死なせた。

b. 母は娘に死なれた。

两个句子直译为汉语都可以用翻译腔"母亲被女儿死亡",从这个角度来说,似乎「させる」也能表达被动。但是,(27a)和(27b)的意义其实是不相同的。前者表示的是"母亲"愧疚、痛苦,因为"母亲"没有或者未能阻止"女儿"的死去,也就是有意或无意地放任了女儿死亡;后者表示的是"女儿"的死亡使"母亲"遭受了很大的损失。而且日语中绝大多数的被动句都不能使用「させる」,只能使用「られる」。所以我们认为,日语「させる」不具有被动意义。

现在我们看一下汉语"让"和日语「させる」在概念空间中的分布情况:

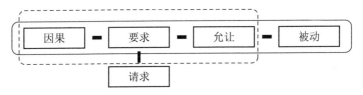

图 8-5　汉日致使动词的语义地图

图中的实线表示的是汉语"让"占据的语义空间②,虚线是日语「させる」占据的语义空间。

---

① 「させる」和"让"的语义类型在第九章有详细的讨论,这里不再赘述。

② "使"是现代汉语中最为常用的致使动词之一,它占据的语义空间只有一个,即"因果"。

很明显,这两个致使动词在语义地图上的分布都是连续的。

根据图 8-5 我们可以推断:如果某个致使动词能表示因果和允让,那么它一定能够表示要求致使。汉语"让""叫"以及日语「させる」都符合这一规律。同理,如果某个致使动词能表示"要求"和"被动",那么它一定能够表示"允让"。

我们看一下英语中的另一个致使动词 have。以往很多研究都注意到致使动词 have 兼有被动用法,但是并没有人提出 have 具有允让意义,根据语义地图我们预测 have 可以表示允让。为此我们查找了《剑桥国际英语词典》(2004 版)和《英汉大词典》(陆谷孙主编 2000 版)两部词典,请看下面词典中的解释:

《剑桥国际英语词典》第 622 页:

(28) In the end they solved their problem and she had him back.

=allowed him to come and live with her again.

《英汉大辞典》第 799 页:

(29) I won't have the kids running all over my flower beds.

=I refuse to let them do this. /我不允许孩子们在我的花坛上跑来跑去。

(30) I can't have you doing that. /我不允许你做那事。

例(28)中 have 被解释为 allow,(29)中被解释为 let,(30)中直接翻译为汉语的"允许"。这些解释与我们的预测相一致。另外,张丽丽(2006)、石毓智(2006)等通过历时研究证明汉语致使动词"让、叫"等发展为被动标志都要经过"允许"这一语法化阶段,这与致使动词语义地图的预测可谓异曲同工。

8.5　被使者标志的语义地图

8.5.1　被使者标志「に」的多义性

日语的「に」一般被称为与格标志,这是指日语中的与格都用

「に」来标记。但反过来,并不能说「に」只用来标记与格。跨语言来看,与格标志通常都有多种语法意义或用法,比如 Haspelmath (2003)就列举了英语与格标志 to 的三个主要用法:

　　① 引出方向(direction),如:Goethe went to Leipzig as a student.

　　② 引出接受者(recipient),如:Eve gave the apple to Adam.

　　③ 引出目的(purpose),如:I left the party early to get home in time.

以上只是 to 的部分用法。就日语「に」而言,其用法比 to 更为丰富。山冈政纪(2000:30)指出,格助词「に」可以用来标记主格、受格、起点、目标、经历者、原因、场所、比较、受益者等各种语义格。益冈隆志、田窪行则(1997)将「に」的语法意义分为 11 个义项,分别为:

　　① 表示具体物/抽象物存在的位置;

　　② 表示所有者;

　　③ 表示动作或事态的时间及顺序;

　　④ 表示动作主体;

　　⑤ 表示归着点;

　　⑥ 表示变化的结果;

　　⑦ 表示领受者/受益者;

　　⑧ 表示对方;

　　⑨ 表示对象;

　　⑩ 表示目的;

　　⑪ 表示原因。

　　以上只是「に」作为格助词的一些主要语法意义,还有一些尚未纳入其中,比如「太郎に次郎に田中さんが来た」中「に」表示的是并列。日本国立国语研究所(1951)对「に」的语法意义分类可谓全面细致。该文首先将从词性上将「に」分为格助词、接续助词、并列助词三个大类。格助词有十个次类,在次类下面又分出了一些小类,具体如下:

① 表示事物存在的场所；

② 带敬意的主语；

③ 表示动作/作用实施的抽象场所；

④ 表示动作/作用实施的时间/场合；

⑤ 表示比例的基础；

⑥ 表示动作/作用达到的地点/状态；

⑦ 表示动作/作用指向的对象；

⑧ 表示目的；

⑨ 表示动作/作用的源头/由来；

⑩ 表示动作/作用的方式。

义项④被分为两个小类：a.表示时间；b.场合/事态。义项⑥被分为三个小类：a.表示到达点/着落点/方向；b.状态/结果；c.变化的最终状态。义项⑧被分为两个小类：a.接在动词的连用形后；b.接在动词终止形后。义项⑨被分为七个小类：a.动作/作用手段的出处；b.动作/状态的内容；c.比较的基准；d.评价的基准；e.影响及作用的来源；f.动机和契机；g.名目和理由。此外，该文又将并列助词的「に」分成添加、对比、并列、枚举等类型。

　　以上是以往研究中较有代表性的两种分类。除此之外还有许多研究也进行了不同的分类，不再一一列举。以往分类大多存在一个问题，就是类型划分过于主观。因为他们是通过例句列举和语义辨析来区分不同的语义类型，这会导致各种分类的存在。以类型学的眼光来看，语义上的分类需要有形式上的支撑，而传统的分类往往不够重视这一点。另外，关于「に」的语义类型，以往研究并未考虑语言共性，所以各个类型的划分在类型学及对比语言学中缺乏普适性。还有更重要的一点，已有成果对各个语义类型之间的关联也缺乏必要的探讨。从认知语言学的观点来看，语法形式的各个功能并不是相互独立的，而是存在一个语义扩张链，那么「に」的语义链又是怎么样的呢？以往研究并没有解决这个问题。许慈惠(2007)从认知的角度出发，将「に」的本质义归结为"点性"，这是对

「に」的语法意义的高度概括。根据家族相似性理论,本质义大致可理解为某个范畴的核心成员的某个典型属性。但是,将核心成员的属性归结为某一个特征也是不充分的。比如,鸟的属性就包括"有羽毛、会飞、会下蛋"等多项特征,从核心成员到边缘成员,有的属性可能会消失殆尽,如鸵鸟就不再具有"会飞"属性,但语言上我们依然将其称之为"鸟"。再比如,日语中量词「本」主要用来计量细长物体,如"木棍、拐杖"等,但现代日语中「本」还可以用来计量"武术比赛"以及"电视节目"的场次,这里的"电视节目"与"细长物"之间已经看不到明显的关联。就日语格助词「に」而言,有些意义与"点性"也相差甚远,比如「太郎にヘビが怖い」(太郎怕蛇)、「トマトにキュウリに玉ねぎをください」(请给我西红柿、黄瓜和洋葱)等句中的「に」似乎很难说具有什么"点性"特征。前者是标记经验者(experiencer),后者是标记并列项。其实,当代语言学理论,尤其是语法化理论及语义地图都很关注功能词的语义和功能的扩张途径,构建功能词的扩张网络。实际上,有学者已经构建了一些格标志的语义地图。这些地图不仅展现了格标志的语义网络,而且是人类语言的共性表现。本节我们将观察被使者标志「に」的语义地图,并验证前人构建的语义地图在日语中的普适性。

8.5.2　与格标志的语义地图

Haspelmath(1999)根据一些印欧语构建了与格标志主要功能的语义地图,Haspelmath(2003)在此基础上增加了"目的"节点,形成了如下的概念空间:

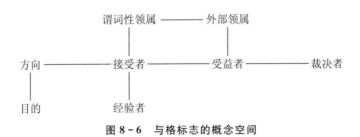

图 8 - 6　与格标志的概念空间

在图 8-6 中,与格标志的功能被分为 8 个。其中方向(direction)、目的(purpose)、接 受 者(recipient)、受 益 者(beneficiary)、经 验 者(experiencer)是常见的语义格,无须赘述。而谓词性领属(predicative possessor)、外部领属(external possessor)、裁决者(judicantis)等术语较为生僻,下面做一简要介绍①。

　　首先看谓词性领属。领属者通常由属格标志进行标记,如汉语的"的"和日语的「の」,都是典型的属格标志。但领属者并不一定都用属格标志,谓词性领属指的是与格标志标记领属者(possessor),同时领属短语又充当句子的谓语。法语介词 à 具有这样的功能,比如:

(31) Ce livre est à Pierre-Yves.
　　　 'This book belongs to Pierre-Yves.'/这本书属于 Pierre-Yves。

　　　　　　　　　　　　　　　　　　(Haspelmath 1999:129)

在 à Pierre-Yves 中,à 是一个与格标志,Pierre-Yves 是拥有者,整个成分 à Pierre-Yves 在句中充当谓语。

　　外部领属指的是领属者充当动词的核心论元。此时的领属者可能是主格、宾格或与格,也可能是施格语言中的施格,具体情况因语言而异。德语中的领属者可以充当与格,比如:

(32) Die Mutter wusch　　 dem　　　Kind　　die　　　　Haare.
　　　the　mother　washed　the:dat　child　the:act　hairs
　　　'The mother washed the child's hair.'/妈妈给孩子洗头发。

　　　　　　　　　　　　　　　　　　(Haspelmath 1999:109)

在这里领属名词短语表达的是"孩子的",充当与格。

　　最后看一下裁决者。裁决者大致相当于对某人的评价,如俄语的例子:

————————————

① 对这几个格的介绍主要基于 Haspelmath(1999)。

(33) Eto　　　mnne　　　sliskom　　trudno.

　　　That　　me:dat　　too　　　　difficult

　　　'That is too difficult for me.'/那对我来说太难了。

（Haspelmath 1999:127）

这里的"我"用的是与格,对应的翻译是 for me。根据 Haspelmath (1999),译文中的英文 for 也是裁决者标志。

　　英语的 to 和法语的 à 的语义地图分别如下:

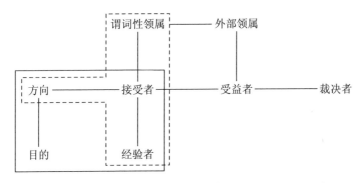

图 8-7　英语 to 和法语 à 的语义地图(Haspelmath 1999)

图 8-7 中 to 占据了"目的—方向—接受者—经验者"这样一个连续片段,法语的 à 则占据了方向、接受者、经验者和谓词性领属四个节点,其中接受者是中心,其他三个节点直接与接受者相连接,但相互之间不构成回路。

　　现在我们看日语「に」在上图中的分布情况。上图中的 8 个节点,日语占据了其中的 6 个,分别是:

　　(一) 目的。「に」表示目的时,词性上可以是格助词,也可能是连词,既可以直接跟在名词后面,也可以跟在动词连用形后面,如:

　　(34) 買い物に行く。/去购物。

　　(35) 映画を見に行く。/去看电影。

　　(36) 川を渡るのに船に乗った。/乘船过河。(《日语语法新

编》,111 页)

(37) 外国語をしっかり身に着けるには、先ずはっきりした学習目的を持つべきだ。/要学好外语,首先要有明确的学习目的。(同上)

（二）方向。日语学界大多认为「へ」表方向,而「に」表示动作的归着点,其实「日本へいく」和「日本に行く」意义并无太大区别。这是因为归着点本身也蕴含了方向,当「に」后续的动词是「走る・歩く・泳ぐ」等移动动词时,「に」也可以理解为表示方向,比如:

(38) 対岸に泳ぐ。/向对岸游。

(39) 犯人は北海道に飛んだらしい。/犯人似乎逃往北海道了。

（三）接受者/受益者。英语中接受者用 to 标记,受益者用 for 标记。日语中接受者和受益者没有完全分化,二者的差异主要体现在语用上。当接受者得到的是有益的物或事时,也就有了受益者的意味。例(40)把书交给对方,与"有益"关系并不密切,属于接受者;而例(41)(42)得到的物体分别是金钱和戒指,按照常理可视为受益者。

(40) 彼にその本を渡します。/给她那本书。

(41) 叔父さんが僕にお金をくれた。/叔叔给了我钱。

(42) 恋人に指輪をあげた。/我给了恋人一个戒指。

（四）裁决者。以下例句中的「に」表示"相对某人来说",与英语的 for 相对应,属于裁决者。

(43) 私には数学はとても難しい。/数学对我来说太难。

(44) その仕事を一時間で終えるのは、私には無理です。/一小时完成那个工作对我来说是不可能的。

（五）经验者。根据沈家煊(2000),经验者也称为感事,指的是受感于动词所表达的动作或状态的实体或人,如:

(45) The dentist heard a beng. /牙医听到"嘣"的一声。

(46) The book interested her. /那本书使她感兴趣。

这两个例句中的经验者分别是 the dentist 和 her。下面例句中的「に」都标记经验者。

（47）太郎<u>に</u>ヘビが怖い。/太郎怕蛇。

（48）健<u>に</u>そのニュースが驚きだ。/这个消息让健很吃惊。

（六）谓词性领属。「に」不具有此功能。

（七）外部领属外部。「に」不具有此功能。①

图 8-8 展示了日语「に」在 Haspelmath(2003)中的分布。

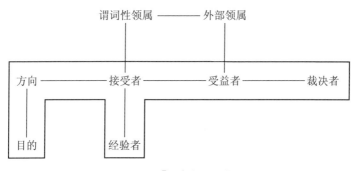

图 8-8　「に」的语义地图

「に」的切割方式符合语义地图的分布规律,也就是在概念空间中构成了一个不间断的片段。以上概念空间是根据印欧语中少数的一些语言构建,其中未涉及日语,但可以看到,这一底图也适用于日语,说明该语义地图反映的是人类语言的普遍共性。不过,这个概念空间的节点实在太少。Haspelmath 在构建底图时也说,他只是列举了与格标志的部分主要功能。实际上,大多数语言中与格标志的功能十分丰富,如汉语中"给"的许多功能就无法在上图中反映出来。对于「に」来说,上面的 6 个节点只显示了其语义的一小部

① 顺便说一下,日语中的格助词「が」具有外部领属的功能,如「太郎がお姉さんがとてもきれいだ」中,「太郎が」虽然用的是主格,但这里的「が」可以替换为属格「の」。

分。所以该概念空间虽然适应性强,但只是一个简图,需要进一步地补充和完善。下面我们来进行这一工作,并在更大、更细致的概念空间中观察「に」的分布。

8.5.3　被使者标志的语义地图

自 Haspelmath(1999、2003)之后,很多学者在与格标志及连词标志的语义地图的基础上不断增加节点,从而丰富和完善相关的概念空间。概念空间中节点的增加主要有两个途径:(1)将不同的概念空间进行拼接;(2)根据语言事实进行节点的增设或对原有的节点进行分解①。概念空间能够进行拼接是因为在构建不同范畴的语义地图中,经常会出现相同的节点。郭锐(2012)指出,"如果我们把人类语言的所有语法形式和词语的功能/语义都分别进行考察,并分别构建出相对独立的概念空间,最后把这些概念空间拼接在一起,那就可以形成一个人类语言共有的、完整的概念空间"。

Haspelmath(2003)不仅构建了与格的概念空间,还构建了工具范畴的概念空间,如图 8-9 所示:

图 8-9　工具范畴的概念空间

工具范畴和与格功能的概念空间大部分都不相同,但是由于二者共同拥有"接受者—受益者",因此可以把这一部分作为接点,将两个地图拼接起来,从而构成一个更大的概念空间,如图 8-10 所示:

---

①　根据不同的研究目的,有时也会删除一些节点。

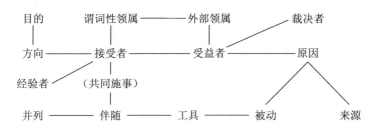

图 8 - 10　与格概念空间和工具格概念空间的拼接图

张敏(2010)在拼接了 Haspelmath(2003)中与格标志语义地图和工具格相关功能语义地图的基础上,结合汉语中湖南方言的事实,构建了间接题元的语义地图,如图 8 - 11 所示。与 Haspelmath (2003)相比,该图删减了"谓词性拥有者、外部拥有者、裁决者"等汉语间接题元并不具备的语义节点①,同时增加了"使役、被动、来源、处置②"等节点。从图中可以看出,"处置"位于"受益者"和"工具"之间,而且与"使役"直接相连。这样一来,"处置"这一颇具汉语特色的语义角色在人类语言中就有了合适的位置。

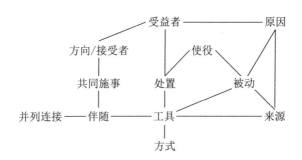

图 8 - 11　间接题元的概念空间

　尽管张敏(2010)的概念空间已经设置了较多的节点,但是还不

---

① 　删除这些节点应该是因为湖南方言中的间接题元标志并没有这样的功能。
② 　这里的"处置"是语义角色,指的是被处置对象,如"把"字句中的"把"后宾语。

能完全满足我们的研究需要,因为上图中的节点没有显示出「に」的全部意义。因此,我们在 Haspelmath(2003),张敏(2010),潘秋平、王毓淑(2011),李占炳(2019)等研究的基础上拼接了一个能够反映与格标志「に」的主要功能的语义底图(即概念空间),具体如下:

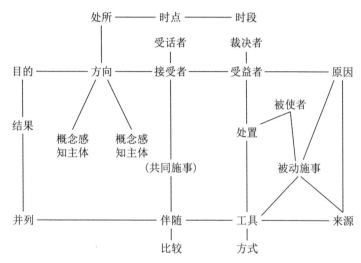

图 8-12　与格、连词、间接题元等概念空间的拼接图

　　该图右半部分(右边三列中的下面四行)主要源自张敏(2010)。与张敏(2010)稍有不同的是,在"伴随"节点下多出了"比较"节点,这是李占炳(2019)增设的。张敏(2010)将"方向"和"接受者"合并为一个节点,我们按照 Haspelmath(2003)将其分为两个节点,并保留了"裁决者"节点。另外,由于"被动""使役"两个术语一般被理解为句法概念,而实际上张敏(2010)的"被动""使役"分别指的是被动句中的"施事"和致使句中的"被使者",所以我们将二者替换为"被动施事"和"被使者"。该图左半部分主要源自潘秋平、王毓淑(2011)。潘秋平、王毓淑(2011)将"并列"分为"动词并列""名词并列""顺承连接"等三个节点,在这里我们不进行细致的划分,而是按照张敏(2010)设为"并列"。另外,潘秋平、王毓淑(2011)的语义图中还增加了一条"目的""原因"直接相连的直线。由于我们的目的是观察「に」在概念空间的分布情况,是否直接相连对本研究并无太大的影响,所以我们在图中并未显示这一条直线。与方向直接相连的"概念感知主体""概念感知客体"与"接受者"相连的"受话者"以及"方向—处所—时点—时段"这一部分则是拼接自王娅玮(2014)。图8-12去掉了Haspelmath(2003)的"谓词性领属""外部领属""经验者"。前两个节点的去除是因为它们处于概念空间的最外围,而且日语「に」没有相应的功能。"经验者"的去除是因为用"概念感知主体"进行了替代。图8-12共有23个节点,按照从左到右、从上到下的顺序,我们将这些节点整理如下:

表8-2　与格概念空间中的节点

第一列	第二列	第三列	第四列	第五列
目的 purpose	处所 location	时点 time	时段 during	被使者 causee
结果 result	方向 direction	受话者 address	裁决者 judicantis	被动 passive
并列 conjunctive	概念感知主体 cognitive subject	接受者 recipient	受益者 benificiary	原因 cause
—	概念感知客体 cognitive object	共同施事 co-agent	处置 disposal patient	来源 source
—	—	伴随 comitative	工具 instrumental	—
—	—	比较 compansion	方式 manner	—

现在我们看日语「に」在概念空间中具有哪些意义(或功能)。

(一)目的。此用法参见8.5.2节。

(二)结果。表示结果是「に」的常见意义,如:

(49)氷が溶けて水<u>に</u>なる。/冰融化成水。

(50) 我が国を強大な社会主義国に築きあげる。/把我国建设
　　　成强大的社会主义国家。(《新编日语语法教程》,270 页)

(三) 并列。并列在日语中有多个表达形式,如「と」「や」「やら」
等,其中「に」也能表示并列,比如:

(51) トマトにキュウリに玉ねぎをください。/请给我西红
　　　柿、黄瓜和洋葱。(同上,272 页)

(52) 雪に月に花の眺めともによい。/雪景、月景、花景都很
　　　好。(同上,272 页)

(四) 伴随。从跨语言的角度来看,有些语言中"伴随"和"并列"
会用不同的形式,如英语中的 with 有"伴随"义而无"并列"义。就汉
语和日语来讲,"伴随"与"并列"经常纠缠在一起,如汉语的"和"与
日语的「と」都是既表伴随也表并列。「に」在一些特定的场合可以
表示伴随,只是伴随的对象不是"人",而是"事件",比如:

(53) 時代の変化にともなって、人々の考え方も変わってき
　　　た。/随着时代的变化,人们的思维方式也变了。

(五) 处所。处所是「に」的基本用法,如:

(54) 機械の前に立っているに違いない。/肯定站在机器
　　　前面。

(55) 机の上に本がある。/桌上有本书。

(六) 方向。此用法参见 8.5.2 节。

(七) 概念感知主体。概念感知主体即前面所说的经验者,此用
法参见 8.5.2 节。

(八) 概念感知客体。概念感知客体与概念感知主体相对
应,如:

(56) 私は寒さに弱い。/我怕冷。

(57) 叔父さんはお酒に強い。/叔叔酒量很好。

(九) 时点。"时点"也是「に」的基本用法,如:

(58) 毎日六時に起きます。/我每天六点起床。

(59) 父は今年の五月に亡くなりました。/父亲五月去世了。

（十）受话者。受话者本质上是接受者的一种特殊形式，日语中用「に」来表示，如：

（60）やっと夫に言いました。/最终告诉了丈夫。

（十一）接受者。此用法参见 8.5.2 节。

（十二）共同施事。按照 Haspelmath（2003），共同施事（co-agent）指的是"伴随性质"的参与者，它与"伴随者"的最大区别在于：共同施事会积极参与某个行为动作，而且如果没有共同施事，那么相应的动作行为就无法完成，如 X fought with Y 和 X kissed with Y。日语中的共同施事是由「と」来标记的，两个例句可分别译为：「XはYと喧嘩した」「XはYとキスした」，其中的 with 与「と」相对应。「に」不具有这种用法。另外，Haspelmath（2003）也特别指出，并没有足够的跨语言证据证明"共同施事"是接受者和伴随者两个概念相互连接的枢纽节点，所以他将"共同施事"用括号进行标注。

（十三）比较。日语中表示"比较"的格助词是「より」，比如：

（61）中国は日本より広い。/中国比日本大。

（62）図書館は教室より静かです。/图书馆比教室安静。
不过，「に」也有表示比较基准的用法，如：

（63）弟に劣る。/比不上弟弟。

（64）体力ではだれにも劣らない。/体力上不比任何人差。

（65）父親に似ている。/和父亲很像。

（十四）裁决者。此用法参见 8.5.2 节。

（十五）时段。「に」无此用法。

（十六）受益者。此用法参见 8.5.2 节。

（十七）处置。"处置"是汉语中"把"后的宾语，「に」无此用法。

（十八）工具。「に」无此用法。

（十九）方式。「に」无此用法。

（二十）原因。「に」表示原因较为常见，如：

（66）それを見て、あまりの可笑しさに、思わず笑ってしまった。/看到这个，由于太过好笑，不由得笑了起来。（《新编日语语法

教程》,271 页)

(67) 彼女は恋に苦しんでいる。/她因为爱情而苦恼。(《日语语法新编》,114 页)

(二十一) 被使者。「に」是日语最常见的被使者标志,不再赘述。

(二十二) 被动施事。「に」经常用来标记被动施事,比如:

(68) 魚は猫に食べられてしまった。/鱼被猫吃掉了。

(69) 田中さんは先生に叱られた。/田中被老师批评了。

(二十三) 来源。日语中表示来源的格助词有「から」「より」等格助词,但「に」也有表达"来源"的功能,如:

(70) 僕は先生に本をもらった。/我从老师那里得到了一本书。

该句中的「に」可以与「から」替换,都表示来源。

以上分析显示,「に」所具有的意义如下:

表 8 – 3 「に」的意义

第一列	第二列	第三列	第四列	第五列
目的	处所	时点	**时段**	被使者
结果	方向	受话者	裁决者	被动施事
并列	概念感知主体	接受者	受益者	原因
—	概念感知客体	**共同施事**	**处置**	来源
—	—	伴随	**工具**	—
—	—	比较	**方式**	—

现在我们将「に」的意义连接起来,得到图 8 – 13。

可以看出,日语「に」的主要意义在概念空间中构成一个连续分布。如果原图中"原因"和"来源"不直接相连,那么「に」的意义分布不仅连续,而且没有回路。这个概念空间是多个语义地图的拼接,它的构建并没有考察日语的情况,不过很明显,日语「に」的语义分布在概念空间中得到了很好的呈现,同时也证明了语义地图的普适性。

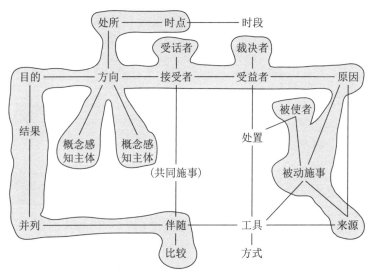

图 8 - 13　「に」的语义地图

最后看被使者标志「から」在概念空间中的分布情况。「から」意义也比较丰富,作为格助词,日本国立国语研究所(1951:28 - 39)罗列了以下 9 种意义:

(一) 時間的出発点・基点

(二) 空間的出発点・出どころ

(三) 経由

(四) 時空以外の抽象的な基点・出どころ

(五) 開始順序・発端

(六) 理由・根拠・原因・動機

（七）原材・材料

（八）受け身の出どころ

（九）聞く・教わるなどの動作の相手

以上意义在图 8 - 12 的概念空间中并非全部存在，如义项（五）的"开始顺序、发端"在概念空间中就没有相应的节点。另外，上述义项有些可以合并，如（二）和（四）可以纳入来源（source）义项。整理之后，「から」在图 8 - 12 的概念空间中共占据 4 个节点，分别是：

（一）来源。

（71）優秀な人材は有名な大学から出る。/优秀人才出自名牌大学。（《日语语法新编》,89 页）

（72）海水から塩をとる。/从海水中提取盐。（同上,88 页）

（二）原因。

（73）タバコの火から火事を起こすことが多い。/因抽烟引发火灾的事例很多。（同上,88 页）

（74）ずさんな経営から会社は倒産した。/因经营不善公司倒闭了。（同上,88 页）

（三）被动施事。

（75）彼の絵は多くの人から褒められた。/他的画广受好评。（同上,89 页）

（76）電子手帳は人々から広く用いられるようになった。/电子记事本已被人们广泛地使用了。（同上,89 页）

（四）被使者。

（77）会社から賠償金を支払わせる。/让公司支付赔偿金。

（78）弟からいたずらを白状させる。/让弟弟坦白恶作剧是自己所为。

（早津惠美子 1999）

如图 8 - 14 所示,这 4 个节点在概念空间中同样构成一个连续的片段。

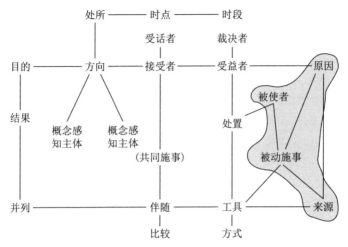

图 8 - 14　「から」的语义地图

8.6　本章小结

　　本章从语义地图角度对致使动词和被使者标志的共性做了进一步的研究。首先我们对语义地图的基本原理和研究现状进行了简要的介绍,然后通过跨语言的比较,构建了致使动词的语义地图,并对汉语、日语以及英语相关致使动词进行了一些预测和验证。结果显示,尽管我们采用的语言样本较小,但所构建的语义地图有一定的预测力。在被使者标志方面,我们采取了另外一个思路,就是对以往不同学者构建的概念空间进行了适当的拼接,拼接出的节点基本包括了日语与格标志「に」的所有用法/意义,丰富了与格标志的概念空间。在此概念空间中,我们刻画出了日语被使者标志「に」及「から」的语义地图。结果显示,「に」和「から」的用法构成了一个连续的概念空间。「に」的语义地图不仅展示了「に」的意义网络以及各意义之间的关联性,而且由于语义地图以语言事实为基础,所以该语义网络更为客观实在,避免了认知语言学过于主观的缺点。

第九章　汉日语典型致使结构的
句法语义对比

9.1　引　　言

汉语和日语都有多种致使结构,也都有典型和边缘之分。汉语
典型的致使结构是"让"字句(包括"使""叫"等),日语是「Vさせる」。
本章将以这两个典型致使结构为主,兼顾其他,详细分析汉日语如
何表达各种致使情形;在表达同一致使情形时,汉日语致使结构各
自具有什么样的句法语义特点,是否具有共性? 如果有共性,那么
背后的理据又是什么? 下面将围绕以上问题展开讨论。

9.2　对比框架和对比项

在展开研究之前,首先需要明确两项内容,即(1)怎么比?
(2)比什么? "怎么比"是指设定一个什么样的研究框架,"比什么"
是指比较两个对象的哪些性质。我们在第三章将致使分为 5 个层
次 7 个类型(图 9-1),这个体系里的各个语义类型在汉日语中都有
相应的表达形式,所以我们将以该图为对比框架,分析不同类型的
致使在两种语言中的表达方式。

至于"比什么",我们把类型学归纳的一些语义参项作为主要对
比项。第三章介绍了语言类型学归纳的 9 个语义参项,分别是:
1)直接性、2)意图性、3)自然性、4)参与度、5)自控力、6)意愿性、
7)影响度、8)状态/行为、9)及物/不及物。参项 1—4 与致使者相
关,5—7 与被使者相关,8—9 与基础动词相关。这 9 个参项是致使
结构语义参项的汇总,不可能在某个单一的致使结构中全部体现出

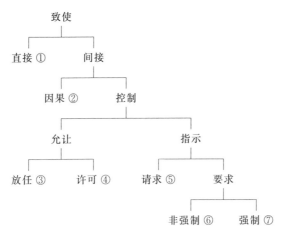

图9-1　致使的语义系统

来，一个致使结构很可能只能体现个别参项。所以在对比时我们会按照实际情况合理取舍。此外，我们也将增加一些参项，如致使者和被使者的生命度、致使者和被使者的社会地位关系、结果事件的已然性等。这些参数的含义、表现将在具体对比中详细论述。

9.3　不同致使类型在汉日语中的表现手段及对比分析

9.3.1　直接致使

9.3.1.1　汉日表达形式

直接致使是我们首先分出来的一个致使类型，典型情况是表示人对人或物体的操作。在表达直接致使时，汉语最常用的是动结式①（包括含动结式的"把"字句以及由"弄""打"构成的动结式）和易

---

① 金立鑫、王红卫(2014)中典型的动结式都称作施格动词，所以基本上也都可以看作易变动词。

变动词,比如:

　　(1) 武松打死了老虎。

　　(2) 孩子打碎了杯子。

　　(3) 水手们沉了船。

　　(4) 太郎开了门。

(1)和(2)用的是典型的动结式,(3)(4)则是易变动词。日语中表达直接致使最常用的是词汇型致使结构,上面例句可做如下翻译:

　　(5) 武松は虎を殺した。

　　(6) 子供はコップを壊した。

　　(7) セーラーたちは船を沈めた。

　　(8) 太郎がドアを開けた。

(5)和(6)中的「殺す」「壊す」属于-as-/-os-类,(7)和(8)的「沈める」「開ける」属于-e-类。不过这些词虽然含有词缀,但实际上已经高度词汇化,接近于词汇型致使结构。

　　Shibatani & Pardeshi(2002)指出日语「させる」具有协同致使的功能,包括共同行动(joint-action)、协助(assistive)和监督(supervison),如:

　　(9) 母親が子供を遊ばせている。

　　(10) 母親が子供におしっこをさせている。

　　(11) 母親が子供に本を読ませている。

(Shibatani & Pardeshi 2002)

协同致使处于直接致使和间接致使的中间位置,其中共同行动和协助更接近直接致使。Ono(1982)将其直接命名为"操作",比如:

　　(12) 医者は意識不明の院長を歩かせた。

(Ono 1982)

「させる」具有的这种边缘的直接致使功能在汉语中都是通过词汇表达,比如"帮""扶"等,汉语典型的致使动词"让""使"等不具有这种功能。

　　除去这两类致使结构,日语中还有「NPを～く·にする」和「NP

を～める」①可以表达直接致使,比如「音を小さくする」「部屋をきれいにする」「声を強めて言った」「効率を高める」。「～く・にする」在一定程度上类似于动补结构,「する」表动作,「～く・に」表示受事在动作作用下出现的状态或结果。人类语言中的动补结构普遍具有致使义,因为动补结构表达的"动作＋结果"与致使结构的语义概念相吻合。这是日语「～く・にする」能够表达致使义的原因。不过,有些「～く・にする」句的意义没有明显的"动作＋结果"义,这时就不易将它们视为动补形式,如「思いを強くする」表示"产生强烈的感受",与致使义有较大的偏离。

　　「～める」动词也可以看作由词缀-e构成的及物动词,它的特殊之处在于与形容词有相同的词干,如「高い—高める」「深い—深める」等。这类词在日语中数量不多,但究竟有多少尚无明确数字。通过对"中纳言"词表的检索②,我们发现「～める」主要有以下动词:

表9-1　「～める」动词在语料库中的分布

序号	动词	频率	序号	动词	频率	序号	动词	频率
1	高める	4495	9	痛める	672	17	狭める	223
2	楽しめる	2961	10	苦しめる	590	18	低める	112
3	深める	2040	11	細める	590	19	悲しめる	6
4	固める	1828	12	広める	575	20	黒める	5
5	温める	1743	13	早める	471	21	涼める	5
6	強める	1351	14	清める	417	22	赤める	2
7	冷める	1114	15	薄める	360	23	温める	2
8	丸める	865	16	弱める	343			

---

①　这里用"～"指代形容词、形容动词的词干。

②　具体的步骤是:1)从词表中找出所有动词;2)从所有动词中找出最后两个假名是める的动词;3)在这些动词中查找出词干是形容词词干的动词。词频方面,词表提供了所有词的词频。

频率在 1000 以上的有 7 个,频率在 100~1000 的高频词有 11 个,频率低于 10 的有 5 个。这 5 个可以忽略不计,所以,日语常用的「～める」动词也就十多个而已。

9.3.1.2 「NPを～める」和「NPを～くする」的用法差异

「NPを～める」和「NPを～くする」可以交替,如「声を高める」「声を高くする」。庵功雄等(2001:528)指出,相比「～くする」,动词「～める」更容易产生抽象意义。既然动词「～める」多为抽象义,那么「NPを～める」中的 NP 也应该更倾向于抽象名词;同理「NPを～くする」中的 NP 更倾向于具体名词。庵功雄等只是做出了一个论断,没有进行证明。下面我们用构式搭配分析法(collostructional analysis)①来验证「NPを～める」「NPを～くする」两个句式在 NP 选择上的偏好。「NPを～める」和「NPを～くする」可视为交替句式,由于「～める」动词有 23 个,所以理论上应该对这 23 对交替句式逐一检查,但有些句式出现频率过低,不适用于量化分析,所以予以舍弃。最终,我们选择了 5 组句式,各句式的频率都在 50 以上,具体如下:

表 9-2 「NPを～める」和「NPを～くする」的频率

形容词	NPを～める	NPを～くする
高い	2755	222
深い	1752	63
固い	908	95
強い	974	259
広い	223	68

表 9-3 显示了「NPを～める」和「NPを～くする」中 NP 的分布

---

① 构式搭配分析法包含三个类型的分析方法,这里使用的是区别性搭配词位分析法(distinctive collexeme analysis)。构式搭配分析法在很多 R 语言的相关教程已有详细介绍,程序开发者在主页上也有具体说明,这里不再赘述。

情况。

表 9-3　「NPを～める」和「NPを～くする」中 NP 的分布①

	NPを～める	NPを～くする
高い	意識(4.724)、能力(4.144)、効果(3.74)、関心(2.696)、機能(2.454)、意欲(2.454)、感(2.144)、質(2.041)、効率(1.663)、価値(1.359)	鼻(13.651)、枕(13.651)、足(9.071)、声(5.954)、壁(5.655)、温度(4.581)、頭(4.521)、位置(4.521)、床(3.388)、敷居(3.388)
深い	理解(7.805)、交流(2.91)	～感(11.959)、傷(4.369)、思い(3.625)、感慨(2.926)、呼吸(2.926)、懐(2.926)、深度(2.459)、念(2.167)、生け贄(1.955)、笑み(1.789)
固い	決意(4.274)、方針(3.562)、守り(1.317)	体(19.026)、身(14.673)、表情(5.16)、身体(4.119)、甲羅(2.051)、全身(2.051)
強い	傾向(6.319)、語気(3.094)、姿勢(2.638)、連携(1.893)、結び付き(1.737)、性格(1.737)、圧力(1.575)、警戒(1.378)、批判(1.364)	思い(10.633)、意(9.506)、心(6.081)、血管(4.042)、電流(3.365)、骨(3.365)、筋肉(3.365)、チーム(2.689)、肝臓(2.689)、自分(2.689)
広い	見聞(2.365)、教え(1.598)	面積(3.744)、範囲(2.514)、スペース(1.865)、間隔(1.865)、面(1.865)、生け贄(1.865)、幅(1.659)

　　整体上，与 5 个「NPを～める」句式共现的 NP 全部是抽象名词，与「NPを～くする」共现的 NP 主要是具体名词。与「深くする」搭配的 NP 有较多的抽象名词，但集中在感受类名词，如「～感」「思い」「感慨」等。这类词构成的「NPを深くする」句大多缺乏致使义，表达的是产生某种感觉、想法。把这类词排除后，与「深くする」搭配的 NP 主要是具体名词，如「傷」。类似的还有「強くする」，看似与

---

　　① 构式搭配分析计算了所有搭配词与构式的搭配强度(共现强度)，括号内的数值为该 NP 与句式的搭配强度。搭配强度超过 1.3，则 p＜0.05，具有统计学意义。我们选择共现强度超过 1.3 的前 10 个 NP，如「NPを高める」显示了 10 个 NP，不足 10 个则按实际出现的展示，如「NPを深める」只有两个名词。

抽象名词搭配很强,但并不表致使义,表致使义的「強くする」主要搭配具体名词,如「血管」「電流」。

　　由此,可以确认「NPを～める」主要搭配抽象名词,「NPを～くする」主要搭配具体名词。所以,虽然「NPを高くする」「NPを高める」都是"提高",但前者偏向于把具体物(如"声音")提高,后者偏向于把抽象物(如"能力、品质")提高。

9.3.2　指示致使

　　在致使的语义体系中,指示是和允让并列的一类,都属于控制类的次类,即:

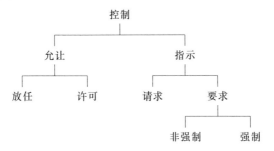

图 9 - 2　控制致使分类图

　　在指示致使中,汉语中的"让"无法表示强制类,而日语的「させる」可以表示强制类。在本节讨论中,首先观察汉日语在表示指示致使时的一些特点,然后再观察类型学中的参项在汉日语致使结构中的表现。

9.3.2.1　强制要求

　　第四章已经指出在不及物致使句中日语对强制和非强制能够依靠格标志做出部分的区分,比如:

(13) 奴隷監督は鞭を使って奴隷達を(* に)働かせた。/奴隶监管者用鞭子逼奴隶们干活。

　　　　　　　　　　　　　　　　　　　　（柴谷方良 1978:312,笔者译）

(14) 私は嫌がる息子を(? に)プールで泳がせた。/我逼不喜欢游泳的孩子到泳池游。

（庵功雄 2001:109,笔者译）

尽管被使者为「を」格时并非绝对表示强制,但是当致使者为「に」格时一定表示被使者没有受到逼迫。日语中用格助词区分强制和非强制仅限于不及物致使句,及物致使句中由于被使者不能使用「を」助词,格助词也就丧失了区分功能,强制意义只能通过一些表示强制性的副词或其他形式来表达,如:

(15) 親は娘のお腹がめだたないうちに強制的に相手の男と結婚させた。(ホーン　川嶋瑤子　『女たちが変えるアメリカ』)

(16) 男が、無理矢理留乃を椅子に座らせる。(窪依凛　『エスケープ!』)

(17) のちには、その気の弱い町医者に無理矢理、証明書を書かせて、町の薬屋から直接に薬品を購入した。(野原一夫　『太宰治結婚と恋愛』)

汉语中"让"字句无法表达强制致使,大多通过"强迫、逼迫"等实义动词构成的连动句来表达,如:

(18) 单于大怒,想杀死苏武,被大臣劝阻了,单于又叫卫律去逼迫苏武投降。(CCL 语料库)

(19) 哼,今儿要不是他得在那儿等着,非逼他请客不可。(陈建功《丹凤眼》)

(20) 我的父母很摩登,从小,他们没有强迫我订婚或结婚。(冰心《关于女人》)

在词源上,汉语中的"让"原义为"谦让、让步",初始状态(实义动词)就没有强制的语义特征,这也导致其虚化为致使动词同样不具有强制意义。

总的来看,日语通过格助词可以部分地区分出强制和非强制,但大多数情况下,必须借助表示强制的一些副词才能表达出强制意义。而汉语"让"不能表达强制意义,需要使用其他句式,如"逼迫/

强迫/……N　VP"等。

　　9.3.2.2　非强制要求

　　在非强制要求中,汉语"让"和日语「させる」对应程度很高,比如:

（21）父にはあなたと私と結婚させたい気持があるのよ。/爸爸有这样的打算:让您同我结婚。（石川達山著『青春の蹉跌』/金中译《青春的蹉跌》）

（22）お祖母さんは、富太郎にお灸をすえ、赤蛙やくさぎの虫などを食べさせ……/祖母给富太郎针灸,让他吃田鸡及臭梧桐树上的虫子。（中沢次郎、鈴木芳正著『ひとりっ子の上手な育て方』/何明译《独生子女优育法》）

（23）夏期、脂っこい食物を食べさせることが親切であるという信念を持っている。/他的想法是,夏天让客人吃油腻食物方能表示出自己的亲热友好。（井上靖著『あした来る人』/林少华译《情系明天》）

（24）田中君には拇印を捺させ、この書類を二階六畳間に来ている通信隊の経理部へ持って行った。/厂长和我盖了图章,让田中君捺了手印,然后把这份情况报告送到驻在楼上的通讯队的管理部去。（井伏鱒二著『黒い雨』/柯毅文、颜景镐译《黑雨》）

（25）口をあけさせて見ると、門歯が二本なくなっている。/让他张开嘴,原来是掉了两颗门牙。（井伏鱒二著『黒い雨』/柯毅文、颜景镐译《黑雨》）

（26）緑はすぐに僕にシャワーを浴びさせ、それから自分も浴びた。/绿子让我淋浴,然后她才进去。（村上春樹著『ノルウェイの森』/林少华译《挪威的森林》）

　　汉语"让"和日语「させる」致使结构在各方面都具有很高的一致性。在致使者和被使者的生命度上,都是生命度最高的人或者由人构成的社团、群体等。致使者都有意图性,一般都不参与被使事件,被使者都有一定的自控度等,基础动词都是行为动词等。

尽管汉语"让"和日语「させる」有很多的共同点,二者还是存在较大的差异,比如:

(27) 张老师让你去。

　　／*張先生が君を行かせる。

　　／張先生が君に来るように言っている。

(28) 我已经让张教授写了推荐信了。

　　／*私はもう張教授に推薦書を書かせた。

　　／私はもう張教授に推薦書を書いてもらった。

(29) 他让我坐下。

　　／?彼は私を座らせた。

　　／彼は私に腰かけを引っぱってきてすすめた。

在(27)(28)(29)中的"让"分别对应于「ようにいう」「てもらう」「すすめる」,而且对应的日语不能使用「させる」。这说明「させる」和"让"虽然有许多相似之处,但并不等价。就非强制要求来讲,我们认为汉语"让"和日语「させる」在三个方面存在着较大的差异:i.被使事件的已然性、ii.致使者和被使者的地位关系、iii.被使者的人称限制,下面分别讨论。

i. 被使事件的已然性

Shibatani(1976a、1976b)认为致使事件实现,则被使事件一定实现,否则就不是致使结构。很明显这一定义过于严格,后来很多学者也都指出被使事件的实现与否并不是判定致使结构的一个必有要素。不过,日语的「させる」完全符合 Shibatani 的定义,尤其是在被使事件的已然性上,比如:

(30) a. 部長が秘書にコピーを取らせた。/部长让秘书复印(资料)。

　　b. *部長が秘書にコピーを取らせたが、秘書はコピーをとらなかった。/部长让秘书复印资料,但是秘书没复印。

(31) a. 後輩に荷物を運ばせた。/让晚辈搬行李。

　　 b. *後輩に荷物を運ばせたけど、まだ運んでいない。

　　　 /让晚辈搬行李,但晚辈没搬行李。

　　　　　　　　　　　　　　　　　　（早津惠美子 2004,笔者译）

(32) a. 私は彼にあの本を買わせた。/我让他买那本书。

　　 b. *私は彼にあの本を買わせたが、彼は買わなかった。

　　　 /我让他买那本书,但他没有买。

　　上述日语例句中,致使动作实现,则被使动作必然要实现,否则句子不成立。早津惠美子(2004)指出,日语致使句(「させる」致使句)不仅表现致使主体(致使者)促发致使对象(被使者)发出动作,还包含了致使对象实际执行动作这一过程,或者至少也要开始了该动作。不过从上述例句相应的汉语句子来看,汉语中的「让」致使句没有这样的要求。

　　Langacker(1991:410)将致使结构的认知意象图式概括为下图:

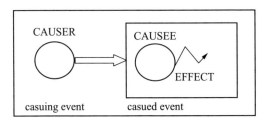

图 9 - 3　致使句的意象图式(Langacker 1991)

　　该图表示一个生物体或物体 A 在某空间运动过程中撞击另一生物体或物体B, A 将其能量传递给了 B, B 在力的作用下发生了某种反应或状态变化。很明显,这一图式中包含了两个过程,一个是能量传递,一个是之后的变化。在时间上,前者可设定为第一阶段,后者是第二阶段。汉语中的"让"和日语中的「させる」所表示的阶段有所不同,具体如下:

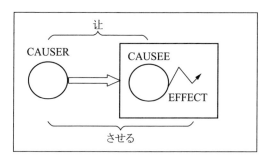

图 9 - 4　汉日致使结构在意象图式上的差异

　　第一阶段是致使者对被使者的作用,第二阶段是被使者的行动或变化。汉语"让"致使句中这两个阶段是可分离的;而在日语「させる」致使句中,两个阶段是一个整体。在被使事件实现与否的关系上,阶段Ⅰ和阶段Ⅱ在逻辑上共有四种可能,即:

　　1) 作用实现＋变化实现;

　　2) 作用实现＋变化未实现;

　　3) 作用未实现＋变化未实现;

　　4) 作用未实现＋变化实现。

　　第 4 种组合虽然逻辑上有可能,但实际是不存在的。因为结果事件的实现要依赖于致使事件,在时间上也是阶段Ⅰ实现之后(至少不能滞后于阶段Ⅱ)阶段Ⅱ才能实现。第 1 种和第 3 种组合在汉日语中都是可以的,不过汉语中要使两个事件都实现需要在基础动词上添加完成体标志"了 1",这时就不允许结果取消,比如:

　　(33) *我让他打了个电话,但他没有打。

　　(34) *编辑部让作者修改了论文,但作者没有修改。

　　所以,汉语和日语的差异表现在:日语中第Ⅰ阶段和第Ⅱ阶段要么都是已实现,要么都是未实现,如「彼を行かせる」就是都未实现;汉语可以允许致使事件实现而被使事件未实现。

ii. 致使者和被使者的社会地位关系

　　致使者和被使者的社会关系主要是指致使者和被使者之间的

高地位—低地位、尊者—非尊者、有(高)权者—无(低)权者等各种
关系,这些可统称为社会地位关系(或权力关系)。张国宪(1997)指
出在指人名词中,有些名词之间存在着某种权力关系,有的具有较
高的权力,而有的则权力较低,如"干部"和"群众"、"厂长"和"工
人"。相比"群众","干部"是高权力者;相比"工人","厂长"是高权
力者。社会地位这一参项没有出现在 Dixon 的语义参项中,但是事
实上很多语言中都有明显的体现。阿伊努语(Ainu)中有三个致使
后缀,分别是-(r)e、-te、(y)ar,如果致使者是说话者认为值得尊敬
的人就使用-yar 致使后缀(Shibatani 1990:50)。金海月(2007)指出
朝鲜语中致使者和被使者的身份、地位不同,敬语词尾 si 在致使句
中有不同的分布,比如:

(35) 朝鲜语

a.

sənsɛŋ-nimkkesə	əməni-kke	ot-ɯl	ip-ɯsi-ke	ha-syət-ta.
老师-主格	母亲-与格	衣服-宾格	穿-si-致使形式	补助动词-si-过去时

老师让母亲穿衣服。

b.

toŋsɛŋ-i	əməni-kke	ot-ɯl	ip-ɯsi-ke	hayətta.
弟弟-主格	母亲-与格	衣服-宾格	穿-si-致使形式	补助动词-过去时

弟弟让母亲穿衣服。

c.

əməni-kkesə	ai-eke	ot-ɯl	ip-ke	hasyə tta.
母亲-主格	孩子-与格	衣服-宾格	穿-致使形式	补助动词-si-过去时

母亲让弟弟穿衣服。

(金海月 2007:25)

　　hata 是朝鲜语中的致使词缀,它由表示 do(做)的动词语法化而
来(Shibatani & Pardeshi 2002),表示致使者的行为(虽然该行为是
模糊的)。金海月(2007)指出,(a)中致使者和被使者都是说话人尊

重的对象,所以结果动词和 hata 都出现了 si;(b)中只有被使者是说话人尊敬的对象,所以 si 只出现在结果动词的后面;而在(c)中致使者是说话人尊重的对象,所以 si 只出现在表示致使词缀 hata 中。

　　英语的一些致使结构也能体现出阶层性的差异。Anatol Stefanowitsch(2001:131)通过对大型语料库的调查,证明 have 致使句表达的是一种服务事件框架,典型的使用环境是:致使者让被使者进行一种职业服务,而且被使者实现了结果事件〔转引自陈秀娟(2010)〕。在这种服务事件框架中,致使者是消费者,被使者是服务人员。尽管消费者和服务者地位是平等的,但是西方常说"消费者是上帝",所以消费者和服务人员在权力上处于不平等的地位,致使者的权力大于被使者。

　　日语「させる」致使句又被称为尊大型致使,在致使者和被使者的社会地位关系上有着非常严格的限制。在该句式中,致使者要比被指示者有更高的权力、地位或者威严等,或者至少不能低于被使者。比如:

　　(36) 教授が学生にレポートを提出させる。

　　(37) *学生が教授に推薦書を書かせる。

　　(38) 部長は秘書にコピーを取らせた。

　　(39) *秘書は部長にコピーを取らせた。

　　在上述例句中,"教授"的地位比"学生"高,"部长"的地位比他的"秘书"高,高地位者作用于低地位者可以用「させる」致使句,但是如果是低地位者作用于高地位者,就不能使用「させる」致使句,如(37)和(39)。当然,这种上下关系并不完全对等于现实社会的上下关系,很多时候依赖于个人的主观识解。比如,在现实社会中"教授"是比"学生"地位高的人,但是有些"学生"并不把"教授"放在眼里,甚至认为自己比"教授"更有权威,这时候就会使用「させる」。教授也可以由于某些原因认为"学生"是值得尊重的人,比如学生很有创见、学术上颇有天赋等。当说「教授が学生にレポートを提出してもらう」时就意味着说话人认为"学生"值得尊重。但无论如何,在「させる」致使句中,致使者和被使者的地位关系具有强制性,要求说话人认为致使者的社会地位通常要高于或者至少不能低于被使者的社会地位。

相对于日语的这种强制性要求,汉语中的"让"表现如何呢? 邓守信(1991)讨论了汉语中"叫、让"的权力层级问题,他认为"让"致使句中,致使者权力高于被使者,比如:

(40) 老师让谁回答问题,谁回答,不要乱说话。

(41) 领导让我回来看看您老人家。

(42) 领导让我干什么,我从来也没有说过不字。

(邓守信 1991)

这些例子中的权力关系是"老师"对"学生"、"领导"对"下属",致使者都是高权力者。他进一步指出,如果反过来,就会导致社会秩序的混乱,比如:

(43) *学生让老师再解释一下。

(44) *小女孩让妈妈把衣服给她穿上。

(邓守信 1991)

陈秀娟(2010)认为邓守信(1991)是用"叫、让"比附英语中的make、have所得出的结论,实际上并没有那么严格。现实中汉语的"叫、让"致使结构中,致使者和被使者的关系也可以是低阶层对高阶层,比如:

(45) 离下课还有十分钟,我们让老师领着大家做了个游戏。

(陈秀娟 2010)

在该例中,虽然老师的阶层高于"我们(学生)",但也可以用在"让"致使句中。陈秀娟只举出了这样一个孤例,缺乏足够的说服力。为此,我们进行了语料库调查。通过对 CCL 语料库的调查,我们发现邓守信(1991)的说法与语言事实有一定的出入,"让"致使句中被使者处于高地位的例子并不少见,比如:

(46) 他让妈妈摆好姿势,频频地说:"笑一笑,笑一笑……"妈妈只好使劲笑。

(47) 写完后,他<u>让妈妈</u>看他写的作业,妈妈认真看过后,高兴地说:"我儿子的作业写得真工整。"

(48) 顺着过道去跟老师做自我介绍并<u>让老师</u>在我的纸片上签名的时候,我一直在偷偷地注视着他。

(49) 我试图<u>让领导</u>改变决定,以便我能和我的家人待在一起。

(50) 当然,改变原方案有很大的风险,我不是<u>让您</u>表态,让您承担责任,而是请您在以后的关键时刻说句公道话就行了。

(51) 戴老师,您什么也别管,别烦,甭提钱的事,我们请您来就是<u>让</u>您好好休息一下。

(CCL 语料库)

邓守信(1991)认为"小女孩让妈妈穿衣服"不成立,但很明显在语料库中类似的句子并不少。以上的"让"致使句中尽管被使者在社会地位上都高于致使者,却未给人造成不自然的感觉。相反,有些句子使用表示敬意的"请"反而不自然,如"他请妈妈看他写的作业"。所以我们认为,"让"在阶层关系上并没有日语「させる」或英语 have 那么严格。

"要求致使"是致使者对被使者产生作用,然后被使者完成行为,这一过程中被使者处于被(部分)支配的地位,隐含着致使者的地位高于被使者。所以在汉日语中,表示要求的致使句也有这种语义关系。但是日语和汉语又不一样,日语「させる」致使句中致使行为和结果行为是一体性的,而汉语中被使者未必一定要完成行为。这就说明相比日语「させる」致使句,汉语"让"致使句中被使者有更大的自主性,这也导致其社会关系属性会有所弱化。当"高地位者"出现在被使者槽位时,总体上还是与要求致使的语义特征有所冲突,但汉语可以采用一些补救手段,就是用敬称形式来指代"被使者",最典型的就是使用"您"或者较高的"职务"来指示对方。这样一来致使者对被使者的要求强度就会大为削弱,高地位的被使者在汉语中也就可以出现了。但是日语中的敬语是一个语法系统,不仅需要敬称(名词),还需要敬语动词来与之匹配。比如,在日语中"那

个人"的敬称和非敬称分别是「あの方」和「あの人」;动词"在"的敬语和一般用语分别是「いらっしゃる」和「いる」,它们在组配时必须是"敬语＋敬语"或"非敬语＋非敬语",比如:

(52) a. あの人はいるか。

　　 b. *あの人はいらっしゃいますか。

　　 c. あの方はいらっしゃいますか。

　　 d. *あの方はいるか。

a 是"非敬语(名词)＋非敬语(动词)"的组合,c 是"敬语＋敬语"的组合,这两种组合都成立;b 是"非敬语＋敬语",d 是"敬语＋非敬语",都构成了错配,所以句子不成立。可以说日语在敬语和非敬语之间的切换是整体置换,而汉语是部分更换。所以在「させる」致使结构中不能仅仅将"被使者"改为敬语形式,必须做出系统性的改变,即使用「てもらう」句式。

iii. 被使者的人称限制

中岛悦子(2007)、彭广陆(2008)都认为日语致使句中存在着人称限制,即:第一人称一般不充当被使者。直觉上确实如此,但是否完全符合语言事实还需要进一步验证。为此我们首先从"中纳言"中抽取了 1 万条「させる」致使句,然后分别以「私に」「私を」「わたしに」「わたしを」①为关键词进行搜索,在 1 万条中找到含有上述关键词的例句 1286 条。这 1000 多条句子中的第一人称并非都充当被使者,还需要核查。逐条核查之后,以第一人称为被使者的句子有107 条。但是这 107 条中绝大多数是表示因果致使或允让致使,比如:

(53) 半三郎の日記の中でも最も私を驚かせたのは下に掲げる出来事である。/半三郎的日记中最让我吃惊的是下面所写的事情。(芥川龍之介『夢の蹄』,笔者译)

(54) それは私に悲しい思いをさせた。/这让我很伤心。(ミ

① 这 4 个关键词翻译为汉语大体上都相当于"让我"。由于日语的书写系统较为复杂,所以我们既使用了假名,又使用了汉字。

ラン・クンデラ著　菅野昭正译『不滅』,笔者译)

(55) わたしにも、いくらか出させてください。/也让我出一点。(F・キングドン・ウォード著　塚谷裕一译『植物巡礼』,笔者译)

(56) わたしに言はせれば、それは……/如果让我说的话……(丸谷才一『日本の名随筆』,笔者译)

根据我们的判断,确定是表示要求致使的仅有以下3例:

(57) その父とは私に墨をすらせる以外に何の交渉関係もない他人であり。/父亲就像路人一样,只是让我研墨,除此之外再无其他交流。(坂口安吾『ちくま日本文学全集』,笔者译)

(58) この私にまんまと一杯食わせた男。/这个让我上当的男人。(菊地秀行『夜叉姫伝』,笔者译)

(59) 先生は私を隅っこの方に立たせました。/老师让我站在角落里。(ヴァレリー・ラルボー著,池田公麿译『わがひそかなる楽しみ』,笔者译)

日语中第一人称在句子中经常可以省略,这可能会影响结果的准确性。即便如此,根据调查的结果我们也可以确信在日语「させる」致使句中第一人称"我"极少充当被使者。同时我们也发现,在因果和允让致使句中,第一人称做被使者的情况较为多见。

对于汉语"让"致使句中,第一人称和第二、三人称之间并不存在明显的差异,或者说它们是平等的(彭广陆 2008)。第一人称既可以是致使者(主语),也可以是被使者,比如:

(60) 先让我在大街上绕了一圈,又让我到高台阶村公所办公室待一会儿。(浩然《金光大道》)

(61) 周丽平朝她跟前走着,问她:"你让我看什么呀?"(浩然《金光大道》)

(62) 小金来拉起我的手放在木轮椅上,急切地比划着,让我摸一摸。(张海迪《轮椅上的梦》)

　　从对译的角度来看,当第一人称充当被使者时,这类要求致使也大多不翻译成「させる」句,比如:

(63) 先<u>让我</u>在大街上绕了一圈,又让我到高台阶村公所办公室待一会儿。/通りをひとまわりしてから、高台の村公所にほっておかれました。(浩然著《金光大道》/神崎勇夫译『輝ける道』)

(64) 我们编辑部主任,<u>让</u>我写封信,通过邮局退给你……/編集部の主任は手紙をそえて送りかえしたらいい<u>と言ってるんです</u>が、……(刘心武著《钟鼓楼》/苏琦译『鐘鼓楼』)

(65) 到了跟前,从筐里取出一个小布包,递到我手上,说这也是谱儿,<u>让我</u>拿回去,看瞧得懂不……/そして、ぼくの前にくると、籠からひとつの包みを取り出し、ぼくに渡した。『これも棋譜だ。持ち帰ってわかるかどうか読んでみる<u>よう』と言い</u>、また……(阿城著《棋王》/立間祥介译『チャンピオン』)

　　以上句子中的“让”在日语中都没有用「させる」来表达,而是采用发话行为的表达方式,如「ようにいい」「と言っている」「と言う」等。荒川清秀(1977)认为由于汉语中的“让”表示“命令的间接化”(命令の間接化),而「させる」是致使形式,所以导致二者无法对译。这一看法大体上是正确的。根据太田辰夫(1987:224),汉语中的“让”最初表示“谦让、劝诱”之义,表指示的“让”是在这一基础上发展出来的。很明显“劝诱”是一种话语行为。不过,「させる」致使句中的致使行为也可以是发话行为,比如:

(66) 息子に命じて/言いつけて/頼んで/催促して庭を掃除させる。

(67) 後輩をおだてて/そそのかして/脅して荷物を運ばせる。

(68) 命令を下して、兵士に橋を渡せた。

(早津惠美子 2004)

如此看来,仅仅用命令的间接化不足以说明二者的差异。我们认为这里主要还是日语倾向于避免使用第一人称作被使者。被使者也就是受影响者,具有受事特征。Shibatani(2006)的类型学研究表明,在人类语言中存在一个话语关联度等级,即:第一人称>第二人称>第三人称>专有名词>普通名词(人、动物、非动物)。如果某个动作的施事比受事具有更高的话语关联度(discourse relevance),那么在语态上会优先选择主动态;相反,如果受事比施事具有更高的话语关联度就使用被动态,比如:

(69) a. 僕は太郎を殴った。

　　 b. *太郎は僕に殴られた。

　　 c. 僕は太郎に殴られた。

　　 d. *太郎は僕を殴った。

(Shibatani 2006)

在上述例句中,a、b 两句施受关系相同,都是"我打太郎";c、d 两句施受关系相同,都是"太郎打我"。但是第一人称"我"比第三人称"太郎"具有更高的话语关联度,所以在 a 中用主动态,而 c 中用被动态。但不管用什么语态,第一人称都做主语。Shibatani(2006)的理论是基于跨语言研究得出的共性,但在个体语言上这种倾向程度也会有所差异。汉语在话语关联度与句法对应上就表现得稍弱一些,其背后的原因可能与汉日语言的视点差异有关。根据党淑兰(1991)的研究,日语容易把视点放在说话人自己身上,而汉语容易放在动作主体上。所以日语倾向于以自我为中心进行叙述,而汉语倾向于以事实上的主体为中心进行表述。彭广陆(2008、2014)进一步指出日语是视点固定型语言,重视保持视点的一致性,尤其习惯于采用第一人称的视点进行表达;而汉语是视点移动型语言,所以在语篇中视点经常转换,第一人称不做主语的情况较为常见。从根本上来讲,这主要是因为"汉语倾向于对客观世界施受关系的临摹"(杉村博文 2003)。从视点角度的研究,可以较好地解释为什么日语中第一人称很少作为被使者,而汉语却限制较小,即:被使者具有受事特征,由于日语的视点特性,第一人称不易充当被使者;由于汉语的视点特性,第一人称可以较为自由的充当被使者。

由于"让"和「させる」有以上三大不同点,所以"让"对译为「させる」就有了较多的限制,具体来讲就是:(1)致使事件和结果事件都要实现或都不实现;(2)致使者为高地位,被使者为低地位(或地位平等);(3)被使者不能是第一人称。"让"和「させる」要形成对译,至少需要同时满足这三个条件,比如:

(70) 胡连国是劳资科长胡玉通的儿子。本来和小亮他们一样,是燕南矿的井下工人。可他爸爸让他"支援"了燕北矿,一换了单位,就成了科室干部,不再下井啦。/胡連国というのは経理課長胡玉通の息子である。もとは小亮たちと同じ燕南炭坑の坑夫だったが、彼の父親が燕北炭鉱を"支援"しに行かせたのだ。勤め先の"単位"[勤務先の官庁や企業などを単位と呼ぶ]が変わったとたん、事務職となり、坑内に入ることはなくなった。(陈建功著《丹凤眼》/岸陽子译『鳳凰の眼』)

(71) 余司令拿过一只酒盅,放在我父亲头顶上,让我父亲退到门口站定。他抄起勃郎宁手枪,走向墙角。/余司令は盃を一つ父の頭の上に置き、部屋の入口に立たせてから、ブローニング拳銃をとって壁際へ歩みよった。(莫言著《红高粱》/井口晃译『赤い高粱』)

(72) 那时候,工宣队为了让大家都去,就把该去的地方都宣传得像二等天堂……/あの頃労働者宣伝隊はみんなを農村へ行かせるために行くべき場所を第二の天国のように宣伝した。……(史铁生著《插队的故事》/山口守译『遥かなる大地』)

例(70)中"他爸爸让他支援了燕北矿"的"了"说明结果事件已实现;致使者"他爸爸"比被使者"他"具有更高的权力;被使者"他"是第三人称。例(71)被使者是"我父亲",虽然有"我",但依然是第三人称。例(72)中没有"了"来表示结果的实现,但是"让大家都去"
是一个目的小句,可以把致使事件和致使结果看作一体。

　　以上三个条件是表要求类的"让"字句和「させる」致使句的必
要条件,而非充分条件。荒川清秀(1977)列举了很多汉语"让"无法
对译为「させる」的句子,在我们看来都是因为这些"让"字句无法同
时满足上述条件。当"让"字句通过其他手段与「させる」在三个方
面达成一致的时候大体上也就可以对应。要补充说明的是,"让"字
句如何日译单靠语法、语义条件是无法解决问题的,还需考虑语用、
篇章甚至修辞等多个方面,具体如何处理要视情况而定。

　　9.3.2.3　请求类

　　"让"和「させる」都不能表示请求致使,需要用其他语言形式来
表达。汉语中最典型的是"请",日语中则是「てもらう」或者「てい
ただく」。①前文已经指出,相比"让""使"等致使动词,"请"与它们在
语义上有明显的不同。除此之外它们的词性也很不一样,"请"是一
个实义动词,而"让、使"是助动词。"请"可以直接在其后面添加完
成体标志"了1",比如"我请了他弹钢琴""我请了他来帮忙"等,而
"让、使"却不允许有这样的用法。汉语中的"请"多与日语中的「て
もらう」相对应,比如:

　　(73) 我请他弹了钢琴。/私は彼に頼んでピアノを弾い<u>てもら
　　った</u>。

　　(74) 学生请教授做了报告。/学生が教授に報告し<u>てもら
　　った</u>。

　　但是反过来,有些情况下,「てもらう」完全无法对应汉语中的
"请",比如:

　　(75) 私は先生に褒め<u>ていただき</u>ました。/﹡我请老师表扬

────────────

　　①　「ていただく」是比「てもらう」更尊敬的表达形式,二者的差异主要在于礼貌
程度。

了我。

(76) 来ていただいて、ありがとうございます。/ *我请大家来，非常感谢。

这说明"请"和「てもらう」有很大的不同，本节将对此展开论述，并试图揭示二者的本质差异。

i.「てもらう」的本质

「もらう」在日语中是一个授受动词，原本表示"获得、领取"等意义，与英语 receive 意义大致相当，如：

(77) 私は先生から本をもらった。/我从老师(那里)得到了一本书。(直译)

日语中的「受け取る」也表示"获得、领取"，比如：

(78) 歳暮を受け取った。/收到了年终礼品。

(79) 脅迫状を受け取った。/收到了威胁信。

（益冈隆志 2001，笔者译）

例(78)中的「受け取る」可替换为「もらう」，而例(79)则不可以。(78)和(79)的区别在于接受者所接受的事物不同，(78)中的宾语是"礼物"，是接受者喜欢的、对接受者有利的"物"；而(79)中的宾语是"威胁信"，一般来讲是接受者不喜欢的、对接受者不利的"物"。从这一对立可以推定，动词「もらう」要求其宾语是"主语喜欢的物体"，所以它比一般的接受动词的使用范围狭窄。益冈隆志(2001)指出授受动词「てもらう」经过语义扩张，由原来的动词演变为授受补助动词①，语义上从表示"对实物的领取"扩展为"对事件的领取"，比如：

(80) 私は先生に褒めてもらいました。

(81) 私は友達に行ってもらった。

柴谷方良(1978:305)曾分析了「てもらう」的句法结构，按照他的理论，以上例句的句法结构可分析为：

---

① 补助动词大致相当于助动词。

　　[私(が)　先生(に)　[先生が褒め](て)　もらった]

　　[私(が)　友達(に)　[友達が行く](て)　もらった]

　　例(80)可理解为:我从"老师"那里"领取/获得"的是"老师表扬",(81)可理解为:我从"朋友"那里"领取/获得"的是"朋友去"。松浦友子(2003)指出「てもらう」不能表示对主语不利的事件。这一点其实也很容易理解,因为授受「てもらう」的语义框架是【主语】+【领取/获得】+【对主语有利的物体】,所以当其作为补助动词时,主语所领取/获得的事件也必须是对主语有利事件,否则句子就很难成立,比如:

　　(82) *親は子供に死んでもらった。

"儿子死亡"对父母来说是绝对的"不利事件"。对于不利事件,人们通常都会避免去"获得/领取"。这应该是人类的共同属性。这也导致在语言上不大使用获取类动词表示遭受,即领取不利行为等意义。在汉语中的表现也大体如此,比如可以说"我得到了老师的表扬",但不会说"我得到了老师的批评"。但一个事件"是否有利"有时候还依赖于人的主观识解,如果一个客观上不利的事件被遭受者主观理解为有利的事件时,那么这种句子也是可以成立的。仁田义雄(1991)曾使用这样的例句:僕は先生に叱ってもらった。①该例句直译为汉语就是"我获得了老师的批评",即"老师批评了我/我被老师批评了"。与汉语译文不同,日文原文隐含了"老师对我的批评是对我的一种恩惠",这是说话人的一种主观识解。

　　作为一种受益表达形式,寺村秀夫(1982)等学者继承前人观点,认为「てもらう」句含有作用性②。奥津敬一郎、徐昌华(1982)对此提出了质疑,他们指出「てもらう」受益句只在部分句子中有 X 对 Y 的要求,将"X 对 Y 的要求"看作「てもらう」的一项语义特征是毫

---

　　①　「叱ってもらう」并不常见,在"中纳言"语料中仅搜寻到一例:いっそのこと、もっと怒りを露わにして叱ってもらったほうが気が楽になる。

　　②　所谓作用性是指在「Xは　Yに　Vてモラウ」中 X 对 Y 的要求或者请求。

无意义的,也是不正确的,「てもらう」的真正意义就是"利益取得"。仁田义雄(1991)大体上与此看法相同,将「てもらう」句从语义上分为"依赖受益型"和"非依赖受益型"。下面的语言事实证明奥津敬一郎、徐昌华(1982)等的说法是正确的,比如:

(83) 私は先生に褒めてもらった。/老师表扬了我。

这句话就没有 X 对 Y 的要求,因为不可能是在我的要求下"老师表扬了我"。对于有些「てもらう」句中有"要求"意义一般也是语用推理的结果,比如:

(84) 巡査に道を教えてもらった。/巡警告诉我该怎么走。①

通常情况下,如果我不向巡警问路,巡警是不会指路的。正是因为这样一个常识的存在,我们感觉到"我"对巡警有要求,但这不是「てもらう」自身的意义。

根据以上描述,可以看出「てもらう」实际上是表示"获得/领取"一个行为,而且这种行为大多是有利于自己的。「てもらう」的图式就可以表示为:

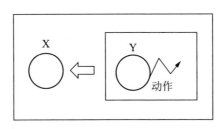

图 9-5 「てもらう」的意象图式

「てもらう」句凸显的是 X 从 Y 那里领取了一个受益行为。如果领取行为实现,那么所领取的事件则必然已经实现,所以在「てもらう」句中也存在结果无法取消的现象,比如:

(85) *プレゼントを買ってもらいましたが、買わなかった。

---

① 也可翻译成:我向巡警问了路。

「てもらう」并不关注该行为是因何产生的(是 X 的要求还是 Y 的主动),如果要明确显示 X 对 Y 的要求,那么可以通过添加表示请求的语言成分,使其凸显出来,比如:

(86) さきにいった対話のなかで、メノンの召使の少年を呼んできてもらって、幾何の図形をめぐってかれと対話をするのです。(大江健三郎『「自分の木」の下で』)

(87) 子供の頃よ。父親に頼んで買ってもらったの。私は一人っ子だったし、無口で友だちもいなかったから……(村上春樹『中国行きのスロウ・ボート』)

上述例句都表示 X 要求 Y 做某事,Y 做了某事,我"领取"了该事件,并从中受益。

ii. 与「てもらう」平行的汉语表达形式

「てもらう」句是日语中极为常用而又十分重要的语法形式,但对中国学生来说却不容易掌握。奥津敬一郎、徐昌华(1982)认为汉语中似乎没有与之相对应的形式,其实汉语中的"(承)蒙"与「てもらう」最为接近。在句法槽位上,二者表现得非常一致,都具有表 9-4 所列出的限制条件。

表 9-4　「てもらう」与"(承)蒙"的句法语义共性

	X 的限制	Y 的限制	地位关系	事件的限制
てもらう	多为第一人称	第二、三人称	X≤Y	对我有利
(承)蒙	多为第一人称	第二、三人称	X<Y	对我有利

我们看下面例子:

(88) 褒めていただいて、ありがとう。/承蒙夸奖,非常感谢。

"承蒙"与「いただく」相对应,"夸奖"与「褒める」对应,二者不同之处在于语序。汉语中"夸奖"在后,日语中是"夸奖"在前。语序的差异是汉日语基本语序决定的,如果将"夸奖"这一事件看作宾语,这里的语序正好与汉语的 VO 和日语的 OV 语序相一致。

"蒙"大致可理解为"蒙受",也属于"接受"范畴。接受了某行为也就是"领取/获得"某行为,所以"(承)蒙"也表示"领取/获得"行为。太田辰夫(1987:228)指出"蒙"在现代汉语中多用于对动作蒙受者来说是好的情况,这与「てもらう」也是一样的。"(承)蒙"只表示接受利益行为,至于行为是否是 X 的要求则不予关注。在"承蒙光临"中,"来到此处(光临)"既可能是我"请"的结果,也可能是别人主动到这里。"(承)蒙"句在结果的可取消性上也与「てもらう」完全一致,比如:

(89) a.前天蒙您赏饭吃。

?b. 前天蒙您赏饭吃,但我没吃。

c. 前天您让我吃饭,但我没吃。

总之,"(承)蒙"与日语「てもらう」具有共同的意象图式,类似的句法表现和语义特征,它们都表示"领取/获得"一个有利行为。所以理论上「てもらう」是可以与汉语"(承)蒙"对译的,事实也确实如此,如例(88)。但是由于"(承)蒙"有文言性质,使用频率较低;而「てもらう」则是日语中极为常见的表达形式,使用频率很高。再加上句法因素的干扰,①二者一般不直接对译。在"中日对译语料库"中将「てもらう」「ていただく」翻译为"承蒙"的有以下三例:

(90) もう十分よくしてもらったし、これ以上金までもらうわけにはいかないと断ったが、彼は金を受けとろうとはしなかった。/我谢绝说已经承蒙如此款待,哪里还能再要钱,但他执意不收回。(村上春樹著『ノルウェイの森』/林少华译《挪威的森林》)

(91) ニチイ設立当初の私たちは喜多村先生のお供をし、原社長のもとに連れていっていただき、何かと相談にのっていただいたものである。/在尼齐伊创建之初,承蒙喜多

---

① "(承)蒙"要求后面的宾语是双音节的事件名词(动名词),如"款待""厚爱""光临"等,而一般的行为动词如"跑""奔跑""购买"等不能做宾语。日语的「てもらう」没有这样的限制。

村先生带我们去见原总经理,并从各方面征求了他的意见。(岡本常男著『心の危機管理術』/潘金生、潘钧译《顺应自然的生存哲学》)

(92) 他の一人は五時を十五分程後らして持って行ったため、危うく跳ね付けられようとしたところを、主任教授の好意でやっと受理して貰ったと云った。/还有一个,刚过五点拿去,只迟了大约十五分钟,正在千钧一发眼看要被拒绝时,得到系主任帮忙,才算承蒙收下。(夏目漱石著『こころ』/周大勇译《心》)

从以上的译文可以看出,一些译者已经意识到了「てもらう」和"承蒙"的平行性,并将二者进行了对译。其中(90)和(91)的译文(汉语)可以接受,而(92)的译文则是误译,"才算承蒙收下"不符合汉语的表达习惯,令人不知所云。实际上这句话就是说"在主任的帮助下(对方)受理了论文",当然说话者认为这件事对自己也是有利的。这种意义用汉语很难直接表现出来。

另一方面,大多数的「てもらう」都翻译为"请"或"让"。"中日对译语料库"中共有「てもらう」句408个,译文中有99句将「てもらう」与"请"对应,有89句与"让"对应,这一现象反映了汉日民族不同的思维方式。"请、让"的意象图式与「てもらう」不同,前者表示"要求"对方做某事,而「てもらう」则表达了从对方那里"领取/获得"某事件。许慈惠(2007)指出日本人具有强烈的自我意识和顾及他人的意识。日本人不喜欢麻烦他人,不喜欢求人(不管是请求还是要求)。同时,日本人又有很强的恩惠意识,如果从他人那里得到了好处就会对该人一直心存感激。比如,日本人对「神様」(神仙)非常尊重,因为日本人认为自己的一切都是从「神様」那里领取到的。所以在日本人的意识当中,从某人 X 处领取到有利行为,也就意味着 X 是需要尊敬的人物。中国人和日本人都有拜神的风俗,日本人拜神既是祈愿、请求,也表达对神灵的感激;中国人拜神主要是请求神灵护佑,感恩是在祈愿实现之后才会兑现。这似乎有些牵强附会,但这种思维的差异一定程度上也反映在了语言上。日本人用「てもらう」句既反映了自我意识,即"我得到了好处",又避免了"要求别人、麻烦别人"的语言表达形式。许慈惠(2007)还指出,相较于日本人,中国人的自我意识很强烈,但是在顾及他人方面却意识淡薄。汉译时将「てもらう」处理为"请、让"体现了这种差异。尽管"请"比"让"礼貌程度高,但二者都是指示或要求对方发出行为,强调自我意识,为对方考虑得不多。同时,汉语中的"请"在语义句法上与日语中的「頼む」等请求类动词最为接近,比如"我请了他弹钢琴"就可翻译为「私は彼にピアノをひくように頼んだ」。但是这种请求用法在日语并不是最常用的,这也说明日本人传统上避免求人,或者给别人制造麻烦的特点。

9.3.3　允让类

允让致使中致使者并不对被使者发出积极的作用,而是不阻止被使者的行为、动作,所以允让致使和要求致使存在着明显的差异。在要求致使中,致使者首先对被使者发出要求,被使者在该要求下做出某种行为动作;而在允让类致使中,被使者首先有行动的意愿,然后才有致使者的允让。在汉日两种语言中,要求致使和允让致使在语言形式上并无差别,汉语用"让",日语用「させる」。允让类主要包括许可和放任,下面先看许可类。

9.3.3.1　许可致使

不少学者(蒋绍愚 2002;石毓智 2006 等)都指出,许可致使是汉语中典型致使和被动的衔接点。也就是说,在汉语中致使动词的用法由典型的致使逐步扩张为被动,许可致使是非典型成员。根据早津惠美子(2007),日语中「させる」表示许可的意义也是典型致使(要求类)演变而来。但是汉语的"让"原本就兼有"劝诱、谦让"的意义,与「させる」相比,要求的意义并不是太强,所以在无语境的情况究竟是表示要求还是允让具有很大的模糊性。吕叔湘(1999:461)指出,"我让他说了几句"既可以是"请他说了几句",也可以是

"允许他说了几句"①,究竟如何理解要依靠上下文才能判定。与汉语不同,日语「させる」的初始意义带有强制性特征,所以在缺乏语境的情况下,通常优先判断为要求致使。多数情况下,「させる」所表示的许可致使需要上下文或句中一些要素的辅助作用才能体现出来,这一点与汉语较为相似。比如:

(93) 子供がどうしても行きたいといったから、仕方なく行かせた。(孩子说无论如何也要去,我也没办法,只好让他去了。)

(94) 彼女が発言したがったから、発言させた。(她想发言,所以就让她发言了。)

(杨凯荣 1989:91,笔者译)

池上嘉彦(1981)指出在要求致使中,致使者的控制力要大于被使者的自控力,而在许可致使中,被使者自控力则大于致使者的控制力,从要求到许可构成一个连续统。由于是一个连续统,所以很多时候也无法判定「させる」是表示许可还是表示要求,比如:

(95) 彼らの若い恋を語らせて、それを聞くのを楽しみとしていたもあった。

(96) 日のあたった梨の下で岸本は二人の子供を遊ばせている乳母もあった。

(高桥太郎 2003:143)

高桥太郎(2003)指出,上面的句子处于许可和典型致使的中间阶段,例(95)既可以理解为"要求他们说",也可以理解为"允许他们说"。例(96)同样如此。

以上都是「させる」单独出现的情形,在日语中「させる」还经常与授受补助动词共现,常见的形式有:1)させてあげる、させてやる,2)させてもらう、させていただく,3)させてくれる、させてくださる,4)ておく。

---

① 还可以理解为被动,即"被他说了几句"。

　　第一组中的「てあげる」和「てやる」意义接近,基本意义都是
"给予";第二组中「てもらう」和「ていただく」意义接近,都表示"领
取";第三组中「てくれる」和「てくださる」意义接近,都是表示「别
人给我某物或某事情」;第四组「ておく」中的「おく」本身有放置的
意义。当致使动词与授受补助动词共现时,基本上都是表示允让致
使,比如:

　　(97) a. *太郎が行きたがらない次郎を行かせてやった。

　　　　　b. 太郎が行きたがらない次郎を行かせた。

　　　　　c. 太郎が行きたがっている次郎を行かせてやった。

(杨凯荣 1989:92)

　　在(a)中,「行きたがらない」(不想去)表明次郎没有去的意愿,
那么这里就只能理解为要求、指示或者强制,此时用「させてやる」
句子不成立,只能像(b)那样使用「させる」,以表示强制。(c)中「行
きたがっている」(想去)表明次郎有去的意愿,此时「させてやった」
句子成立。从(a)(b)(c)的比较中可以看出,「させる」和「やる」的复
合形式共同表现允让致使。再看一例:

　　(98) a. 友人を自分の家に泊まらせた。

　　　　　b. 友人を自分の家に泊まらせてやった。

(杨凯荣 1989:92)

　　(a)表示致使者积极地将朋友留宿在自己家中,而(b)则表示在
朋友的许可下得以留宿在朋友家中,这也说明「させてあげる」是表
示允让致使的。

　　「させてくれる」是「てくれる」句的一个次类,「てくれる」在日
语中处于较为特殊的地位。久野暲(1978)指出日语的视点通常是
第一人称,主语是"我",而「てくれる」是一个例外,其主语是「他
人」。所以,「てくれる」与「てあげる」也有所不同,可以表示被使者
希望致使者给予一个许可,比如:

　　(99) おなかがすいたよ。ご飯を食べさせてくださいよ。/肚
　　　　　子饿了,让我吃点饭吧。

「させてもらう」也可看作「てもらう」句的一个次类。前文已经指出,「てもらう」表示"领取一个有利于自我的行为",那么「させてもらう」中的「Vさせ」自然就表示许可,因为只有领取到一个许可才会意味着对我是有利的,比如:

(100) 発言させていただきます。/请允许我发言。

总的来看,「让」和「させる」都有语义模糊的一面,在单独的句子中有时难以判定是要求还是许可。但是不同之处在于,日语「させる」在许可致使上有更丰富的表现手段,除了上下文,还可以利用与授受补助动词共现的方式,而汉语在表达许可意义的时候只能依照上下文或语境进行判定。

9.3.3.2　放任致使

放任是致使中非常边缘的一种类型,它表示致使者完全不干涉被使者的行为。这一点许可与放任有一定的共性,二者的不同之处在于许可致使通常都是被使者在致使者许可的基础上才发生行动、动作,而放任致使中被使者可能是不经致使者的许可而发生行动、动作。下面例句表示的是典型的放任致使:

(101) 小孩子哭闹的时候就让他哭闹,不要理他。≈放任他哭闹。

(102) 勝手に怒らせておけ。(让他生气去吧。)

许可和放任是致使连续统上的两个相邻的节点,二者之间也存在着模糊性,这在汉日语中也有相同的表现,比如:"让孩子随便玩",究竟是"许可"还是"放任"? 似乎都可以。类似的,日语「させる」致使句在很多时候也会产生语义模糊的现象,比如:

(103) 本人のためになるのかどうかよく分からなかったが、とにかく、娘の希望通り、海外留学させた。/不知道是不是为了我自己,总之,遵照女儿的希望让她到海外留学去了。

(高桥太郎 2003:142,笔者译)

例(103)既可以理解为许可也可以理解为放任女儿去海外留学。

　　可见,汉语"让"和日语「させる」都具有处于"许可"和"放任"中间地带的用法,说明二者在致使这一连续统上具有很强的一致性,但是它们并不完全等同,有时候甚至有相当大的差异。张麟声(2001)曾对此有过一些讨论,请看下面例句:

(104) 盖了房子要出租,盖好了却又<u>让它空着</u>,你这是干什么?

　　　　/*賃貸にするからと言ってアパートを建てた、しかし建てたら立てたでいつも<u>空かせている</u>、あなた一体どうする気なの。

　　　　/賃貸にするからと言ってアパートを建てた、しかし建てたら立てたでいつも<u>空いたままにして</u>、あなた一体どうする気なの。

(105) A:(准备要出门)把炉子关了吧。

　　　　B:不用,就<u>让它着着</u>吧。

　　　　/A:(出かけるまえに)ストーブを消しておこうか。

　　　　B:いいえ、<u>そのままにして</u>おいて。

　　　　/A:(出かけるまえに)ストーブを消しておこうか。

　　　　*B:いいえ、そのまま<u>燃えさせて</u>いいです。

(106) 一天二十四小时老<u>让电视开着</u>,能不费电吗?

　　　　/一日二十四時間テレビを<u>つけっぱなしにして</u>いるんだから、電気代がかかるはずだよ。

　　　　/*一日二十四時間テレビを<u>つけさせている</u>んだから、電気代がかかるはずだよ。

(张麟声 2001:180)

　　在上面的例句中,"让"都表示"放任、不干涉"。但是翻译为日语都不能使用「させる」。张麟声(2001:180)认为,这是由于汉语"让"致使句中被使者可以是"人"也可以是"物",而日语「させる」致使句中被使者只能是"人",从而导致二者不能对应。这能够较好地解释以上汉日语致使动词在表达放任致使时的差异,但是日语「させる」中被使者并非只能是"人",比如:

(107) ゼリーを冷蔵庫に入れて固まらせた。/把果子酱放入冰箱,让它凝固。

(108) 汚染した水を河に流れさせた。/让污水往河里流。

(郑圣汝 2006:193,笔者译)

(107)(108)中的被使者分别是「ゼリー」(果子酱)、「汚染した水」(污水)都是"非人",但可以用在表示放任的「させる」致使句中。所以,仅仅依靠"人"与"非人"还不能有效说明表放任的"让"与「させる」的差异。其实「させる」致使结构中被使者与结果动词之间存在着一定的逻辑关系,在「N1　N2　Vさせる」中,N2 必须具有 V所表示的动作、行为的潜在能力。在上述例句中,"果子酱"有"凝固"的能力,"污水"有"流动"的性质,所以这些句子都可以成立。这种潜在能力也就是动作、行为或者变化的能力,而在张麟声(2001)的例句中"房间空着""炉子着着""电视开着"都是状态的持续,而不是行为、变化的发生,所以翻译为日语就不能使用「Vさせる」。总之,日语「Vさせる」致使句中被使者也可以是"非人"名词,但不能用于放任状态延续,而只能用在放任某物自身发生变化的情形。

9.3.4　因果致使

因果致使在致使的语义系统中处于较高的节点位置,是和控制致使相平行的致使类型。在日语中用致使结构「Vさせる」表示因果关系是较为特殊的用法,本节我们将从致使者的成员、致使者的意图性、被使者的意愿性等几个方面讨论汉语"让"和日语「させる」的共性和个性。

9.3.4.1　致使者槽位的成员

表因果的致使句与其他致使句在句法上的一个重要区别在于,因果致使句中的致使者比控制致使更复杂。在控制致使中,致使者基本上是人,因为只有人才具有控制力。而因果致使中致使者(句中主语)并不具有控制力,它只是一个"触发者",既可能是"人",也可能是"物"或者"事"。汉日致使结构在致使者槽位上的成员有较

为相似的表现,比如:

(109) 你们等着,<u>我</u>十天之内让她俯首帖耳。(史铁生《插队的故事》)

(110) <u>你</u>使我认识了一个又一个生活中平凡而伟大的英雄,你让我在他们身上看到自己的追求。(张海迪《轮椅上的梦》)

(111) <u>他</u>使我一想起爸爸就脸红,不敢在同学面前提起"我的爸爸"。(戴厚英《人啊,人》)

(112) <u>登美子の産んだ孫</u>は母を悲しませ、康子の産んだ孫は母を狂喜させる。(石川達三『青春の蹉跌』)

(113) <u>お前たち</u>は時々叔父さんをびっくりさせた。(佐藤里美1990)

上述句子中的"我、你、他"、「孫」、「お前たち」都是有生命的人,在句子中充当致使者。下面的句子中致使者则是无生命的物、事等名词。

(114) <u>这声音</u>使我想起了昨夜那优美的钢琴曲,我的心怦然一动。(张海迪《轮椅上的梦》)

(115) <u>学者的话</u>使倪藻吃了一惊。(王蒙《活动变人形》)

(116) 両性の相尅するような<u>家庭</u>は彼を懲りさせた。(佐藤里美1990)

(117) 海の恐ろしいまでな<u>情熱</u>が私を興奮させてしまった。(佐藤里美1990)

致使者还可以是一个完整的事件,比如:

(118) 火车迎着风雪疾驶,在一阵剧烈的震响中,另一列火车从对面交错而来,<u>急骤闪过的窗口不停地晃着我的眼睛</u>,使我感到眩晕,我连忙低下头。(张海迪《轮椅上的梦》)

(119) 静静的屋子,静静的院子,周围没有一点象征生命的声音,我不知道该怎样度过又一个寂寞而漫长的日子,心里越发感到空荡荡的,忍不住放声大哭。<u>我的哭声在屋里</u>

泛着回声,更使我感到孤独的可怕。(张海迪《轮椅上的梦》)

(120) 柿の木の幹の影から黒い小さな人影が、不思議にも足元なしに現れてきた! その人影が小さかったことが彼をいくら安心させた。(佐藤里美1990)

尽管人、物、事件都可以充当致使者,但是这三者充当致使者的难易度是不同的。袁毓林(2002)指出"使"字句的主语大多表示事件和抽象事物,只有少数是指人的。宛新政(2005)、陈秀娟(2010)、李炯英(2012)都专门统计过因果致使句致使者的成员分布情况。虽然每个人的数据有所出入,但他们的结果普遍显示人名词直接作致使者的情况比较少见,所占比例都在10%之下。

日语致使结构中致使者的分布与汉语非常相似。佐藤里美(1990)指出日语因果致使句中致使者通常都是事件、事实、现实、样态、样子等等抽象名词,只有少数情况人名词直接充当致使者。她将人名词在因果致使中的情况总结为:

人が人を	いらだたせる	わさがせる	わらわせる
	嘆じさせる	激昂させる	心服させる
	わずらわせる	おそれさせる	いやがらせる

可以看出,人名词充当致使者的情况仅限于部分情感类动词。佐藤里美没有统计人名词致使者究竟占到多大的比例,国内外日语学界似乎也没有做过更详细的调查。造成这一局面也是有客观原因的,因为「させる」的语义范围跨度较大,而且用法复杂,对于非母语者来说,有些情况也难以做出准确的判定。因此我们采取了另外一种办法,就是根据佐藤里美(1990)的研究,选取了10个较为典型的非自主动词①,然后用这些词的致使形式进行搜索,观察这些句子中致使者的分布情况。这10个词分别是:

_____

① 主要是状态动词。

| 失望する | 喜ぶ | 困る | 満足する | 感動する |
| びっくりする | 怒る | 恐れる | 楽しむ | 悲しむ |

我们以这些词的致使形「Vさせ」为关键词在"中日对译语料库"进行穷尽式检索,最终找到有效例句 48 个①。这一结果也证明因果致使在日语中是非常边缘的。48 个例句中致使者为人的有 10 例,其中只有下面 4 例未对致使者添加补充说明的成分,占因果致使句的 8%。

(121) こんないいお母さまを、私と直治と二人でいじめて、困らせ弱らせ、いまに死なせてしまうのではなかろうかと、「お母さま」と思わず言った。(太宰治『斜陽』)

(122) けれどもKはやはり私を満足させるような答をしません。(夏目漱石『こころ』)

(123) あたしは何も、譲治さんの好奇心を満足させる義務はないわよ。(谷崎潤一郎『痴人の愛』)

(124) 登美子の産んだ孫は母を悲しませ、康子の産んだ孫は母を狂喜させる。(石川達山『青春の蹉跌』)

其余致使者为人的 6 个样例中,要么致使者前面有一个长修饰语,要么有一个补充说明的成分,如:

(125) 自分たちのかたわらに、何喰わぬ顔をして、一人の未来の犯人が火鉢に手をさしのべていることに、少しも気づかぬ彼らが私を喜ばせた。(三島由紀夫『金閣寺』)

(126) とき折、へんな質問をしつこく繰り返して先生を困らせました。(中沢次郎、鈴木芳正『ひとりっ子の上手な育て方』)

(125) 中的致使者(彼ら)有一个长定语「自分たちのかたわらに、何喰わぬ顔をして、一人の未来の犯人が火鉢に手をさしのべていることに、少しも気づかぬ」。定语具有述谓性,这个长定语表

---

① 有些例句是致使被动句,被我们排除在外。

明致使者的某些行为、动作使得我"开心"。(126)中的致使者「私」虽然没有定语，但是有类似于方式状语的小句「とき折、へんな質問をしつこく繰り返して」(不断地问一些奇怪的问题)，从而使得"老师哭笑不得"。日语中的定语及其他补足成分已经导致"人"名词不再是一个单纯的生命体，在这些补足成分的作用下，致使者更倾向于一个事件的主体。

其他的 38 个例句中致使者都是事物或事件，比如：

(127) 一学期にわずか三日間が充てられている接心を怠ったことが、老師をいたく怒らせた。(三島由紀夫『金閣寺』)

(128) また、ボクを悲しませたのが、病院の規則。(乙武洋匡『五体不満足』)

像(128)那样单纯表示事物的只有 7 句，约占 15％的比例，其他全部都是像例(127)那样的事件。可以看出，日语因果致使句中致使者成员优先选择事件，其次是事物，最后是人。陈秀娟(2010)统计了汉语中致使者成员的分布情况，在等级上也是事件＞事物＞人。所以无论是汉语还是日语，单独的"人"名词一般都不直接充当致使者。"事物"名词虽然能够直接充当致使者，但是通常在句子中或上下文中也都有必要的补充或说明成分。

那么为什么汉日语中人名词都很难单独充当致使者呢？汉语界很早就已经注意到汉语中单纯的人、事物名词充当致使者时语义都是不完整的(李临定 1986；袁毓林 2002；陈秀娟 2010；李炯英 2012 等)。李临定(1986:142)指出，"'使'前面可以是指人名词(致使者)，比如：你使我很为难。但如果仔细体会就会觉得这里的'你'一定是做了某件事情才'使我很为难'，动词'使'的特点是要求前面表示事件的词语"。范晓(2000)认为"人"名词一般不直接做致使者，致使者槽位上要求出现的是全句的使因，单个名词充当致使者会使语义不完整。袁毓林(2002)则进一步指出，不仅是"人"名词，单纯的事物名词充当致使者整句也会导致语义不完整。在"使"字句中,名词性主语隐含了一定的谓词性成分表达的意义,比如:"数字使人眼花"可能是因为数字的密密麻麻而使人眼花;"日本人使老者的智慧与善心都化为乌有"中的"日本人"实际指的可能是日本人的狡猾、残暴等意义。

　　人名词直接充当致使者会导致句子语义不完整可以说是普遍的现象。为了使语义完整,通常需要一个事件充当主语,或者通过其他手段来实现这一目的。按照词汇语义学的理论,因果致使句可形式化为[EVENT1] CAUSE [EVENT2],由于换喻机制的存在,EVENT1 在语言表面可能表现为一个事件,也可能是该事件的施事、受事或者工具等。换喻的结果会导致信息的不完整,如:"他使我很开心"一般是"他做了某件事"使得"我很开心",但是具体是什么事却无从得知。会话原则有一条"量的原则",要求话语要满足一定的信息量。在缺少语境的情况下,"人"致使者会导致信息量不足,这是"人"较少作为致使者的主要原因。

　　9.3.4.2　致使者的意图性和被使者的意愿性

　　汉语"使、让"和日语「させる」因果致使句在致使者的意图性上具有一致的表现,致使者既可能是有意图的,也可能是无意图的。

　　(129) 你们等着,我十天之内让她俯首帖耳。(史铁生《插队的故事》)

　　(130) 你使我认识了一个又一个生活中平凡而伟大的英雄……(张海迪《轮椅上的梦》)

　　(131) 他使我一想起爸爸就脸红,不敢在同学面前提起"我的爸爸"。(戴厚英《人啊,人》)

　　(132) 登美子の産んだ孫は母を悲しませ、康子の産んだ孫は母を狂喜させる。(石川達山『青春の蹉跌』)

　　(133) お前たちは時々叔父さんをびっくりさせた。(佐藤里美 1990)

　　例(129)中"我"必然是有意图的;例(130)(131)中致使者倾向于无意图。日语的例(132)和例(133)可能是有意图的,也可能是无

意图的。如果要明确表明致使者是否具有意图性,可以通过添加副词等手段凸显出来,比如:

(134) 我不小心让他生气了。(无意图)

(135) 我故意让他难堪。(有意图)

(136) うっかりしてことを言って彼を怒らせてしまった。(无意图)

(137) 癌治療のひとつに、わざと患者に肺炎を起こさせるという方法があるのをご存知でしょう。(菊地秀行『紅蜘蛛男爵』)(有意图)

汉语和日语都可以通过增加句子成分让致使者表现出意图性,但其他语言的致使结构却未必能够如此。比如马拉地语的致使结构中致使者槽位只允许是人,而且必须具有意图性(Pardeshi 2000)。当然,致使者是物或事时,致使者自然也就不存在意图性了。

在因果致使中,被使者的意愿性通常是被抑制或者是不体现的。因果致使只要求结果是自发事件即可。牛顺心(2014)认为下面的句子体现了被使者的意愿性:

(138) 让我再也不愿意见她们就这么毁了我们的友谊。

(139) 冤屈、愤恨、与自己的无能,使她们愿意马上哭死。

(牛顺心 2014:41)

根据 Dixon 等学者的定义,意愿性指的是被使者是否愿意做某事,而不是是否愿意变化。在因果致使句中,基础动词大多是BECOME 类动词,所以被使者的"意愿性"并不适用于上述句子。(138)(139)中的"愿意……"主要表示一种心理活动,并不是说某人先想要这么做,然后才有意识地去经历这种心理活动,而是在致使者的影响下,自然而然地产生了这样的想法或者变化。类似的,日语也是如此,即因果致使中不应考虑被使者的意愿性这一参项。

9.3.4.3　因果致使句在汉日语中的地位

根据陈秀娟(2010)的调查,汉语因果致使句在翻译文(英译汉)中使用的比例是非翻译文的 11 倍。可以说,汉语中因果致使句的激增应该受到了翻译的影响。①陈秀娟认为这是因为译者过多地关注了"形式"上的对应,使得人名词和代词较多地出现在致使者槽位上。其实,对于汉语来说,翻译对因果致使句的影响可能并不大,因为"使"很早就已经能够表示因果致使,比如:

(140) 既往既来,使我心疚。《诗经》

(141) 是以有衮衣兮,无以我公归兮,无使我心悲兮。《诗经》

(张丽丽 2006)

"让、叫"虽然出现的较晚,但是在明清小说以及更早之前的小说中已经有表因果致使的句子,比如:

(142) 老弟,你为什么就去了这些时,叫我终日盼望。《儒林外史》

(143) 贾政亦知贾母之意,撺了自己去后,好让他们姊妹兄弟快活。《红楼梦》

(牛顺心 2014:57)

以上这些例句都是表示因果致使,而非控制型致使。如果说西方文献的翻译对汉语"让、使"致使句(因果致使)有影响的话,其影响在于使这类句子数量上得到了增加;而对于日语,翻译的影响则是根本性的,它导致了日语因果致使句(表示因果关系的「させる」句)的产生。佐治圭三(1984)、佐藤里美(1990)、影山太郎(2001)等都指出日语中非人名词充当致使者是日本人翻译西方文献过程的产物,这类句子最早出现在明治时代,是随着西方文献的不断引进而发展起来的。如果从明治时期算起,那么因果致使句在日语中已存在了 200 多年,但是至今这种致使句在日语中还没有定型,基本

---

① 陈秀娟(2010)统计了北大语料库(共 264444436 字)中翻译文体和非翻译文体中"他使……"句的数量情况,结果发现 64％的"他使……"出现在只占 13.8％的翻译文体中,而在占全部预料 86.2％的非翻译文体中只有 36％的"他使……"。通过换算得出该比率约为 11∶1。

只出现在书面语中,日常会话中人们不会使用这样的句子(佐藤里美 1990)。像「彼の振る舞いが私を困らせた(他的行为让我很为难)、この薬は君を気分よくさせる(这个药能让你舒服一些)」这类句子都有很浓重的翻译腔(影山太郎 2001:72)。所以汉语中"这件事让我非常感动"虽然可以用「させる」致使句来翻译,如「このことは私を感動させた」,但是日语中最自然的说法是「私はこのことに非常に感動した」(佐治圭三 1984),而非致使句。

9.4　本 章 小 结

对比过程中不可避免地要涉及语义参项,因此我们在借鉴类型学已有成果(即 Dixon 所总结的九个参项)的同时,也加入了一些其他参项,如致使者及被使者的生命度、社会地位等等。本研究依据这些参项,详细比较了"让"和「させる」的各种语义类型下的共性和个性,具体如下:

第一,直接致使在日语中主要用动词,汉语则用动结式表达。日语「させる」可以表达边缘的直接致使,而汉语的"让"没有此用法。此外,日语还有「～く・にする」「～める」等形式来表达直接致使,根据量化分析的结果,前者主要表达具体义,后者表达抽象义。

第二,日语「させる」和"让"都能表示指示致使,但"让"不表示强制致使,而「させる」既可以表示强制致使也可表示非强制致使。表示非强制致使时,在致使者的意图性、生命度、参与度、被使者的意愿性、自控度上都有较为一致的表现。尽管如此,日语「させる」和"让"还存在着三个方面的不同,即:被使事件的已然性、致使者和被使者的社会地位关系、被使者的人称限制,这三方面的不同导致汉语中的"让"经常无法对应日语中的「させる」。

第三,"让"和「させる」都不能表达请求致使。日语通常用「てもらう(ていただく)」,汉语用"请"。「てもらう」的本质是领取一个有利行为,而"请"是请求对方发出一个行为。这种表达上的差异

反映了汉日思维方式的差别：日本人不喜欢麻烦别人，避免直接使用"请求"的表达方式，所以用"领取"来表达对给予者的敬意；而中国人则较为直接地使用"请"这一请求的表达方式。

第四，「させる」和"让"都能表示允让致使，二者也都具有语义模糊性。但在句法表现上日语「させる」常与授受补助动词共现，从而构成一个构式；而"让"是否表示允让则只能通过上下文判断。另外，在被使者的分布上，汉语和日语中都允许非生命物的出现，但是日语要求被使者和结果动词必须有逻辑上联系，即：结果动作的发生、变化必须是被使者所具备的能力，否则句子不成立。而汉语则没有这种限制。

第五，汉语"让、使"和日语「させる」都能表示因果致使，在致使者的生命度、意图性、被使者的意愿性等方面表现出较高的一致性。尤其在致使者的生命度方面存在一个共性，即：事件＞事物＞人。这一共性应该是人类语言的共性，其原因在于因果致使中事件是真正的致使者。"人"或"事物"充当致使者的机理是换喻机制，但这会导致语义的不完整，需要借助其他辅助手段。汉语和日语的一大不同在于「させる」句表示因果致使是翻译影响的结果，不是日语固有的用法，所以在日常用语中都避免使用，"让、使"受翻译的影响没有日语那么大，它们一直是汉语中常用的致使动词。

第十章　起动和使动交替的类型学研究

10.1　引　　言

如下例所示,英语的 open 和汉语的"开"都兼有及物和不及物两种性质。

(1) a. I opened the door.　　b. The door opened.

(2) a. 我开了门。　　　　　　b. 门开了。

(1a) 中的 open 是及物动词,表示的是在施事"我"的作用下,"门"开了。(1b)中的 open 是不及物动词,没有施事,似乎是门自然地开了。例(2)的汉语与此相同。很明显,(1a)和(1b)中的 open 虽然是同一个形式,但句法及语义都有明显的差异。我们将前者称为"使动",将后者称为"起动"。表示使动概念的 open 是使动动词,标为 open$_{(t)}$,表示起动概念的 open 是起动动词,标为 open$_{(i)}$,前者为及物形式,后者为不及物形式。这种现象在语言学上被称作起动和使动的交替,像 open 这类既有及物用法又有不及物用法的动词一般称作"起动/使动"交替动词(causative alternating verbs)。

从跨语言的角度来看,像英语和汉语这样用同一个动词来表达起动和使动的现象并不太常见,很多语言在表达这两种概念时会使用两个不完全同形或者毫不相干的语言形式,如例(3)所示,日语就是采用形态上相关的两个动词。

(3) a. 私はドアを開けた。／我开了门。

　　b. ドアが開いた。　　／门开了。

例(3a)中的动词「開ける」相当于 open$_{(t)}$,例(3b)中的动词「開く」相当于 open$_{(i)}$,前者表示使动,后者表示起动,前者由后者派生而来。在 Koryak 语中,表达使动概念和相应的起动概念时会用两个完全不同的词,比如与 fill 意义相当的是 jəlli-k 和 j-ə-cʕ-et-ə-k,起动和使动之间没有派生关系①。

　　起动和使动是两类不同事件,但二者又有密切的联系。使动事件与起动事件的差别在于前者比后者多了一个施事,使动蕴含起动。因此,人类语言在表达起动和相应的使动概念时所使用的语言形式通常也有一定的关联。像日语、土耳其语等许多语言都会用形态上相互关联、具有派生关系的两个动词来表示起动和使动。由此可引出一个问题,那就是表起动概念的动词和表使动概念的动词在派生方向上是怎样的一种情况? 从事件的复杂性来看,使动比起动更为复杂,而复杂概念通常用复杂的形式来表示。这样一来,似乎可以推断起动动词是基本动词(basic verb),相应的使动动词是由起动动词派生来的。但事实并非如此简单。有些语言中使动动词是无标记的,而起动动词则是有标记的,也就是说起动动词是由使动动词派生而来,比如俄语表使动的"融化"(melt₍ₜ₎)为 rasplavit',而表示起动的"融化"(metl₍ᵢ₎)是 rasplavit'-sja。前者是基础动词,后者是派生动词。即便在同一语言中,不同概念的动词也会有派生方向上的差异。比如例(3)表示 open 意义的日语动词词对中,使动动词派生自起动动词,但是表示燃烧意义的动词则正好相反,使动动词是「やく」(yaku),起动动词是「やける」(yakeru),前者为基础动词,而后者为派生动词。

　　那么,人类语言中这种起动/使动交替的整体情况是什么样的? 是否有一定的规律? Haspelmath(1993)通过对 21 种语言的考察归纳了人类语言起动/使动交替的倾向性规律,但他的研究有局限性(详见 11.3),我们将按照 Haspelmath 的思路做更大规模的跨语言研究,对 Haspelmath 提出的等级序列进行修正,并在此基础上观察

---

　　① 关于 Koryak 语的起动和使动的交替,可参看附录 2。另外,正文中对各种语言的交替形式的描述均基于附录 2,后面不再一一说明。

汉日语起动/使动交替的特征。

10.2 人类语言中起动/使动的交替模式

人类语言中起动和使动的交替模式首先可以分为两大类:派生模式和非派生模式。派生模式主要指通过形态变化来表达起动和使动概念,具体有 3 种类型,即致使交替(causative alternation)①、反致使交替(anticausative alternation)和等价交替(equipollent alternation);非派生模式有两类,分别是易变交替(labile alternation)和异干交替(suppletive alternation)。

(1) 致使交替(C)。起动动词是基本动词,使动动词由起动动词派生而来。这是一种及物化操作,也就是将不及物动词(起动动词)通过形态变化使其成为及物动词(使动动词)。比如:

德语:a. enden(finish$_{\langle vi \rangle}$)   be-enden(finish$_{\langle vt \rangle}$)

日语:b. aku(open$_{\langle vi \rangle}$)   akeru(open$_{\langle vt \rangle}$)

德语中的及物动词 be-enden 由不及物动词 enden 添加前缀 be 构成,日语的及物动词 akeru 由不及物动词 aku 添加词缀 e 构成。交替词对中起动动词是无标记的,而使动动词是有标记的。

(2) 反致使交替(A)。与致使交替相反,在反致使交替词对中,使动动词是基本动词,起动动词由使动动词派生而来,比如:

德语:a. umdrehen(turn$_{\langle vt \rangle}$)   sich unmrehen(turn$_{\langle vi \rangle}$)

日语:b. oru(break$_{\langle vt \rangle}$)   oreru(break$_{\langle vi \rangle}$)

德语中的不及物动词 sich unmrehen 由及物动词添加前缀 sich 构成,日语的不及物动词 oreru 由及物动词 oru 添加词缀 e 构成。交替词对中使动动词是无标记的,而起动动词是有标记的。

---

① "致使交替"实际是指通过致使化进行"起动/使动"的交替。后面的"反致使交替""等价交替""易变交替""异干交替"指的都是交替的方式,而不是进行交替的对象。

（3）等价交替（E）。起动动词和使动动词由同一词干派生而来，二者之间无明显的派生方向，比如：

德语：a. versinken(sink⟨vi⟩)　　　versenken(sink⟨vt⟩)

日语：a. naoru(improve⟨vi⟩)　　　naosu(improve⟨vt⟩)

对比使动和起动两个形式会发现，二者都有一个基本的词根，如日语的 nao，及物动词添加词缀 su，不及物动词添加词缀 ru。

（4）易变交替（L）。起动动词和使动动词在词形上完全相同，比如：

德语：kochen(sink⟨vt/ vi⟩)

日语：hiraku(open⟨vt/ vi⟩)

（5）异干交替（S）。起动动词和使动动词在形态上毫无关联，比如：

德语：a. sterben(die)　　　　b. töten(kill)

日语：a. sinu(die)　　　　　b. korosu(kill)

这 5 种模式可形式化为下表，其中 x 为一个动词或词干，y 是另一个动词，α 和 β 是两个不同的语素。

表 10 - 1　起动和使动的交替模式

	致使交替	反致使交替	等价交替	易变交替	异干交替
起动动词	x	x＋α	x＋α	x	x
使动动词	x＋α	x	x＋β	x	y

10.3　以往研究概述

跨语言的研究表明有些动词偏向于使用致使交替模式，有些动词则偏向于反致使交替模式。Haspelmath(1993)选取了 31 个较为典型的起动动词和使动动词交替对，通过对 21 种语言的调查和统计发现，它们在致使交替和反致使交替的倾向性上存在着一个等

级,具体如下:

表 10 - 2　31 对起动—致使动词对的交替模式

		total	A	C	E	L	S	A/C
1	boil	21	0.5	11.5	3	6	0	0.04
2	freeze	21	2	12	3	4	0	0.17
3	dry	20	3	10	4	3	0	0.30
4	wake up	21	3	9	6	2	1	0.33
5	go out/put out	21	3	7.5	5.5	3	2	0.41
6	sink	21	4	9.5	5.5	1.5	0.5	0.42
7	learn/teach	21	3.5	7.5	6	2	3	0.47
8	melt	21	5	10.5	3	2.5	0	0.48
9	stop	21	5.5	9	3.5	3	0	0.61
10	turn	21	8	7.5	4	1.5	0	1.07
11	dissolve	21	10.5	7.5	2	1	0	1.40
12	burn	21	7	5	2	5	2	1.40
13	destroy	20	8.5	5.5	5	1	0	1.55
14	fill	21	8	5	5	3	0	1.60
15	finish	21	7.5	4.5	5	4	0	1.67
16	begin	19	5	3	3	8	0	1.67
17	spread	21	11	6	3	1	0	1.83
18	roll	21	8.5	4.5	5	3	0	1.89
19	develop	21	10	5	5	1	0	2.00
20	get lost/lose	21	11.5	4.5	4.5	0	0.5	2.56
21	rise/raise	21	12	4.5	3.5	0	1	2.67
22	improve	21	8.5	3	8	1.5	0	2.67
23	rock	21	12	40	3.5	1.5	0	3.00

续表

		total	A	C	E	L	S	A/C
24	connect	21	15	2.5	1.5	1	1	6.00
25	change	21	11	1.5	4.5	4	0	7.33
26	gather	21	15	2	3	1	0	7.50
27	open	21	13	1.5	4	2.5	0	8.67
28	break	21	12.5	1	4	3.5	0	12.50
29	close	21	15.5	1	2.5	2	0	15.50
30	split	20	11.5	0.5	5	3	0	23.00
31	die/kill	21	0	3	1	1	16	—
	Total	636	243	164.5	128.5	69	31	—

上表统计了 31 个词对①在 21 种语言中总体的派生情况。最能反映致使交替和反致使交替的数值是 A/C,某个动词的 A/C 数值越小,说明这一对使动/起动的概念在人类语言中偏向于致使交替,值越大则说明偏向于反致使交替。从上表可以看出,从 boil 到 split,起动和使动的交替逐渐从致使交替过渡到反致使交替。Comrie(2006)在 Haspelmath(1993)的基础上增加了瑞典语(Swedish)、契兹语(Tsez)和马其他语(Maltese),并采用一种新的方法来验证 Haspelmath 的假设。他将 30 个动词(由于 die/kill 在各种语言中只有异干交替一种形式,故未列入考察对象)分为两组,动词 1 至 15 为 A 组,动词 16 至 30 为 B 组。由于从 1 至 30 致使交替的倾向越来越弱,反致使交替的倾向越来越强,所以在个体语言中 A 组动词所表示的情形采用反致使交替的动词对在数量上必然小于 B 组。相反,B 组所表示的致使交替动词对在数量上必然小于 A 组。Comrie 统计的结果整体上支持 Haspelmath(1993)的

---

　　① 尽管表中用的大多为一个动词,如 open,但实际上指的是词对,即 open$_{(t)}$ 和 open$_{(i)}$。

假设。

Haspelmath(1993)是关于起动和使动动词交替最为经典的论文之一,其提出的理论假设也受到学者们的广泛引用。不过该文还存在一些不足,主要表现在:

首先,语言样本少,分布不均衡。Haspelmath(1993)只收集了21种语言。Comrie(2006)的语言样本虽然有所扩大,但也仅仅增加了3种语言而已。而且,这两篇论文中的语言样本在地域及语系上缺乏均衡性,大多数都集中在欧亚大陆和印欧语。Nedjalkov(1969)所采用的语言样本有60种之多,但是该文只调查了4个起动和使动词对。

其次,对各语言样本中起动和致使交替模式的确定上存在着偏误,从而导致最终整理的数据不够准确。Haspelmath(1993)对样本语言中起动和使动词对的确定主要是通过词典对照的办法,如通过词典查找样本语言中 open 的对应形式,然后再确定样本语言中表达这一语义的动词的交替模式。但是这种方法并不太精确,因为词典中可能只列出某一概念的1组交替对,而实际上则是2种甚至更多。比如日语中表示 burn 义的交替对是两组,分别是「焼ける、焼く」和「燃える、燃やす」,但 Haspelmath(1993)只描写了1组,并且将其赋值为 E＝1①。其实,日语的「焼ける、焼く」是 A型,而「燃える、燃やす」是 C 型,所以这一组的值应该是 A＝0.5,C＝0.5。

Comrie(2006)曾对 Haspelmath(1993)中芬兰语和德语的数据做了部分的修改,尤其是在芬兰语的数据上变动极大。

---

① 　赋值的方法是:如果起动和使动概念的表达只有一种模式(假设为 A 型),那么就设 A＝1,如果有两对且模式不同(假设分别为 A 型和 C 型),则 A＝0.5,C＝ 0.5;如果有三对,且模式完全不同(假设分别是 A 型、C 型和 E 型),则 A＝0.33,C＝0.33,E＝0.33;如有三对且有两对模式相同(假设有两对是 A 型,一对是 C 型),则 A＝0.66,C＝0.33。

表 10 - 3　Comrie(2006)与 Haspelmath(1993)对芬兰语赋值的差异

	A	C	E	L	S
Comrie(2006)	4.5	14	6.5	0.5	1.5
Haspelma(1993)	12	13.5	0.5	0.5	1.5

　　上表中芬兰语中的 A 值在 Comrie(2006)中界定为 4.5,而
Haspelmath(1993)界定为 12;E 值在 Comrie(2006)界定为 6.5,而
Haspelmath(1993)界定为 0.5,数值差异悬殊。Haspelmath(1993)采用
词典对译的方法,这说明他本人对大多数语言并不熟悉,他的判断及
赋值都是依赖于词典,而词典所列举的对译项很可能并不齐全。相
反,Comrie 对芬兰语有较深的研究,写过一些专门关于芬兰语的研
究论文,可以推断他在交替词对的组数及类型的判定上比
Haspelmath 要准确得多。
　　总之,Haspelmath(1993)的研究存在着语言样本少、分布不均
衡、交替认定及赋值不够精确等问题,所以他提出的 31 个动词词对
的等级序列很可能存在较大的误差,有必要进行修正,并在此基础
上对其结论进行验证。

10.4　样本语言的来源

　　本研究的样本语言来自日本国立国语研究所的网站"致使交替
语言地图"(The World Atlas of Transitivity Pairs,后文简称为
WATP)①。WATP 所收集的语言数量多、覆盖地域广,在语系分布
上更具有平衡性,描写结果可靠。
　　语言类型学的特点之一是研究较为广泛的语言,通常是选取尽

① 　WATP 由日本国立国语研究所创建,自 2014 年起,先后收集上传了 80 多位语言
学家有关不同语言中起动和使动交替情况的描写和研究,而且还在持续增加其他语言的
描写结果。

可能多的语言样本,从诸多的语言样本中来寻求规律。比如 Song (1996)对致使结构的研究使用了 400 多种语言,Wals[1] 提供的语言样本已经达到 2000 多种。不过在对具体问题的研究中,很多时候限于客观条件,研究者所能采集到的语言样本较为有限。就起动和使动交替而言,语言样本的采集并不是一件容易的事。由于语言学家不可能懂得太多语言,如果没有众多精通不同语言的学者合作,很难获得大量语言的起动和使动交替的结果。WATP 至今已公布了 90 多种语言以及方言里 31 个起动和使动概念的表达形式,在语言数量方面较 Haspelmath(1993)有了很大的提升。

类型学的特征会有地域性的扩散,所以在使用多样性采样的同时必须要使样本在地理分布上最大化,因为地域上的广泛分布可以保证语言现象出现的独立性〔参看 Croft(2002:25)〕。WATP 描写的语言分布较广,涵盖了亚洲、欧洲、非洲、美洲等主要地区。

从语言的种类来看,WATP 所描写的语言涵盖了世界上大多数语系的语言,如印欧语系、汉藏语系、阿尔泰语系、高加索语系、南岛语系、乌拉尔语系、尼日尔-科尔多瓦语系等,同时包含了一些尚未有明确归属的语言。

表 10 - 4　Haspelmath(1993)及 WATP 中语言的谱系分布

语　　系	Haspelmath(1993)		WATP	
	数　量	比　重	数　量	比　重
印欧语系	9	42.9%	28	29.2%
阿尔泰语系	2	9.5%	15	15.6%
汉藏语系	0	0%	10	10.4%
亚非语系	2	9.5%	6	6.3%

---

[1]　世界语言地图(http://wals.info)。

续表

语　　系	Haspelmath(1993)		WATP	
	数　量	比　重	数　量	比　重
日本语系	0	0%	6	6.3%
南岛语系	1	4.8%	5	5.2%
达吉斯坦语系	1	4.8%	4	4.2%
达罗毗荼语系	0	0%	4	4.2%
乌拉尔语系	3	14.3%	3	3.1%
尼日尔-刚果语系	1	4.8%	3	3.1%
南亚语系	0	0%	2	2.1%
高加索语系	1	4.8%	2	2.1%
尼罗-撒哈拉语系	0	0%	1	1.0%
其他语系	1	4.8%	7	7.3%
合　计	21	100%	96	100%

　　从上表可以看出,Haspelmath(1993)所采用的样本不仅数量小,而且分布也很不均匀,所使用的语言主要集中在印欧语方面。尽管 WATP 中印欧语依然占有较高的比重(29.2%),但相比Haspelmath(1993)的 42.9% 已经有很大的下降。Haspelmath(1993)所涉及的语言中没有汉藏语言,这是一个较大的不足,而WATP 则描写了汉语、缅甸语、加绒语、景颇语等共计 10 种汉藏语言,语言样本中的阿尔泰语系语言所占比重也由 Haspelmath(1993)的 9.5% 提升至 16.3%。另外,达罗毗荼语系、南亚语系、尼罗-撒哈拉语系在 WATP 中也有一定数量的语言,而这些在Haspelmath(1993)中是没有的。所以,总体上本研究在语言样本的平衡性较之以往有很大的改进。

　　WATP 所公开的起动与使动交替的描写具有较高的可信度。WATP 的语言描写者均为语言研究者,其中不乏 Comrie、Pardeshi

等知名学者。更重要的是,这些语言要么是描写者的母语,要么是描写者所精通的语言。如印地语的描写者 Pardeshi 是印度籍学者,阿伊努语的描写者 Bugaeva 是长期研究阿伊努语的学者。所以,尽管在起动和使动的交替方面,不同学者对同一语言的描写结果可能会有一些差异,但 WATP 的描写是目前最具可信度的。

10.5　统　计　结　果

在确定了起动动词和使动动词的派生方向之后,需要对 31 个起动和使动对进行赋值。赋值的方法是:某个语言表示某个概念的起动和使动的总值为 1。派生模式为反致使交替(A 型),即设定为 A＝1。如果有两对,则每对赋值为 0.5;如果有三对,则每对赋值为 0.33。例如日语中与 close 概念相对应的是 2 个交替对,且派生类型分别为 C 和 E,所以在日语中表示 close 的类型值分别为 C＝0.5,E＝0.5。

表 10-5　日语中表示 close 概念的交替对的值

不及物动词	及物动词	派生类型
tozi-	tozas-	C
simar-	sime-	E

斯瓦希里语与 spread 概念相对应的是 3 个交替对,由于两个为 C 型,一个为 A 型,所以该语言的相关值设定为 C＝0.66,A＝0.33。

表 10-6　斯瓦希里语表示 spread 概念的起动动词和致使动词对的值

不及物动词	及物动词	派生类型
ene-a	ene-y-a ＞ eneza	C
kunj-uk-a	kunj-a	A
tanda-a	tanda-z-a	C

　　然后,将一种语言中的 31 个概念的各个类型的值相加,计算出该语言中所有 A、C、E、L、S 的总值。有些起动/使动词对描写者没有提供对应的词对,或者是没有相应的交替,则用 O 来表示。按照这样的方法,我们统计了所有样本语言中各模式的数值,具体如下表。

表 10 - 7　各种模式的数值总表

Num		A	C	E	L	S	O
1	Ainu	4	23	3	0	0	1
2	Amdo Tibetan	4	23	3	0	0	1
3	Amharic	8.5	15	3.5	1	1	2
4	Arabic	17	8.5	3	1	1.5	0
5	Armenian	16	8.5	5.5	0	1	0
6	Avar	0	9	0	20	2	0
7	Ayacucho Quechua	8.5	18.5	3	0	1	0
8	Azerbaijiani	9.5	18	3	0.5	0	0
9	Basque	0	2.5	0	28.5	0	0
10	Batsbi	10	18	0	0	2	1
11	Bengali	8.5	8	14.16	0.33	0	0
12	Bhojpuri	1	26	3	1	0	0
13	Burmese	0	19	3	4	5	0
14	Burushaski	0.5	13	15	0.5	2	0
15	Cantonese (Chinese Dialect)	0.33	5.15	0	15.82	6.33	3.33
16	Danish	11	0	1	16	3	0
17	Domaaki	3	7	19	0	2	0
18	English	2	0	1	25	3	0
19	Ewen	8.5	4	3.5	3	6	6

Num		A	C	E	L	S	O
20	French	20.5	2	0	7.5	1	0
21	Gagauz	10.5	16.5	4	0	0	0
22	Georgian	10.5	7	11.5	0	2	0
23	German	14.5	0	4	11.5	1	0
24	Greek	14.5	1	0	14.5	1	0
25	Hayato Dialect	11.33	14.99	2.33	0	2.33	0
26	Hebrew	20.5	7.5	2	1	0	0
27	Herero	2.5	15.5	9	2	2	0
28	Hill Korwa	10.5	3	1	15.5	1	0
29	Hindi	0	20.32	7.66	3	0	0
30	Hittite	11	11.5	2.5	1	2	3
31	Hokkaido Dialect	17	10	3	0	1	0
32	Hungarian	8	5	16	0	2	0
33	Icelandic	15	0	12	3	1	0
34	Ilokano	10.5	5	15.5	0	0	0
35	Indonesian	0	14	17	0	0	0
36	Japanese	11.5	12.5	4	1	2	0
37	Jinghpaw	0	12	0	12.5	3.5	3
38	Kabardian	10	16	2	2	1	0
39	Kannada	0	25.47	3.81	0.83	0.5	0.33
40	Kapampangan	4	4	20.5	0.5	1	1
41	Kashmiri	0.5	15.66	3	0.5	6	5.33
42	Kazakh	9.5	19.5	1.5	0	0.5	0
43	Khakas	12.5	15.5	2	0	1	0

Num		A	C	E	L	S	O
44	Kita Akita Dialect	19.29	5.15	4.99	0.5	1	0
45	Korean	11.5	14.5	2.5	1.5	1	0
46	Koryak	2	22	1	3	3	0
47	Kupsapiny	16.5	1.5	0	7	4	2
48	Kyrgyz	11	16	3.5	0	0.5	0
49	Lamaholot	0	16	1	6	1	7
50	Lezgian	8	12	6	5	0	0
51	Lithuanian	10.83	9.66	7.5	1.5	1.5	0
52	Maithili	1	26	3	1	0	0
53	Malayalam	0	29	0	1	1	0
54	Maltese	17	11	0	2	1	0
55	Manchu	1	18.83	1	2	6.16	2
56	Mandarin(Chinese)	0	0	0.5	14.66	4.5	11.33
57	Marathi	3	16.5	2.66	3.33	4.5	1
58	Matengo	4.33	4	16.66	1	3	2
59	Meche	0	15	5	6	4	1
60	Mongolian	4.5	23	2	0.5	1	0
61	Nanai	8.33	8.5	5.16	2.5	6.5	0
62	Nepali	2.49	17.31	10.15	1	0	0
63	Newar	0	25	0.5	1	4.5	0
64	North Saami	9	11.5	7.5	0	3	0
65	Norwegian	13.83	0	2	14.16	1	0
66	Orok(Uilta)	6	8.32	7.83	3	3.82	2
67	Persian	2.16	3.99	20.64	2.49	1.66	0

Num		A	C	E	L	S	O
68	Punjabi	0	25.5	3	2.5	0	0
69	rGyalrong	4.16	16.16	4.32	2.66	3.66	0
70	Romanian	25	0.5	0	3.5	2	0
71	Russian	23	0	5	0	3	0
72	Sakha	6	20	5	0	0	0
73	Shuri Dialect	6	17	7	0	1	0
74	Sidaama	8.83	13.66	2.5	1	5	0
75	Sindhi	1	22.5	6	1.5	0	0
76	Slovene	25.66	1	1	1.33	2	0
77	Swahili	11.83	12.16	4.5	1.5	1	0
78	Swedish	19	4	3	4	1	0
79	Tagalog	0	5.5	24.5	0	1	0
80	Tajik	1.49	6.16	17.98	2.33	3	0
81	Tamil	0	25.6	0	3.96	1.33	0
82	Telugu	2.33	24.66	4	0	0	0
83	Teotitlan del Valle Zapotec	0	25	0	1	5	0
84	Thai	0	0	0	18.5	7.5	5
85	Tiddim Chin	9	15.5	3	0	3.5	0
86	Tsez	3	18	8	0	1	1
87	Tsugaru Dialect	18.49	7	3.99	0	1.5	0
88	Turkish	10.98	16.81	3.16	0	0	0
89	Turkmen	12	15	2	1	1	0
90	Udihe	2	7.83	1.5	2	12.16	5

Num		A	C	E	L	S	O
91	Udmurt	10.5	12.5	4.5	2.5	1	0
92	Urdu	0	21.16	7.33	2.5	0	0
93	Uzbek	10	17.5	3.5	0	0	0
94	Vietnamese	2	10.66	1	14.83	2.5	0
95	Welsh	1.5	0	0	27	1.5	1
96	Wolaytta	8	8	8	0	2	5

　　根据上表,阿依努语中 31 组概念所使用的交替模式的值分别是:反致使交替 A＝4,致使交替 C＝23,等价交替 E＝3,易变交替 L＝0,异干交替 S＝0,其他模式 O＝1。

　　表 10 - 8 统计了 31 组概念不同交替模式的数值。表 10 - 8 显示 boil 采用反致使交替模式(A)的值为 3.16,采用致使交替模式(C)的值为 70.66,采用等价交替模式(E)的值为 5.5,采用易变交替模式(L)的值为 13.33,采用异干交替模式(S)的值为 2.33,其他模式(O)为 1。所有的值合计为 96。其他动词可类推。

表 10 - 8　31 个交替词对的派生模式

NUM	VERB	A	C	E	L	S	O	A/C
1	boil	3.16	70.66	5.5	13.33	2.33	1	0.04
2	freeze	6	56.49	10.83	11	3.66	8	0.11
3	dry	7	65.33	10.66	9	2	2	0.11
4	wake up	7	53.66	20.5	6	6.83	2	0.13
5	go out/put out	7.99	48.48	17.66	8.99	11	1.83	0.16
6	sink	10.16	56.83	13.5	8.5	4	3	0.18
7	learn/teach	14	39.33	12.49	9.16	20	1	0.36
8	melt	10.33	59.32	11	10.5	1.83	3	0.17

NUM	VERB	A	C	E	L	S	O	A/C
9	stop	12.33	53.81	12.16	13.33	3.33	1	0.23
10	turn	23.99	39.82	18.33	12.5	1.33	0	0.60
11	dissolve	25.66	50.32	8.16	10.83	0	1	0.51
12	burn	19.5	38.16	12	12.83	12.5	1	0.51
13	destroy	29.49	35.3	18.48	6.33	4	2.33	0.84
14	fill	18.33	43.83	15.83	12.5	1.5	4	0.42
15	finish	21.49	33.49	15.83	17.82	6	1.33	0.64
16	begin	22	13.49	23.66	33.33	2	1.5	1.63
17	spread	40.49	23.16	14.82	11.83	1.66	4	1.75
18	roll	20.33	35.16	21.49	16.5	1	1.5	0.58
19	develop	16	42.5	17.83	8.33	3.33	8	0.38
20	get lost/lose	25	39.49	14	9.16	5.33	3	0.63
21	rise/raise	26.99	33.99	17	6.5	10	1.5	0.79
22	improve	21.32	34.49	22.49	6	6.83	4.83	0.62
23	rock	29.5	37.5	14	13	0	2	0.79
24	connect	39.33	21.32	15.49	11.33	4.5	4	1.84
25	change	34.5	22.5	16.16	18.33	3	1.5	1.53
26	gather	44.5	17.83	18	8.5	3.66	3.5	2.50
27	open	45.82	18.65	13.82	15.16	1	1.5	2.46
28	break	29.66	28.49	18.65	14.82	3.83	0.5	1.04
29	close	51.16	8.66	14.33	17.83	2	2	5.91
30	split	43.16	16.65	20.16	11.49	3.5	1	2.59
31	die/kill	4.5	25.5	8	2	56	0	0.18

10.6　对结果的讨论

10.6.1　不同语言对各种派生模式的偏好

表 10-8 显示,人类语言表达这 31 个起动和使动概念时,在交替类型上表现出较大的差异。有些语言几乎对所有概念的表达都采用非派生模式(L 型和 S 型),最典型的如泰语、威尔士语、巴斯克语和汉语。英语虽然有两个词对(lose/get lost; destroy/be destroyed)是反致使交替(A 型),但其他 28 个动词(不包含 die/kill)都使用易变交替(L 型)模式。与泰语等采用的模式相反,有些语言只采用派生模式(A 型、C 型和 E 型),如土耳其语、阿依努语等完全没有 L 型或 S 型。图 10-1 显示了各语言的派生型模式在交替模式中的占比。纵坐标数值为派生模式数值与总数值的比值,即 $(A+C+E)/(A+C+E+L+S)$,横坐标为 WATP 语言样本①。从

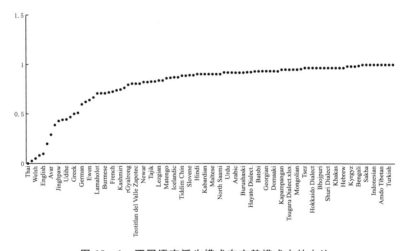

图 10-1　不同语言派生模式在交替模式中的占比

---

①　此处没有统计 O 的值。WATP 语言样本在横坐标中没有全部显示。

曲线来看,数值低于 0.5 的语言很少,而高于 0.5 的则占据了绝大部分。所以,整体上,派生模式占据绝对优势。其中,土耳其语、阿依努语、印度尼西亚语等共计 7 种只使用派生模式,74 种的比值超过0.8,82 种的比值超过 0.5。

　　派生模式中的 A 型和 C 型在个体语言之间差别很大。根据统计,只有 20 种的 A/C 值>1,这 20 种里面还包括了英语等属于非派生模式的语言。图 10 - 2 展示了 WATP 语言样本的 A/C 值①,可以看出,绝大多数的值都在 1 以下,说明大多数语言偏向于致使交替模式,也意味着只有少数语言偏向于反致使交替。Nichols(1993)指出人类语言普遍倾向于使用致使交替模式,本研究也证明了这一规律。

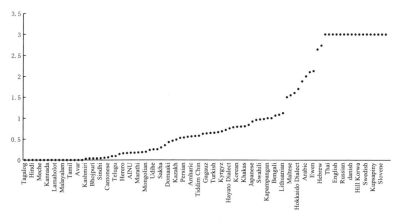

图 10 - 2　各语言中 A/C 的值

　　Haspelmath(1993)指出反致使交替模式是欧洲语言的一种区域性特征,因为即便是有共同语源的语言,分布在欧洲地区的语言也更倾向于使用反致使模式。希腊语、亚美尼亚语、印地语这 3 种语言与斯拉夫语、日耳曼语都有着密切的关系,但是只有欧洲地区

---

　　①　为了更直观地显示,将 A/C 值大于 3 的统一设定为 3。如果某个语言中致使交替的值为 0,反致使交替值大于零,A/C 的值也设定为 3。

的希腊语偏爱反致使模式。另外,乌拉尔语系和阿尔泰语系中那些分布在欧洲地区的语言(匈牙利语、乌德穆尔特语等)比欧洲地区之外的语言(如土耳其语、蒙古语)在反致使模式上占有更高的比重。这一点在本研究中也得到了数据上的支持,斯洛文尼亚语、罗马尼亚语、俄语、德语、冰岛语、希腊语等语言中的 A 值均大于 15。

等价交替(E)在派生型交替模式中占比最小。WATP 语言样本中,E 值与(A+C)的值大于 1 的只有 9 种,分别是他加禄语、波斯语、卡帕姆潘格语、塔吉克语、麻特皋语、杜姆基语、匈牙利语、印度尼西亚语、布鲁斯基语,具体数值分别为:

表 10-9 等价交替模式占比较高的语言

语　言	E/(A+C)	语　言	E/(A+C)
他加禄语	4.5	杜姆基语	1.9
波斯语	3.4	匈牙利语	1.2
卡帕姆潘格语	2.6	印度尼西亚语	1.2
塔吉克语	2.4	布鲁斯基语	1.1
麻特皋语	2.0		

优先采用易变交替模式(L)的语言主要包括:巴斯克语、威尔士语、丹麦语、英语、阿瓦尔语、泰语、越南语、汉语等少数语言,它们的 L 值都超过了 14。这几种语言中,汉语、泰语、越南语都是较为典型的孤立型语言。英语虽然不属于孤立语,但是已经很少有形态变化了。相比较其他欧洲语言,英语这种偏爱异变模式的现象是非常独特的,其原因应该与形态的缺乏有关(Nichols 1986)。汉语、越南语、泰语的情况支持这一说法,也就是形态越缺乏,交替模式越倾向于易变交替。不过巴斯克语、阿瓦尔语都是黏着语,它们也高度倾向于使用 L 型交替模式。属于屈折语的希腊语、丹麦语也大量使用 L 型交替模式。这说明除了形态这一因素,可能还存在其他原因。希腊语在起动和使动交替上表现得较为特殊,除了 die/kill 这一对

概念,其他 30 对概念只有两种模式,一种是 A 型,一种是 L 型,而且二者在数量上也差别不大,分别为 13.5 和 16.5,其背后的原因还需进一步研究。

　　易变交替和等价交替之间存在着倾向性的蕴含关系。在 WATP 语言样本中,有 28 种完全不采用易变交替模式,即 L＝0,而且,这 28 种中有 27 种都采用了等价交替,即 E≠0。我们用四分表来表示这种蕴含关系。

表 10 - 10　易变交替和等价交替的四分表

	E＝0	E≠0
L＝0	1 种	27 种
L≠0	14 种	54 种

　　四分表显示,同时采用易变交替和等价交替的有 54 种,采用等价交替而不采用易变交替的有 27 种,采用易变交替而不采用等价交替的有 14 种,既不采用易变交替也不采用等价交替的仅有 1 种(Batsbi 语)。如果把 Batsbi 语排除,那么将是一个严格的蕴含共性:即如果一种语言没有易变交替模式(L＝0),那么该语言一定会有等价交替模式(E≠0)。[1]这个共性同样与语言的形态有关。就交替模式来看,形态变化越少,越容易采用易变模式,如汉语、泰语。相反,形态越丰富,越倾向于通过形态变化进行起动和使动的交替,如日语、俄语等。如果一种语言完全没有易变交替模式,那么该语言必然是形态极为丰富的语言,拥有大量的词缀等语言形式。根据语言的象似性原则,起动和使动是相互关联的两个概念,致使交替(C)和反致使交替(A)是非常合理、经济的模式,因为它们都是只需要调控一个变量。如不及物动词 open 和及物动词 open 在日语中分别用 aku 和 akeru,而 aku 和 akeru 有共同的基底。共同

---

① 由于 Batsbi 语存在"L＝0, E＝0"这种情况,所以该蕴含共性是一个倾向性共性。

的基底体现了两个概念的关联性,而形式上的差异则体现了两个概念的不同。但是等价交替(E)也是逻辑上可能的交替模式,只是与 A、C 模式不同,需要调控两个变量。形态变化模式有 3 种,即 A、C、E,从 A、C、E 的组合模式来看(这里不考虑泰语、汉语等不以形态变化为主的语言),仅使用 A、C 两种交替模式的只有罗马尼亚语、希腊语、法语等 7 种,而同时采用 A、C、E 模式的有阿伊努语、朝鲜语、瑞典语等 66 种,比如:

阿伊努语:boil:pop∕pope(C)　turn:si-kiru kiru(A)　open:mak-ke mak-a(E)

朝鲜语:boil:kkulh-ta∕kkulh-i-ta(C)　open:yel-li-ta∕yel-ta(A)develop:paltal-ha-ta∕paltal-sikhi-ta(E)

瑞典语:rock:gunga∕låta gunga(C)　turn:vända sig∕vända(A)burn:brinna∕bränna(E)

数量上,使用 A、C、E 三种模式的远远超过仅使用 A、C 两种模式的语言,说明形态丰富的语言普遍倾向于使用三种模式。一种语言 L=0 大体上意味着该语言形态比较丰富,那么大概率会使用A、C、E 三种模式,也就是 E≠0。

10.6.2　人类语言倾向于使用多种类型表示起动∕使动交替

起动和使动概念的 5 种派生模式 A、C、E、L、S 在各种语言中也有一定的共性。大体上 5 模式在人类语言中可能出现 5 种组合(如果考虑到各种模式的排列组合,情况将会更为复杂):

(1)只使用 1 种交替模式

(2)只使用 2 种交替模式

(3)只使用 3 种交替模式

(4)只使用 4 种交替模式

(5)使用全部 5 种交替模式

在样本语言中所有的语言都使用了 2 种以上(含两种)的模式。属于第 2 类的有 3 种,属于第 3 类的有 21 种,属于第 4 类的有 40 种,属于第 5 类的有 32 种。总体上,人类语言倾向于用多种交替模式来表达这 31 对起动/使动概念。

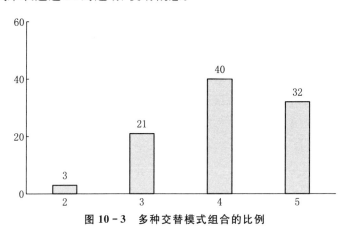

图 10 - 3　多种交替模式组合的比例

10.6.3　30 对概念在派生方式上的等级性

Haspelmath(1993)分析了 30 个动词(die/kill 交替对绝大多数语言都采用 S 型模式,我们暂不讨论)的致使交替模式和反致使交替模式的偏爱程度,并认为它们存在如下的一个等级:

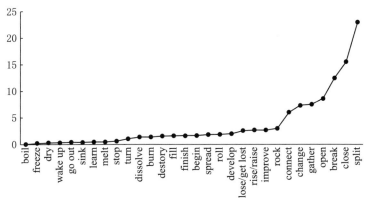

图 10 - 4　Haspelmath(1993)中 30 个起动/使动词对的 A/C 值①

①　该图是根据 Haspelmath(1993)的结论所绘制的。

上图中的数值表示 A/C 的比值。值越大说明该动词越偏爱反致使交替模式(A 型),值越小越偏爱致使交替模式(C 型)。从左到右共有 30 个起动/使动词对,A/C 数值越来越大。左端的 boil、freeze 等词对偏爱致使交替模式(C 型),靠右的偏爱反致使交替模式(A 型),如 close、split 等。

本研究得到的数据也证实不同的词对在派生模式选择上的偏爱程度上有所不同。图 10 - 5 是对表 10 - 8 中 A/C 值的图示。

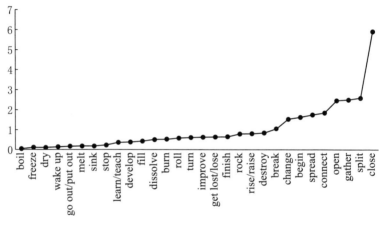

图 10 - 5　30 个起动/使动词对的 A/C 值

如图 10 - 5 所示,从 boil 到 close,交替词对的 A/C 值逐渐变大,交替模式从致使交替逐渐转变为反致使交替,30 个词对在致使/反致使交替上同样构成一个等级。为比较本研究与 Haspelmath (1993)的统计结果,我们将二者图示如图 10 - 6。

整体上,两个研究中词对的交替趋势大体相同。如果不考虑 begin、spread、break、split 这几个词对,那么两个研究都是从 boil 开始 A/C 逐渐增加,最后到 close,词对在横坐标上的排序几乎相同。

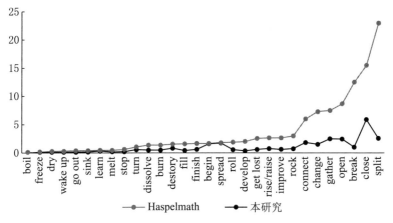

图 10 - 6　Haspelmath(1993)与本研究的 A/C 值对比

图中的左边部分显示,从 boil 到 teach/learn 的两条线几乎重合,说明就这几个词对在两个研究中不仅在数值上差别不大,顺序上也近乎等同。表 10 - 11 显示,这几个词对在两个研究中的 A/C 都较小(小于 0.5),都偏向于致使交替模式。

表 10 - 11　Haspelmath(1993)与本研究中 A/C 值的比较(A/C<1)

动词	Haspelmath(1993)	本研究	动词	Haspelmath(1993)	本研究
boil	0.04	0.04	melt	0.48	0.17
freeze	0.17	0.11	sink	0.42	0.18
dry	0.3	0.11	stop	0.61	0.23
wake up	0.33	0.13	learn	0.47	0.36
go out	0.41	0.16			

尤其是 boil,A/C 的数值都是 0.04。Nedjalkov(1969)也曾进行过跨语言的调查,得出的 A/C 值是 0.05(参看 Haspelmath 1993)。

尽管三个研究采样的样本在语种、数量上都不尽相同,甚至有较大的差异①,但对 boil 的统计结果表现出惊人的一致性。这说明,除了那些缺乏形态手段的语言,几乎所有的语言在表达 boil 的起动和使动概念时都采用致使交替模式。

表 10 - 12 显示,begin、spread、connect、change、gather、open、break、close、split 这几个词对在 Haspelmath(1993)与本研究中的 A/C 值均大于 1,说明这些词对的交替模式偏向于反致使交替。

表 10 - 12　Haspelmath(1993)与本研究中 A/C 值的比较(A/C>1)

动词	Haspelmath(1993)	本研究	动词	Haspelmath(1993)	本研究
begin	1.67	1.63	open	8.67	2.46
spread	1.83	1.75	break	12.5	1.04
connect	6	1.84	close	15.5	5.91
change	7.33	1.53	split	23	2.59
gather	7.5	2.50			

以上是本研究与 Haspelmath(1993)统计方面的共同点。另一方面,二者也有一些明显的差异。大部分词对的 A/C 值并不相同,有的数值差别较大。比如,本研究中 A/C 值最大的是 close(5.91),其次 split(2.59),而在 Haspelmath(1993)中 A/C 值最大的是 split(23),其次是 close(15.5)。总体上本研究统计出的 A/C 值远低于 Haspelmath(1993)。本研究中,A/C 值小于 1 的是 21 个词对,大于 1 的是 9 个词对,而在 Haspelmath(1993)中大于 1 的是 21 个词对,小于 1 的是 9 个词对。所以有相当一部分属于偏向于致使交替的词在 Haspelmath(1993)中被认为是偏向于反致使交替,如下表所示:

---

①　Haspelmath(1993)用了 21 种语言;Nedjakov(1969)用了 60 种语言,但只调查了 4 个词对。

表 10 – 13　Haspelmath(1993)与本研究中 A/C 值的比较

动词	Haspelmath(1993)	本研究	动词	Haspelmath(1993)	本研究
turn	1.07	0.60	roll	1.89	0.58
dissolve	1.4	0.51	develop	2	0.38
burn	1.4	0.51	get lost	2.56	0.63
destroy	1.55	0.84	rise/raise	2.67	0.79
fill	1.6	0.42	improve	2.67	0.62
finish	1.67	0.64	rock	3	0.79

差异产生的原因在于 Haspelmath(1993)的语言样本数量少,而且印欧语占一半以上。由于欧洲语言倾向于反致使交替模式(Comrie 2006),这就必然导致 Haspelmath(1993)中各个词对的A/C值偏大。Nichols(1993)指出,尽管印欧语倾向于反致使交替模式,但是人类语言普遍更偏爱致使交替模式。本研究统计的结果显示,30 个词对中只有 9 个偏于反致使交替,21 个都偏向于致使交替,与 Nichols(1993)的结论一致。

10.6.4　从交替的等级性看作格动词

由于英语中兼有及物和不及物用法的动词在形态上没有区别,所以长期以来学者们对这类动词的基本形式存在着不同的看法。一部分学者认为这类词的基本形式是不及物动词,及物动词是由不及物动词通过致使化手段派生来的。这一看法始于 Lakoff(1970),后来的 Chomsky、Guerssel、Pinker 等学者也都持此观点(影山太郎 1996:142)。另一部分学者认为这类动词的基本形式是及物动词,不及物动词是由及物动词的反致使化派生而来的。Levin & Rappaort(1995)认为可以出现在动词不及物形式的主语位置上的名词和可以出现在动词及物形式宾语位置上的名词不同,动词的及物形式可搭配的宾语比不及物形式可搭配的主语范围广。因为动词的基本用法搭配范围比派生用法广,所以这类动词及物的形式更像是基本的,不及物动词形式则是派生的(转引自朱琳 2010:93)。

以上两种看法都存在一些问题。不同动词的致使概念和反致使概念在模式的选择上是有等级差的。英语中的作格动词尽管没有派生形式,但从跨语言的角度来看,应该是一部分属于致使交替模式,另一部分属于反致使交替模式。影山太郎(1996)在论证自己的观点时,常以动词 open、close 为例,认为这类动词本身就隐含了一个施事,所以及物动词是其基本形式。本研究中 open 和 close 的 A/C 值分别为 2.46、5.91,Haspelmath(1993)中分别为 8.67 和 15.5,可以说明 open 是以及物动词为基础动词,通过反致使化产生不及物用法。语义上,动词所表示的动作越容易自发产生,致使化的时候越容易使用致使交替模式;越不容易自发产生的事件,则越容易使用反致使交替模式(Haspelmath 1993)。open 和 break 这类动词,尽管也有自然发生的可能,如由于风的原因门开了,但是通常情况下都隐含着一个完成该事件的施事。所以,我们可以认为这类动词的基础形式是及物动词,不及物动词是及物动词的去及物化。相反,像 boil、freeze 等动词,从类型学的角度来看,应该是以不及物动词为基础动词,通过致使化产生及物用法。

10.7　汉日语起动/使动交替模式的类型学特征

10.7.1　整体特征

下面是 30 个交替对在日语中的对应情况①:

boil	沸く	沸かす	(C)		広まる	広める	(A)
freeze	凍る	凍らす	(C)	roll	転がる	転がす	(E)
dry	乾く	乾かす	(C)	develop	発展する	発展させる	(C)
wake up	起きる	起こす	(C)		発達する	発達させる	(C)
go out/put out	消える	消す	(E)	get lost/lose	無くなる	無くす	(A)

---

①　该调查表的作者为 Narrog。Haspelmath(1993)也提供了调查表,但缺乏足够的可信度,而且与 Narrog 的调查有较大的出入。

sink	沈む	沈める	(C)		無くなる	失う	(S)
learn/teach	教わる	教える	(A)	rise/raise	あがる	あげる	(A)
	学ぶ	教える	(S)		おきる	おこす	(C)
melt	融ける	融かす	(C)	improve	直る	直す	(E)
stop	止まる	止める	(A)	rock	揺れる	揺らす	(C)
	止む	止める	(C)	connect	繋がる	繋ぐ	(A)
turn	回る	回す	(E)		繋がる	繋げる	(A)
dissolve	溶ける	溶かす	(C)	change	変わる	帰る	(A)
burn	焼ける	焼く	(A)	gather	集まる	集める	(A)
	燃える	燃やす	(C)	open	開く	開く	(L)
destroy	壊れる	壊す	(E)		開く	開ける	(C)
	破れる	破る	(A)	break	折れる	折る	(A)
fill	満ちる	満たす	(C)		割れる	割る	(A)
finish	終わる	終える	(A)	close	閉じる	閉ざす	(C)
	終わる	終わる	(L)		閉まる	閉める	(A)
begin	始まる	始める	(A)	split	裂ける	裂く	(A)
spread	広がる	広げる	(A)		割れる	割る	(A)

　　汉语的情况较为复杂一些。朱琳(2011)提供了31个汉语动词来对应英语。WATP也提供了调查表,但与朱琳(2011)的有较大差异。相比之下,WATP调查表提供的对译词更合理一些。但是,里面有一些内容需要调整,比如WATP将dissolve翻译成"jiejue"应该是误译。最接近汉语事实的是郭印(2015)的对译,不过他只选用了9个词对。结合三位学者的调查,我们将汉语的起动/使动的交替词对调整如下:

boil	开	—	(O)	spread	展开	展开	(L)
freeze	冻	—	(O)	roll	滚	—	(O)
dry	干	—	(O)		滚动	滚动	(L)
wake up	起		(O)	develop	发展	发展	(L)
	醒		(O)	get lost/lose	丢	丢	(L)
go out/put out	消失	去	(S)	rise/raise	升	—	(O)
	没	—	(O)		增加	增加	(L)

sink	沉	沉	(L)	improve	改善	改善	(L)
learn/teach	学	教	(S)	rock	摇晃	摇晃	(L)
melt	融化	融化	(L)	connect	—	结	(O)
stop	停	停	(L)		连	—	(O)
turn	转	转	(L)	change	变	变	(L)
dissolve	溶解	溶解	(L)	gather	集合	集合	(L)
burn	着	烧	(S)		—	搜集	(O)
destroy	毁	毁	(L)	open	开	开	(L)
fill	满	充满	(O)	break	折(she)	折(zhe)	(E)
finish	完成	完成	(L)		破	—	(O)
	结束	结束	(L)	close	关	关	(L)
begin	开始	开始	(L)	split	裂	撕	(S)

日语方面,30 个起动/使动概念使用了全部 5 种交替模式。各交替模式在日语中的数值分别是:A＝11、C＝12.5、E＝4.5、L＝1、S＝1。形态型变化的总值为 28(A＋C＋E),非形态型变化总值(L＋S)为 2。日语中只有 2 个词对使用易变交替,分别是 owaru(finish)和 hiraku(open)。不过,与及物动词 owaru 意义相当的还有另外一个词 oeru,这一个词对属于反致使交替模式;与 hiraku 意义相当的还有另外一组 aku 和 akeru,该词对属于致使交替模式。也就是说,日语中即便某个起动/使动概念使用易变交替模式,也会同时使用形态型交替模式。

汉语方面,有不少的英语词在汉语中并不能直接翻译,表中有相当一部分的交替模式为 O 型,比如"干"等动词只有起动用法。汉语中有 3 种交替模式,分别是 L 型、S 型和 E 型,没有 A 型和 C 型。L 型的数值为 17.5,S 型的数值为 3.5,E 型只有一个词对,数值为 1。

表 10－14　汉日语起动/使动交替模式对比

	A	C	E	L	S	A+C+E	L+S
汉语	0	0	1	17.5	3.5	1	22
日语	11.5	12.5	4	1	1	28	2

汉语中与 break 相对应的"折"(she)和"折"(zhe)是仅有的等价交替模式。但它与日语的 E 型又有所不同,日语是在同一个词根的基础上,通过增加不同的词缀来表达起动和使动,而"折"则是通过声母的清辅音交替来实现的。这是古汉语常用的模式,现代汉语中基本已经不存在了,"折"的起动和使动用法是古汉语用法的残留。①

汉语和日语的交替模式大致构成一个互补:日语以形态变化为主,汉语则以易变交替为主。这两种不同的模式是不同类型语言的共性。日语的这种策略在其他语言中也较为常见,如卡帕姆潘格语(Kapampangan)、麻特皋语(Matengo)、塔吉克语(Tajik)等,它们都有 A、C、E 三种交替,而且三者的总值都很高,分别为 29.4、25.5、25。②汉语的交替方式也是很多孤立语采用的手段,如泰语、越南语等。总之,形态丰富的语言就倾向于形态变化,形态缺乏的语言就倾向于通过词汇手段进行交替。

日语虽然主要有 3 种交替手段,但整体稍倾向于致使交替。A/C 值是判断一个语言起动/使动交替偏好的指标,日语的 A/C 值为 0.92。③说明日语弱倾向于致使交替模式。还有一些语言现象也能够说明日语的这种交替偏好。日语中起动/使动交替词对数量庞大,"中纳言"词表中的交替词对共计有 537 个词对,其中及物化词对(致使交替模式)为 264 对,不及物化词对(反致使交替模式)为 199 对,两极化词对(等价交替模式)为 74 对。很明显,致使交替模式在规模上超过反致使交替模式。另外,日语中有一个特殊的词缀-e,它既能够将不及物动词及物化,也能够将及物动词不及物化。Jacobsen 整理了由-e 派生出的词对,其中不及物化的有 36 对,及物化的有 57 对(Comrie 2006)。也就是说,同一个词缀-e 更多地用于

---

① 参看牛顺心(2014:79)。
② 详见表 10-7。
③ Haspelmath(1993)中日语的 A/C 值为 0.64。

致使交替。根据以上语言事实，可以认为日语是一种倾向于致使交替模式的语言，这与世界上大部分语言是相一致的。

10.7.2　个案分析

前面在 WATP 语言材料的基础上对 Haspelmath(1993)的动词交替等级进行了一定的修正，接下来将通过汉日语交替的个案研究来验证该等级，并观察汉日语在交替方面的表现。我们选择了 3 个起动/使动概念，分别是 melt、finish 和 close，①对应的日语和汉语分别是：

　　「とける・とかす」②　「終わる・終える」　「閉まる・閉める」③
　　"融(溶/熔化)化"④　　　"结束/完成"　　　　"关"

这三组概念的 A/C 值分别是：0.17、0.64、5.91⑤。melt 是致使交替模式的代表，close 是反致使交替模式的代表，而 finish 处于二者的中间位置，整体上倾向于致使交替。

Haspelmath 等(2014)指出语言形式和频率之间存在对应性，就起动/使动交替而言，如果起动动词出现频率高于使动动词，那么这个词对倾向于致使交替；如果使动动词出现频率高于起动动词，则倾向于反致使交替。据此，可以推测：

　　「NPがとける」的频率远超过「NPをとかす」；
　　「NPが終わる」的频率超过「NPを終える」；
　　「NPが閉まる」的频率低于「NPを閉める」。

---

①　更严谨的做法是把汉日语中 30 个词对(不含 die/kill)全部进行调查，但这存在以下困难：1)工作量极大，难以实现；2)汉语中有很多些词对没有像英语那样的易变动词，如"干"(dry)只有不及物用法，不好操作。因此，只代表性地选择了 3 个。

②　「とける・とかす」有多个汉字，本研究指代的是「融」「溶」。"中纳言"里「熔かす」和「熔ける」出现的频率皆不及 10，频率太低，故不做考虑。

③　与 close 对应的还有另外一对词「閉じる・閉ざす」，但由于「閉じる」自他两用，且有"结束"意义，不易处理，这里对这一组暂不考虑。

④　汉语"融化、溶化、熔化"3 个词都有 melt 的意义，为行文方便，后面都使用"融化"一词来指代。

⑤　Haspelmath(1993)的测定的值是依次 0.48、1.67、15.5。

汉语没有日语这种形态变化,但我们可以通过语序来测试,就是统计 NP V 和 V NP 两个结构的频率。比如"门开了"和"开了门",前者是起动用法,后者是使动用法,如果"门开"①的频率高于"开门",那么起动用法是基本用法,交替模式为致使交替,反之则是反致使交替模式。根据交替的等级表,我们推测:

"NP 融化"的频率远高于"融化 NP";

"NP 结束/完成"的频率高于"结束/完成 NP";

"NP 关"的频率低于"关 NP"。

以上推测分别在汉语语料库和日语语料库中进行验证。

日语方面操作程序为:在"现代日本语书面语均衡语料库"(现代日本語書き言葉均衡コーパス)中分别搜索「NPが自動詞」和「NPを他動詞」,下载例句并统计相关数据。以「閉まる・閉める」为例:

1)从语料库抽取所有「NPが閉まる」,统计 NP 的类符(type)数和频率;

2)抽取所有的「NPを閉める」,统计 NP 的类符(type)数和频率;

3)将两个句式的数字整合,得到如下数据:

NP	NPが閉まる	NPを閉める
門	a	b
……	……	……

汉语方面操作程序为(以"关"为例):

1)在国家语委现代汉语语料库中抽取所有使用动词"关"的句子;

2)筛选出"关"是易变动词且"关"是谓语的句子。同时,剔除不符合要求的例子,如"他被关了禁闭"中"关"没有交替性,"关着的

---

① 汉语在交替句中通常有时体助词,为行文方便,我们将时体助词略去。

门"中"关"是定语,在确定及物和不及物方面会有争议;

3) 简化例句,只保留动词和 NP,如"关门"和"门关"。分别统计"关 NP"和"NP 关"中 NP 的频率和类符数,得到如下数据:

NP	关了 NP	NP 关了
门	a	b
……	……	……

其他动词都按此程序核查。另外,"结束"和"完成"在语料库中分别超过 1000 例和 2500 例,我们随机抽取 500 例,按照以上步骤进行整理;英语 melt 意义比较宽泛,包含了汉语"融化、溶化、熔化" 3 个词的意义,所以在语料库中收集了 3 个词的全部例句。

10.7.2.1　汉日语 melt 义动词的交替

表 10 - 15 显示,「NPがとける」的样例多于「NPをとかす」。与「とける」共现频率较高的是「氷」[①]「雪」「砂糖」「チーズ」等,「氷」与「とける」共现最强,但几乎不与「とかす」共现。与「とかす」共现频率较高的是「バター」「砂糖」「雪」「塩」「洗剤」等。「NPがとける」和「NPをとかす」共有的高频词是「雪」「砂糖」。交替方面,如图 10 - 7所示,可交替的名词主要有「雪、砂糖、チーズ、バター」等,除「バター」外,全部是起动样例远高于使动样例。

表 10 - 15　与「とける・とかす」共现的 NP

NP	NPがとける	NPをとかす
总频率	296	260
类符数	125	141
高频共现词及百分比	氷(15.9%)、雪(11.5%)、砂糖(8.1%)、チーズ(3.7%)	バター(11.1%)、砂糖(3.4%)、雪(2.7%)、塩(2.7%)

---

① 「氷」包括「氷」「アイス」「氷河」。

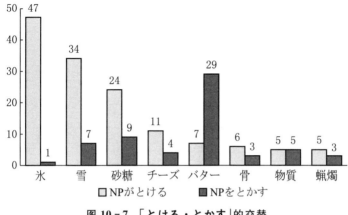

图 10-7 「とける・とかす」的交替

汉语方面,表 10-16 显示,"NP 融化"的样例数远多于"融化NP",类符数上也是前者多于后者。"冰""雪"①是"NP 融化"和"融化 NP"主要的交替对象,在所有共现词中,它们与两个句式的共现频率均为最高。同时,如图 10-8 所示,"冰、雪"与"NP 融化"的共现频率远超过与"融化 NP"的共现频率。

表 10-16 与"融化"共现的 NP

NP	NP 融化	融化 NP
总频率	93	23
类符数	34	22
高频共现词及百分比	冰(35.58%)、雪(14%)	冰(13%)、雪(4.3%)

---

① "冰"包括"冰、冰层、冰块、冰川、冰盖、冰晶、冰山、冰雪","雪"包括"雪、积雪、雪花、雪晶、雪人、白雪","铁"包括"铁、铁石、铁汁、铁制品"。

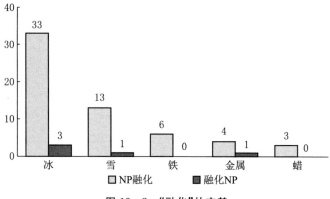

图 10 - 8　"融化"的交替

　　汉日语的数据显示,日语「NPがとける/NPをとかす」与汉语
"NP融化/融化NP"有较大的共性。总体上都是起动用例超过使动
用例,"冰""雪"都是高频共现词且主要用在起动句中,使动句中使
用频率很低。可见,melt这一概念在汉日语中都是以起动为基础,
在起动的基础上派生出使动用法。

　　此外,「とける・とかす」的共现名词和"融化"的共现名词是两
个集合,这两个集合中很多词可相互对应或者属于同一个范畴,如
「鉱石」和"矿石"、「粉」和"粉末"、「鉄」和"青铜"等,说明日语「とけ
る・とかす」和汉语"融化"的核心意义基本相同。

　　10.7.2.2　汉日语 close 义动词的交替

　　表 10 - 17 显示,总量上「NPを閉める」比「NPが閉まる」多得
多。这两个句式在 NP 的选择上表现出了很强的一致性,「NPが閉
まる」的高频词和「NPを閉める」的高频词大致相同,主要是「ド
ア①、窓②、店、カーテン」等名词,排序也近乎一致③。说明这几个名

---

　　①　含「シャッター、ドア、板戸、大戸、扉、戸、鎧戸、裏門、門、木戸、市門、水門、鉄扉、
校門、玄関、引き戸、雨戸、正門、襖、蔀戸」。

　　②　含「窓、窓口」。

　　③　如果不考虑「窓」,二者的排序完全一致。

词是两个句式主要的交替对象,但它们在「NPを閉める」中的频率远
超过「NPが閉まる」中的比例。

表 10 - 17　与「閉まる」「閉める」共现的 NP

NP	NPが閉まる	NPを閉める
总频率	257	1050
类符数	44	102
高频共现词及百分比	ドア(74.3%)、店(5%)、蓋(2.3%)、カーテ(1.6%)、鍵(1.6%)	ドア(60.8%)、窓(9.0%)、店(5.6%)、蓋(5.0%)、カーテン(3.9%)、鍵(1.7%)

　　表 10 - 18 显示,汉语中,总体上"关 NP"比"NP 关"的数量多,
类符数也是前者居多。"关 NP"和"NP 关"在 NP 的选择上同样表
现出了较强的一致性,"门""窗"是二者共有的高频词,说明"门"
"窗"是两个句式交替的主要对象。在具体的 NP 上,"关门"频率高
于"门关","关窗"高于"窗关"。

表 10 - 18　与"关"共现的 NP

NP	NP 关	关 NP
总频率	24	60
类符数	3	7
高频共现词及百分比	门(92%)、窗(4%)、商店(4%)	门(55%)、灯(18%)、窗(15%)

　　汉日语的数据表明,「閉まる・閉める」和"关"的意义较为接
近①,交替模式也基本一致,都是使动用例远高于起动用例,都是将
"门""窗"作为主要的交替对象,而且"门""窗"在使动句中的频率远
高于起动句(参看图 10 - 9、图 10 - 10)。

---

　　①　二者在语义范围上也有一定的差别,汉语的"关"有"关电器"的用法,如"关灯、关
机器";而「閉まる・閉める」则有"关盖子"的用法,如「蓋を閉める」。

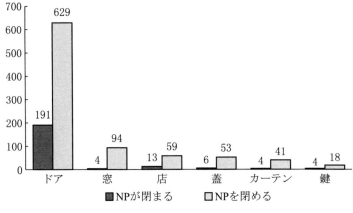

图 10 - 9 「閉まる・閉める」的交替

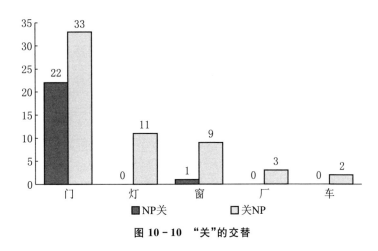

图 10 - 10 "关"的交替

10.7.2.3 汉日语 finish 义动词的交替

理论上讲,任何事物都会结束,这使得与「終わる・終える」共现的 NP 不仅数量多,而且类型丰富。如表 10 - 19 所示,两个句式中 NP 的总频率合计 6000 多,类符数也达到 2000 多个。「NP が 終わる」中 NP 总频率约 4500,类符数约 1200;「NP を 終える」中 NP 总

数约1700,类符数约800。总体上,起动用法的样例远高于使动用法。与「終わる」共现频率较高的NP有「仕事、戦争①、授業②、食事、話、～日」等,共现频率依次是:285、262、106、105、70、65;与「終える」共现频率较高的NP有「仕事、食事、生涯③、授業、～式、取引」等,共现频率依次是:184、124、120、74、35、34。

表10－19　与「終わる」「終える」共现的NP

NP	NPが終わる	NPを終える
总频率	4549	1763
类符数	1263	815
高频共现词及百分比	仕事(6.4%)、戦争(5.8%)、授業(2.3%)、食事(2.3%)、話(1.5%)、～日(1.4%)	仕事(10.4)、食事(7%)、生涯(7%)、授業(4.2%)、～式(2%)、取引(2%)

　　交替方面,有的NP倾向于「NPが終わる」,有的NP倾向于「NPを終える」。「戦争」与「終わる」「終える」共现的频率分别是262:12,「生涯」与「終わる」「終える」共现的频率是7:120。这说明「戦争」几乎只与「終わる」共现,「生涯」几乎只与「終える」共现。

　　如图10－11所示,交替能力比较强的是「仕事、授業、食事、話、～式」等,它们在「NPが終わる」中的频率远高于「NPを終える」。

　　汉语方面,与"结束"共现较多的词是"战争④、比赛、局面、革命、会议、工作",共现频率依次是:85、35、25、17、13、13;与"完成"共现较多的词是"任务、计划、工作、改造、使命"等,共现频率依次是136、33、12、10、8。与"结束"共现的NP大多不与"完成"共现,与

----

① 含「戦争、大戦、冷戦、戦、戦闘、内戦、作戦、戦い、海戦、決戦、挑戦、夜戦、戦後、戦乱、参戦」。

② 含「授業、作業」。

③ 含「生涯、一生」。

④ 含"战争、大战、战斗、斗争、战役、战事、恶战、抗战、论战、内战、会战"。

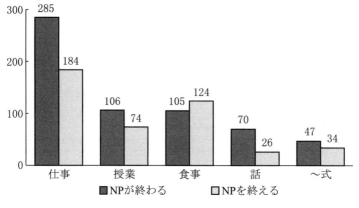

图 10 - 11 「終わる・終える」的交替

"完成"共现的 NP 大多不与"结束"共现。比如,"战争①"与"结束"共现频率为 85,与"完成"共现频率为 0;"任务"与"完成"共现频率为 136,与"结束"共现频率为 1。如图 10 - 12 所示,除"任务""计划"和"工作"外,同时与"结束"和"完成"共现的 NP 数量极少,且频率较低。

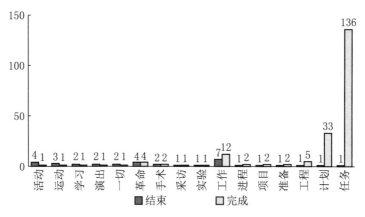

图 10 - 12 NP 在"结束"和"完成"中的交替情况

---

① 这里的"战争"是一个词,而不是类,未包括"战斗、战役"等其他词。

表 10 - 20　与"结束""完成"共现的 NP

NP	NP 结束	结束 NP	NP 完成	完成 NP
总频率	274	98	50	252
NP 类符数	122	52	17	60
高频 NP 及占比	战争(26.3%) 比赛(9.1%) 会议(6.2%) 工作(2.6%)	战争(13.3%) 访问(2.9%) 历史(2.6%) 局面(2.2%)	任务(32%) 计划(12%) 改造(12%) 工程(10%)	任务(47.6%) 计划(10.7%) 工作(3.6%) 使命(2.8%)

　　"结束"和"完成"是相反的交替模式。表 10 - 20 显示,语料库中"NP 结束"和"结束 NP"数量上的比例为 274∶98;"NP 完成"和"完成 NP"的比例是 50∶252。具体到个例上,图 10 - 13 显示,同时与"NP 结束"和"结束 NP"共现的只有"战争、生命、活动、局面"等少数名词,且主要以"NP 结束"形式出现,其他大部分 NP 都只出现在"NP 结束"中;图 10 - 14 显示,同时与"NP 完成"和"完成 NP"共现的只有"任务、计划、工作、使命"等少数名词,且主要以"完成 NP"形式出现,其他大部分 NP 都只以"完成 NP"形式出现。说明"结束"主要表达起动,而"完成"主要表达使动。

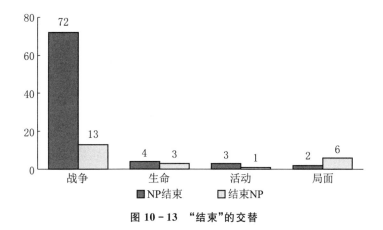

图 10 - 13　"结束"的交替

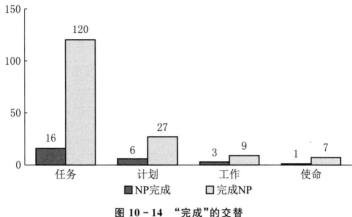

图 10 - 14　"完成"的交替

就 finish 这一概念而言,汉日语起动/使动交替方面也表现出了共性。首先,有的 NP 都高度倾向致使交替模式,如"战争"在两种语言中都是起动占据绝对的优势;有的 NP 处于致使交替和反致使交替的中间地带,起动和使动的频率相差不大,日语如「～式」,汉语如"工作"①,有的 NP 则高度倾向于反致使交替,日语如「生涯」,汉语如"任务"。

10.7.2.4　汉日语起动/使动交替的共性

根据对「とける・とかす」「終わる・終える」「閉まる・閉める」以及汉语"融化""完成/结束""关"的数据分析,可以看到,除了"完成""结束",汉日语中的其他词与前面的预测是一致的。处于两端的"融化"和"关"的交替模式比较明确,不仅在 NP 的总量上呈现出明显的差异,对于某个具体的 NP 来说,尤其是与动词共现率高的名词同样体现了这种差异。如"冰""雪"与"融化",汉日语都是起动占据绝对优势,"门""窗"和"关",汉日语都是使动占据绝对优势。finish 义在汉日语都表现出了一定的复杂性。就「終わる・終える」

———————————

① 「～式が終わる」「～式を終わる」频率分别是 47、34,"工作完成""工作结束""完成工作""结束工作"的频率依次是 3、7、0、9,起动用法和使动用法的比例是 10∶9。

而言,有的 NP 强烈倾向于起动,而有的 NP 强烈倾向于使动,有的 NP 则在两种句式中都有很高的共现率。这说明,交替模式与动词和 NP 都有一定的关联。但「終わる·終える」整体上依然是起动多于他动,属于致使交替模式。汉语用"结束"和"完成"两个词来对应 finish,前者起动用法远高于使动,后者则正好相反,所以 finish 这一概念在汉语中难以准确计算它的起动和使动的频率。但这也正好验证了 finish 这一概念的 A/C 值在 melt 和 close 之间,属于中间地带,很可能是一部分语言用致使交替模式,一部分语言采用反致使交替模式。

10.8　本 章 小 结

本章是对起动/使动交替现象的跨语言考察。我们按照 Haspelmath(1993)的思路和方法,对 WATP 语言样本中 31 个词对的起动/使动交替模式进行了整理和分析。结果显示:整体上人类语言偏爱致使交替模式,欧洲语言偏爱反致使交替模式;孤立语多使用易变交替模式;人类语言倾向于使用多种派生模式来表达起动/使动交替;起动/使动的交替模式与语义概念有关,从 boil 到 close 的 30 个动词,交替模式逐渐从致使交替转为反致使交替。

在类型学研究的基础上,我们又对汉日语起动/使动的交替模式进行了整体分析和个案研究。研究指出日语交替模式丰富,偏爱致使交替模式,这与人类语言的主要表现一致;汉语由于缺乏形态,主要使用易变交替。从个案研究的结果来看,日语和汉语虽然交替的手段不同,但仍然具有共性,处于 A/C 值两端的概念(melt 和 close)在汉日语中表现基本一致,melt 义的交替都属于致使交替,close 义的交替都属于反致使交替,而 finish 义均表现出了复杂性,具体的 NP 义会影响交替的模式。

第十一章　结　　论

11.1　主要结论

本研究以语言类型学理论为指导,在探讨人类致使结构相关共性的同时,对汉语和日语两种语言中的致使结构进行了对比研究。一方面,我们对以往研究提出的共性在汉日语致使结构中进行了验证;另一方面,我们对前人尚未关注或关注不够的共性进行了类型学探索,并在此基础上观察汉日语的表现。本研究的主要内容和结论可总结如下:

1) 较为全面地介绍、梳理了类型学在致使结构方面的研究成果,比如致使结构的概念、形式类型、语义类型等。同时,本研究对一些尚存争议的重要概念进行了厘清和界定。

2) 参照类型学及认知语言学的观点归纳了致使结构主要特征,根据这些特征,我们在前人研究的基础上重新界定了汉语和日语中的致使结构,并对两种语言中的致使结构的类型分布进行对比和解释。研究指出,汉语的致使结构比日语的致使结构类型丰富,这与汉语的历时变化较大、语言接触频繁等因素有关。汉语主要使用分析型、日语主要使用形态型,这是语言的类型共性,归根结底是与两种语言的语序相一致的。

3) 对被使者的编码机制进行了类型学探索,并探讨了汉日语被使者编码的差异。本研究首先归纳了人类语言被使者标志的多样性,总结了被使者缺失的类型与语法后果,然后在 Comrie(1976)的基础上探讨人类语言被使者编码的共性。研究指出,人类语言中被使者优先编码为直接宾语,在语义因素干扰下可以编码为间接宾语或旁语。日语被使者的编码机制是:不及物致使句中被使者优先使用宾格标志「を」,如果有双宾格限制则使用与格标志「に」,或者为了凸显非强制性语义,也可使用与格标志「に」;在及物致使句中,由于双宾格限制,被使者只能使用与格标志「に」;在双及物致使句中,被使者受到双宾格限制绝大多数都编码为「に」,但为了消除歧义,也会编码为旁格「から」。日语的被使者标志具有调整"受影响度""消除歧义"的功能,汉语"把"的主要功能不是调整致使的直接/间接,而是凸显致使者对被使者的控制或掌控。

4) 对致使句的语序进行了类型学探索。本研究提出了两条语序共性,即:a)论元的语序共性,b)核心动词与附属成分的语序。致使句中论元的语序为:致使者—被使者1—被使者2……接受者—受事。核心动词与附属成分的语序共性是一个轨层结构,可表示为:核心动词—致使—被动—体—时—情态—人称。这两个共性都符合象似性原则,前者是时间象似性,后者是语义距离象似性。

5) 对致使标志的来源进行了全面的整理,并在此基础上对汉日语致使标志进行了对比。致使标志的来源主要集中于制作义动词、做义动词、持拿义动词、给予义动词、获得义动词、派遣义动词、置放义动词、放任义动词、言说义动词等九类动词。其中言说义动词、派遣义动词与"口"相关,其他动词(除放任义动词)与"手"相关。这两大类动词的语义特征体现了人类用"口"和"手"影响或掌控他人发出行为的致使情形。致使标志的九类源动词构成了致使标志的来源图谱,是致使标志的一种共性表现,对致使标志的探索有一定的理论指导意义。致使标志的源动词尽管语义不同,但有相通之处,是一个相互连通的概念网络。

现代汉语致使标志的来源以言说义动词为主,另有给予义动词、获得义动词和派送义动词,日语致使标志的来源主要有做义动词和获得义动词。汉日语中都有源自获得义的致使标志,分别是"得"和-e-,但二者的功能和表达的致使意义不同。

6) 从语义地图角度对致使结构中的致使动词和被使者标志做了进一步的研究。致使动词方面,通过跨语言的比较构建了致使动词的语义地图,并对汉语、日语以及英语相关致使动词进行了一些预测和验证。被使者标志方面,在以往研究的基础上构建了一个节点丰富的概念空间,并在此概念空间中刻画出了日语格标志「に」及「から」的语义地图。结果显示,「に」及「から」的用法均构成连续的概念空间。

7)在前人研究的基础上,按照类型学的研究范式构建了致使的语义系统。第九章以该系统为对比框架,以语义参项为对比项,对汉日语典型致使结构的句法语义进行了较为详细的对比。本章分析了直接致使、强制要求、非强制要求、请求、许可、放任、因果等致使次类在汉日语中的表达形式,对比分析汉日语致使结构在不同次类中的共性和个性表现。主要包括:a)直接致使在日语中主要用动词,汉语则用动结式表达。日语「させる」可以表达边缘的直接致使,而汉语“让”没有此用法。此外,日语还有「~く・にする」「~める」等形式来表达直接致使,根据量化分析的结果,前者主要表达具体义,后者表达抽象义。b)在要求类中,汉语“让”无强制致使用法,而日语「させる」有强制用法。二者都可以表示非强制类致使,但是日语「させる」要求具有被使事件的已然性、致使者在社会关系上要高于被使者、被使者一般不能是第一人称等特征,而这些在汉语“让”中的表现都不那么严格。c)允让类致使中,“让”和「させる」都表现出模糊的一面,具体意义通常要依靠语境才能确定。不同之处在于日语「させる」经常与补助动词共现来表示允让义。在放任意义中,「させる」要求被使者必须有自我变化的能力,而“让”无此限制。d)因果致使中,「させる」和“让”在致使者槽位上表现出较大的共性,都是事件>事物>人(>表示优先于),这可能是人类语言的共性。但是「させる」的因果致使用法是受翻译的影响而产生的,不是地道自然的说法,而“让、使”作为致使动词在汉语中很早就已出现,在现代汉语中自然常见。另外,还考察了汉日语表请求致使的用法,并指出“(承)蒙”是与「てもらう」在句法语义等各方面表现最为接近的句式。本章对汉日语致使表达形式的个性及共性还进行了功能上的解释。

8）对起动和使动的交替现象进行了跨语言考察。通过对WATP 语言样本中 31 个词对（起动和使动交替模式）的整理和分析，验证了以往研究的一些结论，如人类语言整体倾向于致使交替模式，欧洲语言较偏爱反致使交替模式；孤立语多使用易变交替式；人类语言倾向于使用多种派生模式来表达起动—使动交替。起动—使动的交替模式与语义概念有关，从 boil 到 close 的 30 个动词，交替模式逐渐从致使交替转化为反致使交替。整体上，日语交替类型丰富，倾向于致使交替模式，这与人类语言的表现一致；汉语由于缺乏形态，主要使用易变交替。从个案研究的结果来看，日语和汉语虽然交替的手段不同，但仍然具有共性，处于 A/C 值两端的概念（melt 和 close）在汉日语中表现基本一致，melt 义的交替都属于致使交替，close 义的交替都属于反致使交替，而 finish 义的交替均表现出了复杂性，具体的 NP 义会影响交替的模式。

11.2　本研究的局限性及前景

本研究的局限性主要体现在以下方面：

1）类型学研究主要的方法是归纳法，而归纳法自身有一定的局限性，也就是无法保证归纳出的共性绝对不存在例外。本研究也面临同样的问题。类型学研究所面临的另一个问题是语言的选择。人类语言有五六千种之多，我们不可能对所有的语言都进行完备的调查，但还是应该兼顾语种和区域，尽量使样本语言达到平衡。这方面我们的研究也存在不足，所得出的共性（如致使标志的来源、致使句的语序、被使者标志等等）其实只能认为是倾向性的，还需要更多语言的验证。

2）在句法语义对比中，我们只考察了汉日语中"让"及「Ｖさせる」等典型的致使结构，而没有对汉日语中所有的致使结构进行全面的对比研究。我们认为那些非典型的致使结构（如汉日语中的动结式)也具有很高的研究价值,值得进一步研究。

3) 虽然本研究所建立的致使的语义系统较之以往研究已经有所细化,但是理论上致使的语义范畴还可以做更进一步的划分。另外,在致使动词的语义地图中,我们将致使的语义概括为 5 个节点,较为粗略。这主要是因为以往文献对不同语言中致使动词的描写并没有统一的语义框架,不同学者描写的精细度不一样。这导致我们只能采用较为概括的用法。相应的,选取的节点也就较少。

4) 本研究对一些共性的解释还不够充分,需要笔者不断提高理论水平。

附录一　缩略语表

标注缩写	英文术语	中文
1SG	first person singular	第一人称单数
2SG	second person singular	第二人称单数
3SG	third person singular	第三人称单数
ABL	ablative	夺格
ABS	absolutive	通格
ACC	accusative	宾格
AGT	agent	施事
AUX	auxiliary	助动词
CAUS	causative	使役标志
COMP	complementizer	标句符
COMPL	completive	完结
CONJ	conjunction	连词
CP	causative prefix	使役前缀
CS	causative suffix	使役后缀
DAT	dative	与格
DEC	declarative	陈述
DEF	definite	定指
DETRNZ	detransitivizer	去及物化
DO	direct object	直接宾语
ERG	ergative	施格
FUT	future	将来时
GEN	genitive	属格
IMPERF	imperfect	非完整体
IND	indicative	直陈式
INF	infinitive	不定式
INST	instrumental	工具

IO	indirect object	间接宾语
LOC	locative	处所
M	masculine	阳性
N	neuter	中性
NEG	negative	否定
NOM	nominative	主格
PERF	perfective	完整体
PL	plural	复数
POSS	possessive	领有的
PRES	present tense	现在时
PSST	previous event	前事件
PST/PAST	past tense	过去时
PURP	purposive	目的
REAL	realis	现实
SEQ	sequential	时序
SUB	subject	主语
SUBJ	subjunctive	虚拟
TNS	tense	时
TOP	topic	话题

附录二　起动与使动交替词对列表

（语料来源参照第十章的具体介绍）

Ainu

1	pop	pop-te	(C)	17	si-pirasa	pirasa	(A)
2	rupus	rupus-ka	(C)	18	karkarse	karkarse-re	(C)
3	sat	sat-ke	(C)	19	—	—	
4	mos	mos-o	(C)	20	isam	isam-ka	(C)
5	us	us-ka	(C)	21	rikin	rikin-ka	(C)
6	rer	rer-e	(C)	22	pirka	pirka-re	(C)
7	yomne	yomne-re	(C)	23	si-suye	suye	(A)
8	ru	rú-re	(C)	24	sirkot	sirkot-e	(C)
9	as	as-te	(C)	25	utasa	utasa-re	(C)
10	si-kiru	kiru	(A)	26	uwekarpa	uwekarpa-re	(C)
11	ru	rú-re	(C)	27	mak-ke	mak-a	(E)
12	uhuy	uhuy-ka	(C)		cak-ke	cak-a	(E)
13	arustek	arustek-ka	(C)	28	per-ke	per-e	(E)
14	sik	sik te	(C)	29	as	as-i	(C)
15	si-okere	okere	(A)	30	yas-ke	yas-a	(E)
16	heasi	heasi-re	(C)	31	ray	ray-ke	(C)

Amdo Tibetan

1	kʰu	hku	(E)	11	çə	wʑi	(C)
2	kʰaŋ	kʰaŋ=gə ndʐək	(C)	12	nbar	nbar=gə ndʐək	(C)
3	hkam	hkem	(E)	13	çək	ɸçək	(C)
4	sʰel	htsoŋ	(S)	14	kaŋ	kaŋ=gə ndʐək	(C)
5	nbəl	nbəl=kə ndʐək	(C)	15	tsʰar	tsʰar=gə ndʐək	(C)
6	nəp	nəp=kə ndʐək	(C)		nɖəp	nɖəp=kə ndʐək	(C)
	tʰəm	tʰəm=gə ndʐək	(C)	16	(ngo) htsom	(ngo) htsom	(L)
7	dʑaŋ	htsop	(S)	17	cʰap	cʰap=gə ndʐək	(C)
	ɬop	htsop	(E)		tar	tar=gə ndʐək	(C)
8	çə	wʑi	(C)	18	kʰor	hkor	(E)
9	ndək	ndək=kə ndʐək	(C)	19	(pʰeɟi) ɸçoŋ	(pʰeɟi) htaŋ	(S)
10	kʰor	hkor	(E)	20	wor	wor=gə ndʐək	(C)

21	pʰar	pʰar＝kə ndʐək	(C)		27	(kʰa) ndʐel	(kʰa) ndʐel	(L)
22	(tɕe ʂa) ndʐo	(tɕe ʂa) htaŋ	(S)		28	tɕʰak	htɕak	(E)
23	ngu	gu	(E)		29	(go) tʰol	(go) dʐak	(S)
24	tʰəl	tʰək＝kə ndʐək	(C)		30	(kʰa) tʰor	(kʰa) htor	(E)
25	nɟər	ɟər	(E)		31	çə	hsol	(S)
26	tsʰok	tsʰok＝kə ndʐək	(C)					

Amharic

1	fälla	afälla	(C)		18	tänkäballälä	ankäballälä	(E)
2	—	—			19	addägä	asaddägä	(C)
3	därräqä	adärräqä	(C)			sälät't'änä	asälät't'änä	(C)
4	näqqa	anäqqa	(C)		20	tänässa	anässa	(E)
5	wät't'a	awät't'a	(C)		21	täshashalä＜	ashshashalä(＝	(C)
6	sät't'ämä	asät't'ämä	(C)			*shalä	*atäshashalä)	
7	tämärä	astämärä	(C)		22	täwäzawwäzä	wäzäwwäzä,	(A)
8	qällät'ä	aqällät'ä	(C)		23	täwäzawwäzä	awwäzawwäzä	(C)
9	qomä	aqomä	(C)		24	tägänannyä＜	aggänannyä(＝	(C)
10	zorä	azorä	(C)			*gänynyä	*atägänannyä)	
11	mwammwa	ammwammwa	(C)		25	täläwwät'ä	läwwät'ä	(A)
12	täqat't'älä＜	aqqat't'älä(＝	(C)			täqäyyärä	qäyyärä	(A)
	*qat't'älä	*atäqat't'älä)			26	täsäbässäbä	säbässäbä	(A)
13	wäddämä	awäddämä	(C)		27	täkäffätä	käffätä	(A)
	tädämässäsä	dämässäsä	(A)		28	täsäbbärä	säbbärä	(A)
14	molla	molla	(L)		29	täzägga	zägga	(A)
	tämolla	ammwalla	(E)		30	täsänät't'äqä	sänät't'äqä	(A)
15	täč'ärräsä	č'ärräsä	(A)			täfällät'ä	fällät'ä	(A)
16	jämmärä	jämmärä	(L)		31	motä	gäddälä	(S)
17	täsfaffa	asfaffa	(E)					

Arabic

1	ġalaa	ʔ-aġlaa	(C)			saaħa	sayyaħa	(C)
2	ta-jammada	jammada	(A)		9	waqafa	waqqafa	(C)
3	jaffa	jaffafa	(C)		10	daara	ʔ-adaara	(C)
4	ist-ayqa ẓa	ʔ-ayqa ẓa	(A)		11	ðaaba	ʔ-aðaaba	(C)
	ṣaħaa	ṣaħħaa	(C)		12	iħ-t-araqa	ʔ-aħraqa	(E)
5	in-ṭafaʔa	ʔ-aṭfaʔa	(E)		13	damara	dammara	(C)
6	ġariqa	ʔ-aġraqa	(C)		14	im-t-alaʔa	malaʔa	(A)
7	darasa	darrasa	(C)		15	in-t-ahaa	ʔ-anhaa	(E)
	ta-ʕallama	ʕallama	(A)		16	badaʔa	badaʔa	(L)
8	in-ṣahara	ṣahara	(A)		17	in-t-ašara	našara	(A)

18	ta-daḥraja	daḥraja	(A)	25	ta-baddala	baddala	(A)
19	ta-ṭawwara	ṭawwara	(A)	26	il-t-amma	lamma	(A)
20	daaʕa	xasira	(S)	27	in-fataḥa	fataḥa	(A)
	fuqida	faqada	(A)	28	in-kasara	kasara	(A)
21	ir-t-afaʕa	rafaʕa	(A)	29	in-qafala	qafala	(A)
22	ta-ḥassana	ḥassana	(A)	30	in-šaqqa	šaqqa	(A)
23	ta-ʔarjaḥa	ʔarjaḥa	(A)	31	maata	qatala	(S)
24	ir-t-abaṭa	rabaṭa	(A)				

Armenian

1	eṙ-al	eṙa-cn-el	(C)	17	əndarcʼak-v-el	əndarcʼak-el	(A)
2	saṙ-č̣-el	saṙ-ecn-el	(E)	18	glor-v-el	glor-el	(A)
3	čora-n-al	čora-cn-el	(C)	19	zarga-n-al	zarga-cn-el	(C)
4	artna-n-al	artna-cn-el	(C)	20	kʼor-č̣-el	kʼor-cn-el	(E)
5	hang-č̣-el	hang-cn-el	(E)	21	barʒra-n-al	barʒra-cn-el	(C)
6	xegol-v-el	xegol-el	(A)	22	lava-n-al	lava-cn-el	(C)
7	sovor-el	sovor-ecn-el	(C)		barelav-v-el	barelav-el	(A)
8	hal-v-el	hal-el	(A)	23	čoč̣-v-el	čoč̣-el	(A)
9	kʼangn-el	kʼangn-ecn-el	(C)	24	kʼapʼ-v-el	kʼapʼ-el	(A)
10	ptt-v-el	ptt-el	(A)	25	pox-v-el	pox-el	(A)
	ptt-v-el	ptt-ecn-el	(E)	26	havak-v-el	havak-el	(A)
11	luc̣-v-ei	luc̣-el	(A)	27	bac-v-el	bac-an-al	(E)
12	ayr-v-el	ayr-el	(A)	28	žard-v-el	žard-el	(A)
13	kand-v-el	kand-el	(A)	29	pakʼ-v-el	pakʼ-el	(A)
14	lc-v-ei	lc-n-el	(E)	30	čeɣk-v-el	čeɣk-el	(A)
15	verša-n-al	verša-cn-el	(C)	31	spa-n-el	meṙ-n-el	(S)
16	sks-v-el	sks-el	(A)				

Avar

1	hal-ize	hal-ize / ha-AM-ize	(C)	6	ǧanqʼ-ize	ǧanqʼ-ize	(L)
				7	cʼcʼal-ize	maɬɬ-ize	(S)
2	cʼerčwa-ze	cʼerčwa-ze / ha-b-ize	(C)	8	AM-i-ine	AM-i-ine	(L)
3	AM-aqʼwa-ze	AM-aqʼwa-ze / ha-AM-ize	(C)	9	æ̌-eze	æ̌-eze / ha-AM-ize	(C)
				10	sswer-ize	sswer-ize	(L)
4	AM-orč̌-ize	AM-orč̌-ize / ha-AM-ize	(C)	11	AM-i-ine	AM-i-ine	(L)
				12	AM-uħ-ize	AM-uħ-ize	(L)
				13	AM-ixx-ize	AM-ixx-ize	(L)
5	ssw-ine	ssw-ine / ha-AM-ize	(C)	14	cʼ-eze	cʼ-eze	(L)
				15	ɬuʕ-ize	ɬuʕ-ize	(L)

16	bajbiç-ize	bajbiç-ize	(L)	23	k'i-AM-ik'-ize	k'i-AM-ik'-ize	(L)
17	t'i-AM-it'-ize	t'i-AM-it'-ize	(L)	24	AM-uç-ine	AM-uç-ine	(L)
18	gir-ize	gir-ize	(L)	25	xis-ize	xis-ize	(L)
19	cce-AM-et'-eze	cce-AM-et'-eze / ha-AM-ize	(C)	26	AM-ak'ar-ize	AM-ak'ar-ize	(L)
				27	rah-ize	rah-ize	(L)
20	AM-il-ize	AM-il-ize / ha-AM-ize	(C)	28	AM-ek-ize	AM-ek-ize	(L)
				29	q'a-ze	q'a-ze	(L)
21	AM-orx-ize	AM-orx-ize	(L)	30	qwalç-ine	qwalç-ine	(L)
22	łik'ł-ize	łik'ł-ize / ha-AM-ize	(C)	31	xw-eze	č'wa-ze	(S)

Ayacucho Quechua

1	timpu-	timpu-chi-	(C)	18	tikra-ku-	tikra-	(A)
2	rumi-ya-	rumi-ya-chi-	(C)	19	wichari-	wichari-chi-	(C)
3	chiki-	chaki-chi-	(C)	20	chinka-	wischu-	(S)
4	rikcha-	rikcha-chi-	(C)	21	siqa-	siqa-chi-	(C)
5	wañu-	wañu-chi-	(C)		siqa-ku-	siqa-chi-	(E)
6	wichi-yku-	wichi-yka-chi-	(C)	22	allin-ya-	allin-ya-chi-	(C)
7	yacha-ku-	yacha-chi-	(E)	23	kuyu-	kuyu-chi-	(C)
8	chullu-	chullu-chi-	(C)	24	tupa-	tupa-chi-	(C)
9	saya-	saya-chi-	(C)		tupa-ku-	tupa-chi-	(E)
	saya-ku-	saya-chi-	(E)	25	tikra-ku-	tikra-	(A)
10	muyu-	muyu-chi-	(C)	26	huñuna-ku-	huñuna-chi-	(E)
11	chullu-	chullu-chi-	(C)		huñuna-ku-	huñuna-	(A)
12	kaña-ku-	kaña-	(A)	27	kicha-ku-	kicha-	(A)
13	chinka-	chinka-chi-	(C)	28	paki-ku-	paki-	(A)
14	hunta-	hunta-chi-	(C)	29	wichqa-ku-	wichqa-	(A)
15	tuku-	tuku-chi-	(C)	30	llichki-ku-	llichki-	(A)
16	qallari-	qallari-chi-	(C)	31	wañu-	wañu-chi-	(C)
17	masta-ku-	masta-	(A)				

Azerbaijani

1	qayna-	qaynat-	(C)	8	əri-	ərit-	(C)
	biş-	bişir-	(C)	9	dayan-	dayandır-	(C)
2	don-	dondur-	(C)	10	çevril-	çevir-	(A)
3	quru-	qurut-	(C)		dön-	döndər-	(C)
4	oyan-	oyat-	(E)	11	əri-	ərit-	(C)
5	çıx-	çıxart-	(C)	12	yan-	yandır-	(C)
6	bat-	batır-	(C)	13	uçurdul-	uçur-	(A)
7	öyrən-	öyrət-	(E)		sökül-	sök-	(A)

14	dol-	dol-dur-	(C)	22	təkmil-ləş-	təkmil-ləş-dir-	(C)
15	bit-	bit-ir-	(C)	23	yel-lə-n-	yel-lə-	(A)
16	başla-	başla-t-	(C)	24	bağla-n-	bağla-	(C)
	başla-	başla-	(L)	25	dəyiş-il-	dəyiş-	(A)
17	yaxıl-	yax-	(A)	26	topla-n-	topla-	(A)
	sər-il-	sər-	(A)	27	aç-ıl-	aç-	(A)
	yay-ıl-	yay-	(A)	28	qır-ıl-	qır-	(A)
18	diyir-lə-n-	diyir-lə-	(A)		sın-	sın-dır-	(C)
	diyir-lə-n-	diyir-lə-t-	(E)		poz-ul-	poz-	(A)
19	yaxşı-laş-	yaxşı-laş-dır-	(C)	29	ört-ül-	ört-	(A)
20	it-	it-ir-	(C)		bağla-n-	bağla-	(A)
21	qalx-	qaldır-	(E)	30	yar-ıl-	yar-	(A)
	yüksəl-	yüksəl-t-	(C)	31	öl-	öl-dür-	(C)

Basque

1	irakin	irakin-araz-i	(C)	17	heda-tu	heda-tu	(L)
2	izoz-tu	izoz-tu	(L)		zabal-du	zabal-du	(L)
	horma-tu	horma-tu	(L)	18	—	—	
3	lehor-tu	lehor-tu	(L)	19	gara-tu	gara-tu	(L)
	idor-tu	idor-tu	(L)	20	gal-du	gal-du	(L)
4	esna-tu	esna-tu	(L)	21	gora-tu	gora-tu	(L)
	iratzarr-i	iratzarr-i	(L)		igo	igo	(L)
5	atera	atera	(L)	22	hobe-tu	hobe-tu	(L)
	itzal-i	itzal-i	(L)	23	kulunka-tu	kulunka-tu	(L)
6	hondora-tu	hondora-tu	(L)		zabuka-tu	zabuka-tu	(L)
	honda-tu	honda-tu	(L)	24	lot-u	lot-u	(L)
7	i-kas-i	i-ra-kats-i	(C)		elkar-tu	elkar-tu	(L)
8	ur-tu	ur-tu	(L)	25	alda-tu	alda-tu	(L)
	gesal-du	gesal-du	(L)	26	bil-du	bil-du	(L)
9	geldi-tu	geldi-tu	(L)	27	ireki	ireki	(L)
	geldi-tu	geldi-araz-i	(C)		zabal-du	zabal-du	(L)
10	bira-tu	bira-tu	(L)	28	hauts-i	hauts-i	(L)
	jira-tu	jira-tu	(L)		puska-tu	puska-tu	(L)
11	desegin	desegin	(L)		apur-tu	apur-tu	(L)
12	erre	erre	(L)	29	itxi	itxi	(L)
13	honda-tu	honda-tu	(L)		herts-i	herts-i	(L)
14	bete	bete	(L)	30	bana-tu	bana-tu	(L)
15	amai-tu	amai-tu	(L)		zati-tu	zati-tu	(L)
	buka-tu	buka-tu	(L)	31	hil	hil	(L)
16	has-i	has-i	(L)		akaba-tu	akaba-tu	(L)

Batsbi

1	k'eč'-J-ax-ar	k'eč'-J-ax-it-ar	(C)	18	k'erč-ar	k'erč-D-ar	(C)
2	ʁor-ar	ʁor-D-ar	(C)	19	—	—	
3	laps-ar	laps-D-ar	(C)	20	D-av-ar	D-av-D-ar	(C)
4	ħac'am-D-al-ar	ħac'am-D-ar	(A)	21	ħal qett-ar	ħal qett-D-ar	(C)
5	xal-ar	xal-D-ar	(C)	22	ħal ʁazar-D-al-ar	ħal ʁazar-D-ar	(A)
6	tiš-ar	tišod-D-ar	(C)				
7	ˀⁿam-D-ar	ˀⁿam-D-it-ar	(C)	23	tark-ar	tark-D-ar	(C)
8	Daš-ar	D-aš-D-ar	(C)	24	čħaʁ D-aʁ-ar	čħaʁ D-aħ-ar	(S)
9	ˀott-ar	ˀott-D-ar	(C)	25	xarc-D-al-ar	xarc-D-ar	(A)
10	D-erc'-ar	D-erc'-D-ar	(C)	26	vašbar laħ-D-al-ar	vašbar laħ-D-ar	(A)
11	Daš-ar	D-aš-D-ar	(C)				
12	D-ak'-ar	D-ak'-D-ar	(C)	27	nˤajn-D-al-ar	nˤajn-D-ar	(A)
13	D-ox-ar	D-ox-D-ar	(C)	28	D-ˤog-D-al-ar	D-ˤog-ar	(A)
14	D-uc'-ar	D-uc'-D-ar	(C)	29	č'ˤaʁ-D-al-ar	č'ˤaʁ-D-ar	(A)
15	qač-D-al-ar	qač-D-ar	(A)	30	D-at'-ar	D-at'-D-ar	(C)
16	D-ol-D-al-ar	D-ol-D-ar	(A)	31	D-al-ar	D-ˤev-ar	(S)
17	ˀot'-D-al-ar	ˀot'-ar	(A)				

Bengali

1	śiddʰɔ hɔ	śiddʰɔ kɔr	(E)	14	bʰɔr	bʰɔra	(C)
2	jɔm	joma	(C)		bʰɔre ja	bʰɔra	(A)
	jome ja	joma	(A)	15	śeś hɔ	śeś kɔr	(E)
3	śukiye ja	śuka	(A)	16	śuru hɔ	śuru kɔr	(E)
4	otʰ	otʰa	(C)		arɔmbʰɔ hɔ	arɔmbʰɔ kɔr	(E)
5	ber hɔ	ber kɔr	(E)	17	cʰɔrano	cʰɔr	(A)
6	dub	doba	(C)		bicʰano	bicʰa	(A)
	dube ja	doba	(A)	18	gɔra	gɔriye de	(C)
7	śekʰ	śekʰa	(C)	19	gɔre ɔtʰ	gɔr	(A)
8	gɔ	gɔla	(C)	20	hariye ja	hariye fæl	(E)
	gɔle ja	gɔliye de	(E)	21	boro hɔ	boro kɔr	(E)
9	tʰam	tʰama	(C)	22	unnɔti hɔ	unnooti kɔr	(E)
	tʰeme ja	tʰama	(A)		unnotɔ hɔ	unnɔtɔ kɔr	(E)
10	gʰor	gʰora	(C)	23	dol	dola	(A)
11	gɔl	gɔla	(C)	24	juktɔ hɔ	juktɔ kɔr	(E)
12	por	pora	(C)		śɔnjog hɔ	śɔnjog kɔr	(E)
	pure ja	pora	(A)	25	bɔdla	bɔdla	(L)
13	dʰɔngśo hɔ	dʰɔngśo kɔr	(E)		bodle ja	bodle fæl	(E)

	bɔdɔl hɔ	bɔdɔl kɔr	(E)	29	bɔndʰɔ hɔ	bɔndʰɔ kɔr	(E)
26	æktrɔ hɔ	æktritɔ kɔr	(E)	30	bʰag hɔ	bʰag kɔr	(E)
	śɔŋrɔhɔ kora hɔ	śɔŋrɔhɔ kɔr	(A)		alada hɔ	alada kɔr	(E)
27	kʰule ja	kʰol	(A)		bibʰɔɔktɔ hɔ	bibʰɔktɔ kɔr	(E)
	kʰule ja	kʰule de	(E)	31	mara ja	mar	(A)
28	bʰeŋe ja	bʰang	(A)		kʰun hɔ	kʰun kɔr	(E)
	bʰeŋe ja	bʰeŋe fæl	(E)				

Bhojpuri

1	ubal-ab	ubaal-ab	(C)	16	shuru ho-ab	shuru kar-ab	(E)
2	jam-ab	jamaa-ib	(C)	17	phail-ab	phailaa-ib	(C)
3	sukh-ab	sukhaa-ib	(C)	18	lapeT-ab	lapTaa-ib	(C)
4	jag-ab	jagaa-ib	(C)	19	baRh-ab	baRhaa-ib	(C)
	jaag-ab	jagaa-ib	(C)	20	haT-ab	haTaa-ib	(C)
5	nikal-ab	nikaal-ab	(C)	21	uTh-ab	uThaa-ib	(C)
	but-ab	butaa-ib	(C)	22	sudhar-ab	sudhaar-ab	(C)
6	Duub-ab	Dubaa-ib	(C)	23	jhuum-ab	jhumaa-ib	(C)
7	paRh-ab	paRhaa-ib	(C)	24	juR-ab	joR-ab	(C)
8	gal-ab	galaa-ib	(C)	25	badal-ab	badal-ib	(L)
9	ruk-ab	rok-ab	(C)	26	bol-ab	bolaa-ib	(C)
10	palaT-ab	palTaa-ib	(C)	27	khul-ab	khol-ab	(C)
11	mil-ab	milaa-ib	(C)	28	TuT-ab	toR-ab	(C)
12	jar-ab	jaraa-ib	(C)	29	band ho-ab	band kar-ab	(E)
13	TuT-ab	tor-ab	(C)	30	phaaT-ab	phaar-ab	(A)
14	bhar-ab	bhraa-ib	(C)	31	mar-ab	maar-ab/mua-ib	(C)
15	khatam ho-ab	khatam kar-ab	(E)				

Burmese

1	kyak'	khyak'	(C)		pre	phre	(C)
2	khaY	khaY_ce	(S)	12	mi:long'	mii:rhV.	(S)
3	khrok'	khrok'ce	(C)	13	pyak'	phyak'	(C)
4	nV:	nhV:	(C)	14	praN~'.	phraN~'.	(C)
5	thwak'	thut'	(S)	15	prii:	prii:ce	(C)
6	nac'	nhac'	(C)	16	ca	ca	(E)
7	sang'	sang'	(L)	17	pran.	phran.	(C)
8	pyo'	phyo'	(C)	18	lim'.	lhim'.	(C)
9	rap'	rap'ce	(C)	19	phwaM.phrV:	phwaM.phrV:ce	(C)
10	laN~'	lhaN~'.	(C)	20	pyok'	phyok'	(C)
11	pyo'	phyo'	(C)	21	tak'	mhrang.	(E)

	tak'	ma	(E)	27	pwang'.	phwang'.	(C)
22	kong':laa	prang'	(S)	28	kyV:	khyV:	(C)
23	lhup'	lhup'	(L)	29	pit'	pit'	(E)
24	puu:	puu:	(L)	30	kwaY	khwaY	(C)
25	prong':	prong':ce	(C)	31	se	sat'	(S)
26	cu	cu	(L)				

Burushaski

1	bápay-as	é-s-papay-as	(C)	17	du-jál-as	d-é-čal-as	(C)
2	γamú du-ún-as	γamú d-ée-γun-as	(E)		di-nchír-as	d-é-ncir-as	(C)
					d-í-nchir-as	d-é-ncir-as	(C)
3	búy-as	é-s-piy-as	(C)	18	díri man-áas	díri é-t-as	(E)
	yu-úy-as	é-s-piy-as	(C)	19	yáarkiṣ man-áas	yáarkiṣ é-t-as	(E)
4	d-í-tal-as	d-é-s-tal-as	(C)	20	balúu-as	é-s-pal-as	(C)
5	du-ús-as	d-í-us-as	(C)		i-wáal-as	é-s-pal-as	(C)
6	i-γúrc-as	é-s-qurc-as	(C)	21	yáṭe du-ús-as	yáṭe d-í-us-as	(E)
7	γatán-as	ée-γatan-as	(C)	22	šuá man-áas	šuákuṣ sú-as	(S)
	hén-as	é-ikin-as	(C)	23	laáŋ man-áas	laáŋ é-t-as	(E)
8	du-úy-as	d-é-s-tuy-as	(C)	24	gaṭ i-wál-as	gaṭ i-wáši-as	(E)
9	caṭ man-áas	caṭ é-t-as	(E)	25	phar man-áas	phar é-t-as	(E)
	caṭ man-áas	caṭ ée-t-as	(E)		badál man-áas	badál é-t-as	(E)
10	phaár man-áas	phaár é-t-as	(E)	26	d-ée-mi-as	d-ée-mi-as	(A)
	guúr man-áas	guúr é-t-as	(E)		gáṭi man-áas	gáṭi é-t-as	(E)
	guúr man-áas	guúr ée-t-as	(E)	27	do-ón-as	do-ón-as	(L)
11	di-ṣáwar-as	d-é-ṣawar-as	(C)		paṭáŋ man-áas	paṭáŋ é-t-as	(E)
	d-í-ṣawar-as	d-é-ṣawar-as	(C)	28	gál-as	i-yál-as	(C)
12	γul-áas	é-s-qul-as	(C)		qhar-áas	i-qhár-as	(C)
	γulú-as	é-s-qul-as	(C)		du-qhár-as	d-í-qar-as	(C)
13	qušál-as	é-qušal-as	(C)	29	ṭam man-áas	ṭam é-t-as	(E)
14	ṣek man-áas	ṣek é-t-as	(E)	30	caṭ man-áas	caṭ é-t-as	(E)
15	phaṣ man-áas	phaṣ é-t-as	(E)	31	i-ír-as	é-s-qan-as	(S)
16	šurúu man-áas	šurúu é-t-as	(E)				

Cantonese(Chinese Dialect)

1	gwan2	bou1 gwan2	(A)	4	hei2 san1	aai3 hei2 san1	(C)
	gwan2	gwan2	(L)	5	sik1	sik1	(L)
	gwan2	bou1	(S)		mit6	mit6	(L)
2	git3 bing1	syut3 zyu6	(S)		sik1/mit6	lam4 sik1/ lam4 mit6	(C)
3	gon1	hong3 gon1	(C)				

6	cam4	zing2 cam4	(C)	17	joeng4 hoi1	joeng4 hoi1	(L)
	cam4	cam4	(L)	18	luk1	luk1	(L)
7	hok6	gaau3	(S)	19	faat3 zin2	faat3 zin2	(L)
8	jung4	jung4	(L)	20	m4 gin3	m4 gin3	(L)
9	ting4	ting4	(L)	21	sing1	sing1	(L)
	ting4	aai3 ting4	(C)		geoi2	geoi2	(L)
	ting4	zit6 ting4	(C)	22		goi2 loeng4	(O)
10	zyun2	zyun2	(L)	23	jiu4	jiu4	(L)
11	jung4	jung4	(L)	24	lin4	lin4	(L)
12	siu1 zyu3	dim2 zyu3	(S)	25	bin3	goi2	(S)
13	lam3	zan3 lam3	(C)	26	zeoi6		(O)
	laan6	dam1 laan6	(C)	27	daa2 hoi	daa2 hoi	(L)
	wai2		(O)	28	laan6	daa2 laan6	(C)
14	zam1 mun5		(O)	29	gwaan1	gwaan1	(L)
	zong1 mun5		(O)	30	lit6 hoi1	mit1 hoi1	(S)
15	git3 cuk1	git3 cuk1	(L)	31	sei2	saat3	(S)
16	hoi1 ci2	hoi1 ci2	(L)				

Danish

1	koge	koge	(L)		færdiggøre-s/		
2	fryse	fryse	(L)	15	blive færdig-gjort	færdiggøre	(A)
3	tørre	tørre	(L)	16	begynde	begynde	(L)
4	vågne	vække	(E)		starte	starte	(L)
5	gå ud	slukke	(S)	17	sprede sig	sprede	(A)
6	synke	synke	(L)	18	rulle	rulle	(L)
7	lære	lære	(L)	19	udvikle sig	udvikle	(A)
8	s8e	s8e	(L)	20	tabe-s/blive tabt	tabe	(A)
9	9pe	9pe	(L)	21	stige op	rejse	(S)
10	dreje	dreje	(L)	22	forbedre sig	forbedre	(A)
11	opløse sig	opløse	(A)	23	rokke	rokke	(L)
	opløse-s/ blive opløst	opløse	(A)	24	forbinde	forbinde	(L)
12	brænde	brænde	(L)	25	ændre sig	ændre	(A)
13	ødelægge-s/ blive ødelagt	ødelægge	(A)	26	samle sig	samle	(A)
14	fylde-s/blive fyldt	fylde	(A)	27	åbne	åbne	(L)
				28	bryde	bryde	(L)
					knække	knække	(L)

29	lukke	lukke	(L)		30te-s/ blive 30tet	30te	(A)
30	kløve-s/ blive kløvet	kløve	(A)	31	dø	dræbe	(S)

Domaaki

1	maṣ hu-iná	maṣ ir-iná	(E)	17	dichir-uun-iná	dichir-iná	(A)
2	sóor lom-iná	sóor lom-uaa-ná	(E)	18	kaár hu-iná	kaár ir-iná	(E)
3	šuš-iná	šuš-aar-iná	(C)	19	taraqí ir-iná	taraqí ir-aa-ná	(E)
4	huṭ-iná	huṭ-uaa-ná	(C)	20	naš-iná	naš-aa-ná	(C)
5	baár jaa-ná	baár baa-ná	(E)	21	ací hu-iná	ací ir-iná	(E)
6	γurc-iná	γurc-uaa-ná	(C)	22	ša hu-iná	šakúṣ aan-iná	(S)
7	čhič-iná	čhič-uaa-ná	(C)	23	zal hu-iná	zal ir-iná	(E)
8	bilij-iná	bilij-aa-ná	(C)	24	goṭ pei-ná	goṭ baa-ná	(E)
9	caṭ hu-iná	caṭ ir-aa-ná	(E)	25	badál hu-iná	badál ir-iná	(E)
10	phar hu-iná	phar ir-iná	(E)	26	gáṭi hu-iná	gáṭi ir-iná	(E)
11	duluu-ná	dul-aar-iná	(C)		gáṭi hu-iná	gáṭi ir-aa-ná	(E)
12	piṭir-uun-iná	piṭir-iná	(A)	27	mal-uun-iná	mal-iná	(A)
13	tabáa hu-iná	tabáa ir-iná	(E)	28	baj-iná	me-iná	(S)
14	ṣek hu-iná	ṣek ir-iná	(E)	29	ban hu-iná	ban ir-iná	(E)
15	phaṣ hu-iná	phaṣ ir-iná	(E)	30	íici hu-iná	íici ir-aa-ná	(E)
16	šurúu hu-iná	šurúu ir-iná	(E)	31	mar-iná	maar-iná	(E)

English

1	boil	boil	(L)	17	spread	spread	(L)
2	freeze	freeze	(L)	18	roll	roll	(L)
3	dry	dry	(L)	19	develop	develop	(L)
4	wake up	wake up	(L)	20	get lost	lose	(A)
5	go out	put out	(S)	21	rise	raise	(E)
6	sink	sink	(L)	22	improve	improve	(L)
7	learn	teach	(S)	23	rock	rock	(L)
8	melt	melt	(L)	24	connect	connect	(L)
9	stop	stop	(L)	25	change	change	(L)
10	turn	turn	(L)	26	gather	gather	(L)
11	dissolve	dissolve	(L)	27	open	open	(L)
12	burn	burn	(L)	28	break	break	(L)
13	be destroyed	destroy	(A)	29	close	close	(L)
14	fill	fill	(L)	30	split	split	(L)
15	finish	finish	(L)	31	die	kill	(S)
16	begin	begin	(L)				

Ewen

1	xuju-	xuju-	(L)		—	usiŋət-	(O)
2	iŋəm-	—	(O)	18	xirun-	xirukəčuukət-	(E)
3	olga-	olgɪ-	(E)	19	isu-	—	(O)
4	mɪal-	xɵru-	(S)	20	isu-	—	(O)
5	ñɵɵ-	juwu-	(S)	21	bəri-p-	bəri-	(A)
6	xiir-	—	(O)	22	ojčɪ-	ɵgər-	(S)
7	xupku-	xupku-	(L)	23	məəji-n-	məəji-	(A)
	xupku-p-	xupku-	(A)		məəji-lbɵn-	məəji-	(A)
8	uun-	—	(O)	24	iiwuldu-	iiwuldu-wkən-	(C)
9	ɪl-	ɪl-ʊkan-	(C)	25	xɵɵntəlbə-	xɵɵntəltə-	(E)
10	ḵumərkin-	kumtu-	(E)		gaaj-maat-	gaaj-	(A)
11	ɵɵñəlgə-p-	ɵɵñəlgə-	(A)	26	čaka-p-	čak-	(A)
12	dur-	dur-u-	(C)	27	aaŋa-p-	aaŋa-	(A)
13	xaajʊ-p-	xaajʊ-	(A)	28	kiŋər-	kiŋəl-	(L)
14	miltərən-	miltərə-mkən-	(C)	29	nipkə-p-	nipkə-	(A)
15	mʊdan-	od-	(S)		xak-ʊ-	xak-	(A)
16	mookɪ-p-	mookɪ-	(A)		xooma-p-	xoom-	(A)
	VERB STEM (proper)-l-	VERB STEM (proper)-l-	(L)	30	xultir-	kaktaga-	(S)
17	—	ɵŋkə-	(O)		təkəl-	kaktali-	(S)
	—	nəsən-	(O)	31	kɵkə-	maa-	(S)
					ačča oo-	maa-	(S)

French

1	bouillir	faire bouillir	(C)	16	commencer	commencer	(L)
2	geler	geler	(L)	17	s'étendre	étendre	(A)
3	sécher	sécher	(L)	18	rouler	rouler	(L)
	se dessécher	dessécher	(A)	19	se développer	développer	(A)
4	se réveiller	réveiller	(A)	20	se perdre	perdre	(A)
5	s'éteindre	éteindre	(A)	21	se lever	lever	(A)
6	s'enfoncer	enfoncer	(A)	22	s'améliorer	améliorer	(A)
7	apprendre	apprendr	(L)	23	se balancer	balancer	(A)
8	fondre	faire fondre	(C)	24	se lier	lier	(A)
9	s'arrêter	arrêter	(A)	25	25r	25r	(L)
10	se tourner	tourner	(A)	26	s'assembler	assembler	(A)
11	se dissoudre	dissoudre	(A)	27	s'ouvrir	ouvrir	(A)
12	brûler	brûler	(L)	28	se briser	briser	(A)
13	être détruit	détruir	(A)	29	se fermer	fermer	(A)
14	se remplir	remplir	(A)	30	se fendre	fendre	(A)
15	finir	finir	(L)	31	mourir	tuer	(S)

Gagauz

1	kayna	kayna-t	(C)			yay-ıl	yay	(A)
	piş	piş-ir	(C)	18		yuvarla-n	yuvarla	(A)
2	don	don-dur	(C)	19		geliş	geliş-tir	(C)
3	kuru	kuru-t	(C)	20		kayb-el	kayb-et	(E)
4	uyan	uyan-dır	(C)	21		üüsekle-n	üüsel-t	(E)
	cannan	cannan-dır	(C)			art	art-tır	(C)
5	süün	süün-dür	(C)	22		iileş	iileş-tir	(C)
6	bat	bat-tır	(C)			düzel	düzel-t	(C)
	dal	dal-dır	(C)	23		salla-n	salla	(A)
7	üüre-n	üüre-t	(E)	24		birleş	birleş-tir	(C)
8	eri	eri-t	(C)			baala-ş	baala	(A)
9	dur	dur-gut	(C)	25		diiş	diiş-tir	(C)
10	dön	dön-dür	(C)	26		topla-n	topla	(A)
	çevir-il	çevir	(A)	27		aç-ıl	aç	(A)
11	eri	eri-t	(C)	28		boz-ul	boz	(A)
	çöz-ül	çöz	(A)			kır-ıl	kır	(A)
12	ya-n	ya-k	(E)			parçala-n	parçala	(A)
13	yık-ıl	yık	(A)	29		kapa-n	kapa	(A)
14	dol	dol-dur	(C)			tıka-n	tıka	(A)
15	bit	bit-ir	(C)	30		yar-ıl	yar	(A)
	tamanna-n	tamanna	(A)			ayır-ıl	ayır	(A)
16	başla	başla-t	(C)			böl-ün	böl	(A)
17	daa-l	daa-t	(E)	31		öl	öl-dür	(C)

Georgian

1	i-duʁ-eb-s (duʁ-s)	a-duʁ-eb-s	(C)	10		brun-av-s	a-brun-eb-s	(C)
				11		ga-i-xsn-eb-a	ga-xsn-i-s	(A)
2	ga-i-q'in-eb-a	ga-q'in-av-s	(A)	12		da-i-c'v-eb-a	da-c'v-av-s	(A)
3	ga-šr-eb-a	ga-a-šr-ob-s	(C)	13		da-i-ngr-ev-a	da-a-ngr-ev-s	(E)
	ga-xm-eb-a	ga-a-xm-ob-s	(C)	14		a-i-vs-eb-a	a-a-vs-eb-s	(E)
4	ga-i-ʁviӡ-eb-s	ga-a-ʁviӡ-eb-s	(E)	15		da-mtavr-d-eb-a	da-a-mtavr-eb-s	(E)
5	ča-kr-eb-a	ča-a-kr-ob-s	(C)	16		da-i-c'q'-eb-a	da-i-c'q'-eb-s	(E)
6	ča-i-ӡir-eb-a	ča-ӡir-av-s	(A)	17		ga-i-šl-eb-a	ga-šl-i-s	(A)
7	i-sc'avl-i-s (sc'avl-ob-s)	a-sc'avl-i-s	(C)	18		da-gor-av-s	da-a-gor-eb-s	(C)
				19		gan-vitar-d-eb-a	gan-a-vitar-eb-s	(E)
8	da-dn-eb-a	da-a-dn-ob-s	(C)	20		da-i-k'arg-eb-a	da-k'arg-av-s	(A)
9	ga-čer-d-eb-a	ga-a-čer-eb-s	(E)	21		a-i-c'ev-s	a-c'ev-s	(A)

22	ga-umjobes-d-eb-a	ga-a-umjobes-eb-s	(E)	26	še-i-k'rib-eb-a	še-k'reb-s	(A)
23	da-i-rx-ev-a	da-a-rx-ev-s	(E)	27	ga-i-ʁ-eb-a	ga-a-ʁ-eb-s	(E)
	da-i-rc'-ev-a	da-a-rc'-ev-s	(E)	28	ga-t'q'd-eb-a	ga-t'ex-av-s	(S)
24	še-ert-d-eb-a	še-a-ert-eb-s	(E)	29	da-i-xur-eb-a	da-xur-av-s	(A)
	da-k'avšir-d-eb-a	da-a-k'avšir-eb-s	(E)	30	ga-i-p'-ob-a	ga-a-p'-ob-s	(E)
					ga-i-xli-č-eb-a	ga-xleč-s	(A)
25	še-i-cvl-eb-a	še-cvl-i-s	(A)	31	mo-k'vd-eb-a	mo-k'l-av-s	(S)

German

1	kochen	kochen	(L)	17	sich ausbreiten	ausbreiten	(A)
2	einfrieren	einfrieren	(L)	18	18en	18en	(L)
3	t23nen	t23nen	(L)	19	sich entwickeln	entwickeln	(A)
4	aufwachen	aufwecken	(E)	20	verloren gehen	verlieren	(A)
5	erlöschen	löschen	(L)	21	sich heben	heben	(A)
6	ver6en	versenken	(E)	22	sich verbessern	verbessern	(A)
7	lernen	lehren	(E)	23	schaukeln	schaukeln	(L)
8	schmelzen	schmelzen	(L)		sich schaukeln	schaukeln	(A)
9	anhalten	anhalten	(L)	24	sich verbinden	verbinden	(A)
10	sich umdrehen	umdrehen	(A)	25	sich verändern	verändern	(A)
11	sich auflösen	auflösen	(A)	26	sich sammeln	sammeln	(A)
12	verbrennen	verbrennen	(L)	27	sich öffnen	öffnen	(A)
13	kaputt gehen	machen	(E)	28	zerbrechen	zerbrechen	(L)
14	sich füllen	füllen	(A)	29	sich schliessen	schlicssen	(A)
15	enden	beenden	(L)	30	sich spalten	spalten	(A)
16	anfangen	anfangen	(L)	31	sterben	töten	(S)

Greek

1	vrázo	vrázo	(L)	10	jirízo	jirizo	(L)
2	paghóno	paghóno	(L)		stréfome	stréfo	(A)
3	steghnóno	steghnóno	(L)	11	dhialíome	dhialio	(A)
	apoksirénome	apoksiréno	(A)	12	kéome	kéo	(A)
4	ksipnó	ksipnó	(L)	13	xalnó	xalnó	(L)
5	svíno	svíno	(L)	14	jemízo	jemízo	(L)
6	vithízome	vithízo	(A)	15	telióno	telióno	(L)
7	mathéno	mathéno	(L)	16	arxízo	arxízo	(L)
8	lyóno	lyóno	(L)	17	dhiadhídhome	dhiadhídho	(A)
	tíkome	tíko	(A)		aplónome	aplóno	(A)
9	stamatáo	stamatáo	(L)	18	kiliéme	kilió	(A)

19	anaptísome	anaptiso	(A)
20	xánome	xáno	(A)
21	sikónome	sikóno	(A)
22	veltiónome	veltióno	(A)
	kaliterévo	kaliterévo	(L)
23	liknízome	liknízo	(A)
24	sindhéome	sindhéo	(A)
25	alázo	alázo	(L)

26	singendrónome	singendróno	(A)
27	anígho	anígho	(L)
28	spázo	spázo	(L)
	tsakízome	tsakízo	(A)
29	klíno	klíno	(L)
30	xorízo	xorízo	(L)
31	pethéno	skotóno	(S)

Hayato dialect of Kagoshima Japanese

1	wak-	wak-as(e)-	(C)
2	koor-	koor-as(e)-	(C)
3	kowak-	kowak-as(e)-	(C)
4	okir-	ok-os(e)-	(C)
5	kije-	kij-as-	(C)
6	sizum-	sizum-e-	(C)
7	manab-	itkas(e)-	(S)
8	toke-	tok-as(e)-	(C)
9	tom-ar-	tome-	(A)
10	mawar-	mawas(e)-	(E)
11	toke-	tok-as(e)-	(C)
12	jak-e-	jak-	(A)
13	utgar-e-	utgar-	(A)
	utgare-	utgar-as(e)-	(C)
	utkuzue-	utkuzus(e)-	(E)
14	mitir-	mit-as(e)-	(C)
15	owar-	owar-as(e)-	(C)
	sum-	sum-ase-	(C)
16	hatm-ar-	hatme-	(A)
17	hiog-ar-	hioge-	(A)
18	koogar-	koogas(e)-	(E)

19	sakae-	sakae-sas(e)-	(C)
20	ne got nar-	ne got nar-akas(e)-	(C)
21	ag-ar-	age-	(A)
22	ju nar-	ju nar-akas(e)-	(C)
	ju nar-	ju s-	(S)
	zjozi nar-	zjozi nar-akas(e)-	(C)
23	jue-	ju-akas-	(C)
24	tunag-ar-	tunage-	(A)
25	kaw-ar-	kawe-	(A)
26	atm-ar-	atme-	(A)
27	ak-	ak-e-	(C)
28	hittjabur-e-	hittjabur-	(A)
	war-e-	war-	(A)
	tunbor-e-	tunbor-	(A)
29	sim-ar-	sime-	(A)
30	wak-ae-	wake-	(A)
31	kesim-	utkoos(e)-	(S)
	sin-	koos(e)-	(S)

Hebrew

1	rataȟ	hi-rtiaȟ	(C)
2	kafa	hi-kfi	(C)
3	hit-yabeš	yibeš	(A)
4	hit-ʕorer	he-ʕir	(E)
	hit-ʕorer	ʕorer	(A)
5	kava	kiba	(C)

6	tavaʕ	tibaʕ	(C)
	tavaʕ	hi-tbiaʕ	(C)
7	lamad	limed	(C)
8	na-mas	he-mes	(E)
9	ne-ʕecar	ʕacar	(A)
10	hi-stovev	sovev	(A)

11	hit-porer	porer	(A)	21	hit-romem	romem	(A)
12	ni-sraf	saraf	(A)	22	hi-štaper	šiper	(A)
13	harav	he-heriv	(C)	23	hit-nadned	nidned	(A)
14	hit-male	mile	(A)	24	hit-kašer	kišer	(A)
15	ni-gmar	gamar	(A)	25	hi-štana	šina	(A)
16	hitḣil	hitḣil	(L)	26	hit-ʔasef	ʔasaf	(A)
	heḣil	heḣil	(L)		ne-ʔesaf	ʔasaf	(A)
17	hit-pares	paras	(A)	27	ni-ftah	patah	(A)
18	na-gol	galal	(A)	28	ni-šbar	šavar	(A)
19	hit-pataḣ	pataḣ	(A)	29	ni-sgar	sagar	(A)
20	ʔavad	ʔibed	(C)	30	hit-pacel	picel	(A)
	neʔevad	ʔibed	(E)	31	mat	he-mit	(C)

Herero

1	sum-a	sum-is-a	(C)		handja-uk-a	handja-ur-a	(E)
2	kukut-a	kukut-is-a	(C)	18	randat-a	randat-is-a	(C)
3	kah-a	kah-is-a	(C)	19	kur-a	kur-is-a	(C)
4	pend-uk-a	pend-ur-a	(E)	20	pandjar-a	pandjar-is-a	(C)
5	zem-a	zem-is-a	(C)	21	rond-a	rond-is-a	(C)
6	nin-iw-a	nin-is-a	(E)	22	veruk-a	veruk-is-a	(C)
7	ri-hong-a	hong-a	(A)		ver-uk-a	ver-ur-a	(E)
8	zuz-uk-a	zuz-ur-a	(E)	23	nyinganying-a	nyinganying-is-a	(C)
9	kuram-a	kuram-is-a	(C)	24	konek-w-a	konek-a	(A)
10	kondorok-a	kondorok-is-a	(C)	25	tana-uk-a	tana-ur-a	(E)
11	rungan-a	rungan-is-a	(C)	26	worongan-a	worongan-is-a	(C)
12	ningirir-a	ningirir-is-a	(C)	27	patur-uk-a	patur-ur-a	(E)
	yak-a	yak-is-a	(C)	28	te-k-a	te-y-a	(E)
13	te-k-a	te-y-a	(E)	29	pat-a	pat-a	(L)
14	ur-a	ur-is-a	(C)	30	po-k-a	po-r-a	(E)
15	yaand-a	man-a	(S)		han-ik-a	han-a	(A)
16	ut-a	ut-a	(L)	31	kok-a	zep-a	(S)
17	nyotor-ok-a	nyotor-or-a	(E)				

Hill Korwa

1	gaŋ	gaŋ	(L)	7	paʈʰao	paʈʰae	(C)
2	kaṭʰuaʔ	kaṭʰuao	(A)	8	ʈagʰalaʔ	ʈagʰalao	(A)
3	jʰura	jʰura	(L)	9	cāʈan	cāʈa	(A)
4	bereɖ	bereɖ	(L)	10	gʰumaʔ	gʰumao	(A)
5	iʈikˀ	iʈikˀ	(L)	11	goʈaʔ	goʈao	(A)
6	ḍubaʔ	ḍubao	(A)	12	lo	lo	(L)

13	rab	rab	(L)
14	perek⌐	perek⌐	(L)
15	caba	caba	(L)
16	suru	suru	(L)
17	bel	bel	(L)
	pʰaila?	pʰailao	(A)
18	baʈin	baʈi	(A)
19	vikaːs karwe	vikaːs ece karwe	(C)
20	salao	ece salao	(C)
21	rem	rem	(L)

22	napae wek⌐	napae karwe	(E)
23	hilwa?	hilwao	(A)
24	juʈa?	juʈao	(A)
25	badal	badal	(L)
26	juma?	jumao	(A)
27	gik⌐	gik⌐	(L)
28	siɖ	siɖ	(L)
29	siŋ	siŋ	(L)
30	haʈiŋ	haʈiŋ	(L)
31	goc⌐	ɲeɖ	(S)

Hindi

1	ubal-naa	ubaal-naa	(C)
	ubal-naa	ub(ə)l-aa-naa	(C)
2	jam-naa	jam-aa-naa	(C)
3	suukh-naa	sukh-aa-naa	(C)
4	jaag-naa	jag-aa-naa	(C)
	uTh-naa	uTh-aa-naa	(C)
5	nikal-naa	nikaal-naa	(C)
	bujh-naa	bhuj-aa-naa	(C)
	gul ho-naa	gul kar-naa	(E)
6	Duub-naa	Dub-aa-naa/Dub-o-naa	(C)
7	paRh-naa	paRh-aa-naa	(C)
	siikh-naa	sikh-aa-naa	(C)
8	gal-naa	gal-aa-naa	(C)
	ghul-naa	ghul-aa-naa	(C)
	pighal-naa	pigh(ə)l-aa-naa	(C)
9	ruk-naa	rok-naa	(C)
10	phir-naa	pher-naa	(C)
	phir-naa	phir-aa-naa	(C)
11	gal-naa	gal-aa-naa	(C)
	ghul-naa	ghul-aa-naa	(C)
	pighal-naa	pigh(ə)l-aa-naa	(C)
12	jal-naa	jalaa-naa	(C)
13	TuuT-naa	toR-naa	(C)
	ujar-naa	ujaar-naa	(C)

	(vi)naash/barbaad ho-naa	(vi)naash/barbaad kar-naa	(E)
14	bhar-naa	bhar-naa	(L)
15	xatm/samaapt ho-naa	xatm/samaapt kar-naa	(E)
16	shuruu/aarambh ho-naa	shuruu/aarambh kar-naa	(E)
17	phail-naa	phail-aa-naa	(C)
18	ghuum-naa	ghum-aa-naa	(C)
	luRhak-naa	luRh(ə)k-aa-naa	(C)
19	baRh-naa	baRh-aa-naa	(C)
	vikaas/unnati/tarqqi ho-naa	vikaas/unnati/tarqqi kar-naa	(E)
20	kho-naa	kho-naa	(L)
21	uTh-naa	uTh-aa-naa	(C)
22	sudhar-naa	sudhaar-naa	(C)
	behtar ho-naa	behtar ban-aa-naa	(E)
23	jhuul-naa	jhul-aa-aa	(C)
	hil-naa	hil-aa-naa	(C)
	Dol-naa/Dul-naa	Dul-aa-naa/Dol-aa-naa	(C)
24	juR-naa	joR-naa	(C)
	mil-naa	mil-aa-naa	(C)
	bandh-naa	baandh-naa	(C)

25	badal-naa	badal-naa	(L)	29	band ho-naa	band kar-naa	(E)
26	ikaTThaa/ jamaa ho-naa	ikaTThaa/ jamaa kar-naa	(E)	30	phaT-naa	phaaR-naa	(C)
					cir-naa	ciir-naa	(C)
27	khul-naa	khol-naa	(C)		cir-naa	cir-aa-naa	(C)
28	TuuT-naa	toR-naa	(C)	31	mar-naa	maar-naa	(C)
	phuuT-naa	phoR-naa	(C)				

Hittite

1	zēya-(MP)	zanu-(ACT)	(C)	17	isparant es-	ispar-(ACT)	(A)
2	ekunes-(ACT)	ekunahh-(ACT)	(E)		isparant es-	isparnu-(ACT)	(C)
3	hat-(ACT)	hatnu-(ACT)	(C)	18	nai-(MP)	nai-(ACT)	(A)
	hates-(ACT)	hatnu-(ACT)	(E)	19	miya-(ACT)	miyanu-(ACT)	(C)
4	arriya-	arnu-	(C)	20	mer-/mar-(MP)	mernu-(ACT)	(C)
5	kist-(MP)	kistanu-(ACT)	(C)	21	karp-(MP)	karp-(ACT)	(A)
6	maus-(ACT)	pessiya-(ACT)	(S)		ninink-(MP)	ninink-(ACT)	(A)
7	—	—			park-(MP)	park-(ACT)	(A)
8	sarrai-/ salliya-(MP)	sallanu-(ACT)	(C)	22	lazziya-(MP)	lazziya-(ACT)	(A)
				23	katkattiya-	katkattinu-	(C)
9	kars-(ACT, MP)	kars-(ACT, MP)	(L)	24	hamenk-/ hamank-(MP)	hamenk-/ hamank-(ACT)	(A)
	kars-(ACT, MP)	karsanu-(ACT)	(C)	25	tameumes-(ACT)	tameumahh-(ACT)	(E)
10	weh-/wah-(ACT, MP)	wahnu-(ACT)	(C)	26	tarupp-(MP)	tarupp-(ACT)	(A)
	nai-(MP)	nai-(ACT)	(A)	27	has(s)-/ hes(s)-(MP)	has(s)-/hes(s)-(ACT)	(A)
11	marra-(MP)	marra-(ACT)	(A)	28	parsiya-(MP)	parsiya-(MP)	(L)
12	war-/ur-(MP)	warnu-(ACT)	(C)		parsiya-(MP)	parsiyanu-(ACT)	(C)
13	hark-(ACT)	harganu-(ACT)	(C)				
	hark-(ACT)	harnink-(ACT)	(C)	29	hatkues-(ACT)	hatk-(ACT)	(O)
14	suwai-(MP)	suwai-(ACT)	(A)	30	iskallant es-	iskalla-(ACT)	(A)
15	zinna-(MP)	zinna-(ACT)	(A)	31	ak-(ACT)	kuen-/kun-(ACT)	(S)
16		dai-/tiya-+ Supinum; ep-	(O)				

Hokkaido dialect of Japanese

1	wak-u	wakas-u	(C)	5	kie-ru	kes-u	(E)
2	koor-u	kooras-u	(C)		kes-asar-u	kes-u	(A)
	kooras-ar-u	kooras-u	(A)	6	sizum-u	sizume-ru	(C)
3	kawak-u	kawakas-u	(C)	7	osowar-u	osie-ru	(A)
4	oki-ru	okos-u	(C)	8	toke-ru	tokas-u	(C)

	tokas-ar-u	tokas-u	(A)	20	nakunar-u	nakus-u	(A)
9	tomar-u	tome-ru	(A)	21	tat-u	tate-ru	(C)
10	mawar-u	mawas-u	(E)		tat-asar-u	tate-ru	(A)
	mawar-asar-u	mawas-u	(A)	22	naor-u	naos-u	(E)
11	toke-ru	tokas-u	(C)		naor-asar-u	naos-u	(A)
	tokas-ar-u	tokas-u	(A)	23	yure-ru	yuras-u	(C)
12	yake-ru	yak-u	(A)	24	tunagar-u	tunag-u	(A)
	yak-asar-u	yak-u	(A)		tunag-asar-u	tunag-u	(A)
13	koware-ru	kowas-u	(A)	25	kawar-u	kae-ru	(A)
14	miti-ru	mitas-u	(C)		kawar-asar-u	kae-ru	(A)
15	owar-u	owaras-u	(C)	26	atumar-u	atume-ru	(A)
	owar-asar-u	owaras-u	(A)	27	ak-u	ake-ru	(C)
16	hazimar-u	hazime-ru	(A)		ak-asar-u	ake-ru	(A)
17	hirogar-u	hiroge-ru	(A)	28	ware-ru	war-u	(A)
18	korogar-u	korogas-u	(E)	29	tozi-rasar-u	tozi-ru	(A)
	korogas-ar-u	korogas-u	(A)	30	sake-ru	sak-u	(A)
19	hatten su-ru	hatten s-ase-ru	(C)	31	sin-u	koros-u	(S)

Hungarian

1	forr	forr-al	(C)	17	terj-ed	terj-eszt	(E)
2	fagy	fagy-aszt	(C)	18	gur-ul	gur-ít	(E)
3	szár-ad	szár-ít	(E)	19	fejl-ódik	fejl-eszt	(E)
4	ébr-ed	ébr-eszt	(E)	20	el-vesz-ik	el-vesz-t	(A)
5	ki-megy	ki-tesz	(S)	21	emel-kedik	emel	(A)
6	sülly-ed	sülly-eszt	(E)	22	jav-ul	jav-ít	(E)
7	tan-ul	tan-ít	(E)	23	ring	ring-at	(E)
8	olv-ad	olv-aszt	(E)	24	kapcsol-ódik	kapcsol	(E)
9	meg-áll	meg-áll-ít	(C)	25	változ-ik	változ-tat	(A)
10	ford-ul	ford-ít	(E)	26	gyúl-ik	gyúj-t	(A)
11	old-ódik	old	(A)	27	nyíl-ik	nyi-t	(E)
12	ég	ég-et	(C)	28	tör-ik	tör	(C)
13	puszt-ul	puszt-ít	(E)	29	zár-ódik	zár	(A)
14	tel-ik	töl-t	(E)	30	has-ad	has-ít	(E)
15	be-fejez-ódik	be-fejez	(A)	31	meg-hal	meg-öl	(S)
16	kezd-ódik	kezd	(A)				

Icelandic

1	sjóða	sjóða	(L)	3	þorna	þerra	(E)
2	frjósa	frysta	(E)	4	vakna	vekja	(E)

5	slokkna	slökkva	(E)	19	þróast	þróa	(A)
6	sökkva(past 3sg sökk)	sökkva(past 3sg sökkti)	(E)	20	týnast	týna	(A)
				21	rísa	reisa	(E)
7	læra	kenna	(S)	22	batna	bæta	(E)
8	bráðna	bræða	(E)	23	hristast	hrista	(A)
9	stöðvast	stöðva	(A)	24	tengjast	tengja	(A)
10	snúast	snúa	(A)	25	breytast	breyta	(A)
11	leysa	leysa	(L)	26	safnast	safna	(A)
12	brenna(past 3sg brann)	brenna(past 3sg brenndi)	(E)	27	opnast	opna	(A)
				28	brotna	brjóta	(E)
13	eyðileggjast	eyðileggja	(A)	29	lokast	loka	(A)
14	fyllast	fylla	(A)	30	klofna	kljúfa	(E)
15	ljúka	ljúka	(L)		fleygast	fleyga	(A)
16	byrjast	byrja	(A)	31	deyja	deyða	(E)
17	breiðast	breiða	(A)		drepast	drepa	(A)
18	velta(past 3sg valt)	velta(past 3sg velti)	(E)				

Ilokano

1	ʔag-burek	ʔi-pa-burek	(C)	17	ʔag-saknap	ʔi-saknap	(E)
2	ʔag-jeːlo	pag-balin-en ʔa jeːlo	(C)		ma-i-saknap	ʔi-saknap	(A)
				18	ʔag-tulaːtid	ʔi-tulaːtid	(E)
3	ma-maga-ʔan	pa-maga-ʔan	(E)	19	r⟨um⟩aŋʔaj	pa-raŋʔaj-en	(C)
4	ʔag-riːʔiŋ	riʔiːŋ-en	(E)	20	ʔag-puːkaw	pukaːw-en	(E)
5	r⟨um⟩war	ʔi-rwar	(E)	21	ʔag-pa-ŋaːto	ʔi-pa-ŋaːto	(E)
6	l⟨um⟩ned	pa-lned-en	(C)		ŋ⟨um⟩ato	ʔi-ŋato	(E)
7	ʔag-sur~suːro	ʔi-suːro	(A)	22	ʔ⟨um⟩imbag	pa-ʔimbag-en	(C)
8	ma-ruːnaw-ø	runaːw-en	(A)	23	ʔag-ljaːli	ʔi-ljaːli	(E)
9	ʔag-sardeŋ	ʔi-sardeŋ	(E)	24	d⟨um⟩ket	ʔi-dket	(E)
10	ʔag-puliːgos	puliguːs-en	(E)	25	ʔag-baːliw	baliːw-an	(E)
11	ma-ruːnaw-ø	runaːw-en	(A)	26	ʔag-tiːpon	tipuːn-en	(E)
12	ma-puʔuːr-an	puʔuːr-an	(A)	27	ma-i-lukat	ʔi-lukat	(A)
13	ma-perdi-ø	perdj-en	(A)	28	ma-perdi-ø	perdj-en	(A)
14	ma-pno-ø	punnu-ʔen	(A)	29	ma-i-rikep	ʔi-rikep	(A)
15	ma-lpas-ø	pa-lpas-en	(E)	30	ma-buːsak-ø	busaːk-en	(A)
16	mang-rugi	ʔi-rugi	(E)	31	ma-taj-ø	pa-taj-en	(E)

Indonesian

1	di-rebus	me-rebus	(E)		17	ter-sebar	me-nyebar-kan	(E)
2	membeku	membeku-kan	(C)		18	ber-guling	meng-guling-kan	(E)
3	kering	me-ngering-kan	(C)			menggelinding	menggelinding-kan	(C)
4	ter-bangun	mem-bangun-kan	(E)		19	ber-kembang	me-ngembang-kan	(E)
	bangun	mem-bangun-kan	(C)		20	meng-hilang	ke-hilang-an	(E)
5	padam	me-madam-kan	(C)		21	ke-naik-an	me-naik-kan	(E)
6	tenggelam	me-nenggelam-kan	(C)		22	bertambah baik	mem-per-baik-i	(E)
7	bel-ajar	meng-ajar	(E)		23	ber-ayun	meng-ayun	(E)
8	men-cair	men-cair-kan	(C)		24	ber-gabung	meng-gabung-kan	(E)
9	ber-henti	meng-henti-kan	(E)		25	ber-ubah	meng-ubah	(E)
10	ber-balik	mem-balik-kan	(E)		26	mengumpul	mengumpul-kan	(C)
11	larut	me-larut-kan	(C)		27	ter-buka	mem-buka	(E)
12	ter-bakar	mem-bakar	(E)		28	patah	me-matah-kan	(C)
13	binasa	mem-binasa-kan	(C)		29	tutup	me-nutup	(C)
14	ter-isi	meng-isi	(E)		30	ter-belah	mem-belah	(E)
15	selesai	me-nyelesai-kan	(C)		31	mati	me-mati-kan	(C)
16	mulai	me-mulai	(C)					

Japanese

1	wak-	wakas-	(C)			moe-	moyas-	(C)
2	koor-	kooras-	(C)		13	koware-	kowas-	(A)
3	kawak-	kawakas-	(C)			yabure-	yabur-	(A)
4	oki-	okos-	(C)		14	miti-	mitas-	(C)
5	kie-	kes-	(E)		15	owar-u	oe-	(A)
6	sizum-	sizume-	(C)			owar-u	owar-u	(L)
7	osowar-	osie-	(A)		16	hazimar-	hazime-	(A)
	manab-	osie-	(S)		17	hirogar-	hiroge-	(A)
8	toke-	tokas-	(C)			hiromar-	hirome-	(A)
9	tomar-	tome-	(A)		18	korogar-	korogas-	(E)
	yam-	yame-	(C)		19	hatteN~s-	hatteN~sase-	(C)
10	mawar-	mawas-	(E)			hattatu~s-	hattatu~sase-	(C)
11	toke-	tokas-	(C)		20	naku~nar-	nakus-	(A)
12	yake-	yak-	(A)			naku~nar-	usinaw-	(S)

21	agar-	age-	(A)		ak-	ake-	(C)
	oki-	okos-	(C)	28	ore-	or-	(A)
22	naor-	naos-	(E)		ware-	war-	(A)
23	yure-	yuras-	(C)	29	tozi-	tozas-	(C)
24	tunagar-	tunag-	(A)		simar-	sime-	(A)
	tunagar-	tunage-	(A)	30	sake-	sak-	(A)
25	kawar-	kae-	(A)		ware-	war-	(A)
26	atumar-	atume-	(A)	31	sin-	koros-	(S)
27	hirak-	hirak-	(L)				

Jinghpaw

1	khut31	shədu33	(S)	18	tələŋ33	tələŋ33	(L)
2	geʔ55	—	(O)	19	gəlu31gəba31	—	(O)
3	khroʔ55	jə-khroʔ55	(C)	20	mat31	shə-mat31	(C)
4	su31	jə-su31	(C)	21	rot31	shə-rot31	(C)
5	si33	sat31	(S)	22	tso31	—	(O)
6	lup31	lup31	(L)	23	ʔəshun31	ʔəshun31	(L)
7	shərin55	shərin55	(L)	24	mətut55	mətut55	(L)
8	byoŋ33	shə-byoŋ33	(C)	25	gəlay55	gəlay55	(L)
9	khriŋ31	jə-khriŋ31	(C)	26	məkhoŋ31	məkhoŋ31	(L)
10	gəyin	gəyin	(L)	27	phoʔ31	phoʔ31	(L)
11	byoŋ33	shə-byoŋ33	(C)		phoʔ31	jə-phoʔ31	(C)
12	khru31	jə-khru31	(C)	28	doʔ31	doʔ31	(L)
	khru31	nat31	(S)		doʔ31	shə-doʔ31	(C)
13	then31	jə-then31	(C)	29	pat55	pat55	(L)
14	phriŋ55	jə-phriŋ55	(C)		laʔ31	laʔ31	(L)
15	ŋut55	shə-ŋut55	(C)	30	gaʔ31	gaʔ31	(L)
16	phaŋ33	phaŋ33	(L)		gaʔ31	shə-gaʔ31	(C)
17	gəphyen31	gəphyen31	(L)	31	si33	sat31	(S)

Kabardian

1	вэ-н	гъэ-вэ-н	(C)	7	е-джэ-н	е-гъэ-джэ-н	(C)
2	щтьы-н	гъэ-щтьы-н	(C)	8	тkIу-н	гъэ-тkIу-н	(C)
3	гъу-н	гъэ-гъу-н	(C)		вы-н	гъэ-вы-н	(C)
4	ушы-н	къэ-гъэ-ушы-н	(C)	9	увыIэ-н	гъэ-увыIэ-н	(C)
5	ункIыф Iы-н	гъэ-ункI ыфIы-н	(C)	10	зы-гъэ-зэ-н	гъэ-зэ-н	(A)
6	щI-и-лъэфэ-н	щI-е-гъэ- лъэфэ-н	(E)	11	хэ-тkIухьы-н	хэ-гъэ- тkIухьы-н	(C)
					хэ-шыпсыхьы-н	хэ-гъэ- шыпсыхьы-н	(C)

12	сы-н	гъэ-сы-н	(C)
13	къэ-уэ-н	къэ-гъэ-уэ-н	(C)
14	из хъу-н	из щIы-н	(E)
15	и-ухы-н	ухы-н	(A)
16	щI-и-дзэ-н	щIэ-дзэ-н	(A)
17	зы-убгъу-н	убгъу-н	(A)
18	жэ-н	гъэ-жэ-н	(C)
19	зы-ужьы-н	з-е-гъэ-ужьы-н	(C)
20	кIуэды-н	гъэ-кIуэды-н	(C)
21	зы-Iэты-н	Iэты-н	(A)
22	е-фIэкIуэ-н	е-гъэ-фIэкIуэ-н	(C)
23	щI-и-упскIэ-н	щIэ-упскIэ-н	(A)
24	зэпыщIэ-н	зэпыщIэ-н	(L)

25	зы-хъуэжы-н	хъуэжы-н	(A)
26	зэхуэхьэс-а хъу-н	зэхуэхьэсы-н	(A)
27	зэ-Iухы-н	Iухы-н	(A)
	зэ-техы-н	техы-н	(A)
28	къутэ-н	къутэ-н	(L)
29	зэхуэщI-а хъу-н	зэхуэщIы-н	(A)
30	зэ-гуэ-кIы-н	зэ-гуэ-гъэ-кIы-н	(C)
	зэ-гуэ-зы-н	зэ-гуэ-гъэ-зы-н	(C)
31	лIэ-н	укIы-н	(S)

Kannada

1	kudi	kudisu	(C)
	kāyu	kāyisu	(C)
	bēyu	bēyisu	(C)
2	maragaṭṭu	maragaṭṭisu	(C)
	manjāgu	manjāgisu	(C)
	ghanisu	ghanikarisu	(E)
3	oṇagu	oṇagisu	(C)
4	ēḷu	ēḷisu	(C)
	eccaragoḷḷu	eccaragoḷisu	(C)
	ebbu	ebbisu	(C)
5	horage hōgu	horage kaḷisu	(E)
	horage baru	horage hāku	(E)
6	muḷugu	muḷugisu	(C)
	kuggu	kuggisu	(C)
7	kali	kalisu	(C)
	ōdu	ōdisu	(C)
8	karagu	karagisu	(C)
9	nillu	nillisu	(C)
10	tirugu	tirugisu	(C)
11	karagu	karagisu	(C)
12	uri	urisu	(C)
	suḍu	suḍu	(L)
13	hāḷ āgu	hāḷu māḍu	(E)

	aḷi	aḷisu	(C)
	keḍu	keḍisu	(C)
14	tumbu	tumbisu	(C)
15	mugi	mugisu	(C)
	konegoḷḷu	konegoḷisu	(C)
	tīru	tīrisu	(C)
16	ṣuru āgu	ṣuru māḍu	(E)
	āramba āgu	āramba māḍu	(E)
	toḍagu	toḍagisu	(C)
17	haraḍu	haraḍisu	(C)
	habbu	habbisu	(C)
18	uruḷu	uruḷisu	(C)
19	kuduru	kudurisu	(C)
	beḷe	beḷesu	(C)
20	kaḷeduhōgu	kaḷeduhāku	(E)
	tolagu	tolagisu	(C)
21	ēḷu	ēḷisu	(C)
	ukku	ukkisu	(C)
	ēru	ērisu	(C)
22	sudārisu		(O)
	beḷe	beḷesu	(C)
	impru āgu	impru māḍu	(E)
23	tūgu	tūgisu	(C)

	allāḍu	allāḍisu	(C)	28	muri	murisu	(C)
24	kanekṭ āgu	kanekṭ māḍu	(E)		oḍe	oḍesu	(C)
	tagalu	tagalisu	(C)	29	muccu	muccisu	(C)
	anṭu	anṭisu	(C)	30	eraḍu āgu	eraḍu māḍu	(E)
25	badalāgu	badalāyisu	(C)		sigi	sigisu	(C)
26	sēru	sērisu	(C)		siḷu	siḷu	(L)
	oggūḍu	oggūḍisu	(C)	31	sāyu	sāyisu	(C)
27	tere	teresu	(C)		sāyu	kollu	(S)
	tegi	tegisu	(C)				

Kapampangan

1	bukal	pa-bukal	(C)		mi-nóno	a-pa-nóno	(E)
2	—	—		20	ma-báting	báting	(A)
3	ma-langī	papa-langi-an	(E)		ma-líli	líli	(A)
4	mi-gísing	gising-an	(E)	21	malsa	alsa	(A)
5	luwal	i-luwál	(C)	22	sálése	salése-n	(C)
6	lumbug	palbug	(E)	23	ma-yúyut	yúyut	(A)
7	mag-áral	turû	(S)		tugun	tugún	(L)
8	ma-láso	lasáwan	(E)	24	mi-suglúng	suglúng	(A)
9	mi-tuknang	(i-)tuknang	(E)		maka-suglung	suglúng	(A)
	mi-tuknang	tuknang-án	(E)		mi-táid	táid	(A)
10	dumúrut	(i-)dúrut	(E)	25	mi-bayu-an	bayu-an	(E)
11	ma-láso	lasáwan	(E)		mi-yalil-an	alil-an	(E)
12	má-silab	silab-án	(E)		mi-kanlas-an	kanlas-án	(E)
13	ma-lasák	lasak-án	(E)	26	mi-típun	tipún-an	(E)
14	kapmú	kapmu-an	(C)	27	ma-buklat	(i-)buklat	(E)
	sápak	sapak-án	(C)	28	ma-pakli	pakli-án	(E)
15	may-ári	ari-yán	(E)		ma-balbal	balbal-án	(E)
16	mag-umpisa	umpisa-n	(E)	29	mi-sara	pa-sara	(E)
	mag-umpisa	pag-umpisa-n	(E)	30	mi-kawáni	pi-kawáni	(E)
17	kumálat	pangálat	(E)		ma-bángal	bangál-an	(E)
18	dumúgang	(i-)dúgang	(E)		ma-pitna	(i-)pitna	(E)
19	mi-saplála	saplála	(A)	31	mate	pate	(E)

Kashmiri

1	grakun	grakⅰnāvun	(C)	5	hamun	humⅰrāvun	(C)
2	hⅰndrun	hⅰndⅰrāvun	(C)		t͜shēvun	t͜shēvⅰrāvun	(C)
3	hŏkhun	hŏkhⅰnāvun	(C)		tshetⅰ gatshun	tshetⅰ karun	(O)
4	vwathun	vuzⅰnāvun	(O)	6	bŏḍun	bŏḍⅰnāvun	(C)

	phaṭun	phāṭɨnāvun	(C)	17	phəəlun	phəəlāwun	(C)
7	hĕchun	hĕchɨnāvun	(C)	18	ḍuli gatshun	dulɨnāvun	(O)
8	galun	gālun	(E)	19	banun	banāvun	(C)
	kumɨlun	kumɨlāvun	(C)	20	rāvun	rāvirāvun	(C)
9	ṭhəhrun	ṭhəhrāvun	(C)	21	khasun	khārun	(S)
	rukun	rukāvun	(C)	22	balun	bəlrāvun	(C)
10	phērun	phirun	(E)	23	jūlun	jūlɨnāvun	(C)
	phērun	phirināvun	(E)	24	vāṭh lagun	vāṭun	(O)
11	galun	gālun	(E)	25	badlun	badɨlāvun	(C)
	ralun	ralāvun	(C)	26	samun	sŏmbrāvun	(O)
12	dazun	zālun	(S)	27	khulun	khōlun	(A)
13	nāsh gatshun	nāsh karun	(S)		mɨtsarnɨ yun	mɨtsɨrāvun	(O)
	khatɨm gatshun	khatɨm karun	(S)	28	phuṭun	phuṭɨrāvun	(C)
14	beryith yun	barun	(O)	29	band gatshun	band karun	(S)
	barun	barun	(L)	30	phalun	phalɨvun	(C)
15	khatɨm sapdun	khatɨm karun	(S)		phalun	phālɨnāvun	(C)
16	shoru gatshun	shoru karun	(S)	31	marun	mārun	(E)

Khakas

1	xayna-	xayna-t-	(C)	16	pasta-l-	pasta-	(A)
2	toŋ-	toŋ-dır-	(C)	17	čay-ıl-	čay-	(A)
3	xuru-	xuru-t-	(C)	18	tolγa-n-	tolγa-	(A)
4	usxu-n-	usxu-r-	(C)	19	ös-	ös-kɨr-	(C)
5	üs-	üz-ir-	(C)	20	ăt-	ăd-ir-	(C)
6	pat-	pat-ır-	(C)	21	ködɨr-il-	ködɨr-	(A)
7	ügre-n-	ügre-t-	(E)	22	tüze-l-	tüze-t-	(E)
8	xayıl-	xayıl-dır-	(C)	23	sɨlig-in-	sɨlik-	(A)
9	toxta-	toxta-t-	(C)	24	palγa-l-ɨs-	palγa-	(A)
10	aylan-	aylan-dır-	(C)	25	alıs-	alıs-tır-	(C)
11	pög-il-	pök-	(A)	26	čʉl-	čɪγ-	(S)
12	köy-	köy-dir-	(C)	27	az-ıl-	as-	(A)
13	puz-ul-	pus-	(A)	28	sın-	sın-dır-	(C)
	sın-	sın-dır-	(C)	29	čab-ɨl-	čap-	(A)
14	tol-	tol-dır-	(C)	30	čar-ıl-	čar-	(A)
15	tooz-ıl-	toos-	(A)	31	öl-	öl-dɨr-	(C)

Kazakh

1	qayna-	qayna-t-	(C)	3	qurγa-	qurγa-t-	(C)
2	toŋ-	toŋ-dır-	(C)	4	oya-n-	oya-t-	(E)

5	öš-	öš-ir-	(C)
6	bat-	bat-ır-	(C)
7	üyre-n-	üyre-t-	(E)
	oqı-	oqı-t-	(C)
8	eri-	eri-t-	(C)
9	toqta-	toqta-t-	(C)
10	bur-ıl-	bur-	(A)
	aynal-	aynal-t-	(C)
11	šeš-ıl-	šeš-	(A)
12	žan-	žaq-	(S)
	küy-	küy-dir-	(C)
13	buz-ıl-	buz-	(A)
	kıyra-	kıyra-t-	(C)
14	tol-	tol-tır-	(C)
15	bit-	bit-ir-	(C)
16	basta-l-	basta-	(A)
17	žay-ıl-	žay-	(A)
18	domala-	domala-t-	(C)
19	damı-	damı-t-	(C)
20	žoγal-	žoγal-t-	(C)
21	köter-il-	köter-	(A)
22	tüze-l-	tüze-	(A)
23	terbe-	terbe-t-	(C)
	šayqa-l-	šayqa-	(A)
24	baylanıs-	baylanıs-tır-	(C)
	qos-ıl-	qos-	(A)
25	özger-	özger-t-	(C)
26	žıy-ıl-	žıy-	(A)
	šoγıl-	šoγıl-t-	(C)
27	aš-ıl-	aš-	(A)
28	sın-	sın-dır-	(C)
29	žab-ıl-	žap-	(A)
30	žar-ıl-	žar-	(A)
31	öl-	öl-tir-	(C)

Kita-Akita dialect of Japanese (Japonic)

1	waga(s-a)sar-u	wagas-u	(A)
2	koor-as-ar-u	koor-a(ga)s-u	(E)
	kooras-ar-u	koor-ahe-ru	(A)
3	kawag-u	kawag-as-u	(C)
	kawag-as-ar-u	kawag-as-u	(A)
4	ogi-ru	ogos-u	(C)
	ogi-rasar-u	ogos-u	(A)
5	de-ru	das-u	(C)
	das-asar-u	das-u	(A)
	tsie-ru(kie-ru)	kes-u	(E)
6	sIzIm-u	sIzIm-e-ru	(C)
	sIzIme-rasar-u	sIzIme-ru	(A)
	sIzImasar-u	sIzIme-ru	(A)
7	osowar-u	ohe-ru	(A)
8	toge-ru	togas-u	(C)
	togas-asar-u	togas-u	(A)
9	tom-ar-u	tom-e-ru	(A)
	tom-e-rasar-u	tom-e-ru	(A)
10	maw-ar-u	maw-as-u	(E)
	maw-ar-asar-u	maw-as-u	(A)
	maw-as-asar-u	maw-as-u	(A)
11	tog-e-ru	tog-as-u	(C)
	tog-as-asar-u	tog-as-u	(A)
12	yag-asar-u	yag-u	(A)
13	bukkae-ru	bukkas-u	(E)
14	eppe=ni nar-u	eppe=ni s-u	(E)
15	owar-u	owar-as-u	(C)
	owar-as-ar-u	owar-as-u	(A)
	degas-asar-u	degas-u	(A)
16	hazim-ar-u	hazim-e-ru	(A)
	hazimar-asar-u	hazime-ru	(A)
17	hiroŋar-u	hiroŋe-ru	(A)
	hiroŋas-ar-u	hiroŋe-ru	(A)
18	koroŋar-u	koroŋas-u	(E)
	koroŋas-ar-u	koroŋas-u	(A)
19	hatten s-u	hatten s-ahe-ru	(C)
20	negunar-u	negus-u	(A)
21	taz-u	tade-ru	(C)
	tad-asar-u	tade-ru	(A)
	tade-rasar-u	tade-ru	(A)

22	naor-u	naos-u	(E)	27	ag-u	age-ru	(C)
	naor-asar-u	naos-u	(A)		ag-asar-u	age-ru	(A)
	naos-asar-u	naos-u	(A)		age-rasar-u	age-ru	(A)
23	yure-ru	yuras-u	(C)	28	bukkae-ru	bukkas-u	(E)
	yuras-asar-u	yuras-u	(A)	29	sImar-u	sImar-u	(L)
24	tsunaɲar-u	tsunaŋ-u	(A)		sImar-u	sIme-ru	(A)
	tsunaŋ-asar-u	tsunaŋ-u	(A)	30	wage-rasar-u	wage-ru	(A)
25	kawar-u	kae-ru	(A)		sage-rasar-u	wage-ru	(A)
	kae-rasar-u	kae-ru	(A)		sage-ru	sag-u	(A)
26	azumar-u	azume-ru	(A)	31	sIn-u	koros-u	(S)
	azume-rasar-u	azume-ru	(A)				

Korean

1	kkulh-ta	kkulh-i-ta	(C)		sicak-toy-ta	sicak-ha-ta	(E)
2	el-ta	el-li-ta	(C)	17	phye-ci-ta	phye-ta	(A)
3	malu-ta	mal-li-ta	(C)	18	kwulu-ta	kwul-li-ta	(C)
4	kkay-ta	kkay-wu-ta	(C)	19	paltal-ha-ta	paltal-sikhi-ta	(E)
5	na-ta	na-y-ta	(C)	20	epse-ci-ta	eps-ay-ta	(E)
	kke-ci-ta	kku-ta	(A)	21	olu-ta	ol-li-ta	(C)
6	kalaanc-ta	kalaanc-hi-ta	(C)	22	kochye-ci-ta	kochi-ta	(A)
7	paywu-ta	kaluchi-ta	(S)	23	huntul-li-ta	huntul-ta	(A)
8	nok-ta	nok-i-ta	(C)	24	ie-ci-ta	is-ta	(A)
9	kuchi-ta	kuchi-ta	(L)	25	pakkwu-y-ta	pakkwu-ta	(A)
	memchwu-ta	memchwu-ta	(L)	26	mo-i-ta	mou-ta	(A)
10	tol-ta	tol-li-ta	(C)	27	yel-li-ta	yel-ta	(A)
11	nok-ta	nok-i-ta	(C)	28	kkekke-ci-ta	kkekk-ta	(A)
12	tha-ta	thay-wu-ta	(C)	29	tat-hi-ta	tat-ta	(A)
13	pwuse-ci-ta	pwuswu-ta	(A)	30	kkay-ci-ta	kkay-ta	(A)
14	cha-ta	chay-wu-ta	(C)		ccice-ci-ta	ccic-ta	(A)
15	kkuth-na-ta	kkuth-na-y-ta	(C)	31	cwuk-ta	cwuk-i-ta	(C)
16	sicak-ha-ta	sicak-ha-ta	(L)				

Koryak

1	pəɣəpɣ-et-ə-k	j-ə-pɣəpɣ-ev-ə-k	(C)	6	pəlq-at-ə-k	j-ə-pəlq-av-ə-k	(C)
	itit-ə-k	j-itit-ev-ə-k	(C)	7	ɣəjul-et-ə-k	j-ə-ɣəjul-ev-ə-k	(C)
2	qit-ə-k	j-ə-qit-av-ə-k	(C)	8	ləɣ-ə-k	j-ə-lɣ-at-ə-k	(C)
3	pəʕa-k	j-ə-pʕa-v-ə-k	(C)	9	nəvil-ə-k	j-ə-nn'əvil-et-ə-k	(C)
4	kəjev-ə-k	j-ə-kjev-ə-k	(C)	10	kawja-k	j-ə-kawja-v-ə-k	(C)
5	eto-k	ŋəto-k	(S)	11	ləɣ-ə-k	j-ə-lɣ-at-ə-k	(C)

12	ŋəl-et-ə-k	j-ə-ŋl-ev-ə-k	(C)	22	mel-ə-tvi-k	j-ə-mel-təv-et-ə-k	(C)
13	cim-at-ə-k	j-ə-cim-av-ə-k	(C)				
14	jəlli-k	j-ə-cʕ-et-ə-k	(S)	23	qewjilu-k	j-ə-qewjilu-v-ə-k	(C)
15	pəlitku-k	pəlitku-k	(L)				
16	ŋəvo-k	ŋəvo-k	(L)	24	umek-et-ə-k	j-umek-ev-ə-k	(C)
17	ʕemji-t-ə-k	j-ə-ʕemji-tku-v-ə-k	(C)	25	alvaŋ nəʕel-ə-k	alvaŋ jəcc-ə-k	(E)
				26	umek-et-ə-k	j-umek-ev-ə-k	(C)
18	kamlil-at-ə-k	j-ə-kamlil-av-ə-k	(C)	27	waŋjojp-ə-k	waŋjojp-ə-k	(L)
19	kawjatoja-k	j-ə-kawjatoja-v-ə-tko-k	(C)	28	cima-t-ə-k	j-ə-cima-v-ə-k	(C)
				29	top-at-ə-k	top-ə-k	(A)
20	təmŋev-ə-k	j-ə-təmŋev-ə-k	(C)	30	kocɣ-ə-ŋta-k	kocɣ-ə-k	(A)
21	ɣacɣol-at-ə-k	j-ə-ɣacɣol-av-ə-k	(C)	31	viʕ-ə-k	t-ə-m-ə-k	(S)

Kusapiny(Nilotic)

1	pel-akay '1'	pel	(A)	17	yiit-akay	yiite	(A)
2	—	—		18	mukurkur	mukurkur	(L)
3	may-akay	may	(A)	19	tast-akey/ tast-aay-akay	taste	(A)
4	ŋet	ŋet	(L)				
5	mus	mis	(S)		nar	neer	(S)
6	suutute	suutute	(L)	20	pat	poot	(S)
7	nay	neet	(S)	21	laɲ	laɲ	(L)
	suman	suman	(L)	22	—	—	
8	col	cool	(S)	23	saššay-akay	saššay	(A)
9	yoɲ	yoɲ-te	(C)	24	yoom-akay	yoome	(A)
10	mul-akay/ mul-key	mul	(A)	25	waywec-key	waywec	(A)
				26	ruruuc-akay	ruruuc	(A)
11	nur	nur	(L)	27	yaat-akay	yaat	(A)
12	pel-akay/ pel-key	pel	(A)	28	yiiri-akay/ yiiri-key	yiiri	(A)
13	yoomis-akay	yoomis	(A)		patac-akay/ patak-key	patac	(A)
	wur	wur-te	(C)		yeyi-key	yeyi	(A)
14	ɲit-akay	ɲit	(A)	29	kaar-akay	kaar	(A)
15	pok	pok	(L)	30	karer-akay	karer	(A)
	waɲt-akey	waɲ/waaŋ-te	(A)	31	pakac-akay	pakac	(A)
16	cac	cac	(L)				

Kyrgyz

1	kayna-	kayna-t-	(C)	2	toŋ-	toŋ-dur-	(C)

3	kurga-	kurga-t-	(C)	18	tomolo-n-	tomolo-	(A)
4	oygo-n-	oygo-t-	(E)		tegere-n-	tegere-t-	(E)
5	öč-	öč-ür-	(C)	19	önük-	önük-tür-	(C)
6	bat-	bat-ır-	(C)	20	jogo-l-	jogo-t-	(E)
7	üyrö-n-	üyrö-t-	(E)	21	kötör-ül-	kötör-	(A)
	oku-	oku-t-	(C)	22	tüzö-l-	tüzö-	(A)
8	eri-	eri-t-	(C)	23	silk-in-	silk-	(A)
9	tokto-	tokto-t-	(C)		terme-l-	terme-t-	(E)
10	aylan-	aylan-dır-	(C)	24	baylanıš-	baylanıš-tır-	(C)
	bur-ul-	bur-	(A)		koš-ul-	koš-	(A)
11	čeč-il-	čeč-	(A)	25	özgör-	özgör-t-	(C)
12	jan-	jak-	(S)	26	jıy-ıl-	jıy-	(A)
	küy-	küy-güz-	(C)		čogul-	čogul-t-	(C)
13	buz-ul-	buz-	(A)	27	ač-ıl-	ač-	(A)
	kıyra-	kıyra-t-	(C)	28	sın-	sın-dır-	(C)
14	tol-	tol-tur-	(C)	29	jab-ıl-	jap-	(A)
15	büt-	büt-ür-	(C)	30	jar-ıl-	jar-	(A)
16	bašta-l-	bašta-	(A)	31	öl-	öl-tür-	(C)
17	jay-ıl-	jay-	(A)				

Lamaholot

1	bura	nə̄ʔə bura	(C)	17	tetaʔ	tetaʔ	(L)
2	dʒadi es	nə̄ʔə es	(E)	18	goli	goli	(L)
3	mara	nə̄ʔə mara	(C)	19	madʒu	nə̄ʔə madʒu	(C)
4	hogo	nə̄ʔə hogo	(C)	20	mələʔ	nə̄ʔə mələʔ	(C)
5	lou	nə̄ʔə lou	(C)	21	gere	nə̄ʔə gere	(C)
6	ləmə̄	nə̄ʔə ləmə̄	(C)	22	sareʔ	nə̄ʔə sareʔ	(C)
7	belajar	aja	(S)	23	—	—	
8	loʔ	nə̄ʔə loʔ	(C)	24	—	—	
9	həkə	həkə	(L)	25	—	—	
10	tueʔ	tueʔ	(L)	26	—	—	
11	loʔ	nə̄ʔə loʔ	(C)	27	buka	buka	(L)
12	—	—		28	da:	nə̄ʔə da:	(C)
13	da:	nə̄ʔə da:	(C)	29	lətuʔ	lətuʔ	(L)
14	—	—		30	—	—	
15	waha	nə̄ʔə waha	(C)	31	mata	nə̄ʔə mata	(C)
16	pura	nə̄ʔə pura	(C)				

Lezgian

1	rugu-n	rugu-n	(L)	18	awax̂iz- awax̂iz fin	awax̂iz- awax̂iz raqurun	(E)
2	č'agu-n	č'agu-r-un	(C)				
3	q'uru-n	q'uru-r-un	(C)	19	wilik fin	wilik raqurun	(E)
4	axwaraj awatun	axwaraj awudun	(E)	20	kwax̂-un	kwad-ar-un	(C)
5	tüxü-n	tüxü-r-un	(C)	21	xkaž x̂un	xkaž-un	(A)
6	batmiš x̂un	batmiš-ar-un	(E)	22	qʰsan x̂un	qʰsan-ar-un	(E)
7	čir x̂un	čir-un	(A)	23	eč'ä x̂un	eč'äǧ-un	(A)
8	c'ur-un	c'uru-r-un	(C)	24	sad-sadaw q'u-n	šad-sadaw q'u-r-un	(C)
9	aqwaz-un	aqwaz-ar-un	(C)				
10	elqü-n	elqü-r-un	(C)	25	degiš x̂un	degš-ar-un	(E)
11	c'uru-n	c'uru-r-un	(C)	26	k'wat' x̂un	k'wat'-un	(A)
12	ku-n	ku-n	(L)	27	aqʰa x̂un	aqʰaj-un	(A)
13	čuk'u-n	čuk'u-r-un	(C)	28	xu-n	xu-n	(L)
14	ac'u-n	ac'u-r-un	(C)	29	k'ew x̂un	k'ew-un	(A)
15	kütäh x̂un	kütäh-un	(A)	30	xu-n	xu-n	(L)
16	bašlamiš x̂un	bašlamiš-un	(A)	31	q'i-n	q'i-n	(L)
17	čuk'-un	čuk'u-r-un	(C)				

Lithuanian

1	virti	virti	(L)		degti	deginti	(C)
	virti	virinti	(C)	13	griūti	griauti	(E)
2	šalti	šaldyti	(C)		irti	ardyti	(C)
3	džiūti	džiovinti	(C)	14	pilnėti	pildyti	(E)
4	busti	budinti	(C)	15	baigtis	baigti	(A)
5	gesti	gesinti	(C)	16	prasidėti	pradėti	(A)
6	skęsti	skandinti	(C)	17	sklisti	skleisti	(E)
	grimzti	gramzdinti	(C)		plėstis	plėsti	(A)
7	mokytis	mokyti	(A)	18	riedėti	ridinti	(E)
8	tirpti	tirpinti	(C)		ristis	risti	(A)
	tirpti	tirpdyti	(C)	19	vystytis	vystyti	(A)
	lydytis	lydyti	(A)		lavintis	lavinti	(A)
9	(su)stoti	(su)stabdyti	(C)	20	išnykti	prarasti	(S)
10	krypti	kreipti	(E)	21	kilti	kelti	(E)
	suktis	sukti	(A)		keltis	kelti	(A)
11	tirpti	tirpinti	(C)	22	gerėti	gerinti	(E)
	tirpti	tirpdyti	(C)		tobulėti	tobulinti	(E)
12	degti	degti	(L)	23	suptis	supti	(A)

	svyruoti	svyruoti	(L)	27	atsidaryti	atidaryti	(A)
24	syti	sieti	(E)	28	lūžti	laužti	(E)
	jungtis	jungti	(A)	29	užsidaryti	uždaryti	(A)
25	kisti	keisti	(E)	30	skilti	skelti	(E)
	keistis	keisti	(A)	31	žūti	žudyti	(C)
26	rinktis	rinkti	(A)		mirti	žudyti	(S)

Maithili

1	ubal-ab	ubaal-ab	(C)	16	shuru ho-eb	shuru kar-ab	(E)
2	jam-ab	jamaa-eb	(C)	17	phail-ab	phailaa-eb	(C)
3	sukh-ab	sukhaa-eb	(C)	18	lapeT-ab	lapTaa-eb	(C)
4	jag-ab	jaag-ab	(C)	19	baRh-ab	baRhaa-eb	(C)
	jaag-ab	jagaa-eb	(C)	20	haT-ab	haTaa-eb	(C)
5	nikal-ab	nikaal-ab	(C)	21	uTh-ab	uThaa-eb	(C)
	bujh-ab	bujhaa-eb	(C)	22	sudhar-ab	sudhaar-ab	(C)
6	Duub-ab	Dubaa-eb	(C)	23	jhuum-ab	jhumaa-eb	(C)
7	paRh-ab	paRhaa-eb	(C)	24	juR-ab	joR-ab	(C)
8	gal-ab	galaa-eb	(C)	25	badal-ab	badal-ab	(L)
9	ruk-ab	rok-ab	(C)	26	bol-ab	bolaa-eb	(C)
10	palaT-ab	palTaa-eb	(C)	27	khul-ab	khol-ab	(C)
11	mil-ab	milaa-eb	(C)	28	TuT-ab	toR-ab	(C)
12	jar-ab	jaraa-eb	(C)	29	band ho-eb	band kar-ab	(E)
13	TuT-ab	tor-ab	(C)	30	phaaT-ab	phaar-ab	(A)
14	bhar-ab	bhraa-eb	(C)	31	mar-ab	maar-ab	(C)
15	khatam ho-eb	khatam kar-ab	(E)				

Malayalam

1	tiLaykku	tiLappikku	(C)	13	takar	takarkku	(C)
2	uRayu	uRakku	(C)	14	niRayu	niRaykku	(C)
3	uNangngu	uNakku	(C)	15	tiiru	tiirkku	(C)
4	uNaru	uNarttu	(C)	16	tuTangngu	tuTangngu	(L)
5	aNayu	aNakku	(C)	17	paTaru	paTarttu	(C)
6	mungngu	mukku	(C)	18	curuLu	curuTTu	(C)
7	paThikku	paThippikku	(C)	19	puroogatikku	puroogatippikku	(C)
8	uruku	urukku	(C)	20	nashTamaaku	nashTamaakku	(C)
9	nilkku	niRuttu	(C)	21	uyaru	uyarttu	(C)
10	tiriyu	tirikku	(C)	22	meccappeTu	meccappeTuttu	(C)
11	aliyu	aliyukku	(C)	23	aaTu	aaTTu	(C)
12	eriyu	erikku	(C)	24	yoojikku	yoojippikku	(C)

25	maaRu	maaRRu	(C)	29	aTayu	aTaykku	(C)
26	kuuTu	kuuTTu	(C)	30	piLaru	piLarkku	(C)
27	tuRa	tuRakku	(C)	31	mari	kollu	(S)
28	uTayu	uTaykku	(C)				

Maltese

1	għela	għalla	(C)	17	n-firex	firex	(A)
2	re żaħ	reżżaħ	(C)	18	t-gerbeb	gerbeb	(A)
3	nixef	nixxef	(C)	19	żviluppa	żviluppa	(L)
4	qam	qajjem	(C)	20	n-tilef	tilef	(A)
5	n-tefa	tefa	(A)	21	qam	qajjem	(C)
6	għereq	għerreq	(C)	22	tieb	tejjeb	(C)
7	t-għallem	għallem	(A)	23	t-bandal	bandal	(A)
8	dieb	dewweb	(C)	24	r⟨t⟩abat	rabat	(A)
9	waqaf	waqqaf	(C)	25	t-bidel	bidel	(A)
10	dar	dawwar	(C)	26	n-ġabar	ġabar	(A)
11	teraħ	terraħ	(C)	27	n-fetaħ	fetaħ	(A)
12	n-ħaraq	ħaraq	(A)	28	n-kiser	kiser	(A)
13	n-qered	qered	(A)	29	nt-għalaq	għalaq	(A)
14	n⟨t⟩ela	mela	(A)	30	n-feraq	feraq	(A)
15	n-temm	temm	(A)	31	miet	qatel	(S)
16	beda	beda	(L)				

Manchu

1	fuye-	fuye-bu-	(C)	12	tefe-	deiji-	(S)
2	beye-	beye-bu-	(C)	13	mana-	mana-bu-	(C)
	juhe jafa-	beye-bu-	(S)		mana-	efule-	(S)
	juhene-	beye-bu-	(S)	14	fihe-	fihe-bu-	(C)
3	olho-	olho-bu-	(C)		giki-	giki-bu-	(C)
4	gete-	gete-bu-	(C)	15	waji-	waji-bu-	(C)
5	tuci-	tuci-bu-	(C)		waji-	naka-	(S)
6	iru-	iru-bu-	(C)	16	deri-	deri-bu-	(C)
7	taci-	taci-bu-	(C)	17	—	so-	(O)
8	we(n)-	wem-bu-	(C)		—	nerki-	(O)
9	naka-	naka-	(L)		—	sara-	(O)
	naka-	joo-	(S)	18	fuheše-	fuheše-bu-	(C)
10	ubaša-	ubaša-bu-	(C)	19	badara-	badaram-bu-	(C)
	ubaliya-	ubaliya-	(L)		mutu-	mutu-bu-	(C)
11	su-	su-bu-	(C)		hūwaša-	hūwaša-bu-	(C)

20	ufara-	ufara-	(L)	26	isa-	isa-mja-	(C)
21	mukde-	tukiye-	(S)		imiya-	bargiya-	(S)
	wesi-	tukiye-	(S)	27	milara-	milara-bu-	(C)
22	—	tuwancihiya-	(O)		milara-	nei-	(S)
	—	tuwamgiya-	(O)	28	bija-	bila-	(E)
23	ašša-	ašša-bu-	(C)	29	yaksi-	yaksi-bu-	(C)
24	hūwaita-ram-bu-	hūwaita-	(A)	30	gakara-	gakara-bu-	(C)
25	gūwaliya-	gūwaliya-bu-	(C)	31	buce-	wa-	(S)
	kūbuli-	kūbuli-bu-	(C)				

Mandarin(Chinese)

1	kai55	—	(O)	18	gun214	—	(O)
2	dong51	—	(O)		gun214-dong51	gun214-dong51	(L)
3	gan55	—	(O)	19	fa55-zhan214	fa55-zhan214	(L)
4	qi214	—	(O)	20	diu55	diu55	(L)
	xing214	—	(O)	21	sheng55	—	(O)
5	xiao55-shi55	qu51	(S)		zeng55-jia55	zeng55-jia55	(L)
	mei35	—	(O)	22	jin51-bu51	—	(O)
6	chen35	—	(O)		gai214-shan51	gai214-shan51	(L)
7	xue35	jiao55	(S)	23	yao35-huang51	yao35-huang51	(L)
8	hua51	—	(O)	24	—	jie55	(O)
9	ting35	ting35	(L)		lian35	—	(O)
10	zhuan51	zhuan51	(L)	25	bian51-hua51	gai214-bian51	(L)
11	jie214-jue35	jie215-jue35	(L)		bian51	—	(O)
12	zhao35	shao55	(S)	26	ji35-he35	ji35-he35	(L)
13	hui214	hui214	(L)		—	sou55-ji35	(O)
14	man214	—	(O)	27	kai55	kai55	(L)
	man214-zu35	man214-zu35	(L)	28	she35	zhe35	(E)
15	wan35	—	(O)		po51	—	(O)
	wan35-cheng35	wan35-cheng35	(L)	29	guan55	guan55	(L)
	jie35-shu51	jie35-shu51	(L)	30	lie51	si55	(S)
16	kai55-shi214	kai55-shi214	(L)	31	si214	sha55	(S)
17	kuo51-da51	kuo51-da51	(L)				

Marathi

1	ukaḷ-ṇe	ukaḷ-av-ṇe	(C)	4	uṭh-ṇe	uṭh-av-ṇe	(C)
2	goṭh-ṇe	goṭh-av-ṇe	(C)	5	vijh-ṇe	vijh-av-ṇe	(C)
	thij-ṇe	thij-av-ṇe	(C)	6	bud-ṇe	bud-av-ṇe	(C)
3	vāḷ-ṇe	vāḷ-av-ṇe	(C)	7	šik-ṇe	šik-av-ṇe	(C)

8	vitaḷ-ṇe	vitaḷ-av-ṇe	(C)
9	thāmb-ṇe	thāmb-av-ṇe	(C)
10	phir-ṇe	phir-av-ṇe	(C)
11	virghaḷ-ṇe	virghaḷ-av-ṇe	(C)
12	jaḷ-ṇe	jāḷ-ṇe	(A)
13	udhvast ho-ṇe	udhvast kar-ṇe	(S)
14	bhar-ṇe	bhar-ṇe	(L)
15	samp-ṇe	samp-av-ṇe	(C)
16	suru ho-ṇe	suru kar-ṇe	(S)
17	pasar-ṇe	pasar-av-ṇe	(C)
18	gharangaḷ-ṇe	gharangaḷ-av-ṇe	(C)
19	vikās ho-ṇe	vikās kar-ṇe	(S)
20	harav-ṇe	harav-ṇe	(L)
21	vādh-ṇe	vādh-av-ṇe	(C)
22	sudhar-ṇe	sudhār-ṇe	(A)

23	jhul-ṇe	jhul-av-ṇe	(C)
	ḍol-ṇe	ḍol-av-ṇe	(C)
	hal-ṇe	hal-av-ṇe	(C)
24	juḷ-ṇe	joḍ-ṇe	(E)
25	badal ho-ṇe	badal kar-ṇe	(S)
26	jam-ṇe	jam-av-ṇe	(C)
27	ughaḍ-ṇe	ughaḍ-ṇe	(L)
28	tuṭ-ṇe	toḍ-ṇe	(E)
	phuṭ-ṇe	phoḍ-ṇe	(E)
	moḍ-ṇe	moḍ-ṇe	(L)
29	band ho-ṇe	band kar-ṇe	(S)
30	vegaḷe ho-ṇe	vegaḷe kar-ṇe	(S)
	phāṭ-ṇe	phāḍ-ṇe	(C)
31	mar-ṇe	mār-ṇe	(A)

Matengo

1	bel-a	be-a	(C)
2	—	—	
3	jom-a	nyah-a	(S)
4	jim-uk-a	jim-u-a	(E)
5	sus-uk-a	sus-u-a	(E)
6	su-ul-a	su-a	(A)
7	li-bool-a	bool-a	(A)
8	nyung'any-uk-a	nyung'any-u(1)-a	(E)
9	jem-a	jem-ek-a	(C)
10	hjongal-ok-a	hjongal-o(1)-a	(E)
11	nyung'any-uk-a	nyung'any-u(1)-a	(E)
12	tin-ik-a	tin-i(1)-a	(E)
13	kaj-uk-a	kaj-ul-a	(E)
	halab-ik-a	halab-an-a	(E)
	tip-ik-a	tip-a	(A)
14	pat-ik-a	pat-il-a	(E)
15	jɔm-ɔk-a	jɔm-ɔl-a	(E)
16	tumb-uk-a	tumb-ul-a	(E)

17	hatamb-uk-a	hatamb-ul-a	(E)
18	hingal-ik-a	hingal-il-a	(E)
19	—	—	
20	hɔb-a	hɔ-a	(C)
21	kwɛl-a	tondabe-a	(S)
22	lam-a	lam-i-a	(C)
23	nyuk-a	nyuh-a	(E)
24	li-mamat-ik-a	mamat-ik-a	(A)
25	balil-ik-a	balil-is-a(from Swahili)	(E)
26	jɔl-ɔk-a	jɔl-a	(A)
27	hog-ok-a	hog-ol-a	(E)
28	tun-uk-a	tun-ul-a	(E)
	kaj-uk-a	kaj-ul-a	(E)
	kagaj-uk-a	kagaj-ul-a	(E)
29	jig-il-a	jig-il-a	(L)
30	bal-uk-a	bal-ul-a	(E)
	kaj-uk-a	kaj-ul-a	(E)
31	h-a/kuh-a	kɔm-a	(S)

Meche

1	gədau	pədau	(E)		dudru	dudru-hə	(L)	
2	daka ka	daka ka-hə	(C)	19	jikaŋpu	dekhaŋ	(S)	
3	ran	pəran	(C)	20	gəma	gəma-hə	(C)	
4	siri mən	siri mən-hə	(C)		gəma	kəma	(C)	
5	gəmət	ci-kəmət	(C)	21	—	—		
6	dəbəi	dəbəi-hə	(C)	22	sudrai	sudrai	(L)	
7	pərai	pəraŋ	(S)	23	mau	cimau	(C)	
8	gili	gili-hə	(C)	24	jorai	jorai	(L)	
9	tami	tami-hə	(C)	25	səlai	səlai	(L)	
10	gidiŋ	pidiŋ	(E)	26	jutum	putum	(E)	
11	gili	gili-hə	(C)		jutum	butum	(E)	
12	jəŋ	sau	(S)		jəma ja	jəma kəcam	(E)	
13	bigrai	bigrai-hə	(C)	27	geu	keu	(C)	
14	buŋ	puŋ	(C)	28	bai?	cipai?	(C)	
15	jəb	pəjəb	(C)	29	paŋ(te)	paŋ(te)	(L)	
16	suru ja	suru kəcam	(E)	30	gau	kau	(C)	
17	peher	peher	(L)		gau	cəkau	(C)	
	pehen	pehen	(L)	31	təi	sitat	(S)	
18	ton	ton	(L)					

Mongolian

1	bucla-	bucal-ga-	(C)	16	exel-	exel-	(L)	
2	xöld-	xöld-öö-	(C)		exel-	exl-üül-	(C)	
3	xat-	xat-aa-	(C)	17	delge-r-	delge-	(A)	
4	ser-	ser-ee-	(C)		tenii-	tenii-lge-	(C)	
5	gar-	gar-ga-	(C)	18	önxör-	önxr-üül-	(C)	
	untar-	untr-aa-	(C)	19	xögž-	xögž-üül-	(C)	
6	živ-	živ-üül-	(C)	20	alda-gd-	ald-	(A)	
7	sur-	sur-ga-	(C)		gee-gd-	gee-	(A)	
8	xail-	xail-uul-	(C)	21	deešil-	deešl-üül-	(C)	
9	zogs-	zogs-oo-	(C)	22	saižir-	saižr-uul-	(C)	
10	erge-	erg-üül-	(C)	23	dorgi-	dorgi-o-	(C)	
11	uus-	uus-ga-	(C)	24	zalga-gd-	zalga-	(A)	
12	šat-	šat-aa-	(C)		xolbo-gd-	xolbo-	(A)	
13	nur-	nur-aa-	(C)	25	öörčlö-gd-	öörčil-	(A)	
14	düür-	düür-ge-	(C)		xuvir-	xuvir-ga-	(C)	
15	duus-	duus-ga-	(C)	26	cugla-	cugl-uul-	(C)	

27	ongoi-	ongoi-lgo-	(C)	29	xaa-gd-	xaa-	(A)
	nee-gd-	nee-	(A)	30	xaga-r-	xaga-l-	(E)
28	xuga-r-	xuga-l-	(E)	31	üx-	al-	(S)

Nanai

1	puisi-	pujuu-	(E)		VERB STEM (proper) -lo-	VERB STEM (proper) -lo-	(L)
	puisi-	puisi-wəən-	(C)		dəruu-	dəruu-	(L)
2	gəkči-	gəkči-wəən-	(C)	17	xuul-biə-	xuul-	(A)
3	xolgo-	xolgo-waan-	(C)	18	xuku-p-	xuku-	(A)
	xolgo-	xolgi(-či)-	(E)	19	urə-	uruuči-	(E)
4	sənə-	sənə-wəən-	(C)	20	xuədə-p-	xuədə-	(A)
	sənə-	səruu-	(E)	21	too-	əuri-	(S)
5	niə-	niə-wu-	(C)	22	ajanago-	tago-	(S)
6	muə doočiani ii-	muəči gidala-	(S)	23	tuiŋku-	tuiŋku-lbu-	(C)
7	tačioči-	aloosi-	(S)	24	kamor očogo-	sira-	(S)
	tačioči-	tačioči-	(L)	25	kala-p-	kala-	(A)
8	uun-	uum-buwəən-	(C)	26	poago-	taosan-	(S)
9	kaojara-	kaojar-oan-	(C)	27	nixəli-p-	nixəli-	(A)
	ili-	ili-waan-	(C)	28	kaltali-p-	kaltali-	(A)
10	kəčəri-	kəčəri-wəən-	(C)		kaltaa-	kaltali-	(E)
11	ačoa-	ačo-	(A)		kalta(ram)ənə-	kaltali-	(E)
12	jəgdə-	jəgji-	(E)	29	dasi-p-	dasi-	(A)
13	bojaa-	boja-li-	(C)	30	gudəə-	gudə-li-	(E)
14	jalop-	jalop-	(L)		xətu-ə-	xətu-li-	(E)
15	xoji-p-	xoji-	(A)	31	bur-	waa-	(S)
16	təpčiu-	təpčiu-	(L)				

Nepali

1	umla-nu	uml-āu-nu	(C)		ruk-nu	ruk-āu-nu	(C)
2	jam-nu	jam-āu-nu	(C)		ruk-nu	rok-āu-nu	(C)
3	suk-nu	suk-āu-nu	(C)	10	ghum-nu	ghum-āu-nu	(C)
4	uṭh-nu	uṭh-āu-nu	(C)	11	ghul-nu	ghol-nu	(E)
5	nibh-nu	nibh-āu-nu	(C)		ghul-nu	ghol-āu-nu	(C)
6	ḍub-nu	ḍob-nu	(E)		ghol-i-nu	ghol-nu	(A)
	ḍub-nu	ḍub-āu-nu	(C)	12	jal-nu	jal-āu-nu	(C)
7	paḍh-nu	paḍh-āu-nu	(C)	13	ujḍi-nu	ujāḍ-nu	(E)
8	pagla-nu	pagāl-nu	(E)		ujiḍ-nu	ujiḍ-yāu-nu	(C)
	pagla-nu	pagl-āu-nu	(C)	14	bhar-nu	bhor-nu	(E)
9	ruk-nu	rok-nu	(E)		bhar-nu	bhor-āu-nu	(C)

	bhar-i-nu	bhor-nu	(A)	24	bādh-i-nu	badh-āu-nu	(C)
15	khattam hu-nu	khattam gar-nu	(E)		bādh-i-nu	bādh-nu	(A)
	sak-i-nu	sak-āu-nu	(C)	25	badal-i-nu	badal-āu-nu	(C)
	sak-i-nu	sak-nu	(A)		badal-i-nu	badal-nu	(A)
16	suru hu-nu	suru gar-nu	(E)	26	ekatrit hu-nu	ekatrit gar-nu	(E)
17	phail-i-nu	phail-āu-nu	(C)	27	khul-nu	khol-nu	(E)
18	paṭ-i-nu	paṭ-āu-nu	(C)		khul-nu	khol-āu-nu	(C)
19	bikas hu-nu	bikas gar-nu	(E)		khul-nu	khul-āu-nu	(C)
20	harau-nu	harau-nu	(L)	28	bhāč-i-nu	bhač-āu-nu	(C)
21	baḍh-nu	baḍh-āu-nu	(C)		bhāč-i-nu	bhāč-nu	(A)
22	sudhri-nu	sudhār-nu	(E)	29	band hu-nu	band gar-nu	(E)
	sudhri-nu	sudhr-(y)āu-nu	(C)	30	phāṭ-nu	phaṭāl-nu	(E)
23	jhul-nu	jhul-āu-nu	(C)	31	mar-nu	mār-nu	(E)
	ḍul-nu	ḍul-āu-nu	(C)		mar-nu	mar-āu-nu	(C)

Newar

1	dā-ye	dā-e-k-e	(C)		suru juye	suru yā-ye	(E)
2	khwa-ye	khwa-e-k-e	(C)	17	cakan-e	cakāː-k-e	(C)
3	gan-e	gāː-k-e	(C)	18	gulla tul-e	gulla tu-i-k-e	(C)
4	dan-e	than-e	(C)	19	bwa-lan-e	bwa-lāː-k-e	(C)
5	pi-hã̄ːwan-e	pi-chwa-ye	(S)	20	tan-e	tāː-k-e	(C)
	pi-hã̄ːwan-e	pi-ta chwa-ye	(S)	21	tha-hã̄ːwan-e	tha-chwa-ye	(S)
6	dun-e	thun-e	(C)	22	bhin-e	bh lː-k-e	(C)
7	sa-e-k-e	syen-e	(S)	23	san-e	sāː-k-e	(C)
8	nā-ye	nā-e-k-e	(C)	24	swā-ye	swā-k-e	(C)
9	di-ye	di-k-e	(C)	25	hil-e	hi-i-k-e	(C)
10	pha-hil-e	pha-hi-i-k-e	(C)	26	mun-e	mūː-k-e	(C)
11	nā-ye	nā-e-k-e	(C)	27	cā-ye	cā-e-k-e	(C)
12	gwā-ye	khwā-k-e	(C)	28	taː-jyā-ye	taː-chyā-ye	(C)
13	syen-e	syēː-k-e	(C)		twaː-dhul-e	twaː-thul-e	(S)
14	jā-ye	jā-e-k-e	(C)	29	ti-ye	ti-ye	(L)
15	kwa-cā-ye	kwa-cā-e-k-e	(C)	30	bā-ye	phā-ye	(C)
	sidha-ye	sidha-e-k-e	(C)	31	si-ye	syā-ye	(S)
16	nhyā-ye	nhyā-k-e	(C)				

North Saami

1	duoldat	duolddahit	(C)	4	lihkkat	boktit	(S)
2	galbmot	galbmit	(A)	5	čáskat	čáskadit	(C)
3	goikat	goiket	(E)	6	vuodjut	vuodjudit	(C)

No				No			
7	oahppat	oahpahit	(C)	20	láhppot	láhppit	(A)
8	suddat	suddadit	(C)	21	loktanit	loktet	(A)
9	bisánit	bissehit	(E)	22	buorránit	buoridit	(E)
10	jorgasit	jorgut	(A)	23	suhkat	sugahit	(C)
11	luvvat	luvvadit	(C)	24	ovttastuvvat	ovttastahttit	(E)
12	buollit	boaldit	(E)	25	rievdat	rievdadit	(C)
13	duššat	duššadit	(C)	26	čoahkkanit	čohkket	(A)
14	dievvat	deavdit	(E)		čoagganit	čoaggit	(A)
15	nohkat	loahpahit	(S)	27	rahpasit	rahpat	(A)
16	álgit	álggahit	(C)	28	doddjot	doadjit	(A)
17	leavvat	lebbet	(E)	29	giddanit	giddet	(A)
	lávdat	lávdadit	(C)	30	luoddanit	luddet	(A)
18	jorrat	jorahit	(C)	31	jápmit	goddit	(S)
19	ovdánit	ovddidit	(E)				

Norwegian

No				No			
1	koke	koke	(L)		spre-s/bli spredt	spre	(A)
2	fryse	fryse	(L)	18	rulle	rulle	(L)
3	tørke	tørke	(L)	19	utvikle seg	utvikle	(A)
4	våkne	vekke	(E)	20	miste-s/bli mistet	miste	(A)
5	slukke	slukke	(L)	21	heve seg	heve	(A)
6	synke	senke	(E)		heve-s/bli hevet	heve	(A)
7	lære	lære	(L)	22	forbedre seg	forbedre	(A)
8	s8e	s8e	(L)	23	gynge	gynge	(L)
9	9pe	9pe	(L)	24	koble-s/bli koblet	koble	(A)
	stanse	stanse	(L)	25	forandre seg	forandre	(A)
10	snu	snu	(L)		forandre-s/bli forandret	forandre	(A)
11	oppløse-s/bli oppløst	oppløse	(A)	26	samle seg	samle	(A)
	s8e	s8e	(L)		samle-s/bli samlet	samle	(A)
12	brenne	brenne	(L)	27	åpne seg	åpne	(A)
13	ødelegge-s/bli ødelagt	ødelegge	(A)		åpne-s/bli åpnet	åpne	(A)
14	fylle seg	fylle	(A)				
	fylle-s/bli fylt	fylle	(A)				
15	avslutte	avslutte	(L)				
16	begynne	begynne	(L)				
17	spre seg	spre	(A)				

28	knuse	knuse	(L)
	knekke	knekke	(L)
	ødelegge-s/bli ødelagt	ødelegge	(A)
29	lukke seg	lukke	(A)
	lukke-s/bli lukket	lukke	(A)
30	dele seg	dele	(A)
	dele-s/bli delt	dele	(A)
31	dø	drepe	(S)

Orok(Uilta)

1	pui-	pujjuu-	(C)
2	suŋun-	suŋ-ŋɵɵn-	(C)
3	xoldo-	xolǰi-	(C)
4	meel-	meel-bu-	(C)
	meel-	meel-boon-	(C)
	meel-	sərruu-	(S)
5	xəppəǰi-	xəppəu-li-	(E)
	guu-p-	guu-pu-	(E)
6	—	—	(O)
7	tači-	tattuu-	(C)
	allau-poon-	allau-	(A)
8	uun-	uunǰi-	(C)
	uun-	uum-bɵɵn-	(C)
	xuuǰi-	uunǰi-	(S)
9	xoǰi-	xoǰi-du-	(C)
	gaal-	xoǰi-du-	(S)
10	mokči-da-	mokči-li-	(E)
11	uun-	uun-ǰi-	(C)
12	dəgdə-	dəgǰi-	(C)
	taulu-	taul-loon-	(C)
13	buja-da-	buja(l)-	(A)
	gudə-də-	gudə-	(A)
14	dalu-p-	dalu-pu-	(E)
15	xoǰi-	xoǰi-	(L)
	xoǰi-p-	xoǰi-	(A)
16	dərruu(-du)-	dərruu(-du)-	(L)
17	gurə-də-	gurə-li-	(E)
	gurə-də-	gii-	(S)
	gurə-də-	gulči-	(S)
18	puŋgəli-	puŋgəlin-	(E)
	puŋgəli-	puŋgələ(n)-	(E)
19	—	—	(O)
20	wəədə-p-	wəədə-	(A)
	ləpɵ-dɵ-	ləpɵ-	(A)
21	kaapa-	kaappau-	(C)
	kaapa-	əuri-	(S)
22	ajaal-	ajalču-	(C)
	ajaal-bu-	ajalču-	(E)
23	gupuli-	gupi-	(E)
	gupəli-	gupi-	(E)
24	ui-p-	ui-	(A)
25	kala-	kala-	(L)
26	kamui-p-	kamui-	(A)
	oppou-	oppou-	(L)
27	nii-p-	nii-	(A)
	nii-p-	tura-	(S)
28	čiga-da-	čiga-li-	(E)
	čiga-da-	čiga-su-	(E)
29	somi-p-	somi-	(A)
30	kalta-da-	kalta-li-	(E)
	kalta-da-	kalta-su-	(E)
31	bu(l)-	waa-	(S)

Persian

1	juš-i-dan	juš-ān-dan	(C)
2	yax bas-tan	yax bas-tan	(L)
	yax kar-dan	yax kar-dan	(L)
3	xošk-i-dan	xošk-ān-dan	(C)

	xošk šo-dan	xošk kar-dan	(E)	18	qalt-i-dan	qalt-ān-dan	(C)
4	bidār šo-dan	bidār kar-dan	(E)		qalt xor-dan	qalt za-dan	(E)
5	xāmuš šo-dan	xāmuš kar-dan	(E)	19	tose'e yāf-tan	tose'e dā-dan	(E)
6	qarq šo-dan	qarq kar-dan	(E)		rošd kar-dan	rošd dā-dan	(E)
7	dars xān-dan	dars dā-dan	(E)	20	gom šo-dan	gom kar-dan	(E)
	yād geref-tan	yād dā-dan	(E)	21	bālā āma-dan	bālā bor-dan	(E)
	āmux-tan	āmux-tan	(L)		boland šo-dan	boland kardan	(E)
8	āb šo-dan	āb kar-dan	(E)	22	behtar šo-dan	behtar kar-dan	(E)
	godāx-tan	godāx-tan	(L)		eslāh šo-dan	eslāh kar-dan	(E)
9	istā-dan	ist-ān-dan	(C)	23	tāb xor-dan	tāb dā-dan	(E)
	istā-dan	negah daš-tan	(S)		takān xor-dan	takān dā-dan	(E)
	motavaqqef šo-dan	motavaqqef kar-dan	(E)	24	peyvaste šo-dan	peyvas-tan	(A)
					marbut šo-dan	marbut kar-dan	(E)
10	čarx-i-dan	čarx-ān-dan	(C)		vasl šo-dan	vasl kar-dan	(E)
	gard-i-dan	gard-ān-dan	(C)	25	avaz šo-dan	avaz kar-dan	(E)
	gaš-tan	gard-ān-dan	(S)		taqyir yāf-tan	taqyir dā-dan	(E)
11	hal šo-dan	hal kar-dan	(E)	26	jam' šo-dan	jam' kar-dan	(E)
12	sux-tan	suz-ān-dan	(C)		gerd āma-dan	gerd āvar-dan	(E)
13	xarāb šo-dan	xarāb kar-dan	(E)	27	gošude šo-dan	gošu-dan	(A)
14	por šo-dan	por kar-dan	(E)		bāz šo-dan	bāz kar-dan	(E)
15	tamām šo-dan	tamām kar-dan	(E)	28	šekas-tan	šekas-tan	(L)
16	šoru' šo-dan	šoru' kar-dan	(E)	29	baste šo-dan	bas-tan	(A)
	āqāz šo-dan	āqāz kar-dan	(E)	30	šekāfte šo-dan	šekāf-tan	(A)
17	gostareš yāf-tan	gostareš dā-dan	(E)		pāre šo-dan	pāre kar-dan	(E)
	pahn šo-dan	pahn kar-dan	(E)		šekāf-tan	šekāf-tan	(L)
	gostar-dan	gostar-dan	(L)	31	mor-dan	koš-tan	(S)

Punjabi

1	ubbal-anaa	ubaal-anaa	(C)	7	palR-naa	paR-aa2-uNaa	(C)
2	jam-Naa	jam-aa-uNaa	(C)		sikkh-aNaa	sikh-aa-uNaa	(C)
3	sukk-aNaa	suk-aa-uNaa	(C)	8	ku2l-aNaa	ko2l-Naa	(C)
4	jaag-aNaa	jag-aa-uNaa	(C)		pilgal-Naa	pigl-aa2-uNaa	(C)
	uTTh-aNaa	uTh-aa-uNaa	(C)	9	ruk-aNaa	rok-Naa	(C)
5	nikal-Naa	nikaal-Naa	(C)	10	phir-Naa	pher-Naa	(C)
	bulj-aNaa	buj-aa2-uNaa	(C)		phir-Naa	phir-aa-uNaa	(C)
6	Dubb-aNaa	Dub-aa-uNaa	(C)	11	ku2l-aNaa	ko2l-Naa	(C)
	Dubb-aNaa	Dub-o-Naa	(C)		pilgal-Naa	pigl-aa2-uNaa	(C)

12	jal-naa	jal-aa-uNaa	(C)
	jal-naa	jaal-naa	(C)
13	binas-aNaa	bins-aa-uNaa	(C)
14	pa2r-naa	pa2r-naa	(L)
15	pu2gat-Naa	pugt-aa2-uNaa	(C)
	mukk-aNaa	muk-aa-uNaa	(C)
16	Suruu ho-Naa	Suruu kar-naa	(E)
	ara1mb ho-Naa	ara1mb kar-naa	(E)
17	pasar-naa	pasaar-naa	(C)
	phail-Naa	phail-aa-uNaa	(C)
18	ri1R-naa	re1R-naa	(C)
	ri1R-naa	riR-aa2-uNaa	(C)
19	wa1d-Naa	wad-aa2-uNaa	(C)
	vikaas ho-Naa	vikaas kar-naa	(E)
20	kho-Naa	kho-Naa	(L)
21	uTTh-aNaa	uTh-aa-uNaa	(C)
	u1bbar-naa	ubaa2r-naa	(C)
22	su1dar-naa	sudaa2r-naa	(C)

	sawar-naa	sawaar-naa	(C)
23	cu2ll-aNaa	cul-aa2-uNaa	(C)
	Dol-Naa	Dul-aa-uNaa	(C)
	hill-aNaa	hil-aa-uNaa	(C)
24	juR-naa	joR-naa	(C)
25	badal-naa	badal-naa	(L)
	waT-aNaa	waT-aa-uNaa	(C)
26	ikaTThaa ho-Naa	ikaTThaa kar-naa	(E)
	ja1mAA ho-Naa	ja1mAA kar-naa	(E)
27	khu1ll-aNaa	kho1l-aNaa	(C)
28	phuTT-aNaa	phoR-naa	(C)
29	Tu2k-Naa	Tuk-aa2-uNaa	(C)
	band ho-Naa	band kar-naa	(E)
30	cir-naa	ciir-naa	(C)
	phaT-aNaa	phaaR-naa	(C)
31	mar-naa	maar-naa	(C)

Yoci rGyalrong

1	kə-sto	ka-sə-sto	(C)
2	kə-rpoŋ	ka-sə-rpoŋ	(C)
3	kə-roŋ	ka-sə-roŋ	(C)
4	ʔaɲ̥ak kə-ru	ʔaɲ̥ak ka-sə-ru	(C)
5	kə-dzok	ka-rək-dzok	(C)
6	ʔəgus kə-tɕhe	ʔəgus ka-sə-tɕhe	(C)
7	ka-rək-tɕhət	ka-ʂə-kʂut	(S)
	ka-rək-tɕhət	ka-sə-kʂut	(S)
8	kə-ɖi	ka-sə-ɖi	(C)
9	kə-nna	ka-sə-nna	(C)
10	kə-ntʃər	ka-sə-ntʃər	(C)
11	kə-ɖi	ka-sə-ɖi	(C)
12	kə-rok	ka-tʃok	(S)
	kə-rok	ka-sə-rok	(C)
13	kə-ɕit	ka-sə-ɕit	(C)
	kə-ŋa-ntʃha	ka-sa-ntʃha	(E)
	kə-ŋa-ntʃha	ka-ntʃha	(A)

14	ka-n̪n̪ʉt	ka-sə-n̪n̪ʉt	(C)
	kə-n̪n̪ʉt	ka-ktɕut	(S)
15	kə-jok	ka-sə-jok	(C)
16	ka-saja	ka-saja	(L)
17	kə-ŋa-ktɕhar	ka-ktɕhar	(A)
18	kənəpərtjas ka-tɕhet	kənəpərtjas ka-sə-tɕhet	(C)
19	kə-zet	ka-ŋgu	(S)
	fadʒan ka-pa	fadʒan ka-pa	(L)
	kə-la kə-ŋa-kpa	kə-la ka-sa-kpa	(E)
20	kə-ŋa-phit	ka-phit	(A)
21	kə-rjet	ka-sə-rjet	(C)
22	kə-la ka-pa	kə-la ka-sə-pa	(C)
	kə-la	ka-sə-la	(C)
23	kə-wa-pəsə	ka-sa-pəsə	(E)
	kə-ŋa-pəsə	ka-sa-pəsə	(E)
24	kə-ŋa-wərdu	ka-sa-wərdu	(E)

	kə-ŋa-tɕəprak	ka-sa-tɕəprak	(E)	28	kə-dʑɛt	ka-sə-dʑɛt	(C)
25	kə-ŋa-kpa	ka-sa-kpa	(E)		kə-dʑɛt	ka-tɕhok	(S)
	ka-nadu	ka-nadu	(L)		kə-ŋa-ntʃha	ka-sa-ntʃha	(E)
26	kə-ŋa-ular	ka-sa-ular	(E)	29	kə-ŋa-tʃɛt	ka-tʃɛt	(A)
	ka-ɕuŋ	ka-ɕuŋ	(L)	30	kə-ŋa-pre	ka-pre	(A)
27	kə-ŋa-toŋ	ka-toŋ	(A)		kə-wak	ka-sə-wak	(C)
	kə-toŋ	ka-toŋ	(L)	31	kə-ɕi	ka-ntʃha	(S)
	kə-ŋa-toŋ	ka-sa-toŋ	(E)				

Romanian

1	fierbe	fierbe	(L)	16	începe	începe	(L)
2	îngheța	face să înghețe	(C)	17	se răspândi	răspândi	(A)
	îngheța	înghețe	(L)	18	se rostogoli	rostogoli	(A)
3	se usca	usca	(A)	19	se dezvolta	dezvolta	(A)
4	se trezi	trezi	(A)	20	se pierde	pierde	(A)
5	se stinge	stinge	(A)	21	se ridica	ridica	(A)
6	se scufunda	scufunda	(A)	22	se îndrepta	îndrepta	(A)
7	învăța	preda	(S)	23	se legăna	legăna	(A)
8	se topi	topi	(A)	24	se uni	uni	(A)
9	se opri	opri	(A)	25	se schimba	schimba	(A)
10	se învârti	învârti	(A)	26	se aduna	aduna	(A)
	se întoarce	întoarce	(A)	27	se deschide	deschide	(A)
11	se dizolva	dizolva	(A)	28	se rupe	rupe	(A)
12	arde	arde	(L)		se strica	strica	(A)
13	fi distrus	distruge	(A)	29	se închide	închide	(A)
14	se umple	umple	(A)	30	se crăpa	crăpa	(A)
15	se sfârși	sfârși	(A)	31	muri	omorî	(S)
	se termina	termina	(A)		muri	ucide	(S)

Russian

1	kipet'	kipjatit'	(E)	10	povernut'-sja	povcrnut'	(A)
2	zamerz-nut'	zamoroz-it'	(E)	11	rastvorit' -sja	rastvorit'	(A)
3	sox-nut'	suš-it'	(E)	12	goret'	žeč	(S)
4	prosnut' -sja	budit'	(S)	13	razrušit'-sja	razrušit'	(A)
5	gas-nut'	gas-it'	(E)	14	napolnit'-sja	napolnit'	(A)
6	uto-nut'	utop-it'	(E)	15	končit'-sja	končit'	(A)
7	učit'-sja	učit'	(A)	16	načat'-sja	načat'	(A)
8	rasplavit'-sja	rasplavit'	(A)	17	rasprostranit'-sja	rasprostranit'	(A)
9	ostanovit' -sja	ostanovit'	(A)	18	katit'-sja	katit'	(A)

19	razvit'-sja	razvit'	(A)	26	sobrat'-sja	sobrat'	(A)
20	terjat'-sja	terjat'	(A)	27	otkryt'-sja	otkryt'	(A)
21	podnjat'-sja	podnjat'	(A)	28	lomat'-sja	lomat'	(A)
22	ulučšit'-sja	ulučšit'	(A)	29	zakryt'-sja	zakryt'	(A)
23	kačat'-sja	kačat'	(A)	30	raskolot' -sja	raskolot'	(A)
24	sočetat'-sja	sočetat'	(A)	31	umeret'	ubit'	(S)
25	izmcnit'-sja	izmenit'	(A)				

Sakha

1	bus	buh-ar	(C)	16	sa ğala-n	sa ğalaa	(A)
	orguj	orgu-t	(C)	17	tar ğa-n	tar ğa-t	(E)
2	toŋ	toŋ-or	(C)	18	tökünüj	tökünü-t	(C)
3	kuur	kuur-t	(C)	19	sajïn	sajïn-nar	(C)
4	uhugun	uhugun-nar	(C)	20	süt	süt-er	(C)
5	umul-un	umul-lar	(E)	21	kötö ğ-ülün	kötöx	(A)
6	timir	timir-t	(C)		köp	köb-üt	(C)
7	üöre-n	üöre-t	(C)	22	kön	kön-nör	(C)
8	ir	ir-ier	(C)	23	dolguj	dolgu-t	(C)
	uulun	uull-ar	(C)	24	xolbo-n	xolboo	(A)
9	toxtoo	toxto-t	(C)	25	ularïj	ularï-t	(C)
10	ergij	ergi-t	(C)	26	muh-un	mus	(A)
11	uulun	uull-ar	(C)	27	ah-ïlin	as	(A)
	öhül-ün	öhül	(A)	28	tohu-n	tohu-t	(E)
12	umaj	uma-t	(C)	29	sab-ïlin	sap	(A)
13	alža-n	alža-t	(E)	30	xajï-n	xajï-t	(E)
14	tuol	tol-or	(C)	31	öl	öl-ör	(C)
15	büt	büt-er	(C)				

Shuri dialect of Okinawa

1	wak-	wakas-	(C)		migu-	miguras-	(C)
2	kuhwa-	kuhwaras-	(C)	11	tuki-	tukas-	(C)
3	kaarak-	kaarakas-	(C)	12	jaki-	jak-	(A)
4	ʔuki-	ʔukus-	(C)	13	jaNdi-	jaNd-	(A)
5	caa-	caas-	(C)		kuuri-	kuus-	(A)
6	sizim-	sizimi-	(C)	14	mit-	mici-	(C)
7	nara-	naraas-	(C)		mit-	mitas-	(C)
8	tuki-	tukas-	(C)	15	ʔuwa-	ʔuwaras-	(C)
9	tuma-	tumi-	(E)	16	hazima-	hazimi-	(E)
10	maa-	maas-	(C)	17	hwiruga-	hwirugi-	(E)

18	kurub-	kurubas-	(C)	26	ʔacima-	ʔacimi-	(E)
19	hattacu s-	hattacu simi-	(C)	27	ʔak-	ʔaki-	(C)
20	neeN na-	neeN nas-	(C)	28	wari-	wa-	(A)
21	ʔaga-	ʔagi-	(E)		uuri-	uu-	(A)
22	noo-	noos-	(C)	29	sima-	simi-	(E)
23	juri-	juras-	(C)		mica-	mici-	(E)
24	ciruga-	cirug-	(A)	30	jari-	ja-	(A)
	cinaga-	cinag-	(A)	31	sin-	kurus-	(S)
25	kawa-	kee-	(A)		maas-	kurus-	(S)

Sidaama(Cushitic, Ethiopia)

1	huf-	huf-i-s-	(C)	15	goof-	gud-	(S)
2	k'orr-	k'orr-i-s-	(C)	16	hanaf-	hanaf-	(L)
3	mool-	mool-š-	(C)	17	diriir-	diriir-s-	(C)
	moola ikk-	moola ass-	(E)	18	gongo'm-	gongo'm-i-š-	(C)
4	ka'-	ka-ii-s-	(C)	19	lopp'-	loss-	(S)
5	t'o-	t'o-i-s-	(C)	20	ba'-	hun-	(S)
6	lit'-	lit'-i-s-	(C)	21	ka'-	ka-ii-s-	(C)
7	ros-	ros-ii-s-	(C)	22	woyyaaw-	woyyeess-	(E)
8	daak'-	daak'-i-s-	(C)	23	šašaf-am-	šašaf-	(A)
	ko'riš-am-	ko'riš-	(A)	24	t'aad-	t'aad-i-s-	(C)
9	agur-	agur-siis-	(C)	25	soorr-am-	soorr-	(A)
	uurr-	uurr-i-s-	(C)	26	gamba y-	gamba ass-	(E)
	hool-am-	hool-	(A)	27	fa-am-	fan-	(A)
10	hig-	k'ol-	(S)	28	hiikk'-am-	hiikk'-	(A)
11	šiil-	šiil-i-š-	(C)	29	c'uf-am-	c'uf-	(A)
12	giir-am-	giir-	(A)	30	dar-am-	dar-	(A)
13	diig-am-	diig-	(A)	31	re-	š-	(S)
14	wo'm-	wo'n-š-	(C)				

Sindhi

1	ubir-aṇu	ubār-iṇu	(C)	9	ruk-aṇu	rok-iṇu	(C*1)
2	jam-aṇu	jamā-iṇu	(C)	10	muṛ-aṇu	moṛ-iṇu	(C*1)
3	suk-aṇu	sukā-iṇu	(C)	11	halu thiy-aṇu	halu kar-aṇu	(E)
4	uṭh-aṇu	uṭhā-iṇu	(C)	12	saṛ-aṇu	sāṛ-iṇu	(C)
5	lah-aṇu	lāh-iṇu	(C)	13	tabāha thiy-aṇu	tabāha kar-aṇu	(E)
6	b̄ud-aṇu	b̄udā-iṇu	(C)	14	bhar-aṇu	bharā-iṇu	(C)
7	paṛh-aṇu	paṛhā-iṇu	(C)	15	xatamu thiy-aṇu	xatamu kar-aṇu	(E)
8	pighar-aṇu	pighār-iṇu	(C)				

16	shurū thiy-aṇu	shurū kar-aṇu	(E)	24	laḡ-aṇu	laḡā-iṇu	(C)
17	pakhiṛij-aṇu	pakheṛ-iṇu	(A)	25	badilij-aṇu	badil-aṇu	(A)
	pakhiṛ-aṇu	pakheṛ-iṇu	(C)		badil-aṇu	badil-aṇu	(L)
18	phir-aṇu	pher-iṇu	(C)	26	gaḍu thiy-aṇu	gaḍu kar-aṇu	(E)
19	wadh-aṇu	wadhā-iṇu	(C)	27	khul-aṇu	khol-aṇu	(C*1)
20	viny-aṇu	vinyā-iṇu	(C)	28	ṭuṭ-aṇu	ṭoṛ-iṇu	(C*1)
21	caṛh-aṇu	cāṛh-iṇu	(C)	29	bandu thiy-aṇu	bandu kar-aṇu	(E)
22	sudhir-aṇu	sudhār-iṇu	(C)	30	virhā-iṇu	virhā-iṇu	(L)
23	luḍ-aṇu	loḍā-iṇu	(C)	31	mar-aṇu	mār-iṇu	(C*1)

Slovene

1	vreti	za-vreti	(C)	16	začeti se	začeti	(A)
2	z-mrzniti	za-mrzniti	(E)		pričeti se	pričeti	(A)
	zamrzniti	zamrzniti	(L)	17	širiti se	širiti	(A)
3	sušiti se	sušiti	(A)		razprosteti se	razprosteti	(A)
4	zbuditi se	zbuditi	(A)		razgrniti se	razgrniti	(A)
5	u-gašati	gasiti	(A)	18	valiti se	valiti	(A)
	ugasniti	ugasniti	(L)		zviti se	zviti	(A)
	ugas-n-iti	ugasiti	(A)	19	razviti se	razviti	(A)
6	utoniti	potopiti	(S)	20	izgubiti se	izgubiti	(A)
	potopiti se	potopiti	(A)	21	dvigniti se	dvigniti	(A)
7	učiti se	učiti	(A)		vstati	dvigniti	(S)
	po-učiti se	po-učiti	(A)		vzdigniti se	vzdigniti	(A)
8	taliti se	taliti	(A)	22	izboljšati se	izboljšati	(A)
	topiti se	topiti	(A)	23	zibati se	zibati	(A)
9	ustaviti se	ustaviti	(A)		gugati se	gugati	(A)
	nehati	nehati	(L)	24	vezati se	vezati	(A)
10	vrteti se	vrteti	(A)		spojiti se	spojiti	(A)
	obrniti se	obrniti	(A)	25	spremeniti se	spremeniti	(A)
11	raztopiti se	raztopiti	(A)		preoblikovati se	preoblikovati	(A)
	razpustiti se	razpustiti	(A)	26	zbrati se	zbrati	(A)
12	goreti	žgati	(S)	27	odpreti se	odpreti	(A)
	žgati se	žgati	(A)	28	lomiti se	lomiti	(A)
13	razpasti	podreti	(S)		razbiti se	razbiti	(A)
	uničiti se	uničiti	(A)	29	zapreti se	zapreti	(A)
14	polniti se	polniti	(A)	30	cepiti se	cepiti	(A)
	zasuti se	zasuti	(A)	31	u-mreti	u-moriti	(E)
15	končati se	končati	(A)		ubiti se	ubiti	(A)

Swahili

1	chemk-a	chemk-y-a>chemsha	(C)	17	ene-a	ene-y-a>eneza	(C)
					kunj-uk-a	kunj-a	(A)
2	gand-a	gand-ish-a	(C)		tanda-a	tanda-z-a	(C)
3	kauk-a	kauk-y-a>kausha	(C)	18	bingir-ik-a	bingir-ish-a	(E)
				19	ku-a	ku-y-a>kuza	(C)
4	amk-a	amk-y-a>amsha	(C)		endele-a	endele-z-a	(C)
5	to-ik-a>toka	to-a	(A)	20	pote-a	pote-y-a>poteza	(C)
	zim-ik-a	zim-a	(A)	21	pand-a	pand-ish-a	(C)
6	zam-a	zam-ish-a	(C)		in-uk-a	in-u-a	(E)
7	ji-funz-a	funz-a	(A)	22	po-n-a	po-z-a	(E)
	ji-fund-ish-a	fund-ish-a	(A)		tengene-a	tengene-z-a	(C)
8	yeyuk-a	yeyuk-y-a>yeyusha	(C)	23	pembe-a	pembe-z-a	(C)
					yumb-a	yumb-ish-a	(C)
9	simam-a	simam-ish-a	(C)	24	ung-ik-a	ung-a	(A)
10	zunguk-a	zunguk-y-a>zungusha	(C)		ungan-ik-a	ungan-ish-a	(E)
				25	geuk-a	geuk-y-a>geuza	(C)
11	yeyuk-a	yeyuk-y-a>yeyusha	(C)		badilik-a	badilik-y-a>badilisha	(C)
12	ung-uk-a	ung-u-a	(E)				
	wak-a	wak-y-a>washa	(C)	26	kusany-ik-a	kusany-a	(A)
13	harib-ika	haribu	(A)	27	fung-uk-a	fung-u-a	(E)
	vunj-ik-a	vunj-a	(A)	28	vunj-ik-a	vunj-a	(A)
14	ja-a	ja-y-a>jaza	(C)	29	fung-ik-a	fung-a	(A)
15	maliz-a	maliz-a	(L)	30	pas-uk-a	pas-u-a	(E)
	maliz-ik-a	maliz-a	(A)		chan-ik-a	chan-a	(A)
16	anz-a	anz-a	(L)	31	fa	ua	(S)

Swedish

1	koka	koka	(L)	8	smälta	smälta	(L)
2	frysa (past frös)	frysa (past fryste)	(E)	9	stanna	9pa	(S)
				10	vända sig	vända	(A)
3	torka	torka	(L)	11	lösas upp	lösa upp	(A)
4	vakna	väcka	(A)	12	brinna	bränna	(E)
5	slockna	släcka	(A)	13	förstöras	förstöra	(A)
6	sjunka	sänka	(E)	14	fyllas	fylla	(A)
7	lära sig	lära	(A)	15	sluta	(av)sluta	(C)

16	börja	(på)börja	(C)	24	kopplas	koppla	(A)
17	breda ut sig	breda ut	(A)	25	förändras	förändra	(A)
18	rulla	rulla	(L)	26	samlas	samla	(A)
19	utvecklas	utveckla	(A)	27	öppnas	öppna	(A)
20	gå förlorad	förlora	(A)	28	brytas	bryta	(A)
21	resa sig	resa	(A)	29	stängas	stänga	(A)
22	förbättra sig	förbättra	(A)	30	klyvas	klyva	(A)
23	gunga	låta gunga	(C)	31	dö	döda	(C)

Tagalog

1	k⟨um⟩ulo	mag-pa-kulo	(C)	18	g⟨um⟩ulong	i-gulong	(E)
2	t⟨um⟩igas	pa-tigas-in	(C)	19	⟨um⟩unlad	pa-unlar-in	(C)
	maging yelo	gawing yelo	(E)	20	ma-wala	ma-i-wala	(C)
3	ma-tuyo	pa-tuyu-in	(C)	21	t⟨um⟩ayo	i-tayo	(E)
4	b⟨um⟩angon	i-bangon	(E)		t⟨um⟩aas	i-taas	(E)
	g⟨um⟩ising	gising-in	(E)		⟨um⟩angat	i-angat	(E)
5	ma-matay	patay-in	(E)	22	⟨um⟩ayos	ayus-in	(E)
6	l⟨um⟩ubog	pa-lubug-in	(C)	23	⟨um⟩uga	i-uga	(E)
7	ma-tuto	mag-turo	(S)		g⟨um⟩alaw	i-galaw	(E)
8	ma-tunaw	tunaw-in	(E)	24	d⟨um⟩ugtong	i-dugtong	(E)
9	h⟨um⟩into	i-hinto	(E)		d⟨um⟩ikit	i-dikit	(E)
10	⟨um⟩ikot	ikut-in	(E)	25	mag-bago	bagu-h-in	(E)
11	ma-tunaw	tunaw-in	(E)	26	mag-tipon	tipun-in	(E)
12	ma-sunog	sunug-in	(E)	27	b⟨um⟩ukas	buks-an	(E)
13	ma-wasak	wasak-in	(E)	28	ma-sira	sira-in	(E)
14	ma-puno	punu-in	(E)	29	s⟨um⟩ara	i-sara	(E)
15	ma-tapos	tapus-in	(E)	30	ma-biyak	biyak-in	(E)
16	mag-simula	simul-an	(E)		ma-hati	hati-in	(E)
17	k⟨um⟩alat	i-kalat	(E)	31	ma-matay	patay-in	(E)

Tajik

1	чӯшидан	чӯшон(и)дан	(C)	6	ғарқ шудан	ғарқ кардан	(E)
2	ях кардан	ях кардан	(L)	7	омӯхтан	омӯзон(и)дан	(C)
	ях бастан	ях бастан	(L)		омӯхтан	омӯхтан	(L)
3	хушк шудан	хушк кардан	(E)		ёд гирифтан	ёд додан	(E)
	хушкидан	хушкон(и)дан	(C)	8	об шудан	об кардан	(E)
	қоқ шудан	қоқ кардан	(E)	9	истодан	нигоҳ доштан	(S)
4	бедор шудан	бедор кардан	(E)		истодан	боздоштан	(S)
5	баромадан	баровардан	(E)	10	гардидан	гардон(и)дан	(C)

	гаштан	гардон(и)дан	(C)
11	ҳал шудан	ҳал кардан	(E)
12	сӯхтан	сӯзон(и)дан	(C)
13	вайрон шудан	вайрон кардан	(E)
14	пур шудан	пур кардан	(E)
15	тамом шудан	тамом кардан	(E)
16	сар шудан	сар кардан	(E)
	оғоз шудан	оғоз кардан	(E)
17	паҳн шудан	паҳн кардан	(E)
18	ғелидан	ғелон(и)дан	(C)
19	инкишоф ёфтан	инкишоф додан	(E)
20	гум шудан	гум кардан	(E)
21	бархостан	бардоштан	(S)
22	беҳтар шудан	беҳтар кардан	(E)
23	чунбидан	чунбон(и)дан	(C)
24	пайваст шудан	пайваст кардан	(E)
	пайваст шудан	пайвастан	(A)
25	дигаргун шудан	дигаргун кардан	(E)
	тағйир ёфтан	тағйир додан	(E)
26	чамъ шудан	чамъ кардан	(E)
	гирд омадан	гирд овардан	(E)
27	кушода шудан	кушодан	(A)
	яла шудан	яла кардан	(E)
	боз шудан	боз кардан	(E)
28	шикастан	шикастан	(L)
29	баста шудан	бастан	(A)
	пӯшида шудан	пӯшидан	(A)
	пӯшида шудан	пӯшон(и)дан	(E)
30	шикоф шудан	шикоф кардан	(E)
	кафидан	кафон(и)дан	(C)
31	мурдан	куштан	(S)

Tamil

1	koti	kotikkavai	(C)
	koti	kotikkaccey	(C)
2	uRai	uRaiyavai	(C)
	uRai	uRaiyaccey	(C)
3	ular	ularttu	(C)
	uNangku	uNakku	(C)
	uNangku	uNangkavai	(C)
4	uNar	uNarttu	(C)
	ezu	ezuppu	(C)
	ezu	ezaccey	(C)
5	poo	pookku	(C)
	poo	pookaccey	(C)
	veLiyeeRu	veLiyeeRRu	(C)
6	muuzku	muuzkaccey	(C)
	muuzku	mUzkaTi	(C)
	mungku	mukku	(C)
7	kal	kaRpi	(C)
	paTi	paTippi	(C)
8	uruku	urukku	(C)
	uruku	urukaccey	(C)
	uruku	urukavai	(C)
9	nil	niRuttu	(C)
	nil	niRkaccey	(C)
	nil	niRkavai	(C)
10	tirumpu	tiruppu	(C)
	tirumpu	tirumpavai	(C)
	tirumpu	tirumpaccey	(C)
11	karai	karai	(L)
	karai	karaiyaccey	(C)
	karai	karaiyavai	(C)
12	eri	eri	(L)
	eri	eriyaccey	(C)
	eri	eriyavai	(C)
13	azi	azi	(L)
	azi	aziyaccey	(C)
	azi	aziyavay	(C)
14	nirampu	nirappu	(C)
	nirampu	nirampaccey	(C)
	nirampu	nirampavai	(C)
15	tiir	tiir	(L)

	muTi	muTi	(L)		aaTu	aaTaccey	(C)
	muTi	muTiyaccey	(C)		aaTu	aaTavai	(C)
16	toTangku	toTangku	(L)	24	iNai	iNai	(L)
	toTangku	toTangngaccey	(C)		iNai	iNaiyaccey	(C)
	toTangku	toTangngavai	(C)		iNai	iNaiyavai	(C)
17	paravu	parappu	(C)	25	maaRu	maaRRu	(C)
	paravu	paravaccey	(C)		maaRu	maaRaccey	(C)
	paravu	paravavai	(C)		maaRaccey	maaRavai	(C)
18	uruL	uruTTu	(C)	26	kuuTu	kuuTTu	(C)
	uruL	uruLaccey	(C)		kuuTu	kuuTavai	(C)
	curu	curuTTu	(C)		kuuTu	kuuTaccey	(C)
19	vaLar	vaLarttu	(C)	27	tiRa	tiRa	(L)
	vaLar	vaLaraccey	(C)		tiRa	tiRakkavai	(C)
	vaLar	vaLaravai	(C)		tiRa	tiRakkaccey	(C)
20	tolai	tolai	(L)	28	uTai	uTai	(L)
	tolai	iza	(S)		uTai	uTaiyaccey	(C)
	iza	izakkavai	(C)		uTai	uTaiyavai	(C)
21	uyar	uyarttu	(C)	29	muuTu	muuTu	(L)
	uyar	uyaraccey	(C)		muuTu	muuTaccey	(C)
	uyar	uyaravai	(C)		muuTu	muuTavai	(C)
22	meempaTu	meempaTuttu	(C)	30	piLa	piLa	(L)
	meempaTu	meempaTaccey	(C)		pILa	pILakkaccey	(C)
	meempaTu	meempaTavai	(C)		piLa	piLakkavai	(C)
23	aaTu	aaTTu	(C)	31	iRa	kol	(S)

Telugu

1	kāg-	kā-c-	(C)	5	bayaṭa paḍ-	bayaṭa peṭṭ-	(E)
	marug-	marig-iṃc-	(C)		dīpaṃ ār-	dīpaṃ ār-p-	(C)
2	gaḍḍa kaṭṭ-	gaḍḍa kaṭṭ-iṃc-	(C)	6	munug-	muṃ-c-	(C)
				7	nērcu-(kon-)	nēr-p-	(C)
	ghanībhaviṃc-*	ghanībhaviṃpa jēy-	(C)		caduvu-kon-	cadiv-iṃc-	(E)
				8	karug-	karig-iṃc-	(C)
3	ār-	ār-p-	(C)		karug-	karaga goṭṭ-, karaga beṭṭ-	(C)
	eṃd-	eṃda gaṭṭ-/ eṃda beṭṭ-	(C)	9	āg-	ā-p-	(C)
				10	tirug-	tip-p-	(C)
	ār-	āra beṭṭ-/ ārvēy-	(C)	11	karug-	karig-iṃc-	(C)
4	lēc-	lē-p-	(C)		karug-	karaga goṭṭ-, karaga beṭṭ-	(C)

12	kāl-	kāl-c-	(C)		bāg(u) av-	bāgu jēy-	(E)
	maṃḍ-	maṃḍ-iṃc-	(C)	23	ūg-	ū-p-	(C)
	māḍ-	māḍ-c-	(C)	24	kaliy-	kalu-p-	(C)
13	ceḍ-	ceḍa goṭṭ-, ceḍu-p-	(C)	25	muḍi paḍ- mār-	muḍi peṭṭ-/vēy- mār-c-	(E) (C)
14	niṃḍ-	niṃ-p-	(C)	26	kūḍ-	kūḍa diy-/kūḍa gaṭṭ-/kūr-c-	(C)
15	mugiy-	mug-iṃc-	(C)				
16	modal(u) av-	modalu beṭṭ-	(E)		cēr-	cēr-c-	(C)
17	paruc-	parip-iṃc-	(C)	27	terucu-kon-	tera-c-, teru-c-	(A)
	cāp-	cāp-iṃc-	(C)	28	pagul-	pagala goṭṭ-	(C)
18	dorl-, doll-	dorl-iṃc-, doll-iṃc-	(C)		virug-	viru-c-/viraga goṭṭ-/viraga diy-	(C)
	cuṭṭu-kon-	cuṭṭ-	(A)		teg-	teṃ-c-, teṃ-p-	(C)
19	abhivruddhi ceṃd-	abhivruddhi cēy-/paruc-	(E)	29	mūsu-kon-	mūy-	(A)
	perug-	peṃ-c-	(C)		baṃd(u) av-	baṃdu cēy-	(E)
20	tapp-	tapp-iṃcu-kon-*	(C)	30	cīru-ku pōv-	cir-	(A)
	pōv-	pō goṭṭ-	(C)		cil-	cil-c-	(C)
21	ekk-	ekk-iṃc-	(C)		cirug-	ciṃ-c-	(C)
	perug-	peṃ-c-	(C)	31	cacc-	caṃ-p-	(C)
22	kudur-	kudur-c-	(C)		cāv-	cāva goṭṭ-	(C)

Teotitlan

1	ri-llǽːby	r-u-llǽːby	(C)	17	ri-dǽːby	ri-gǽːby	(S)
2	r-yall	r-u-zyall	(C)	18	ri-tūːy	r-u-tūːy	(C)
3	r-a-ziːn	r-u-siːn	(C)	19	ri-roˀw	r-u-tyoˀw	(C)
4	r-a-baːny	r-u-kwaːyn	(C)	20	ri-dyuˀn	r-u-tyuˀn	(C)
5	ri-dyǽː	ri-bǽ	(S)	21	r-as	r-i-llǽs	(S)
6	ri-zǽːby	r-u-sǽːby	(C)	22	r-āksrūː	r-ūynsrūː	(S)
7	r-aklliː	r-uynlliː	(C)	23	ri-niːby	r-u-nniːby	(C)
8	r-yaː	r-u-zyaː	(C)	24	ri-dʒāːn	r-u-tʃāːn	(C)
9	ri-zudʒíː	r-u-sudʒíː	(C)	25	ri-dʒa	r-u-tʃaː	(C)
10	ri-biʃ	r-u-rēʃy	(C)	26	ri-dǽˀ	r-u-tǽˀ	(C)
11	r-yaː	r-u-zyaː	(C)	27	ri-ʒ(y)ěːl(y)	ri-ʃ(y)ěːly	(C)
12	ri-dʒuːy	r-u-tʃuːy	(C)	28	ri-l(y)āˀ	ri-ll(y)āˀ	(C)
13	ri-biːly	r-u-tsuːly	(C)	29	r-iːw	r-u-seːw	(C)
14	ri-dʒa	r-u-tʃaː	(C)	30	ri-rǽːz	ri-t(y)ǽːz	(C)
15	ri-l(y)uːʒ	r-u-lluːʒ	(C)	31	r-aty	r-i-gǐny	(S)
16	ri-zuloːw	ri-zuloːw	(L)				

Thai

1	dùɯat	tôm	(S)	16	rɔ̂ɔm	rɔ̂ɔm	(L)
2	khɛ̌ŋ	chɛ̂ɛ khɛ̌ŋ	(S)	17	kracaaj	kracaaj	(L)
3	—	—		18	klîŋ	klîŋ	(L)
4	tɯ̀ɯn	plùk	(S)	19	phátthanaa	phátthanaa	(L)
5	—	—		20	—	—	
6	com	com	(L)	21	khùn	yók	(S)
7	rian	sɔ̌ɔn	(S)	22	pràp pruŋ	pràp pruŋ	(L)
8	lalaaj	lalaaj	(L)	23	yôok	yôok	(L)
9	yùt	yùt	(L)	24	tìt	tɔ̀ɔ	(S)
10	mǔn	mǔn	(L)	25	plìan	plìan	(L)
11	lalaaj	lalaaj	(L)	26	ruam	ruam	(L)
12	mâj	mâj	(L)	27	pɔ̀ət	pɔ̀ət	(L)
	mâj	phǎw	(S)	28	hàk	hàk	(L)
13	phaŋ	phaŋ	(L)	29	pìt	pìt	(L)
14	—	—		30	yɛ̂ɛk	yɛ̂ɛk	(L)
15	—	—		31	taaj	khâa	(S)

Tiddim Chin

1	sou²	sou²-sak¹	(C)	16	ki³-pan³	pan³	(A)
2	xal³	xal³-sak³	(C)	17	ki³-zal²³	zal²³	(A)
3	keu²	keu²-sak¹	(C)	18	ki³-zial²	zial²	(C)
4	xaŋ³lou¹	pʰoŋ³	(S)	19	xaŋ² tou³	xaŋ² tou³-sak³	(C)
5	pai² xia³	pai² xe¹＝sak³	(C)	20	maŋ¹	maŋ¹-sak³	(C)
6	tuːm³	pʰuːm²	(S)	21	xaŋ²	xan³	(C)
7	sin¹	sin¹-sak³	(C)	22	hoiʔ³	hoiʔ³-sak³	(C)
	sin¹	hil²³	(S)	23	ki³-lok³	lok³	(A)
8	tuːi¹	tuːi¹-sak³	(C)	24	ki³-zom²	zom²	(A)
9	xoːl²	xoːl²-sak¹	(C)	25	ki³-xeːl²	xeːl²	(A)
10	ki³-pei²	pei²	(A)	26	ki³-xoːm³	xoːm³	(A)
11	tuːi¹	tuːi¹-sak³	(C)	27	ki³-hoŋ²	hoŋ²	(A)
12	kaːŋ³	haːl¹	(S)	28	ki³ tan¹	kuai³ tan¹	(E)
13	ki³ sia¹	su³ sia¹	(E)	29	ki³-xaːk¹	xaːk¹	(A)
14	dim¹	dim³	(C)	30	ki³ tam³	ki³ tam³-sak³	(C)
15	man¹	man¹-sak³	(C)	31	siː²	tʰat³	(E)

Tsez

1	qˤara oɣ-	qˤara oɣ-r-	(C)	3	quqi-	quqi-r-	(C)
2	azirod-	aziroj-r-	(C)	4	čʼari-ɬ-	čʼari-kʼ-	(E)

5	it'-	it'-r-	(C)	20	esu-	esu-r-	(C)
6	ɣanqʻizi oq-	ɣanqʻizi od-	(E)	21	izi-	izi-r-	(C)
7	t'et'r-	moɬi-	(S)	22	igu oq-	igu od-	(E)
8	eci-	eci-r-	(C)	23	k'ek'-	k'ek'-r-	(C)
9	iči-	iči-r-	(C)	24	—	ici-	(O)
10	uti-	uti-r-	(C)	25	xiszi oq-	xiszi od-	(E)
11	eci-	eci-r-	(C)	26	bak'arzi oq-	bak'arzi od-	(E)
12	ik'u-	ik'u-r-	(C)	27	aɣˤi-ɬ-	aɣˤi-	(A)
13	pasad oq-	pasad od-	(E)	28	exu-(shatter)	exu-r-(shatter)	(C)
14	ic'-	ic'-r-	(C)		ecu-(snap)	ecu-r-(snap)	(C)
15	ɬij-	ɬij-r-	(C)	29	uqi-ɬ-	uqi-	(A)
16	bajbik oq-	bajbik od-	(E)	30	č'a λi-ɬ-	č'aλi-	(A)
17	aj-tex-	aj-tex-r-	(C)	31	exu-	exu-r-	(C)
18	geler uti	geler uti-r-	(C)		ɣut'-	ɣut'-r-	(C)
19	barqʻi-ɬ-	barqʻi-k'-	(E)				

Tsugaru(Japanese Dialect)

1	wag-u	wag-as-u	(C)	12	yag-e-ru	yag-u	(A)
	wagas-ar-u	wagas-u	(A)		yag-asa-ru	yag-u	(A)
2	koor-u	koor-as-u	(C)	13	koware-ru	kowas-u	(A)
	kooras-ar-u	kooras-u	(A)	14	ippe=ninaru	ippe=nisu(ru)	(A)
3	kawag-u	kawag-as-u	(C)		topp-ar-u	topp-e-ru	(E)
	kawagas-ar-u	kawagas-u	(A)	15	owar-u	owar-ahe-ru	(C)
4	ogi-ru	ogos-u	(C)		owar-asa-ru	owar-ahe-ru	(E)
	ogi-rasar-u	ogos-u	(A)	16	hazumar-u	hazume-ru	(A)
5	kes-asar-u	kes-u	(A)		hazumar-asar-u	hazume-ru	(A)
6	sIzIm-u	sIzIm-e-ru	(C)	17	hirogar-u	hiroge-ru	(A)
	sIzIm-asar-u	sIzIme-ru	(A)		hirogar-asar-u	hiroge-ru	(A)
7	osowar-u	osier-u	(A)	18	koroŋ-ar-u	koroŋ-as-u	(E)
	osowar-u	sigaheru	(S)		koroŋar-asar-u	koroŋas-u	(A)
8	toge-ru	togas-u	(C)		tokkurag-ar-u	tokkurag-as-u	(E)
	toge-rasar-u	togas-u	(A)	19	hatten su-ru	hatten s-ahe-ru	(C)
9	tomar-u	tome-ru	(A)		hatten sasaru	hatten saheru	(E)
	tomar-asar-u	tome-ru	(A)	20	negunar-u	negus-u	(A)
10	mawar-u	mawas-u	(E)		mienegunaru	mienegusuru	(A)
	mawas-asar-u	mawas-u	(A)	21	tad-u	tade-ru	(C)
11	toge-ru	togas-u	(C)		tad-asar-u	tade-ru	(A)
	toge-rasar-u	togas-u	(A)	22	naor-u	naos-u	(E)

	igu naru	igu suru	(A)	27	ag-u	age-ru	(C)
	naor-asar-u	naos-u	(A)		ag-asar-u	age-ru	(A)
23	yure-ru	yuras-u	(C)	28	koware-ru	kowas-u	(A)
24	tunag-ar-u	tunag-e-ru	(A)		ore-ru	or-u	(A)
	tunag-asar-u	tunage-ru	(A)	29	sImar-u	sIme-ru	(A)
25	kawar-u	kae-ru	(A)		sIma-rasar-u	sIme-ru	(A)
	kawar-asar-u	kae-ru	(A)	30	wage-rasar-u	wage-ru	(A)
26	adumar-u	adume-ru	(A)		sage-ru	sag-u	(A)
	adumar-asar-u	adume-ru	(A)	31	sInu	korosu	(S)

Turkish

1	kayna	kayna-t	(C)	17	yay-ıl	yay	(A)
	haşla-n	haşla	(A)		ser-il	ser	(A)
	piş	piş-ir	(C)		dağ-ıl	dağ-ıt	(E)
2	don	don-dur	(C)	18	yuvarla-n	yuvarla	(A)
3	kuru	kuru-t	(C)	19	geliş	geliş-tir	(C)
4	uyan	uyan-dır	(C)		genişle	genişle-t	(C)
	canlan	canlan-dır	(C)	20	kayb-ol	kayb-et	(E)
5	sön	sön-dür	(C)		yit	yit-ir	(C)
6	bat	bat-ır	(C)	21	yüksel	yüksel-t	(C)
	dal	dal-dır	(C)		kaldır-ıl	kaldır	(A)
7	öğre-n	öğre-t	(E)		art	art-ır	(C)
8	eri	eri-t	(C)	22	düzel	düzel-t	(C)
	yumuşa	yumuşa-t	(C)		art	art-ır	(C)
9	dur	dur-dur	(C)		kıymetlen	kıymetlen-dir	(C)
	engelle-n	engelle	(A)	23	salla-n	salla	(A)
10	dön	dön-dür	(C)	24	bağla-n	bağla	(A)
	çevr-il	çevir	(A)		birleş	birleş-tir	(C)
	yönel	yönel-t	(C)	25	değiş	değiş-tir	(C)
11	eri	eri-t	(C)	26	topla-n	topla	(A)
	çöz-ül	çöz	(A)	27	aç-ıl	aç	(A)
	hall-ol	hall-et	(E)	28	kır-ıl	kır	(A)
12	ya-n	ya-k	(E)		parçala-n	parçala	(A)
	tutuş	tutuş-tur	(C)		boz-ul	boz	(A)
13	mahv-ol	mahv-et	(E)	29	kapa-n	kapa	(A)
	yık-ıl	yık	(A)		tıka-n	tıka	(A)
14	dol	dol-dur	(C)	30	yar-ıl	yar	(A)
15	bit	bit-ir	(C)		ayr-ıl	ayır	(A)
	tamamla-n	tamamla	(A)		böl-ün	böl	(A)
16	başla	başla-t	(C)	31	öl	öl-dür	(C)

Turkmen

1	gaýna-	gaýna-t-	(C)	17	ýaýra-	ýaýra-t-	(C)
2	don-	don-dur-	(C)	18	tigirle-n-	tigirle-	(A)
3	gura-	gura-t-	(C)	19	ös-	ös-dür-	(C)
4	oýan-	oýan-dyr-	(C)	20	ýit-	ýit-ir-	(C)
5	öç-	öç-ür-	(C)	21	galdyr-yl-	galdyr-	(A)
6	bat-	bat-yr-	(C)	22	düze-l-	düze-t-	(E)
7	öwre-n-	öwre-t-	(E)	23	yrgylda-	yrgylda-t-	(C)
8	ere-	ere-t-	(C)	24	dan-yl-	dan-	(A)
9	dur-	dur-uz-	(C)	25	üýtge-	üýtge-t-	(C)
10	öwr-ül-	öwür-	(A)	26	ýygna-n-	ýygna-	(A)
11	çöz-ül-	çöz-	(A)	27	aç-yl-	aç-	(A)
12	ýan-	ýak-	(S)	28	döw-ül-	döw-	(A)
13	ýyk-yl-	ýyk-	(A)	29	ýap-yl-	ýap-	(A)
14	dol-	dol-dur-	(C)	30	böl-ün-	böl-	(A)
15	gutar-	gutar-	(L)	31	öl-	öl-dür-	(A)
16	başla-	başla-t-	(C)				

Udihe

1	xui(li)-	xui-wənə-	(C)		čamna-	xuai-	(S)
2	gəkti-	gəkti-wənə-	(C)	14	ǰalu-p-	ǰalu-	(A)
3	ogo-	wagi-	(S)	15	malakta-	mutə-	(S)
4	sələ(gi)-	siu(gi)-	(S)		wadi-	wadi-	(L)
5	ňuu-	ňuu-wənə-	(C)	16	VERB STEM (proper) -li-	VERB STEM (proper) -li-	(L)
	gaagi-	ňuu-wənə-	(S)				
6	juu-	juu-wənə-	(C)		—	dəluu-	(O)
	tiama-	juu-wənə-	(S)	17	—	kuŋgədə-	(O)
7	ňaansula-	tatusi-	(S)	18	puŋguli-	akpi-	(S)
8	čalia-	—	(O)		pontoli-	akpi-	(S)
	uunə-	—	(O)	19	bagdi-	bagdi-wana-	(C)
9	əki-	—	(O)		bagdi-	igisi-	(S)
	ili-	—	(O)	20	nodo-p-	nodo-	(A)
10	kumtə-	kumtə-wənə-	(C)	21	tukti-	tukti-wənə-	(C)
	xuugi-	xuugi-wənə-	(C)	22	ajasi-	ajasi-wana-	(C)
11	xəgdə-	lukta-	(S)		ajasi-	tausi-	(S)
12	ǰəgdə-	ǰəgdi-	(E)	23	ugi-	ugi-wənə-	(C)
	ǰəgdə-	daga-	(S)	24	lagba-	lagba-wana-	(C)
13	čamna-	čika-	(S)		lagba-	čuga-	(S)

25	guala(ŋi)-	kala(gi)-	(S)	28	čamna-	bukta-	(S)
26	omosi-	omosi-	(L)	29	—	likpi-	(O)
	omosi-	tai-	(S)		—	dakpi-	(O)
	omosi-	gəgbə-	(S)	30	kaktaga-	kaktali-	(E)
27	—	niəntilə-	(O)	31	budə-	waa-	(S)

Udmurt

1	byrekty-ny	byrekty-ny	(L)	16	kutsky-ny	kutsky-ny	(L)
	pōzy-ny	pōz-ty-ny	(C)	17	vōlmy-ny	vōlmy-ty-ny	(C)
2	kyn-my-ny	kyn-ty-ny	(E)	18	pityr-sky-ny	pityr-ty-ny	(E)
3	kuas-my-ny	kuas-ty-ny	(E)	19	azin-sky-ny	azin-ty-ny	(E)
4	sajka-ny	sajka-ty-ny	(C)	20	ysy-ny	ys-ty-ny	(C)
5	kysy-ny	kysy-ny	(L)	21	ǯut-sky-ny	ǯuty-ny	(A)
6	vyjy-ny	vyjy-ty-ny	(C)	22	umoja-ny	umoja-ty-ny	(C)
7	dyšy-ny	dyš-ety-ny	(C)		umoja-t-sky-ny	umoja-ty-ny	(A)
8	ćyža-ny	ćyža-ty-ny	(C)	23	vetta-śky-ny	vetta-ny	(A)
9	dugdy-ny	dugdy-ty-ny	(C)	24	gerǯa-sky-ny	gerǯa-ny	(A)
10	berga-ny	berga-ty-ny	(C)	25	vošt-iśky-ny	vošty-ny	(A)
11	sylmy-ny	sylmy-ty-ny	(C)	26	ľuka-šky-ny	ľuka-ny	(A)
12	sut-sky-ny	suty-ny	(A)	27	ust-iśky-ny	usty-ny	(A)
13	kuaška-ny	kuaška-ty-ny	(C)	28	tija-śky-ny	tija-ny	(A)
14	tyrmy-ny	tyrmy-ty-ny	(C)	29	pytsa-śky-ny	pytsa-ny	(A)
15	byry-ny	byd-ty-ny	(C)	30	piľ-iśky-ny	piľy-ny	(A)
	bydes-my-ny	bydes-ty-ny	(E)	31	kuly-ny	viy-ny	(S)

Urdu

1	ubal-nā	ubāl-nā	(C)	15	xatam ho-nā	xatam kar-nā	(E)
2	jam-nā	jamā-nā	(C)		cuk-nā	cukā-nā	(C)
3	sūkh-nā	sukhā-nā	(C)	16	šurū ho-nā	šurū kar-nā	(E)
4	uṭh-nā	uṭhā-nā	(C)	17	phail-nā	phailā-nā	(C)
5	nikal-nā	nikāl-nā	(C)	18	ḍhulak-nā	ḍhulkā-nā	(C)
6	ḍūb-nā	ḍubā-nā	(C)		ḍhul-nā	dhar-nā	(E)
7	paṛh-nā	paṛhā-nā	(C)		luṛhak-nā	luṛhkā-nā	(C)
8	pighal-nā	pighlā-nā	(C)	19	bihtar ho-nā	bihtar banā-nā	(E)
9	ruk-nā	rok-nā	(C*1)	20	kho-nā	kho-nā	(L)
10	muṛ-nā	moṛ-nā	(C*1)		gum ho-nā	gum kar-nā	(E)
11	hal ho-nā	hal kar-nā	(E)	21	caṛh-nā	caṛhā-nā	(C)
12	jal-nā	jalā-nā	(C)	22	bihtar ho-nā	bihtar banā-nā	(E)
13	ṭūṭ-nā	toṛ-nā	(C*1)	23	hil-nā	hilā-nā	(C)
14	bhar-nā	bhar-nā	(L)	24	lag-nā	lagā-nā	(C)

25	badal-nā	badal-nā	(L)	28	ṭūṭ-nā	toṛ-nā	(C*1)
26	jamā ho-nā	jamā kar-nā	(E)	29	band ho-nā	band kar-nā	(E)
	ikaṭṭhā ho-nā	ikaṭṭhā kar-nā	(E)	30	baṭ-nā	bānṭ-nā	(C)
27	khul-nā	khol-nā	(C*1)	31	mar-nā	mār-nā	(C*1)

Uzbek

1	qayna-	qayna-t-	(C)	17	tarqa-	tarqa-t-	(C)
2	muzla-	muzla-t-	(C)		tarqa-l-	tarqa-t-	(E)
3	quri-	quri-t-	(C)	18	oʻra-l-	oʻra-	(A)
4	uygʻon-	uygʻot-	(E)	19	rivoj-la-n-	rivoj-la-n-tir-	(C)
5	chiq-	chiq-ar-	(C)	20	yoʻqol-	yoʻqot-	(E)
6	bot-	bot-ir-	(C)	21	koʻtar-il-	koʻtar-	(A)
7	oʻrgan-	oʻrgat-	(E)	22	yaxshi-la-n-	yaxshi-la-	(A)
8	eri-	eri-t-	(C)	23	gʻildira-	gʻildira-t-	(C)
9	toʻxta-	toʻxta-t-	(C)	24	bogʻ-la-n-	bogʻ-la-	(A)
10	bur-il-	bur-	(A)	25	almash-	almash-tir-	(C)
11	eri-	eri-t-	(C)	26	toʻpla-n-	toʻpla-	(C)
12	yon-	yon-dir-	(C)	27	och-il-	och-	(A)
13	buz-il-	buz-	(A)	28	sin-	sin-dir-	(C)
14	toʻl-	toʻl-dir-	(C)	29	yop-il-	yop-	(A)
15	tuga-	tuga-t-	(C)	30	yor-il-	yor-	(A)
16	boshla-n-	boshla-	(A)	31	oʻl-	oʻl-dir-	(C)

Vietnamese

1	sôi	đun sôi	(C)	12	cháy	đốt	(S)
	sôi	nấu sôi	(C)		cháy	đốt cháy	(C)
2	đông	làm đông	(C)	13	bị phá hủy	phá hủy	(A)
3	khô	làm khô	(C)	14	đầy	làm đầy	(C)
	khô	sấy khô	(C)	15	xong	xong	(L)
4	thừc dậy	đánh thừc	(C)		hết	hết	(L)
	ngủ dậy	đánh thừc	(S)	16	bắt đầu	bắt đầu	(L)
5	tắt	tắt	(L)	17	lan	lan	(L)
6	chìm	làm chìm	(C)		lan rộng	lan rộng	(L)
	chìm	đánh chìm	(C)	18	lăn	lăn	(L)
7	học	dạy	(S)	19	phát triển	phát triển	(L)
8	cháy	làm cháy	(C)	20	mất	mất	(L)
9	dừng	dừng	(L)		mất	làm mất	(C)
10	quay	quay	(L)		mất	đánh mất	(C)
11	tan	làm tan	(C)	21	lên	nâng lên	(C)

	nâng lên	nâng lên	(L)	26	tập hợp	tập họ'p	(L)
22	đượ̣c cải thiện	cải thiện	(A)		tập trung	tập trung	(L)
23	rung	rung	(L)	27	mở'	mở'	(L)
	rung	làm rung	(C)	28	vỡ'	làm vỡ'	(C)
24	nối	nối	(L)		vỡ'	đánh vỡ'	(C)
	liến kết	liến kết	(L)	29	đóng	đóng	(L)
25	đổi	đổi	(L)	30	chia	chia	(L)
	thay đổi	thay đổi	(L)	31	chết	giết	(S)

Welsh

1	berwi	berwi	(L)	17	taenu	taenu	(L)
2	rhewi	rhewi	(L)	18	rholio	rholio	(L)
3	sychu	sychu	(L)	19	datblygu	datblygu	(L)
4	deffro	deffro	(L)	20	mynd ar goll	colli	(A)
	dihuno	dihuno	(L)	21	codi	codi	(L)
5	diffodd	diffodd	(L)	22	gwella	gwella	(L)
6	suddo	suddo	(L)	23	siglo	siglo	(L)
7	dysgu	dysgu	(L)	24	cysylltu	cysylltu	(L)
8	toddi	toddi	(L)	25	newid	newid	(L)
9	9io	9io	(L)	26	ymgasglu	casglu	(A)
10	troi	troi	(L)		dod at ei gilydd	casglu	(S)
11	toddi/hydoddi	toddi/hydoddi	(L)	27	agor	agor	(L)
12	llosgi/tanio	llosgi/tanio	(L)	28	torri	torri	(L)
13		dinistrio	(O)	29	cau	cau	(L)
14	llenwi	llenwi	(L)	30	hollti	hollti	(L)
15	gorffen	gorffen	(L)	31	marw	lladd	(S)
16	dechrau	dechrau	(L)				

Wolaytta

1	pentt-	pentt-iss-	(C)	11	—		
2	—	—		12	eexx-(x [t'])	eett-	(A)
3	mel-	mel-iss-	(C)	13	—		
4	beegott-	beegott-iss-	(C)	14	kum-	kunt-(⟨kum-t-)	(C)
5	kiy-	kess-	(E)	15	wur-	wur-ss-	(C)
6	muuk-ett-	muukk-	(A)	16	doom-ett-	doomm-	(A)
7	tamaar-	tamaar-iss-	(C)	17	—	—	
8	seer-	seer-iss-	(C)	18	gonddor-ett-	gonddor-iss-	(E)
9	eqq-	ess-	(E)	19	dicc-(c= ejective)	dichch-	(A)
10	yuuy-	yuushsh-	(E)				

20	bay-	bashsh-	(E)	26	shiiqq-	shiishsh-	(E)
21	dendd-	dentt-	(E)	27	dooy-ett-	dooy-	(A)
22	lo″-	loytt-	(C)	28	meʿ-	ment-	(E)
23	—	—		29	gordd-ett-	gordd-	(A)
24	gaytt-	gatt-	(S)	30	phalqq-ett-	phalqq-	(A)
25	laam-ett-	laamm-	(A)	31	hayqq-	wor-	(S)

参 考 文 献

中文文献

[1] 陈昌来 2001 论现代汉语的致使结构,《井冈山师范学院学报》第 3 期,28 - 33 页。

[2] 陈秀娟 2010 致使义的汉语兼语句和英语复合宾语句的对比研究,长春:吉林大学,博士论文。

[3] 程琪龙 2001 致使概念语义结构的认知研究,《现代外语》第 2 期,121 - 132 页。

[4] 崔希亮 1995 "把"字句的若干句法语义问题,《世界汉语教学》第 3 期,12 - 21 页。

[5] 戴浩一(著)、黄河(译) 1988 时间顺序和汉语的语序,《国外语言学》第 1 期,11 - 20 页。

[6] 邓守信 1991 汉语使成式的语义,《国外语言学》第 3 期,29 - 35 页。

[7] 范晓 2000 论致使结构,《语法研究与探索(10)》,北京:商务印书馆,135 - 151 页。

[8] 郭继懋、王红旗 2001 粘合补语和组合补语表达差异的认知分析,《世界汉语教学》第 2 期,14 - 22 页。

[9] 郭锐 2003 "把"字句的语义构造和论元结构,《语言学论丛(28)》,北京:商务印书馆,152 - 181 页。

[10] 郭锐 2009 致使的语义类型和"把"字句的语义差异,IACL - 17 会议论文。

[11] 郭锐 2012 概念空间和语义地图:语言变异和演变的限制和路径,《对外汉语研究》,97 - 132 页。

[12] 郭锐、叶向阳 2001 致使表达的类型学和汉语的致使表达,第一届肯特岗国际汉语语言学圆桌会议(KRIRCCL - I)。

[13] 郭姝慧 2004 现代汉语致使句式研究,北京:北京语言大学,博士论文。

［14］郭印 2015《汉英作格致使交替现象的认知功能研究》，北京：科学出版社。

［15］汉娜 2019 汉日致使范畴对比研究，武汉：华中师范大学，博士论文。

［16］何元建 2003 论使役句的类型学特征，《语言科学》第 1 期，29－42 页。

［17］何元建、王玲玲 2002 论汉语使役句，《汉语学习》第 4 期，1－9 页。

［18］胡明扬 1994 语义语法范畴，《汉语学习》第 1 期，2－4 页。

［19］黄成龙 2014 类型学视野中的使役结构，《民族语文》第 5 期，3－21 页。

［20］黄锦章 2004 汉语中的使役连续统及其形式紧密度问题，《华东师范大学学报(哲学社会科学版)》第 5 期，100－105 页。

［21］江蓝生 2000 汉语使役与被动兼用探源，《近代汉语探源》，北京：商务印书馆。

［22］蒋绍愚 1997 "把"字句略论——兼论功能扩展，《中国语文》第 4 期，298－304 页。

［23］蒋绍愚 1999《元曲选》中的把字句——把字句再论，《语言研究》第 1 期，1－10 页。

［24］蒋绍愚 2002 "给"字句、"教"字句表被动的来源——兼论语法化、类推和功能扩展，《语言学论丛(26)》，北京：商务印书馆，159－177 页。

［25］金海月 2007 朝汉致使范畴对比研究，北京：中央民族大学，博士论文。

［26］金立鑫 1999 对一些普遍语序现象的功能解释，《当代语言学》，38－43＋55－61 页。

［27］金立鑫 2000《语法的多视角研究》，上海：上海外语教育出版社。

［28］金立鑫 2007《语言研究方法导论》，上海：上海外语教育出版社。

［29］金立鑫、王芳 2015 语义图，陆丙甫、金立鑫编《语言类型学教程》，北京：北京大学出版社，260－282 页。

［30］金立鑫、王红卫 2014 动词分类和施格、通格及施语、通语，《外语教学与研究》第 1 期，45－57 页。

［31］金立鑫、于秀金 2012 从与 OV－VO 相关和不相关参项考察普通话的语序类型，《外国语》第 2 期，22－29 页。

［32］金奉民 2011 致使结构的语义角色，《汉语学习》第 5 期，43－48 页。

［33］金田一春彦(著)、马凤鸣(译) 1985《日语的特点》，北京：北京出

版社。

　　[34] 李炯英 2012《致使结构的汉英对比研究》,合肥:中国科学技术大学出版社。

　　[35] 李临定 1986《现代汉语句型》,北京:商务印书馆。

　　[36] 李占炳 2019《并列结构的类型学研究》,北京:商务印书馆。

　　[37] 刘丹青 2004《语序类型学与介词理论》,北京:商务印书馆。

　　[38] 刘丹青 2017《语法调查研究手册(第二版)》,上海:上海教育出版社。

　　[39] 刘海波 2017 近代汉语分析型致使结构简论,《殷都学刊》第 3 期,105 - 110。

　　[40] 刘小川 2015 领属结构与致使结构,陆丙甫、金立鑫(编)《语言类型学教程》,北京:北京大学出版社,153 - 172 页。

　　[41] 陆丙甫 2003 "的"的基本功能和派生功能——从描写性到区别性再到指称性,《世界汉语教学》第 1 期,14 - 29+2 页。

　　[42] 陆丙甫 2008 再谈汉语"的"和日语"の"的区别,《外国语》第 3 期,55 - 63 页。

　　[43] 陆丙甫 2015《核心推导语法(第二版)》,上海:上海教育出版社。

　　[44] 陆丙甫、陈平 2020 距离象似性——句法结构最基本的性质,《中国语文》第 6 期,643 - 661+766 页。

　　[45] 陆丙甫、屈正林 2010 语义投影连续性假说:原理和引申——兼论定语标志的不同功能基础,《语言学论丛(42)》,北京:商务印书馆,112 - 128 页。

　　[46] 吕叔湘 1999《现代汉语八百词(增订版)》,北京:商务印书馆。

　　[47] 吕叔湘 2014《中国文法要略》,北京:商务印书馆。

　　[48] 梅广 2015《上古汉语语法纲要》,台北:三民书局股份有限公司。

　　[49] 牛顺心 2007 普通话中致使词的三个语法化阶段,《社会科学家》第 3 期,206 - 209 页。

　　[50] 牛顺心 2014《汉语中致使范畴的结构类型研究》,天津:南开大学出版社。

　　[51] 潘秋平、王毓淑 2011 从语义图看《左传》中的"以",《语言学论丛(43)》,北京:商务印书馆,1 - 54 页。

　　[52] 彭广陆 2008 日语研究中的"视点"问题,池上嘉彦、潘钧(编)《认知语言学入门》,北京:外语教学与研究出版社,98 - 117 页。

　　[53] 彭广陆 2014 "视点"纵横谈,《语言学研究》第 2 期,35 - 44 页。

[54] 彭利贞 1997 论使役语义的语形表现,《语文研究》第 1 期,18－24 页。

[55] 杉村博文 2003 从日语的角度看汉语被动句的特点,《语言文字应用》第 2 期,64－75 页。

[56] 邵敬敏、赵春利 2006 关于语义范畴的理论思考,《世界汉语教学》第 1 期,29－40 页。

[57] 沈家煊 2002 如何处置"处置式"？——论把字句的主观性,《中国语文》第 5 期,387－399 页。

[58] 沈家煊 2009 想起了高本汉,《中国外语》第 1 期,1＋111 页。

[59] 沈阳、何元建、顾阳 2001《生成语法理论与汉语语法研究》,哈尔滨:黑龙江教育出版社。

[60] 盛益民 2014 吴语绍兴柯桥话参考语法,天津:南开大学,博士论文。

[61] 施春宏 2008《汉语动结式的句法语义研究》,北京:北京语言大学出版社。

[62] 石毓智 2001《汉语语法化的历程——形态句法发展的动因和机制》,北京:北京大学出版社。

[63] 石毓智 2003《现代汉语语法系统的建立》,北京:北京语言大学出版社。

[64] 石毓智 2006《语法化的动因与机制》,北京:北京大学出版社。

[65] 宋文辉 2018 语言类型学视野中的汉语致使结构研究,《东方语言学》第 1 期,58－87 页。

[66] 太田辰夫(著),蒋绍愚、徐昌华(译) 1987《中国语历史文法》,北京:北京大学出版社。

[67] 宛新政 2005《现代汉语致使句研究》,杭州:浙江大学出版社。

[68] 王红旗 2003 "把"字句的意义究竟是什么,《语文研究》第 2 期,35－40 页。

[69] 王力 1943/2013《汉语史稿》,北京:中华书局。

[70] 王力 1943/2014《中国现代语法》,北京:中华书局。

[71] 王麦莅、崔德民 1995 英语后缀"－ist"的由来与演变,《河北师范大学学报(哲学社会科学版)》第 1 期,104－107 页。

[72] 王鹏 2013 日语致使句中 NP2 成分隐现的语义研究,《外语与外语教学》第 2 期,64－67 页。

[73] 王娅玮 2014 语义图模型与汉语史中虚词多功能用法的研究,北京:

中国社会科学院博士论文。

[74] 望月圭子 2000 动词的使动与起动交替——汉日语对照研究,新竹:清华大学,博士论文。

[75] 吴福祥 2011 多功能语素与语义图模型,《语言研究》第 1 期,25 - 43 页。

[76] 吴福祥 2014 语义图与语法化,《世界汉语教学》第 1 期,3 - 17 页。

[77] 吴福祥、张定 2011 语义图模型:语言类型学的新视角,《当代语言学》第 4 期,336 - 350 页。

[78] 席留生 2013 "把"字句主观性的实现机制,《温州大学学报(社会科学版)》第 3 期,73 - 80 页。

[79] 邢志群 2003 汉语动词语法化的机制,《语言学论丛(28)》,北京:商务印书馆,93 - 113 页。

[80] 熊学亮、梁晓波 2003 致使结构的原型研究,《江西师范大学学报(哲学社会科学版)》第 6 期,106 - 110 页。

[81] 熊仲儒 2004 《现代汉语中的致使句式》,合肥:安徽大学出版社。

[82] 许慈惠 2007 强烈的自他意识体现的日语语法特征,《日语学习与研究》第 6 期,6 - 9 页。

[83] 许余龙 2010 语言的共性、类型和对比——试论语言对比的理论源泉和目的,《外语教学》第 4 期,1 - 5 页。

[84] 袁毓林 2002 汉语句子的文意不足和结构省略,《汉语学习》第 3 期,1 - 5 页。

[85] 曾立英 2009 《现代汉语作格现象研究》,北京:中央民族大学出版社。

[86] 张伯江 2000 论"把"字句的句式语义,《语言研究》第 1 期,28 - 40 页。

[87] 张伯江 2009 《从施受关系到句式语义》,北京:商务印书馆。

[88] 张国宪 1997 "V$_双$ + N$_双$"短语的理解因素,《中国语文》第 3 期,176 - 186 页。

[89] 张恒 2011 现代汉语致使结构形式——功能对应关系研究,新加坡:新加坡国立大学,博士论文。

[90] 张丽丽 2006 汉语使役句表被动的语义发展,《语言暨语言学》第 1 期,139 - 174 页。

[91] 张敏 2010 "语义地图模型":原理、操作及在汉语多功能语法形式研究中的应用,《语言学论丛(42)》,北京:商务印书馆,3 - 60 页。

[92] 张兴 2005 时间顺序原则与日语语序,《解放军外国语学院学报》第 1 期,29 – 32 页。

[93] 张豫峰 2014《现代汉语致使态研究》,上海:复旦大学出版社。

[94] 张云秋 2002 "化"尾动词功能弱化的等级序列,《中国语文》第 1 期, 50 – 54 页。

[95] 张正立 1993 "把"字句与日语格助词"を",《解放军外国语学院学报》 第 1 期,34 – 38 页。

[96] 周红 2005《现代汉语致使范畴研究》,上海:复旦大学出版社。

[97] 朱德熙 1982《语法讲义》,北京:商务印书馆。

[98] 朱琳 2011《汉语使役现象的类型学和历时认知研究》,上海:学林出版社。

英文文献

[1] Aikhenvald, Alexandra Y. 2000. Transitivity in Tariana. In R. M. W. Dixon and Alexandra Y. Aikhenvald (eds.), *Changing Valency : Case studies in transitivity*, 145 – 172. Cambridge: Cambridge University Press.

[2] Amberber, Mengistu.2000. Valency-changing and valency-encoding devices in Amharic. In R. M. W. Dixon and Alexandra Y. Aikhenvald (eds.), *Changing valency : Case studies in transitivity*, 312 – 331. Cambridge: Cambridge University Press.

[3] Baker, Mark. 1985. The mirror principle and morphosyntactic explanation. *Linguistic inquiry*, 16(3), 373 – 415.

[4] Barylnikova, Daria. 2019. Periphrastic causative constructions in Mehweb. In Michael Daniel, Nina Dobrushina and Dmitry Ganenkov (eds.), *The Mehweb Language : Essays on phonology, morphology and syntax*, 167 – 187. Berlin: Language Science Press.

[5] Bugaeva, Anna. 2015. Causative constructions in Ainu: A typological perspective with remarks on the diachrony. *STUF-Language Typology and Universals*, 68(4), 439 – 484.

[6] Bybee, Joan L. 1985. *Morphology : A study of the relation between meaning and form*. Amsterdam /Philadelphia: John Benjamins.

［7］Comrie, Bernard. 1976. The syntax of causative constructions: Cross-Language similarities and divergences. In Masayoshi Shibatani (ed.), *The Grammar of Causative Constructions* (*Syntax and Semantics 6*), 261 – 312. New York: Academic Press.

［8］Comrie, Bernard. 1985. Causative verb formation and other verb-deriving morphology. In Timothy Shopen (ed.), *Language Typology and Syntactic Description 3*, 309 – 348. Cambridge: Cambridge University Press.

［9］Comrie, Bernard. 1989. *Language Universals and Linguistic Typology* (2th Editon). Oxford: Blackwell. 〔中译本《语言共性和语言类型》,沈家煊、罗天华(译),北京:北京大学出版社,2010 年。〕

［10］Comrie, Bernard. 2006. Transitivity pairs, markedness, and diachronic stability. *Linguistics*, 44(2), 303 – 318.

［11］Croft, William. 2002. *Typology and Universals*. Cambridge University Press.

［12］Crystal, David. 1997. *A Dictionary of Linguistics and Phonetics*. Cambridge: Blackwell. 〔中译本《现代语言学词典(第四版)》,沈家煊(译),北京:商务印书馆,2000 年。〕

［13］Daniel, Michael, Timur Maisak, & Solmaz Merdanova. 2012. Causatives in Agul. In Suihkonen, P., Comrie, B., & Solovyev, V. (eds.).*Argument Structure and Grammatical Relations*, 55 – 113. Amsterdam /Philadelphia: John Benjamins.

［14］Diedrichsen, Elke. 2015. Degrees of causativity in German lassen causative constructions. In Brian Nolan, Gudrun Rawoens and Elke Diedrichsen (eds.), *Causation*, *Permission*, *and Transfer*: *Argument realisation in GET*, *TAKE*, *PUT*, *GIVE and LET verbs*, 53 – 106. Amsterdam/Philadelphia: John Benjamins.

［15］Dirven, Rene & Marjolijn Verspoor. 2004. *Cognitive Exploration of Language and Linguistics*. Amsterdam/Philadelphia: John Benjamins.

［16］Dixon, Robert M. W. 2000. A typology of causatives: form, syntax and meaning, In R. M. W. Dixon and Alexandra Y. Aikhenvald (eds.), *Changing Valency*: *Case studies in transitivity*, 30 – 83. Cambridge: Cambridge University Press.

[17] Dixon, Robert M. W. 2012. *Basic Linguistic Theory* Ⅲ: *Further Grammatical Topics*. Oxford: Oxford University Press.

[18] Evans, Nicholas. 1985. Kayardild: the language of the Bentinck Islanders of North West Queensland. Ph. D. dissertation, Australian National University.

[19] Fleck, David W. 2002. Causation in Matses. In Masayoshi Shibatani (ed.), *The Grammar of Causation and Interpersonal Manipulation*, 373 – 415. Amsterdam/Philadelphia: John Benjamins.

[20] Frellesvig, Bjarke. 2010. *A History of the Japanese Language*. Cambridge: Cambridge University Press.

[21] Frellesvig, Bjarke & John Whiteman. 2016. The historical source of the bigrade transitivity alternations in Japanese. In Taro Kageyama and Wesley M. Jacobsen (eds.), *Transitivity and Valency Alternations*, 289 – 310. Berlin/New York: Mouton de Gruyter.

[22] Gessner, Suzanne. 2001. Object marking and agentivity in Navajo causatives. Annual Meeting of the Berkeley Linguistics Society, 27(1), 81 – 94.

[23] Givón, Talmy. 1971. Historical syntax and synchronic morphology: an archaeologist's field trip. *Chicago Linguistic Society*, (1), 394 – 415.

[24] Harley, Heidi. 2017. The "bundling" hypothesis and the disparate functions of little v. In Roberta D'alessandro, Irene Franco and Angel J. Gallego (eds.), *The Verbal Domain*, 3 – 28. Oxford: Oxford University Press.

[25] Haspelmath, Martin. 1990. The grammaticalization of passive morphology. *Studies in Language*, 14(1), 25 – 72.

[26] Haspelmath, Martin. 1993. More on the typology of inchoative/causative verb alternation. In Bernard Comrie and Maria Polinsky (eds.), *Causatives and Transitivity*, 87 – 120. Amsterdam: John Benjamins.

[27] Haspelmath, Martin. 1999. External possession in a European areal perspective. In Doris Payne and Immanuel Barshi (eds.), *External Possession*, 109 – 135. Amsterdam/Philadelphia: John Benjamins.

[28] Haspelmath, Martin. 2003. The geometry of grammatical meaning: Semantic maps and cross-linguistic comparison. In Michael Tomasello (ed.), *The New Psychology of Language* (*Vol.2*), 211 – 242. New York: Lawrence

Erlbaum Associates.

　　[29] Haspelmath, Martin & Müller-Bardey T. 2004. Valency change. In Geert Booij, Christian Lehmann, Joachim Mugdan and Stavros Skopeteas (eds.), *Morphology: A Handbook on Inflection and Word Formation* (2), 1130 - 1145. Berlin: De Gruyte.

　　[30] Haspelmath, Martin, Andreea Calude, Michael Spagnol, Heiko Narrog & Elif Bamyacı. 2014. Coding causal—noncausal verb alternations: A form—frequency correspondence explanation. *Journal of Linguistics*, 50(3), 587 - 625.

　　[31] Heine, Bernd & Tania Kuteva. 2002. *World Lexicon of Grammaticalization*. Cambridge: Cambridge University Press. 〔中译本:《语法化的世界词库》, 龙海平、谷峰、肖小平(译), 洪波、谷峰(注释), 北京:世界图书出版公司, 2012 年。〕

　　[32] Iwasaki, Shoichi. 2013. *Japanese*. Amsterdam/Philadelphia: John Benjamins.

　　[33] Jacques, Guillaume. 2013. Harmonization and disharmonization of affix ordering and basic word order. *Linguistic Typology*, 17(2), 187 - 217.

　　[34] Kato, Atsuhiko. 2009. Valence-changing particles in Pwo Karen. *Linguistics of the Tibeto-Burman Area*, 32(2), 71 - 102.

　　[35] Kemmer, Suzanne & Arie Verhagen. 1994. The grammar of causatives and the conceptual structure of events, *Cognitive Linguistics*, 5(2), 115 - 156.

　　[36] Korotkova, Natalia & Yury Lander. 2010. Deriving affix ordering in polysynthesis: Evidence from Adyghe, *Morphology*, 20(2), 299 - 319.

　　[37] Kozinsky, Isaac & Maria Polinsky. 1993. Causee and patient in the causative of transitive: Coding conflict or doubling of grammatical relations. In Bernard Comrie and Maria Polinshky (eds.), *Causatives and Transitivity*, 177 - 240. Amsterdam/Philadelphia: John Benjamins.

　　[38] Kulikov, Leonid I. 2001. Causatives. In Haspelmath et al. (eds.), *Language Typology and Language Universals: An International Handbook*, 831 - 898. Berlin/New York: Walter de Gruyter.

　　[39] Kuroda, Shigeyuki. 1965. Causative forms in Japanese. *Foundation*

of Language, (1), 30 – 50.

[40] Lakoff, George &. Mark Johnson. 1980. *Metaphors We Live By*. Chicago: The University of Chicago Press. 〔中译本《我们赖以生存的隐喻》,何文忠(译),杭州:浙江大学出版社,2015 年。〕

[41] Lakoff, George. 1987. *Women, Fire and Dangerous Things: What Categories Reveal about the Mind*. Chicago: University of Chicago Press. 〔中译本:《女人、火与危险事物》(上下册),李葆嘉、章婷、邱雪梅(译),北京:世界图书出版公司,2017 年。〕

[42] Langacker, Ronald W. 1991. *Foundations of Cognitive Grammar: Vol.2, Descriptive Application*, Stanford: Stanford University Press.

[43] Langacker, Ronald. W. 1999. *Grammar and Conceptualization*. Berlin/New York: Walter de Gruyter.

[44] LaPolla, Randy J. 2000. Valency-changing derivations in Dulong/Rawang. In R. M. W. Dixon and Alexandra Y. Aikhenvald (eds.), *Changing Valency: Case studies in transitivity*, 282 – 311. Cambridge: Cambridge University Press.

[45] Levshina, Natalia, Dirk Geeraerts &. Dirk Speelman. 2014. Dutch causative constructions with doen and laten: Quantification of meaning and meaning of quantification. In Glynn Dylan and Justyna A. Robinson(eds.), *Corpus Methods for Semantics: Quantitative Studies in Polysemy and Synonymy*, 205 – 221. Amsterdam /Philadelphia: John Benjamins.

[46] Levshina, Natalia &. Kris Heylen. 2014. A radically data-driven Construction Grammar: Experiments with Dutch causative constructions. In Boogaart Ronny, Timothy Colleman and Gijsbert Rutten (eds.), *Extending the Scope of Construction Grammar*, 17 – 46. Berlin/Boston: Walter de Gruyter.

[47] Lidz, Liberty A. 2010. A descriptive grammar of Yongning Na (Mosuo). Ph.D. dissertation, Austin: University of Texas.

[48] Loewenthal, Judith. 2003. Meaning and use of causeless causative constructions with laten in Dutch. LOT *Occasional Series*, (1), 97 – 129.

[49] Lord, Carol. 1993. *Historical Change in Serial Verb Constructions*. Amsterdam/Philadelphia: John Benjamins.

[50] Maldonado, Ricardo &. E. Fernando. Nava L. 2002. Tarascan causa-

tives and event complexity. In Masayoshi Shibatani (ed.), *The Grammar of Causation and Interpersonal Manipulation*, 157 – 196. Amsterdam /Philadelphia: John Benjamins.

　　[51] Manning, Christopher, Ivan A. Sag, & Masayo Lida. 1999. The lexical integrity of Japanese causatives. In Robert D. Levine and Georgia M. Green (eds.), *Studies in Contemporary Phrase Structure Grammar*, 39 – 79. Cambridge: Cambridge University Press.

　　[52] Matisoff, James A. 1991. Areal and universal dimensions of grammatization in Lahu. In Elizabeth. C Traugott and Bernd Heine (eds.), *Approaches to Grammaticalization* (II), 383 – 453. Amsterdam /Philadelphia: John Benjamins.

　　[53] Mattissen, Johanna. 2004. A structural typology of polysynthesis. *Word*, 55(2), 189 – 216.

　　[54] Mithun, Marinne. 2002. An invisible hand at the root of causation: The role of lexicalization in the grammaticalization of causatives. In Ilse Wischer and Gabriele Diewald (eds.), *New Reflections on Grammaticalization*, 237 – 258. Amsterdam/Philadelphia: John Benjamins.

　　[55] Moore, John & Maria Polinsky. 1998. Causatives and Causation. *Linguistic Typology*, (2), 231 – 251.

　　[56] Ngai, Sing Sing. 2015. Giving is receiving: The polysemy of the GET/GIVE verb[tie⁵³] in Shaowu. In Brian Nolan, Gudrun Rawoens and Elke Diedrichsen (eds.), *Causation, Permission, and Transfer: Argument realisation in GET, TAKE, PUT, GIVE and LET Verbs*, 253 – 270. Amsterdam/ Philadelphia: John Benjamins.

　　[57] Nichols, Johanna. 1986. On form and content in typology. In Winfred. P. Lehmann (ed.), *Language Typology 1985*, 141 – 162. Amsterdam/Philadelphia: John Benjamins.

　　[58] Nichols, Johanna. 1993. Transitive and causative in the Slavic lexicon: evidence from Russian. In Bernard Comrie and Maria Polinsky (eds.), *Causatives and Transitivity*, 69 – 86. Amsterdam/Philadelphia: John Benjamins.

　　[59] Ohara, Masako. 2001. Configurationality in Japanese: How gram-

matical functions are determined. 神戸言語学論叢, (3), 74 - 93.

[60] Ono, Kiyoharu. 1982. Causative constructions in Japanese. *Linguistics*, 20, 97 - 121.

[61] Pardeshi, Prashant. 2000. Transitivity and Voice: A Marathi-Japanese contrastive perspective. Ph.D. dissertation, Kobe University.

[62] Payne, David. 2002. Causatives in Asheninka. In Masayoshi Shibatani (ed.), *The Grammar of Causation and Interpersonal Manipulation*, 485 - 505. Amsterdam/Philadelphia: John Benjamins.

[63] Pakerys, Jurgis. 2018. Periphrastic causative constructions in Baltic. *Baltic Linguistics*, 9, 111 - 139.

[64] Ramchand, Gillian. 2014. Causal chains and instrumental case in Hindi/Urdu. In Bridget Copley and Fabienne Martin (eds), *Causation in Grammatical Structures*, 245 - 278. Oxford: Oxford University Press.

[65] Reid, Nicholas. 2000. Complex verb collocations in Ngan'gityemerri: a non-derivational strategy for encoding valency alternations. In R. M. W. Dixon and Alexandra Y. Aikhenvald (eds.), *Changing Valency: Case studies in transitivity*, 333 - 359. Cambridge: Cambridge University Press.

[66] Saksena, Anuradha. 1980. The affected agent, *Language*, 56(4), 812 - 826.

[67] Saksena, Anuradha. 1983. A semantic model of causative paradigms. *Lingua*, 59(1), 77 - 94.

[68] Say, Sergey. 2013. Kalmyk causative constructions: case marking, syntactic relations and the speaker's perspective. *Suomalais-Ugrilaisen Seuran Aikakauskirja*, 94, 257 - 280.

[69] Shibatani, Masayoshi. 1973. Semantics of Japanese causativization. *Foundations of Language*, 9(3), 327 - 373.

[70] Shibatani, Masayoshi. 1976a. The grammar of causative constructions: a conspectus. In Masayoshi Shibatani (ed.), *The Grammar of Causative Constructions (Syntax and Semantics 6)*, 1 - 40. New York: Academic Press.

[71] Shibatani, Masayoshi. 1976b. Causativization. In Masayoshi Shibatani (ed.), *Japanese Generative Grammar (Syntax and Semantics 5)*, 239 -

294. New York: Academic Press.

[72] Shibatani, Masayoshi. 1982. Japanese grammar and universal grammar. *Lingua*, 57(2), 103 – 123.

[73] Shibatani, Masayoshi. 1985. Passives and related constructions: A prototype analysis. *Language*, 61(4), 821 – 848.

[74] Shibatani, Masayoshi. 1990. *The Languages of Japan*. Cambridge: Cambridge University Press.

[75] Shibatani, Masayoshi. 2002. Introduction: some basic issues in the grammar of causation. In Masayoshi Shibatani (ed.), *The Grammar of Causation and Interpersonal Manipulation*, 85 – 126. Amsterdam/Philadelphia: John Benjamins.

[76] Shibatani, Masayoshi. 2006. On the conceptual framework for voice phenomena. *Linguistics*, 44 (2), 217 – 269.

[77] Shibatani, Masayoshi & Prashant Pardeshi. 2002. The causative continuum. In Masayoshi Shibatani (ed.), *The Grammar of Causation and Interpersonal Manipulation*, 1 – 22. Amsterdam/Philadelphia: John Benjamins.

[78] Song, Jae Jung. 1990. On the rise of causative affixes: A universal-typological perspective. *Lingua*, 82, 151 – 200.

[79] Song, Jae Jung. 1996. *Causatives and Causation: A Universal-Typological Perspective*. London/New York: Longman.

[80] Song, Jae Jung. 2008. *Linguistic Typology: Morphology and Syntax*. 北京:北京大学出版社。

[81] Soto, Verónica Vázquez. 2002. Some constraints on Cora. In Masayoshi Shibatani (ed.), *The Grammar of Causation and Interpersonal Manipulation*, 197 – 244. Amsterdam /Philadelphia: John Benjamins.

[82] Velázquez-Castillo, Maura. 2002. Guaraní causative constructions. In Masayoshi Shibatani (ed.), *The Grammar of Causation and Interpersonal Manipulation*, 507 – 534. Amsterdam/Philadelphia: John Benjamins.

[83] Vichit-Vadakan, Rasami. 1976. The concept of inadvertence in Thai periphrastic causative constructions. In Masayoshi Shibatani (ed.), *The Grammar of Causative Constructions (Syntax and Semantics 6)*, 459 – 476. New York: Academic Press.

　　［84］Wali, Kashi. 1981. Cause, causer and causee: a semantic perspective. *Journal of Linguistics*, 17(2), 289 – 308.

　　［85］Whaley, Lindsay J. 2009. *Introduction to Typology: The Unity and Diversity of Language*. 北京:世界图书出版公司。

　　［86］Whiteman, John. 2008. The source of the bigrade conjugation and stem shape in pre-old Japanese. In Bjarke Frellesvig and John Whitman (eds.), *Proto-Japanese: issues and prospects*, 159 – 173. Amsterdam/Philadelphia: John Benjamins.

　　［87］Xu, Dan(徐丹). 2014. *Typological Change in Chinese Syntax*(汉语句法的类型转变). 北京:世界图书出版公司。

日文文献

　　［1］青木伶子 1956「「へ」と「に」の消長」『国语学』第 3 号,107 – 120。

　　［2］青木伶子 1977「使役—自動詞・他動詞との関わりにおいて—」『成蹊国文 10』。［須賀一好・早津恵美子(編)1995『動詞の自他』東京:ひつじ書房 108 – 121 に再録］

　　［3］荒川清秀 1977「中国語における『命令』の間接化について——"叫(让)"に対する一つの視角——」『中国語研究』第 16 号,41 – 64。

　　［4］庵功雄 2001『新しい日本語学入門——言葉のしくみを考える』,東京:スリーエーネットワーク。

　　［5］庵功雄・高梨信乃・中西久実子・山田敏弘 2001『中上級を教える人のための日本語文法ハンドブック』,東京:スリーエーネットワーク。

　　［6］池上嘉彦 1981『「する」と「なる」の言語学』,東京:大修館書店。

　　［7］Nguyen Thi, AiTien 2014 日本語とベトナム語における使役表現の対照研究——他動詞、テモラウ、ヨウニイウとの連続性,大阪:大阪大学博士論文。

　　［8］奥津敬一郎 1967「自動詞化・他動詞化及両極化転形——自・他動詞の対応」『国語学』70:46 – 55。

　　［9］奥津敬一郎・徐昌華 1982「「～てもらう」とそれに対応する中国語の表現——"請"を中心に」『日本語教育』第 46 号,92 – 104。

　　［10］影山太郎 1996『動詞意味論:言語と認知の接点』,東京:くろしお出

版。[中译本 于康、张勤、王占华译 2001《动词语义学——语言与认知的接点》，北京：北京广播电视大学出版社。]

[11] 影山太郎 2001「自動詞と他動詞の交替」影山太郎（編）『日英対照動詞の意味と構文』，大修館書店，1-39。

[12] 北原保雄 1981『日本語の世界6　日本語の文法』，東京：中央公論社。

[13] 木村英樹 2012『中国語文法の意味とかたち：「虚」的意味の形態化と構造化に関する研究』，東京：白帝社。

[14] 久野暲 1973『日本文法研究』，東京：大修館書店。

[15] 久野暲 1978『談話の文法』，東京：大修館書店。

[16] 国立国語研究所 1951『現代語の助詞・助動詞』，東京：秀英出版。

[17] 吴世平 2003『使役表現の中日対照研究』，北京：中国科学技術出版社。

[18] 児玉望 2002「テルグ語の派生的使役動詞」『ありあけ 熊本大学言語学論集』第1号，323-350。

[19] 佐伯哲夫 1998『要説 日本文の語順』，東京：くろしお出版。

[20] 佐治圭三 1984「誤用例の検討(11)——使役、受身、自発、可能などの表現に関する誤用例(その1)」『日語学習与研究』第6号，28-32。

[21] 佐藤里美 1986「使役構造の文——人間の人間にたいするはたらきかけを表現するばあい—」『ことばの科学・1』，東京：むぎ書房，89-179。

[22] 佐藤里美 1990「使役構造の文（2）——因果関係を表現するばあい—」『ことばの科学・4』，東京：むぎ書房，103-157。

[23] Jarkey, Nerida 2010「白モン語における他動性」西光義弘、プラシャント・パルデシ（編）『自動詞・他動詞の対照』，東京：くろしお出版，143-176。

[24] 柴谷方良 1978『日本語の分析』，東京：大修館書店。

[25] 柴谷方良 1986「能格性をめぐる諸問題」『言語研究』第90号，75-96。

[26] 高橋清子 2010「タイ語における他動性と使役性」西光義弘、プラシャント・パルデシ（編）『自動詞・他動詞の対照』，東京：くろしお出版，91-142。

[27] 高橋太郎 2003『動詞九章』，東京：ひつじ書房。

[28] 扎西才譲 2008「日本語とアムド・チベット語における使役表現の

意味について──日本語教育の視点から──」『世界の日本語教育』第 18 号,
185 - 199。

　[29] 鄭聖汝 2006『韓日使役構文の機能的類型論研究──動詞基盤の文
法から名詞基盤の文法へ』,東京:くろしお出版。

　[30] 寺村秀夫 1982『日本語のシンタクスと意味Ⅰ』,東京:くろしお
出版。

　[31] 寺村秀夫 1992/1995「「表現の比較」ということについて」『寺村秀
夫論文集Ⅱ──言語学・日本語教育編』,東京:くろしお出版。

　[32] 党淑蘭 1991「中日の授受表現比較」『佐賀大国文』第 19 号,34 - 38。

　[33] 中右実 1998「行為者と使役構文」中右実、西村義樹(編)『構文と事
象構造』,東京:研究社出版。

　[34] 中島悦子 2007『日中対照研究──ボィス』,東京:おうふう。

　[35] 西光義弘 1998「言語の発生と進化および多様性」『神戸言語学論
業』第 1 号,50 - 71。

　[36] 仁田義雄 1991「ヴォイス的表現と自己制御性」仁田義雄(編)『日本
語のヴォイスと他動性』,東京:くろしお出版,31 - 57。

　[37] 仁田義雄 1995「日本語文法概説(単文編)」宮島達夫、仁田義雄
(編)『日本語類義表現の文法(上)』,東京:くろしお出版,1 - 40。

　[38] 日本語学会 2018『日本語学大辞典』,東京:東京堂出版。

　[39] 日本語記述文法研究会 2009『現代日本語文法 2』,東京:くろしお
出版。

　[40] 野田尚史 2000「語順を決める要素」『言語』第 9 号,22 - 27。

　[41] 早津恵美子 1992「使役表現と受身表現の接近に関するおぼえが
き」『言語学研究』第 11 号,173 - 256。

　[42] 早津恵美子 1999「いわゆる「ヲ使役」「ニ使役」についての諸論考を
めぐって」『語学研究所論集』第 4 号,17 - 50。

　[43] 早津恵美子 2004「使役表現」尾上圭介(編)『朝倉日本語講座 6』,東
京:朝倉書店,128 - 150。

　[44] 早津恵美子 2007「使役文の意味分類の観点について──山田孝雄
(1908)の再評価」『東京外国語大学論集』第 75 号,49 - 86。

　[45] 傅冰 2009『現代日語使动句式的多视角研究』,天津:南开大学
出版社。

[46] 馮寶珠 1999 日中両語における使役表現の対照研究，東京：東京外国語大学，博士論文。

[47] 前田直子 2006『「ように」の意味・用法』，東京：笠間書院。

[48] 益岡隆志 2001「日本語における授受動詞と恩恵性」『言語（特集「授受」の言語学—〈やり・もらい〉のコミュニケーション）』第 5 号，26‐32。

[49] 松浦とも子 2003「「使役型てもらう」構文の日中対照研究——中国語母語話者の授受表現における母語の影響」『早稲田大学日本語教育研究』第 3 号，111－124。

[50] 村木新次郎 1991「ヴォイスのカテゴリーと文構造のレベル」仁田義雄（編）『日本語のヴォイスと他動性』，東京：くろしお出版，1‐30。

[51] 森田良行 2002『日本語文法の発想』，東京：ひつじ書房。

[52] 山岡政紀 2000『日本語の述語と文機能』，東京：くろしお出版。

[53] 山口巌 1995『類型学序説』，京都：京都大学学術出版会。

[54] 山下喜代 2003「字音接尾辞「化」について」『青山学院大学文学部紀要』第 44 号，119‐132。

[55] 楊凱栄 1989『日本語と中国語の使役表現に関する対照研究』，東京：くろしお出版。

后　记

　　语言类型学的目标之一是探索人类语言的共性,对比语言学更偏重于发现两种语言之间的差异,也就是个体语言的个性。看上去二者的取向并不相同,但实际上,共性源自对大量个体语言特点的归纳,个性则是共性的具体落实。所以这两类研究并非背道而驰,相反,可以互为支撑,相互促进。类型学在国内学界已成为一门显学。不少学者提倡在类型学理论指导下开展对比研究,学界也出现了许多类型学视野下的对比研究成果,但主要集中在汉英对比上。本书从类型学角度对汉日语致使结构进行对比,是类型学研究在汉日语对比中的一次应用。不过,与以往研究范式略有不同的是,本书结合了类型学和对比语言学两种研究范式,不仅利用了类型学的研究成果,还进行了类型学探索。也就是在类型学相关成果的基础上展开汉日语对比研究;通过对比来探索汉日语的共性,进而发现人类语言的共性或类型共性。

　　本书根据笔者的博士论文《类型学视野下的汉日使役结构研究》修改而成,在文字表述、结构安排、主要内容等方面都有很多实质性的改动。相较于博士论文,眼前的书稿厚了许多,不少章节属于新增内容。此外,每章都有较多的补充和修改。博士论文对致使的形式类型和语义类型、被使者的编码机制、典型汉日语致使结构的句法语义、致使句中论元的语序等进行了一定的探讨,书稿补充了致使句中谓词性成分的语序(位置)、致使标志的来源、被使者标志的语义地图、起动和使动交替的类型学研究等章节。全书基本覆盖了类型学上致使结构研究的主要内容和主要成果,并在此基础上对汉日语致使结构进行了多角度的对比分析。

　　从开始撰写博士论文到书稿完成已历经八年,这期间得到了许

多师友、专家的指导和帮助,在此致以诚挚的谢意。感谢上海教育
出版社和编辑毛浩先生为本书的审校和编排所付出的努力。感谢
"闽南师范大学学术著作出版基金"对本书出版的资助。

李静波

2023 年 5 月

图书在版编目（CIP）数据

类型学视域下的汉日语致使结构对比研究 / 李静波
著. — 上海：上海教育出版社，2023.5
ISBN 978-7-5720-1907-4

Ⅰ.①类… Ⅱ.①李… Ⅲ.①汉语－语法结构－对比
研究－日语 Ⅳ.①H146②H364

中国国家版本馆CIP数据核字(2023)第097750号

责任编辑　毛　浩
封面设计　周　吉

类型学视域下的汉日语致使结构对比研究
李静波　著

出版发行	上海教育出版社有限公司
官　　网	www.seph.com.cn
地　　址	上海市闵行区号景路159弄C座
邮　　编	201101
印　　刷	上海叶大印务发展有限公司
开　　本	890×1240　1/32　印张 13
字　　数	340 千字
版　　次	2023年6月第1版
印　　次	2023年6月第1次印刷
书　　号	ISBN 978-7-5720-1907-4/H·0059
定　　价	98.00 元

如发现质量问题，读者可向本社调换　　电话：021-64373213